全国教育科学"十二五"规划教育部重点课题"科南特与美国当代教育改革研究"（DAA110173）研究成果

小镜头 大视野
科南特与当代美国教育改革

James B. Conant
and the Educational Reform
in Contemporary U. S.

刘向荣 著

科学出版社
北 京

内 容 简 介

  科南特被公认为美国 20 世纪中叶最具影响力的教育家，堪称多领域教育革新的策划师。本书旨在深入探讨科南特教育思想与实践的精髓，考察其对美国当代教育改革的全方位影响，提供教育理论研究与改革实践互动共融的范本。科南特始终坚持教育是一个社会过程的基本理念，他以小镜头透视细微，大视野总览全局，将困境中的哈佛打造成世界学问的中心与服务国家的典范，解救了炮火之下的公立中学并强调其独一无二的社会地位，为权力纷扰下无所适从的教师教育指明了新的方向。科南特不朽的教育智慧与历史贡献成就了美国教育发展史上的一座丰碑，其宝贵的教育遗产及推进改革的策略创新留给后人无尽的思考与启迪。

  本书可供从事教育研究、教育管理及教育实践的相关人员参考，也可供广大史学爱好者阅读。

图书在版编目（CIP）数据

小镜头　大视野：科南特与当代美国教育改革 / 刘向荣著. —北京：科学出版社，2016.11
 ISBN 978-7-03-050649-8

Ⅰ. ①小… Ⅱ. ①刘… Ⅲ. ①科南特-教育思想-思想评论 ②教育改革-研究-美国 Ⅳ. ①G40-097.12 ②G571.21

中国版本图书馆 CIP 数据核字（2016）第 274290 号

责任编辑：朱丽娜　乔艳茹　卢　淼 / 责任校对：刘亚琦
责任印制：张欣秀 / 封面设计：润一文化
联系电话：010-64033934
电子邮箱：edu-psy@mail.sciencep.com

科 学 出 版 社 出版
北京东黄城根北街 16 号
邮政编码：100717
http://www.sciencep.com

北京京华虎彩印刷有限公司 印刷
科学出版社发行　各地新华书店经销

＊

2016 年 11 月第 一 版　开本：720×1000　B5
2016 年 11 月第一次印刷　印张：17 5/8
字数：356 000
定价：88.00 元
（如有印装质量问题，我社负责调换）

前　言

教育从来不是在真空中运行

詹姆斯·布赖恩特·科南特（James Bryant Conant，1893—1978）是美国当代著名的化学家、政治家和教育家，因广泛参与国内外诸多重大事件而声名显赫，在科技界、政坛及教育界均有不俗的表现，本书主要考察其在教育界的历史贡献。梁启超先生认为，史者乃记录人类活动之体相，校其总成绩，求得其因果关系以为现代一般人活动之资鉴。梁先生一语点破历史的求真本质与资鉴价值，即考察史实因果关联以谋改良补救之策。本着求真与资鉴的初衷，笔者希望求解困扰多年的几个问题：科南特的教育思想与实践绵延几十年、横跨多领域，在复杂多变的背景中其思想生成的动因有哪些？又循着怎样的演变轨迹？对当时的实践活动有何具体影响？科南特主观上力避哲学思辨与理论纠缠，其杂然纷呈的各类主张到底有无逻辑体系？若无体系如何平衡现实与逻辑的冲突？若有体系其内部要素又如何架构？国内学界公认科南特为要素主义教育流派的代表之一，其流派归属当真毫无争议且一以贯之？今天，再去研究半个多世纪前尤其是冷战时期的科南特，对我国当代教育改革有何现实意义？或者至少对教育研究人员与决策者有何借鉴价值？带着这些问题，笔者将主书名确定为"科南特与当代美国教育改革"，一则将科南特置于当代美国教育改革的历史大潮中，详细考察其思想与实践的动因、本质及内在关联，客观评判其历史贡献；二则以科南特为典型个案，结合微观考察与宏大叙事，侧面展现美国当代教育改革的全景图像，因同期很少有人对教育改革的影响如此持久深广；三则考察个体教育家影响教育改革的能量源及互动模式，揭示个体行为逻辑的同时，展现美国独特的教育改革与运行机制，最终验证科南特强调的"教育是一个社会过程"的核心论断。本书重点突出科南特作为一名改革策划师或建筑师，始终秉持教育是一个社会过程、学校不能在真空中运行的基本理念，致力于强化教育促进社会流动与维护民主制度的工具效能。本书引题为"小镜头　大视野"，旨在概括科南特解决教育问题时求真务实的行为特色，他以小镜头探查教育问题的细微，以大视野掌控教育改革的全局，进而提出切实可行的改革建议与创新之策，其研究教育的社会学视角，重视实证调研与平衡处理问题的方法特色，成就了显著的科南特风格。

研究科南特固然在于明了其思想与实践的因果关系及其与现实的互动模式，此外还需感知历史人物的生动个性，揭示其与当今教育现场的内在关联。历史虽不会重演，但问题往往惊人地相似，不会因年代久远与国别距离而更易，越是深入历史便越发接近现实。科南特根据美国西进运动结束后阶层固化的形势研判，提出了无阶级社会的政治理想，并将无阶级社会的显著特征概括为机会均等、地位平等、最大限度的个人自由与充分的社会流动性，明确指出美国地理边疆消失后必须依靠教育开拓智力边疆，通过扩大教育机会促进社会阶层间的垂直流动，从而改变日益固化与封闭的社会结构。我国自 21 世纪以来，社会流动性显著降低，若不论家庭出身与社会背景，年轻人仅靠自身努力改变命运的机会越来越少，社会分层固化与流动机制失灵必将影响整个社会的经济增长与创新活力。与美国及其他发达国家和地区一样，我们正在将教育公平作为保持代际流动最基本的条件，致力于扩大教育机会均等的范围，同时为应对经济转型及国际竞争对高端人才的需求，还需不断提高教育的质量与效率，如何平衡公平与质量、公平与效率的关系，可以从科南特的现实主义平衡策略中借鉴一二。科南特始终关注教育公平，认为机会均等是美国社会民主理想的基石，罗纳德·格罗斯（Ronald Gross）认为，欲在当时讨论教育机会均等的原则，没有人比科南特更称职。[①]为促进机会均等，他改革哈佛[②]招生政策，倡导发展两年制学院，扩充普通教育内涵与外延使其带有全民教育色彩，力推公立中学尤其是综合中学作为传递美国民主信念的工具，认为"公立教育，保证了'最小限度的阶级分化，最大限度的社会流动与不同职业群体间的相互理解'"[③]。在兼顾公平的同时，科南特将学术优异作为培养优秀科技人才的基础，提出了一系列提高教育质量、追求学术卓越的主张。他改革哈佛教师聘任规则，推动学科交叉融合，加强研究生学院建设，旨在确立哈佛的学术优势地位；他重塑中学课程结构，严格学术标准，对学生实行个性化辅导，意在开发作为国家财富的尖子生智力资源，"科南特主张，通过

---

① Gross R. 1963. The Teacher and the Taught: Education in Theory and Practice from Plato to James B. Conant. New York: Dell Publishing Co. Inc. ：238.

② 本书中"哈佛"均指"哈佛大学"。

③ Conant J B. 1947. Education in a Divided World. Cambridge: Harvard University Press：1.

提高中小学、学院和大学的学业标准来鉴别和培养天才儿童，提出了天才儿童的教育标准，在为 15%～20% 的天才学生开设高深的专门课程的同时，对他们在学习方法和品格养成上加以指导，使他们在学业上取得更好的成绩"①；他强调教师教育内容的学术性与实践性，规范课程与教师培养途径，重在提高教师以能力为核心的综合素质。无论追求教育公平还是优质与高效，科南特的所思所为无不指向加强美国民主制度与巩固其国际地位。当然，他不是盲目的乐观主义者，在其所有关于教育策划与美国民主理想的关系讨论中，始终立足国家需求，基于社区与学校实践，既非凭空驰想，也非就教育论教育，而是努力寻求教育与社会、政治、经济、文化结构的融合，坚持一个国家的教育体制不可能与其社会文化环境和政治经济框架相分离。不可否认，科南特的现实主义中庸之策大大降低了美国教育改革钟摆的振荡幅度。

此外，科南特作为身份显赫的外交家与科学家，在研究教育问题时，得以兼具科学家注重调查研究的实证精神、政治家的折中务实与教育家对卓越与公平的不懈追求，此种方法论特色与献身教育实践的强烈的公民责任感，颇具垂范价值。"他的这种精神不仅难能可贵，也是美国社会各界普遍关心、支持公共教育事业的一个反映。②"早在 20 世纪 90 年代末，顾明远先生就已经提出："当前在我国教育实践中，一方面教育理论远远落后于我国丰富的教育实践……另一方面，教育实践也有脱离教育理论的现象。③"而今十几年过去了，教育理论与实践的二元分离状态仍未完全打破，这一难消的"痼疾"多因缺少必要的中介，也就是连接观念世界与实践现场的教育政策，科南特的主要改革建议多集中在政策层面，他以问题为导向、基于实证的政策制定模式一定程度上有助于弥合理论与实践的脱节，为我国优化政策制定路径与方法选择提供借鉴。

历史是人类活动的记录，必是先有了人，才有历史，其承续发展也必基于历史人物的不断涌现，历史的主角永远是人，而非货币、武器或制度、文书。在推动美国教育快速发展的过程中，滕大春先生充分肯定了有关专业组织、社会名流、专家学者，特别是教育工作者及学生家长的历史功绩。然而，不得不承认，由于学术界的"明星"效应与"功利"倾向，当前对科南特教育贡献的研究，仍存在片面与单一化缺陷，如：多集中在对其公立中等教育尤其综合中学主张的研究；虽承认其历史地位，却又缺乏影响程度的指标显示；评价比较笼统单一，或批评其要素主义的保守，或强调其冷战斗士的意识形态，或针对某些具体操作性

---

① 郭志明. 2004. 美国教师专业规范历史研究. 北京：中国社会科学出版社：125.

② 赵祥麟. 1992. 外国教育家评传（第三卷）. 上海：上海教育出版社：167.

③ 顾明远. 1999. 教育工作者要学点教育理论. 深圳教育学院学报，（6）：1.

建议评判其有效性与适切性，往往忽视其整体的社会观与现实主义策略选择，抹杀其丰富生动的人物个性。当前，国内除笔者对科南特的教育思想做了整体性研究外，仍无其影响教育改革的过程性研究，或思想逻辑体系的整合之作，美国学界也多将其与要素主义教育思潮的兴衰联系在一起，1977 年后再无专著问世。

在学界前辈与同行成果的基础之上，本书力求在全面性与深刻性两个维度上下工夫，动态展示科南特广阔的实践活动与思想产生发展的来龙去脉，静态剖析其思想体系的要素关联与逻辑本质，并理性评判其历史功过及现代意义。在研究方法的选择上，笔者遵循历史与逻辑的统一，辅以文献法、比较法、图表法、心理分析法对科南特的教育思想与实践进行全面、深刻的研究，在是什么、为什么、怎么样的思维框架中实现求真与资鉴的目的。在结构安排上，本书包括六部分。第一章总述科南特所处的动荡年代与多样化人生，为其教育主张与实践做先期定位。中间三章为主体内容，按时序、分领域展开，纵向以时间为轴并暗含科南特追求学术优异与机会均等的目标主线，与各领域的横向研究形成清晰的网状结构。第五章高度概括与综合科南特的教育思想与实践，依逻辑顺序从内涵阐释、目标追求、功能定位、方法论特色到实践模式剖析，最后揭示其逻辑本质与流派归属。结语从五个方面提炼科南特从事教育改革的现实意义，以供读者思考。

虽努力深化研究并巧设成果展示来回答前文预设的几个问题，但未必能透彻至令人满意，由于科南特本人对教育哲学与宏观理论体系的有意识回避，以及对实践与微观教育世界的过多关注，本书需靠章节标题画龙点睛以求"形散神聚"之效，但仍难免有轻视观念世界或显得过于琐细之嫌。人物研究的确如此，脱离了宏大话语体系的铺陈，专注于细节考察，其思想抽象与提炼高度，很大程度上仰赖读者的升华与感悟。因笔者能力所限，行文疏漏与观点不当之处，敬请广大读者批评斧正。

刘向荣

2016 年 10 月 1 日

目　录

第一章 | 躁动年代里演绎多样人生
——科南特其人

> 他（科南特）掌管哈佛度过大萧条至麦卡锡主义盛行动乱的二十年；他在一战、二战中先后参与毒气和原子弹的研制，并在战后反对氢弹的研发；他鼓动美国人发起反抗希特勒的热战和抵制斯大林的冷战；他在冷战巅峰时刻受命于艾森豪威尔总统出任驻德大使；他在后卫星时代华丽转型，跃升为美国公立学校顶级发言人；他出版了大量有关教育、科学和哲学的书籍；他游走于同时代的显贵名流中间……[1]

科南特是 20 世纪美国著名的化学家、政治家和教育家，1893 年 3 月 26 日生于马萨诸塞州的多彻斯特（Dorchester），1978 年 2 月 11 日卒于新罕布什尔的汉诺威（Hanover）。20 世纪中期前后，科南特活跃在美国教育、科学、军事、外交等各个领域，雄心勃勃地参与国内外诸多重大事件，其传记作者赫施伯格（James Gordon Hershberg）认为，与同时代的人相比，科南特的确称得上是美国 20 世纪的灯塔级人物。他在动荡年代里演绎了多样化的人生，不仅实现了年轻时的狂野梦想，即依次跻身国内一流化学家、哈佛校长、内阁成员或内政部长，还被裹挟进教育改革的滚滚洪流之中，凭借神圣的使命感与清教徒式的不懈努力，成为影响美国当代教育改革的灵魂人物之一。

---

[1] Hershberg J G. 1993. James B. Conant: Harvard to Hiroshima and the Making of the Nuclear Age. Stanford: Stanford University Press: 3.

第一节　从科学少年到领军学者

　　科南特出生在波士顿郊区，其祖父和外祖父原籍均在普利茅斯（Plymouth）县，直到 18 世纪，他的祖辈们还只是新英格兰地区的富裕农民。南北战争结束后，他的父亲搬迁至波士顿经营雕刻制版业，科南特出生时全家已定居波士顿的郊区小镇多彻斯特。因此不难理解，与早在 17 世纪就定居波士顿的哈佛大学前校长埃利奥特（Charles W. Eliot）和劳威尔（A. Lawrence Lowell）相比，科南特始终低调地认为，自己不算是地道的波士顿人。

　　科南特的幼年正值美国迈向工业化与城市化的镀金时代，他得以充分感受家乡小镇突飞猛进的变化，尤其是交通工具的换代升级。他亲眼目睹了电车怎样取代四轮马车，蒸汽火车又如何替换电车，交通工具的更替与城市发展的节奏在科南特的记忆中尤为深刻，他回忆道："无轨电车已取代马车，在一个小男孩眼里，它应该能通达美国任何地方。"[①]在电气化与城市化的进程中，电车的普及瞬间缩短了郊区与市区的距离，许多小村庄演变成都市郊区，正是在城市极速扩张的时代，多彻斯特成为许多美国中产阶级青睐的居住地。在 1870—1900 年的 30 年里，小镇人口从 60 000 人激增至 227 000 人，约有超过 22 500 个新家庭选择在此定居[②]，科南特一家即为其中之一。在这股建设大潮中，科南特的父亲相中这个美丽小镇并置地造屋，开始了在波士顿的创业经历。外乡人迁居于此已不是什么新鲜事，截至 1905 年，多彻斯特 50% 的居民为外来人口[③]。科南特常随父亲去参观繁忙的工地，切身感受城市扩张的兴奋与波士顿的经济繁荣。的确，对许多居民来讲，这里是美国梦的乐园，充盈着无限的机会，弥漫着乐观的情绪。在这里，人们既可享受波士顿现代都市经济的繁荣，又可以躲避城市化进程带来的各种问题。与同时代的很多人一样，科南特沉浸在多彻斯特的经济进步与建设成就中，早期的生活见闻与感受陶铸了他乐观向上的性格，也激发了其边疆骑士特有的冒险精神，为以后求学择业及在人生各领域的开拓奠定了基础。

---

　　① Conant J B. 1970. My Several Lives：Memoirs of a Social Inventor. New York：Harper & Row：5.
　　② Warner S B. 1978. Streetcar Suburbs. Cambridge：Harvard University Press：35-37.
　　③ Preskill S L. 1984. Ranking from the Rubbish：Charles W. Eliot，James B. Conant and the Public School. Dissertation，University of Illinois at Urbana-Champaign：170.

一、奋进的学生时代

科南特的父亲曾在南北战争中为盟军海军服务，非常重视对儿子运动兴趣的培养，他指导科南特学习驾船并在暑期安排航海旅行，激发了其对航海持续一生的热情。直到成年后，科南特还曾在校长寓所指导自己的两个儿子制作航道模型。科南特早年玩耍的经历主要是与同伴玩打仗游戏，他有时在屋里扮演指挥官，有时在街头巷尾组织战斗演习，虽然母亲并不喜欢这种好战精神，但在当时孩子们显然无法抵御战争的诱惑。科南特回忆："肯定是西班牙战争强化了男孩子对军人的兴趣。"[①] 5 岁时科南特被送进离家不远的贝利大街小学（Bailey Street Elementary School），这是一所以学科为中心的适合中产阶级孩子就读的老式学校。三年后他进入纪律严明的皮尔斯语法学校（Henry L. Pierce Grammar School），该校几乎不开展任何培养学术兴趣的课外活动，即使一些非学术活动也只能安排在放学以后。临近小学毕业，科南特迷上了电学实验，经常利用电池、马达、灯泡之类的元件，设计操作简单的实验娱乐亲友。科南特是家中独子，且最年幼，深得父母疼爱，他们很快捕捉到儿子的兴趣特长，开始策划如何开发孩子的科学天赋。

科南特喜欢体育运动，10 岁左右开始踢足球和打棒球，不再玩扮演士兵打仗的游戏。1904 年，11 岁的科南特经严格选拔进入当地著名的罗克斯伯利拉丁学校（Roxbury Latin School）就读。当时他的父母排除波士顿拉丁学校（Boston Latin School）和弥尔顿学园（Milton Academy）首选罗克斯伯利学校，主要基于三方面的考虑：首先，该校是一所具有 250 年办学传统的老牌古典学校；其次，该校新兴的物理、化学学科教学在当地很有声望，曾获得哈佛前校长埃利奥特的高度评价；最后，该校的科学老师是一位来自哈佛的优秀毕业生，就是后来将科南特引入化学殿堂的牛顿·亨利·布莱克（Newton Henry Black）。当时，学生们想进入大学大都须读完 6 年预备中学，那些只在初中最后两年就读语法学校，随后进入公立高中的学生很少有机会升入大学。科南特就读的学校实为承担升学职能的大学预备学校，该校拥有专门的化学与物理实验楼，所有学生须在最后两年修习化学与物理，这些优势与便利为科南特科学兴趣的开发提供了广阔的舞台。

最初，由于电的发明与普及，科南特的科学兴趣主要集中在电学，他曾因更换电池锌片修理损坏的电铃被邻居认为智力超群。后来他开始关注无线电报，进入中学后，科南特的兴趣从电学转移到化学领域，这种转变最初来自父亲的启

---

① Conant J B. 1970. My Several Lives: Memoirs of a Social Inventor. New York: Harper & Row: 11.

蒙。父亲经营一家雕刻照相馆，铜板照相工艺替代木雕进入印刷业后很快被推至商业界，父亲虽未学过任何化学专业知识，但在实践中已掌握了铜版腐蚀的复杂化学过程，俨然一位实用化学家。少年科南特急于明白其中原理，迫不及待地寻找机会帮父亲做活。"这种新兴事物诱惑着科南特，他的好奇与渴望在父亲近于科技创新的活动中得到进一步增强。"①父亲在离家不远处专门为他修建了工作室，配备了接通燃气与水龙头的操作台，每月资助他购买实验材料，与许多在阁楼或地下室做实验的小伙伴相比，科南特对自己优越的实验条件非常满意。当然，科南特的兴趣从电学转移到化学主要得益于化学教师布莱克的影响。布莱克的讲座激动人心，而且他经常利用午餐时间免费指导独立实验的学生。老师的基础科学讲座给科南特留下了深刻的印象，最后一次化学讲座彻底点燃了科南特学习化学的热情，加上父亲的日常影响，他非常容易地接受并爱上了这门新兴学科。对布莱克老师的入门引荐之功，科南特曾在自传中给予肯定："在对我年轻时智力发展的影响上，没有谁比得上牛顿·亨利·布莱克老师。"②

中学一、二年级时，科南特的学习成绩算得上中等，到三、四年级时他已成为班里的佼佼者，化学成绩几乎稳居榜首。他经常与同学、老师讨论化学实验，并有幸成为布莱克老师专门辅导的学生。他有机会与老师朝夕相处，他们共进午餐、共用老师的私人房间休息或阅读化学书籍、一起熬夜做实验。布莱克指导科南特做化学定量分析，向他推荐参考书目并要求他定期汇报分析结果。在中学最后一年，一个偶然的机会，科南特拿到一份大学模拟化学试题，并在导师建议下试做，出乎意料地获得 A 级分数，小试牛刀的成功激励了科南特，他立志要成为一名化学家。接下来他充分利用导师的私人实验室进行操练，最终完成了导师定制的哈佛大学新生先修课程，1910 年的累计学分绩点在当年毕业生中荣登榜首。布莱克作为哈佛校友，与哈佛的化学教授们联系密切，1909 年 10 月他给当时任哈佛化学系主任的西奥多·威廉·理查兹（Theodore William Richards）教授写信，推荐科南特就读哈佛化学系。1910 年化学系经过对科南特学业的综合评价与投票表决，最终接收并允许他在大学一年级学习二年级的化学课程。布莱克对科南特寄予厚望，他进一步向哈佛提出申请，希望在大学二年级为科南特开设更艰深的数学和化学课程，这在哈佛新生中几乎没有先例，由于需得到大学教务长的同意，先修课程的计划并未如愿。科南特有幸遇见布莱克并因此迈入哈佛殿堂，为其日后享誉化学界乃至整个科学界奠定了基础。"他（布莱克）对科南特科学兴趣

---

① Hershberg J G. 1993. James B. Conant: Harvard to Hiroshima and the Making of the Nuclear Age. Stanford: Stanford University Press: 15.

② Conant J B. 1970. My Several Lives: Memoirs of a Social Inventor. New York: Harper & Row: 15.

的持续鼓励，在其科学生涯中起了根本性的指导作用。"①当然，布莱克也很满意科南特，在推荐信中他这样写道："可以说过去五年我对科南特非常了解，他是班里最优秀的学生，是我过去十年间发现的在化学和物理方面最有天分的孩子，他不仅才智非凡，且对科学有真正的热情与动力。他个性相当文静、谦逊，具有与其他孩子很好相处的能力……总之，在过去十年里，科南特是我遇到的在科学上最有前途的男孩，今后一定会成为学者和伟人。"②

　　科南特进入哈佛大学后，正赶上劳威尔推行课程改革，按照分散集中制的选课规定，他在完成化学专业集中课的同时，还选修了生物、历史、经济和哲学的分散课程，这些课程极大地拓展了科南特的教育视野，但他始终认为，真正形成其普通教育核心要素的不是这些课程，而是在高水平文学俱乐部和校报的工作经历，这些广泛的课外活动与讨论潜移默化地影响了他的学术品味与人文情怀。根据导师布莱克的建议，科南特用三年时间完成了学士学位要求的全部课程，大学三年级结束时因成绩优异荣获 1913—1914 年度哈佛大学奖学金，大学四年级升入文理研究生院继续深造，一年后获得硕士学位，随即展开博士研究课题的策划。1915 年，哈佛大学资助科南特赴欧游学，但因战火影响搁浅，他不得不留在学校继续博士课题的研究，并于 1916 年获得有机化学博士学位。

　　科南特深受理查兹教授和埃尔默·彼得·科勒（Elmer Peter Kohler）教授的双重影响，二人都曾就读于德国大学，重视基础理论的研究。理查兹是国际上研究物理化学的杰出专家之一，性格外向又极具个人魅力，在德国的学术期刊发表了大量科研成果，后来成为美国首位化学领域诺贝尔奖得主。整个研究生期间，理查兹教授指导科南特研究物理化学，两人关系密切，私交甚好。攻读博士时科南特的兴趣从物理化学转到有机化学领域，开始跟随科勒教授从事研究。科勒是一名成功的讲座教授，虽然作为公共发言人显得不够自信，也很少参加化学学会的会议，但具有精湛的实验操作技能，1913 年他选中科南特做实验助理，并指导其博士课题的研究。科南特有幸师从两位著名导师，专业上受益颇多，为以后辉煌的学者之路奠定了坚实的基础。

二、通达的学者之路

　　在对待应用化学的态度上，科南特与两位导师的看法不同，他在自传中写

①　转引自 Biebel C D. 1971. Politics，Pedagogues and Statesmanship James B. Conant and the Public Schools 1933-1948. Dissertation，University of Wisconsin：14.

②　N. Henry Black to J. G. Hart，May 3，1910，JBC files，Office of the Register，Harvard University.

道："我入读哈佛大学时，纯粹的研究与教学是理查兹和科勒生活的中心，但已开始感受到应用科学的挑战，企业里出现诱人的工作岗位，随着战争到来将会有更多新机会在政府和企业涌现。到 20 世纪 20 年代，教授兼职工业公司顾问已成常事，而理查兹和科勒及同时代的人们，几乎没有与工业界发生过任何联系。"[①]科南特敏锐地嗅到化学在工业应用中的潜在需求，这不单来自战争刺激，也是工业社会自身发展的必然结果。第一次世界大战（以下简称一战）开始的最初一两年，科南特的学业几乎未受战火影响，随后因美国进口受阻开始波及大学化学系与化学教师。美国一贯从德国进口燃料与药品，德国速胜[②]的计划落空后，美国商业界不能继续从德国进口，于是决定在本国制造所需产品，有机化学家们开始受到工业界的青睐。科南特的博士专业为有机化学，读博期间经朋友和同学介绍，在米德威尔钢铁公司（Midvale Steel）做化工研究，制造军火和燃料介质。1917年，博士刚毕业的科南特与两位校友合伙在纽约皇后区（Queens New York）成立了一家小型公司，取得了一项生产苯甲酸的专利，但他们并未预料到生产的危险性，在后来大量投产时因化学反应性能不稳，纽约的工厂毁于试验起火，紧接着新泽西纽沃克的第二个工厂也因试验失败发生爆炸，一位合伙人与两名雇员在大火中丧生。创业失败的惨痛深深刺伤了刚出校门的科南特，他回忆道："这是一次可怕的经历，它扼杀了我们自由创业的冒险冲动。"[③]早在工厂事故前，哈佛大学化学系教师罗杰·亚当斯（Roger Adams）被伊利诺伊大学挖走，系主任便写信邀请科南特回校讲授基础有机化学。创业失败后，悲伤笼罩的科南特不愿再涉足工业领域，他欣然接受化学系的职务，希望潜心研究有机化学。事实上，在工业大发展与时局动荡的年代，很少有人能深锁校园，从小热心政治与军事的科南特密切关注外界的一切动向，他那颗跳跃的心终究属于同样躁动不安的年代。

一战凸显了科学家的社会价值，为那些雄心勃勃的化学家创造了施展才华的机会。科南特教书的第一年非常顺利，他希望尽快晋升助理教授，这一想法因美国参与一战而破灭。由于儿时萌发的军人情结，美国参战后科南特申请入伍，希望开赴法国前线，但最终被劝阻留在国内，作为政府机构征召的科学家提供军事科研方面的服务。军界、科技界、学界和商界领袖们坚信，为应对战争，应加大国家科技资源方面的统筹力度，联合科学家和工程师合力研发和制造新式战争武器。1917 年科南特作为民用化学家被征用到国防部门研制刘易斯毒气，1918 年

① Conant J B. 1970. My Several Lives: Memoirs of a Social Inventor. New York: Harper & Row: 39.
② 德国在一战中最初拟订的战争计划，由于低估了英国参战的可能性，妄图依靠铁路优势，与法、俄展开两线作战，迅速击溃协约国，最后以失败告终，史称"史里芬计划"。
③ JBC's autobiographical note in Harvard College Class of 1914, Twenty-fifth Anniversary Report（Cambridge: The Cosmos Press，1939：164）。

被任命到化学战事服务部负责毒气研发。

一战结束不到一年，科南特再次被任命到哈佛大学化学系做助理教授，那时他并未发表多少学术成果，哈佛大学的任命主要依据其先前的教学和研究生学习记录，他感到幸运的同时，也意识到必须尽快发表更多研究成果才能获得进一步的职务晋升，于是全身心地投入到教学科研活动中，凭借出色的个人天赋、良好的机遇及与各界精英的广泛联系，他很快脱颖而出。1919 年冬，科南特与布莱克老师合著新版高中化学课本《实用化学》（*Practical Chemistry*），将最新技术信息融入高中教学，因布莱克的教学安排与父亲在插图、表格制作方面的辅助，新教材大受欢迎并一版再版。1921 年，科南特与理查兹教授的女儿结为伉俪，此后得到了岳父的大力提携，他很快在学术圈内积累起自己的声誉。1922 年和1929 年，他以主编身份分别与人合作出版杂志《有机合成》第二卷和第五卷。1924 年科南特顺利晋升为副教授，次年携家眷赴欧访学，调研德国有机化学教育的成就与学者科研训练模式，回国后很快被加利福尼亚州技术研究所相中成为合作研究对象。由于成绩显著，1927 年科南特晋升为教授，他竭尽所能依靠个人影响力为化学系争取支持，改善教师们的科研条件。1930 年 4 月他第二次奔赴德国，以国际知名化学家的身份应邀参加世界级化学会议。1931 年科南特被选为化学系主任。在哈佛教师岗位上的辛勤耕耘，不仅使科南特在课堂上广受学生欢迎，也因丰硕的成果成为有机化学界的知名学者。

多年以后科南特承认，自己进入哈佛贵族圈的路径与岳父理查兹教授惊人地相似，当时与哈佛著名教授的女儿联姻成为年轻人上升的重要媒介。当然，科南特成就斐然的根本原因还在于自身的科学天赋与对学术的忘我投入。谈到对实验的专注，一位他曾指导过的学生这样回忆："科南特，眼睛紧盯实验试管，一只手摸索着铅笔，摸索着卡片，记下什么又推到一边，从不确认记的什么，也不看看一旁的学生。"[1] 任何干扰都无法打断他的研究，很快因在物理化学和有机化学领域成绩突出，科南特获得了国际学术界的认可与尊敬，同事们称赞他是一位科学奇才，"1916—1933 年，科南特编著或与他人合著五部化学教科书（包括与中学导师布莱克合著并广泛使用的《实用化学》），在杂志上发表几十篇论文（有人统计多达 117 篇）"[2]。他的两位同事做过总结，希望一般读者能体会其研究的广泛性："科南特在自然物质化学和物理化学、有机化学方面享有国际声誉。研究中他坚持运用两种尖端边缘学科的研究方法，体现出师从科勒和理查兹教授的成果。虽然他最满意自然物质方面的研究，但其物理化学和有机化学成果也极富

---

[1][2] Hershberg J G. 1993. James B. Conant：Harvard to Hiroshima and the Making of the Nuclear Age. Stanford：Stanford University Press：54.

创建性。他涉足整个领域，参与所有核心研究与重大发现……"①1932年科南特获得美国最佳有机化学家两大奖项：美国化学协会尼科勒斯奖（Nichols Medal）和哥伦比亚大学钱德勒奖（Chandler Medal）。1944年他获得美国化学学会最高荣誉牧师奖章（Preistly Medal）。

　　由于成就卓著，科南特从一名普通教师晋升为化学系主任，但他并非一味读书研究的学霸型人物。本科读书期间，他竞选进入校报编辑委员会，并经过艰苦努力，突破层层选拔，进入更具竞争性的"塞格涅特"（Signet）文学俱乐部，在俱乐部的讨论使其大开眼界。这些课外经历为他提供了书本中难以学到的各类知识，一方面锻炼了社交技能，得以广泛结交各领域的朋友，为今后政治生涯打下良好基础，同时也强化了科南特才学统治的理想，"自读本科起他就逐渐相信，美国应促进机会均等与社会流动，允许有才能的学生从普通家庭自然获得上升。大学四年级时这位19岁的青年已能表达一些'无阶级社会'（classless society）的基本理念，根据杰斐逊和托克维尔的传统，勾画自己未来的教育与政治哲学"②。经济危机与全球局势不稳促使科南特深刻反省自己对非科学事务的态度，他不断在非科学领域扩展政治才干，广泛阅读报纸书籍，欧洲之旅更是激起他强烈的好奇心，他认真研读哲学、文学和历史，分析德国、美国和英国的发展历程，尤其是德国大学制度与清教徒反抗英国压迫的相关知识。

　　为扩展智力与社会影响，科南特力求让自己的讲座生动活泼，以便使交叉领域的研究成果获得不同领域教师的认可。"1922年，科南特协助建立了学者俱乐部（Shop Club），每月召集几十位教授共进晚餐，以非正式方式展示各自最新的研究方向或兴趣点。这些人中有科学家、经济学家、历史学家、古典学科专家、文学学者等。"③频繁的学术交流深深影响了科南特，这些广泛的会议或聚会预示着不久的将来，他将主持一个特别委员会来考虑大学各系教师的任命，同时也将不断寻求消除科学家与大学普通教师之间谈话的隔阂。科南特温和谦逊，不易引起别人的戒心，加上随意放松的微笑、真诚的好奇心与广博的知识，在一个很小却很有影响力的圈子赢得了更多朋友与崇拜者，他的名气不断扩大，已远远超出一名局限于狭窄专业的化学家所应具有的能力与声望，他向往着有一天能谋得大学最高职位。科南特与哈佛大学的管理者关系融洽，对实现理想充满信心。1924年他

　　① Hershberg J G. 1993. James B. Conant: Harvard to Hiroshima and the Making of the Nuclear Age. Stanford: Stanford University Press：55.
　　② Hershberg J G. 1993. James B. Conant: Harvard to Hiroshima and the Making of the Nuclear Age. Stanford: Stanford University Press：33.
　　③ Tuttle W M. 1967. James B. Conant, Pressure Groups, and the National Defense 1933-1945. Unpublished doctoral dissertation，University of Wisconsin-Madison：17-18.

到加州大学伯克利分校任教暑期课程，1925 年他利用半年学术休假赴德考察。德国大学激烈的学术竞争深深触动了科南特，他再也无法容忍哈佛大学日益增长的平庸与卖弄，德国之行为其当选校长后进行教师聘任制度改革埋下了伏笔。

第二节　从平民校长到跨界精英

1933 年科南特正式当选为哈佛大学校长，他跟朋友说这一年对他、德国和美国都不寻常，希特勒崛起并谋取政权，富兰克林·罗斯福当选为美国总统，而他则成为哈佛大学第 23 任校长。与前任校长劳威尔持续三日的就职盛况相比，科南特的就职典礼颇为低调。10 月 9 日的哈佛校园，省去了火把游行及各式集会的庆祝场面，在世界经济萧条和国内政局动荡的气氛里，科南特采用简单、有序又克制的形式宣誓就职，拉开了主政哈佛的序幕。在风云变幻的 20 年任期内，他全力推进哈佛各项改革，积极参与教育界、科技界、政界等领域的重大活动，不断扩大社会影响力，在成就杰出校长的同时，逐渐历练成一名服务多领域的跨界精英，为哈佛大学赢得了广泛的民众支持与社会声望。

一、艰辛的哈佛改革

1932 年 11 月 21 日，年近 76 岁高龄的劳威尔宣布执掌哈佛大学满 23 年后将辞去校长职务，一时间寻找新校长成为董事会的第一要务。12 月 1 日董事会成员开始考察科南特的管理能力，根据多年对大学本质及校长角色的理解，科南特坦率地表达了个人的见解。圣诞节过后又有两名董事会成员分别拜访并征询他对其他候选人的看法，科南特表示支持好友文理学院的肯尼斯·默多克（Kenneth Murdock）院长。当得知董事会正考虑商业和法律人士做继任者时，科南特强烈要求从学者队伍中遴选，他认为学者型校长更了解科学研究的实质及其对大学发展的意义。围绕到底选择商人、律师还是活跃的学者，董事会成员展开激烈讨论，经数轮考察和谈话后最终提议科南特为校长人选。当时许多人明确表示反对，认为化学家当校长简直是一个错误，他们怀疑科南特是否具有管理大学复杂事务的能力。哈佛著名哲学家阿尔弗雷德·诺斯·怀特海（Alfred North Whitehead）指出，近视的专家不足以协调各领域的思想和信息，确切地说科南特不具备大学校长应有的素质。"怀特海断定：这位现代化学家可能不擅长生态学，对伊丽莎白时期戏剧的一般知识就更差了，他完全不懂英文诗歌的节奏和韵律规则。"① 当然，也有人认为科南特的知识背景与社交能力完全可以胜任校长一职。董事会成员通过对专家推荐人选的评审逐渐打消顾虑。当时哈佛社会学家乔治·卡斯珀·霍曼斯（George Casper Homans）公开了与外交史专家詹姆斯·巴克斯特（James P. Baxter）的一段谈话，巴克斯特肯定科南特几乎是一位天才，怀特海仍反对并武断地说："董事会不应选一位化学家当校长。"同事反驳："埃利奥特是化学家，但也是最优秀的校长。"怀特海回应："是的，这我知道，但埃利奥特是不够格的化学家！"② 的确，科南特在化学方面的杰出成就容易给人造成假象，认为他只懂得科学研究，善于与物质世界打交道而缺乏人际管理的能力。其实不然，正如前文所述，科南特早在中学时就已展露出广泛的兴趣爱好与良好的管理天赋，这位安静而友好的科学奇才广泛参与各类课外活动。大学董事会选择科南特接任劳威尔，与选择埃利奥特和劳威尔的模式如出一辙，他们期望成为改革家的学者能对学校管理政策提出建设性的意见，"利用选择新校长来改变管理方向，弥补大学明显偏重某一方面造成的功能缺陷"③。最后，董事会成员坚持认为，大学归根结底是增进学问的机构，学术经历丰富的校长对大学发展至关重要。科南特没有想到，他对董事会提出的改革建议与教师评价标准成为自己主政哈佛的前奏。1933 年 4 月 24 日下午，劳威尔校长再次拜访科南特，他宣布了董事会的最终决定，正式任命科南特为哈佛大学第 23 任校长。

　　由于对化学教学和科研活动的热爱，1933 年 3 月底校长人选明朗后，科南特仍难以割舍如日中天的化学研究事业。关于如何抉择，他在 3 月最后一个周末咨询了美国化学界的两位密友，朋友们一致同意科南特接受大学校长这一更具挑战性的职位。此后有人曾问他为什么终结学术生涯换取繁重的管理职务，科南特的回答简洁轻快："我想这是一种冒险精神。"④ 虽然经过了慎重考虑，但开始第二次生命他感觉非常痛苦，通常努力克制情绪，"一次，送交化学 5（Chemistry 5）最后一个讲义，他走回家，关上前门，便再也无法控制肆意流淌的泪水"⑤。

　　① Hershberg J G. 1993. James B. Conant: Harvard to Hiroshima and the Making of the Nuclear Age. Stanford: Stanford University Press: 72.

　　② Morison S E. 1958. The Harvard presidency. New England Quarterly，31：444.

　　③ Lipset M，Riesman D. 1975. Education and Politics at Harvard. New York: Mcgraw-Hill Book Company: 155.

　　④ Hershberg J G. 1993. James B. Conant: Harvard to Hiroshima and the Making of the Nuclear Age. Stanford: Stanford University Press: 66.

　　⑤ Hershberg J G. 1993. James B. Conant: Harvard to Hiroshima and the Making of the Nuclear Age. Stanford: Stanford University Press: 66.

割舍心爱的化学如同失去了臂膀，又像与爱人分离。在给姐姐的信中他写道："结束充满乐趣的科学研究生活，为此我哭过多次，但却无法拒绝这一挑战（当选哈佛大学校长）……愿上帝保佑我！"① 上任第一年他接受学生邀请参加新生茶话会，一名本科生直截了当地问他，为什么在创造的巅峰期放弃科学研究成为大学管理者，科南特回答了，据该名学生回忆："除哈佛校长一职他绝不会放弃科学生涯，因为没有任何事物对他有如此大的吸引力，正是对哈佛的挚爱和无私奉献驱使科南特离开实验室与学生，到更广阔的舞台发挥创造才能。"②

与前两任校长相比，无论家世还是行为方式，在哈佛大学校史上科南特都称得上是一位平民校长。埃利奥特的祖父是哈佛奖学金捐赠人，两个姑父均供职哈佛大学，劳威尔则出身哈佛世家，祖上六代皆为哈佛大学校友。科南特就不同了，不仅出身平民，充其量是个中产阶级家庭的孩子，且是家中唯一的哈佛大学毕业生，其教育理念与管理风格一定程度上折射出个人的成长经历，充满着浓厚的平民气息。科南特的就职典礼异常低调甚至有些寒酸，仅仅邀请了150人参加，与劳威尔13 000人的规模比起来不可同日而语，学生没有停课，他也没有发表正规的就职演说，讲话寥寥数语，就职仪式烘托出大萧条时期的冷清，也反衬出与前两任校长在经济和社会地位上的巨大落差。上任不到一天，科南特便乘坐地铁与新闻记者聊天，这种随意的行为方式与循规蹈矩、经常挥舞文明手杖的劳威尔形成鲜明对比，因此他在教育理念上钟情于学术优异和机会均等也就不难理解了。上任时科南特首先通过给董事会的报告，明确自己的社会教育动机，提出要完善哈佛的学术项目，致力于把哈佛大学建成一流学生群体、一流教师队伍与一流管理制度的实力派研究型大学。"他（科南特）不像30年代其他多数大学校长，只求保持现状或维持生存，而是寻求建立一所才学统治的大学，使那些智力与品德优秀的师生获得充分发展的机会，而不论社会地位与家庭出身。"③

科南特在哈佛大学的改革大致分为三个阶段：1933—1939年他主要致力于选拔优秀学生和打造教师队伍，筹备三百年校庆，以及解决教育学院的生存问题；1940—1946年他开始卷入联邦科研事务中，学校办公室的日常事务由教务长保罗·巴克（Paul H. Buck）主持，期间他最关心普通教育课程的设计，并在第二次世界大战（以下简称二战）结束后完成了哈佛大学普通教育报告书的撰写；从1947年开始科南特回归校园，"致力于把哈佛大学锻造成教育界的统帅，

① Hershberg J G. 1993. James B. Conant: Harvard to Hiroshima and the Making of the Nuclear Age. Stanford: Stanford University Press：65.

② Cohen J B. 1978. James Bryant Conant. Massachusetts Historical Society Proceedings，90：123-124.

③ Morton K P. 2001. Making Harvard Modern: The Rise of American University. New York: Oxford University Press：23.

不只满足于充当世界天才师生的人才库"①。第一个阶段的目标聚焦于提高学术水平，主要从三方面入手：一是解决财力问题，筹备校庆资金募集工作，1934年任命教师委员会宣传筹资计划；二是优化人力资源，实施国家奖学金项目招收天才学生，吸引南部和西部城镇及小城市中低收入家庭的优秀男孩，并推行"非升即走"（up or out）的聘任政策，打造学者教师群体；三是创新科研组织，建立大学教授席位，打通院系壁垒，在重组教育学院的过程中设立跨学院联合培养的硕士学位，推动学科交叉融合。他还大力建设研究生院，增设新专业，扩大招生，在巩固和加强原有研究生院的基础上，根据需要建立了公共行政管理学和公共卫生学研究生院，以及博士后研究中心，提升科研创新水平。改革的后两个阶段，科南特重点在保持学术优势的基础上提升哈佛服务国家和社会的能力，强化大学对国家和社会的责任意识与使命感。为造就民主社会的合格公民，1943年他任命12人委员会研究普通教育问题，为哈佛和整个美国的大学及中学制订新的普通教育计划。为显示世界名牌大学的广泛包容性，他坚持促进哈佛校园的民主化，从职工到学生，达到真正的多样化，营造良好的学校氛围。

科南特在任时期，哈佛大学先后经历了大萧条的经济困顿、纳粹集权主义的威胁、新政后的经济复苏、二战的冲击、麦卡锡主义（McCarthyism）的侵扰，以及战后与苏联的冷战。在为哈佛大学制订长远计划上，广泛的社会活动使科南特的决定更具战略性。他一边推行改革，一边应对多重挑战。首要的挑战是经济萧条带来的筹资困难，这致使很多改革举步维艰，如因校庆筹资锐减，奖学金项目和大学教授席位远未达到最初的设想。第二个挑战来自哈佛大学自身的传统惰性，在这所美国最古老的大学，每一次革新都可能因触动利益群体而"流产"，如实施"非升即走"政策的过程中，科南特承受着来自教师群体和学生群体的巨大压力。第三个挑战就是动荡的国内外局势，很多突发事件或重大潮流的转向都会冲击影响到哈佛大学的政策，虽然有时会带来发展的契机，但经常会使正在酝酿和推行的改革被迫中断，科南特能做的就是尽力创设良好的内部环境和外部环境，促进校内民主，协调大学与政府、企业界的关系，提升应对需求变化的能力。总之，按科南特最初的改革设想，虽然改革困难重重，但凭借其惊人的定力与非凡的驾驭复杂问题的能力，最终取得了良好的效果，推动着哈佛大学逐步从一所关注新英格兰贵族教育的地方学校发展成全国乃至世界范围的一流研究型大学。

---

① Amster J E. 1990. Meritocracy Ascendant: James Bryant Conant and the Cultivation of Talent. Dissertation, Harvard University: 73-74.

二、广泛的跨界服务

哈佛大学逐步走向强大的同时，科南特的视野也日益开阔，他开始广泛参与到外界事务中。"当意识到时代对激进行动与个人牺牲的召唤，科南特随即深度卷入三大热点领域，即联邦支持科学研究、政治服务和公共教育，从而塑造了此后多年的职业生涯。"①科南特的广泛服务在成就美国著名大学校长、教育家和政治家的同时，也推动了美国的教育变革与外交政策的转向，并加速了美国的科技军事化进程。

因哈佛校长的身份及其在高等教育领域的改革，科南特成为美国教育理事会"问题与规划委员会"的成员，担任美国大学协会的执行董事，得以与教育学教授和公立教育界人士密切交往、频繁互动，随着教育视野的不断拓展，1941 年 1 月他成为美国教育政策委员会（Educational Policies Commission，EPC）的骨干，负责召集全国教育领域的精英研讨与战争相关的教育问题。在三个时段，即1941—1946 年、1947—1950 年和 1957—1963 年，科南特一直担任教育政策委员会委员，协助委员会制定教育政策，在此期间他接触了更广泛的教育家群体，结识了一批著名的教育改革家，在与教育家群体的交往中，他开始深入了解公立学校改革的现实，对公立学校教育问题的敏感性也随之增强。

由于时代因素，科南特的教育思想始终基于三大需求：国家安全、社会稳定与经济繁荣。1940 年夏，他接受军事训练营协会领导的聘请，参与军事训练法案的起草，主张采纳普遍兵役制强化美国的军事力量。在起草法案的过程中，他充分感受到工程师和科学家对国家安全防卫的重要性。1941 年 5 月 4 日科南特在波士顿发表演讲《美国何时战斗》（*When Shall American Fight*），指出美国面临战争的压力，号召大学应立即行动起来。1942 年 5 月 12 日他公开发表《美国青年与战争》（*American Youth and the War*）一文，讨论战时人力资源问题，主张培养未来的军官。1943 年 1 月 10 日他为哈佛大学所有本科生发表演说《为自由而战》（*The Fight for Liberty*），分析世界和平所受的威胁，鼓励哈佛学子为自由而战。除了重视美国青年在储备人力资源和提供军事服务上的价值，他还关心青年就业问题。他担任总统青年就业委员会副主席，专门研究美国青年就业与社会稳定发展的关系。

科南特卷入联邦科研与政治始于一战，美国介入战争后他在克利夫兰的工厂研制大规模杀伤性毒气，当时"科南特作为陆军少校，参与顶级项目研究，期望

---

① Biebel C D. 1971. Politics，Pedagogues and Statesmanship James B. Conant and the Public Schools 1933-1948. Dissertation，University of Wisconsin：160.

通过毒气赢得战争"①。太平洋战争爆发后，科南特支持美国实施干预主义外交，主张积极反抗纳粹的军事侵略。1939 年 9 月，他以顶级科学家的身份与支持美国科学研究的最大私人慈善机构领导层交换意见，"希望尽快在全国范围内招募科学家，让他们挑起科学研究的大旗"②。美国尚未正式参战前，他写信给美国著名科学家布什（Vannevar Bush），希望布什为推动参战效力，他还与共和党领导人通信讨论参战的现实问题。1939 年 10 月，罗斯福总统成立代号为"S-11"的特别委员会，直接对总统负责开展原子弹研制的理论准备工作，委员会成员包括陆军部长史汀生（Henry Lewis Stimson）、科南特和布什，爱因斯坦担任委员会科学顾问，秘密启动了美国的曼哈顿计划。1940 年，希特勒在挪威等地的屠杀事件再次震惊科南特，他开始冲到干涉主义运动的最前线，呼吁成立支持盟军的美国国防研究委员会（National Defense Research Committee，NDRC）。1940 年 6 月在他与布什的督促下，罗斯福授权科南特召集成立国防研究委员会，任命布什为委员会主席，科南特管理与"炸弹、燃料、毒气、化学问题"相关的分部，负责与顶级教育研究中心签订合约，搜集 50 所领军大学在研究设备、现行具体研究项目、研究人员背景等方面的信息，为未来联邦资助科研与签订合同做前期准备，同时与英国研究分部保持联系，直接管辖美国设在伦敦的办公室，负责与英国领导层和科学家签订合同。国防研究委员会实质为联邦政府下设研究机构，以签订研究合同的方式将研究任务下放到大学或私营公司。国防研究委员会成立第一年与 41 所大学和研究机构、22 家公司签订了 200 多项科研合同，开启了美国大学、研究机构与政府签订合同承担军事研究任务的新时代，替代了一战期间科学家在大学之外另立实验室的做法。为研究开发原子能，1941 年 7 月布什请求罗斯福成立专门利用科技开发军事武器的执行机构——科学研究与开发办公室（Office of Scientific Research and Development，OSRD），该办公室是二战期间领导全国科学研究的总指挥部，科南特任办公室副主席与分部负责人，组织研制爆炸材料，并接任国防研究委员会主席。此后，科南特加入原子弹研究顾问委员会支持原子弹的研发，并成为原子能协会总顾问委员会宪章会员。曼哈顿计划负责人对科南特在原子弹研制中的贡献给予肯定："直到第一颗原子弹爆炸成功，科南特在监管原子弹研究方面一直发挥着重大作用。"③他还兼任曼哈顿地区的军事政策委员会主席，积极投身民用防卫研究工作，战争期间因美国

---

① Bird K. 1994. Harvard's cold warrior. The Nation：496.

② Hershberg J G. 1993. James B. Conant：Harvard to Hiroshima and the Making of the Nuclear Age. Stanford：Stanford University Press：117.

③ Preskill S L. 1984. Ranking from the Rubbish：Charles W. Eliot，James B. Conant and the Public School. Dissertation，University of Illinois at Urbana-Champaign：219.

天然橡胶匮乏，科南特主持研究人工合成橡胶。

除直接参与军事科研外，科南特还积极开展对政府要员的游说活动以影响外交政策。从 1940 年 5 月到 1941 年 12 月珍珠港事件爆发，他几乎成为罗斯福管理层与公众交流的关键媒介，以干涉主义者姿态加入了威廉·艾伦·怀特（William Allen White）的援助同盟国美国防御委员会（The Committee to Defend Ameria by Aiding the Allies），强调通过广播形式呼吁公众向政府官员施压，采取一切行动备战纳粹。在 1940—1941 年的学院演讲中，他再次重申欧洲战争对美国民主传统的威胁，断言"最糟糕的是集权主义的完全胜利"[①]。1941 年秋，他成为公开要求希特勒无条件投降的首位社会上层人士。除用演讲影响美国外交政策，他还采取其他方式讨论战争问题，作为科学辅助学习委员会（Committee on Scientific Aids to Learning）主席，在卡内基基金会资助下研究推进教师课堂技术的开发与应用，该委员会成员多为科技界的精英，在战争时期这些科学家身穿制服，服从军事管辖。在广泛的游说中，科南特积累了普遍的社会声望，哈佛大学的社会声誉与地位也随之提升。

战争年代，科南特与布什在科学研究办公室和国防研究委员会研究原子武器，文理学院院长保罗·巴克代理校长日常工作，1945 年被任命为教务长，辅佐科南特在哈佛继续指导或实施新的计划。美国参与二战后科南特成为原子武器时代的核心人物，重返哈佛后并没有停止外交与政治努力，虽推掉了原子能委员会主席职务，但继续担任新成立的国家委员会主席与国家科学基金会政策团主席，支持基础科学领域的研究，并冲到冷战前沿成为反对斯大林的冷战斗士。战后科南特的许多演讲和著作烙上了冷战的标记，如《分裂世界中的教育》（*Education in a Divided World*）、《教育与自由》（*Education and Liberty*）等。1951 年他通过国家广播公司发布《当前的危险》（*The Present Danger*），呼吁新形势下18～20 岁的青年提供义务军事服务，同时警示人们世界已进入混乱危险的周期，为筑起和平安全的长城，不仅要训练人力，还要生产至少领先一代的现代化新式武器。1947—1952 年科南特担任美国原子能委员会总顾问委员会的委员，兼美国科学促进会会长，协助设计并成立了美国国家科学基金会。

科南特及其同盟者的努力旨在劝说美国人摆脱孤立主义思维与外交策略，勇敢地承担全球责任，推动美国霸权的崛起。他能在教育界、政界和军事界取得显赫的社会地位，很大程度上得益于化学家和哈佛大学校长的身份，他承认"我是化学家的事实，很大程度上注定了我与国防研究委员会及巴鲁克委员会（Baruch

① Preskill S L. 1984. Ranking from the Rubbish: Charles W. Eliot, James B. Conant and the Public School. Dissertation, University of Illinois at Urbana-Champaign: 213.

Committee）的战时活动"[①]，具有特定声望的校长身份也有助于获得军事长官的认可。此外，罗斯福这位重量级的校友也促进了科南特的声名鹊起。自罗斯福当选总统，哈佛大学及其教授的声望直线上升，科南特及同事们得以与科技界大腕布什、奥本海默等合作，频繁出入白宫，与政界、科技界、军事界的显赫人物接触。在科南特的政治生涯中，除罗斯福总统外，他还服务了杜鲁门、艾森豪威尔和肯尼迪几届政府，是美国公认的政界、军事界和科学界的高效顾问之一。

第三节　从驻德大使到教育达人

任哈佛大学校长的 20 年间，科南特一面致力于哈佛大学的改革，一面为政府和社会各界提供优质高效的服务，赢得了广泛的社会声誉，获得各种荣誉、奖励和大量的公众关注。由于原子弹研制中的杰出表现，他获得美国总统奖，因在欧洲防卫方面的贡献又获得自由之家奖（Freedom House Award）。1951—1952 年他接受卡内基基金会资助，考察访问一系列英语国家，回国后将见闻与主张公之于众，出版成书《教育与自由》，探讨教育改革与民主制度之间的关系。此时经历了二战前后在教育政策委员会的历练，他已成长为美国一流的教育家和当之无愧的教育发言人。当时教育界能与科南特媲美的只有两人：哥伦比亚大学校长巴特勒（Nicholas Murray Butler）和芝加哥大学校长赫钦斯（Robert Maynard Hutchins）。1952 年 9 月美国《新闻周刊》封面故事将科南特封为"美国教育的头号人物"，认为他是政界的一匹黑马，正成为潜在的总统竞选者，"1951 年末的盖洛普调查显示，科南特位居艾森豪威尔之后排名第五"[②]。科南特在二战推动美国外交的经历，以及与苏联共产主义的战斗努力最终获得回报。1952 年末，他接受了艾森豪威尔的总统任命，出任战后美国第一位驻西德高级外交官，随着校长辞呈 1953 年 6 月生效，他从此离开了供职 20 年的哈佛大学。

一、短暂的外交生涯

科南特在美国危机委员会一直担任领导职务，坚持强化美国价值观并极力遏

---

① Conant J B. 1970. My Several Lives: Memoirs of a Social Inventor. New York: Harper & Row: 329.

② Gallup says Conant fifth behind 'Ike' in GOP Race, THC, Sept. 1951. Registration Issue.

制第三次世界大战的爆发。他在危机委员会的活动中展现出对外交事务的热衷，希望退休后担任外交职务。1953年又是一个不寻常的年份，这一年巴特勒校长去世，赫钦斯校长退休，科南特也离开校长岗位。他在1953年1月21日给朋友普西·伯里曼（Percy W. Bridgman）的信中表示："希望生前能在更艰巨的任务中大显身手。"①由于科南特曾反对联邦经费资助教会学校，主张二战结束后解除德国武装，因此得罪了部分利益集团，当艾森豪威尔提议他出任驻西德教育大使时遭到相当一部分人的抵制，尤其是麦卡锡议员的坚决反对，约翰·肯尼迪也迫于宗教压力不赞成他出任教育长官，但支持其提名为驻波恩高级外交官，最终科南特接受了这一任命。在科学领域合作多年的美国著名物理学家罗伯特·奥本海默（J. Robert Oppenheimer），针对科南特卸任校长开启外交生涯做出的第一反应是：科南特作为杰出的物理化学家，估计很难放弃某些东西去尝试更多不可能。然而，熟知科南特的人却认为，未来他在外交事务中取得成功才是顺理成章的事，尤其在帮助德国重建科学、教育和文化机构方面。

作为高级外交官，科南特要处理美国和苏联、英国、法国三个大国之间的关系，加强联邦德国与西方世界的沟通和联系。他的日常工作主要是与支持美国的西德官员建立密切关系，推动西德议会督促巴黎与波恩的和约尽快生效，承诺由美国负责西欧国家的统一和军备。虽然科南特及其他美国官员并未忘记二战中德国纳粹实施的大量暴行，但出于政治需要与利益权衡仍优先选择联合德国反对苏联，这一点充分表明美国一贯奉行实用主义外交策略。科南特在波恩的工作面临不少挑战，波恩城市虽小却是德国权力的腹地，他明显感到那里的政治斗争和行政压力远远超过主持哈佛教授会议，他将大部分精力用来拉拢西德总统阿登纳，说服他支持美国的战后部署。自1949年西德成立联邦共和国以来，阿登纳这位科隆前市长就成为西德头号政治人物。为避免可能出现的东西德国与两大阵营间的军事紧张，科南特一边应对西德通货膨胀、失业、难民及苏联问题，一边跟踪美国中央情报局在西德策划的大规模反苏活动。最棘手的工作就是督促波恩议会尽快批准1952年协约国签署的大量错综复杂的合约，帮助美国以最快的速度重新武装西德，政治使命将科南特推到了冷战的前沿。尽管西德很快摆脱战时管制，经济上得到一定程度的复苏，但与民主德国（简称东德）统一的前景并不明朗，华盛顿政府最坚定的外交使命就是尽快团结西欧各国，结成武装精良的资本主义阵营用以对抗苏联侵略。从这个意义上说，选择60岁的哈佛大学校长担任外交官，侧面反映了艾森豪威尔对德国文化重建的自信，他希望西德能重返国际

① Hershberg J G. 1993. James B. Conant: Harvard to Hiroshima and the Making of the Nuclear Age. Stanford: Stanford University Press：638.

社会，在智力和政治上获得西方各国的接纳。科南特虽骨子里崇尚德国教育和科技，但作为原子外交的核心人物与美国科学顾问委员会成员，他本人并不希望真正加强西德武装，对于这种矛盾忧虑，1955 年他在日记中写道："多么可笑！起初我们害怕德国重新武装，此时却又担心不会如此。"①

科南特作为美国驻西德的第一任大使，最初对联系西德并没太大把握。1953年 10 月 28 日他给国务卿杜勒斯（John Foster Dulles）写信："西德政治局势的基础太不稳定，新兴德国的政府组织难以取信于民，民众不相信未来国家军队的最高命令权会掌握在不知名的西德领导人手中……数月来最关键的问题是我们能否将西德和西方世界的政治、经济与军事结成一体。"②在科南特与艾森豪威尔、杜勒斯、北大西洋公约组织成员国的努力斡旋下，西部德国和美国虽未建立完全的互信，但西德总统阿登纳已开始接受美国的支持，逐步获得了美国白宫主导的国际社会的认可。

1955—1957 年初，科南特再次被艾森豪威尔任命为驻西德大使，负责加强西德和北大西洋公约组织的军事力量，维护西德未来的经济繁荣与政治稳定。到1956 年秋，他在西德共发表约 150 次演讲和 500 次非正式讲话，这些言论主要针对西德民众，活动安排如同美国总统竞选，他出访各地参加各类场合的仪式、剪彩、演出，视察难民及福利院，与商界、社会组织及教育团体成员交谈。无论在城市还是乡村，科南特最爱造访那里的学校，他总在讲话结束后主动与学生面对面互动。科南特离开西德后，他的一位同事告诉媒体，作为一名外交官他完全不必如此狂热。当然，这样做的确有效，即使科南特离开西德，人们也不会忘记其所做的努力和因此建立起来的公共关系。科南特在西德工作了四年，作为国家高级代表参加所有正式仪式和非正式的政治活动，责任的实质与范围包括负责管理占领区军事力量、提供外交领导和协调救济、处置德国战犯和必要设施的归还、与苏联早期分裂柏林的势力作斗争等，从托管阿登纳政府到与麦卡锡议员竞争，科南特挣扎于 50 年代许多棘手的外交问题与国内事务中。总体上讲，科南特的外交表现令人满意，但他本人觉得并不适应政治阴谋与大使名誉，他与主要交往对象的关系也不是很顺畅，如与其交往最密切的阿登纳总统及美国国务卿杜勒斯，两人都明显感觉科南特具有浓厚的学者习气，杜勒斯认为"科南特的问题就是本人太过自由主义"③。1955—1956 年，科南特开始谋划未来发展。1956 年 6 月 13

---

① Hershberg J G. 1993. James B. Conant: Harvard to Hiroshima and the Making of the Nuclear Age. Stanford: Stanford University Press：687.

② Hershberg J G. 1993. James B. Conant: Harvard to Hiroshima and the Making of the Nuclear Age. Stanford: Stanford University Press：650.

③ JFD. 1957. Memorandum of conversation with adenauer. FRUS（1955-1957），XXVI：280.

日，他会见了美国教育委员会主席克拉克·科尔（Clark Kerr），科尔希望他接替自己在委员会的工作，科南特没有答应。一直以来，卡内基基金会都在支持科南特在公共事业方面的工作，于是他给卡内基基金会主席加德纳（John W. Gardner）写信表达自己的想法，决定重返教育领域潜心研究美国的公立学校。

二、持久的教育关注

1956 年年底科南特回到美国，推掉了驻印度大使的再度任命。辞去高官显职时已年近 65 岁高龄，他没有沉浸在对自己辉煌过去的回忆中，也没有安享晚年退休的闲暇，在家庭变故和身体衰弱的双重压力下，毅然投身火热的公立教育改革运动。短短十年间，他组织调查了美国几百所中学、大学和学院，写出一系列轰动全国的教育报告，提出了无数切合实际的具体改革建议。科南特热衷研究公立教育基于两方面的原因：一方面为了寻找美国民主传统的动力源，期望公立学校发挥凝聚多元文化与形成民主共识的社会职能；另一方面，多年来通过开发天才来培养社会精英和科技精英的初衷始终困扰着他，他希望能在公立教育制度中探索两者结合的途径。1958 年，作为美国全国教育协会的主席，科南特策划主持了华盛顿地区的教育大会，主题是天才学生开发计划。1958 年 2 月在卡内基基金会的资助下出版会议报告《美国初中学术天才学生的鉴定与教育》（*The Identification and Education of the Academically Talented Student in the American Secondary School*）。科南特在报告前言中声明：报告将讨论占全国初中人口不足 1/5 的学生的教育问题，这主要基于美苏激烈的竞争形势，回应公众对培养科学家和工程师的热切期待。

接下来的 12 年里，科南特严格遵守研究与考察日程，与助手们一起走遍美国各州调研那里的学校和学院，会见大量学生、教师和管理者，搜集海量数据，并通过数百次讲话和多部专著、多个报告来表达他的观点，阐释他对教育制度革新的精准建议。为深入了解美国公立高中的办学现状，1957 年 2 月到 1958 年 10 月，科南特对美国高中展开大规模调查，1959 年根据调查结果发布报告《今日美国中学》（*The American High School Today*），提出了著名的改革公立高中的 21 条建议，在当时引起极大轰动，这一报告进一步巩固了科南特在公立教育领域的权威地位。报告特别推崇美国独一无二的综合中学模式，建议根据综合中学的标准规模合并学区来实施具体改革。科南特的调查报告为中学改革指明了方向，具有很强的可操作性，在苏联"卫星事件"激起的全国性批评与指责浪潮中，报告与改革建议如雪中送炭，为立志献身公立教育事业的人们提供了行动指南。以下数据展示了这位杰出高龄人士的艰辛努力：仅 1957 年 10 月到 1959 年 2 月，科南特共访问了 21 个州，参观了 50 多所学校，为约 70 000 多人发表演说 75 次以上，接受 50 次电视广播或媒体采访；1960 年他与职员又参观了另外 237 所学校，这些学校遍布美国 23 个州。在对公立中学的调查中，科南特明显感到在教育资源和教育效果方面，都市地区贫民窟与郊区的公立教育存在天壤之别。由于城市化进程中种族居住方式的变化，富裕白人逐渐远离市中心迁居市郊并形成条件优越的白人社区，郊区学校具有优越的经济条件与政治地位，与市中心相对贫穷的学校形成鲜明对比。于是科南特专门针对人口稠密的几个大都市的不同地区进行考察，比较市中心贫民窟与富裕市郊的学校，1961 年 9 月完成研究，发表《贫民窟与市郊：都市学校评析》（*Slums and Suburbs：Commentary on Schools in Metropolitan Areas*）（以下简称《贫民窟与市郊》），提出了相对温和的改进建议。科南特还针对初中教育进行考察，1960 年出版《给学校董事会的备忘录：初中年代的教育》（*Memorandum to School Boards：Education in the Junior High School Years*）（以下简称《初中年代的教育》），提出改革初中的具体建议。中学调查结束后，他开始对美国教师教育展开为期两年的调查，期间接受福特基金会资助到德国柏林协助建立教育学中心，与各界教育人士及官员接触，积累了丰富的实践经验。1963 年科南特发表《美国教师教育》（*The Education of American Teachers*）报告书，提出了改进公立教师教育的 27 条建议，成为指导当时美国教师教育改革的新方案之一。1967 年他再次对综合中学进行调查，考察先前建议的实施情况，出版《综合中学：献给热心公民的第二个报告》（*The Comprehensive High School：A Second Report to Interested Citizens*）。

继《今日美国中学》之后科南特很快扩大研究领域，话题的广泛性可从密集出版的著作或报告中得到体现，除上述主要报告外，他还主持出版了会议报告《美国中学学术天才学生的鉴定与教育》（*The Identification and Education of the Academically Talented Student in the American Secondary School*）（1958）、《儿童、父母和国家》（The Child, the Parent, and the State）（1959）等。作为美国教育的政治评论家，科南特非常关注教育政策的制定，1941 年起他开始参与教育政策委员会的工作，认识到教育政策是实施教育改革和完善教育制度的关键环节，1964 年出版专著《教育政策的制定》（*Shaping Educational Policy*），探讨美国高等教育与基础教育领域优化政策制定的程序与权力划分，呼吁加强州际合作和地方政府的责任，在维护地方分权教育体制的基础上，提出全国性教育政策形成的制度安排。科南特重视天才教育、职业教育及教育技术的应用，他参加并主持天才教育大会，指导总统青年就业委员会的工作，兼职卡内基基金会的教育电视委员会

（Commission on Educational Television）工作。热情的公众对科南特的报告与研究做出了积极回应，一方面说明卡内基基金会投资决策的英明，另一方面展示了科南特倾心教育的奉献精神。例如，《今日美国中学》虽阅读起来不够激动人心，但因其独特的视角与团队营销策略很快登上全国最畅销的书单排行榜，4年后的《美国教师教育》在出版不到 6 周时，销售量就超过 3.5 万册并长期列入畅销书单，到 1971 年 5 月，总销售量已超过 150 万册。报告的广泛传播与社会影响使科南特的各类邀约不断，他积极应对各类新闻采访及会议演讲，力求将自己的观点和建议清晰送达至广泛的受众群体。期间他获得了大量荣誉和奖励，直至扬名全美被誉为"美国公立教育的总检察长"及"美国公立教育的资深发言人"，他在 1968 年未出版的手稿中给自己定位为"自封的公立学校总检察长"。

除出版十几部考察报告和教育专著外，科南特发表的教育演讲和教育文章不计其数，从 1933 年发表在《学校与社会》（School and Society）杂志上的第一篇教育文章《献给哈佛大学新生的演讲》（Address to the Freshmen of Harvard University），到 1972 年 10 月最后一篇题为"为何完全的州资金支持不必扼杀地方学校董事会的权力"（Why Full State Funding Needn't Kill the Powers of Local School Boards）的文章刊登在《美国学校董事会杂志》（American School Board Journal）结束，教育始终是科南特关注的主题。晚年科南特开始反思自己一生的作为，1965—1969 年，应卡内基基金会之约从事自传写作，因健康状况与家庭琐事的干扰科南特不得不削减外事活动。1978 年去世前科南特仍参与公共事务，但自 1965 年后他开始减少社会活动，逐渐淡出公众视线。

第四节　科南特的性格特征与思想基础

性格是与社会相关度最高的人格特征，是一个人先天心理特性与后天影响有机结合形成的相对稳定的内部动力系统，是主体与环境互动的产物，决定着一个人的人生际遇，演绎着一个人的心路历程与行为模式。除新英格兰清教徒的血统基因外，科南特的性格与其家庭背景和早期经历密切相关，成年后的求学、就业及在各领域的打拼完美展现了他的性格特征，也见证了其社会思想与教育哲学萌生、发展、成熟、演变的全部轨迹。在丰富的生涯转换中，每一次社会重大事件及潜在社会潮流的转向，每一个关乎个人命运的质变及细微的量变，都直接影响和塑造着他的性格与观念体系，引导着他的行为选择。可以说，变幻的时代及丰富的人生阅历是科南特教育思想形成与演变的能量供应站，而特定的历史传统与时代背景反过来又成为制约与衡量其思想与实践效度的标尺。深入探究科南特的性格特征、思想来源及其广阔的活动背景，对个性丰富、思想庞杂、活动广泛的科南特来说显得尤为重要。

一、复杂的性格特征

科南特的性格具有双重性，一方面冷静、谦逊，另一方面躁动、激进。在科南特的生活中很多看似无法调和的事情集于一身，他是非常投入的学者，曾把实验室当成无可替代的理想工作场所，他同时又是参与了 20 世纪许多重大事件的政治家，与同时代的政治家、科学家、军界要员为伍，包括罗斯福、丘吉尔、杜鲁门、艾森豪威尔、艾奇逊、马歇尔、奥本海默、史汀生、拉比、布什、李普曼、内布尔、弗里斯托、麦克洛伊、阿登纳、杜勒斯等，在广泛的社会活动与私人交往中，科南特表现出异于一般学者的复杂性格。

1970 年科南特出版自传《我的几种生涯》（*My Several Lives*），人们对他的自传普遍感到失望，一位经历如此丰富的大人物，在长达 700 多页的自传中只透露了很少的个人信息。当时约翰·雷奥纳德（John Leonard）在《纽约时报》（*New York Times*）上总结说"丰满的人物，单调的自传"，并抱怨"这本自传，仿佛在另一个星球令人窒息的房间里写成……科南特先生没有认真考量，而只是像一位讣闻作家那样报道自己的一生"①。一位评论人员甚至怀疑科南特是否因阅读了太多委员会报告而影响到他的写作风格。其实自传风格正是科南特的性格展示，他非常反感人们写自传，若不是卡内基基金会督促，他绝不会写，他私下表示："我对人们写自传怀有一种强烈的偏见。"②也许科南特不愿回忆自己 1953 年离开哈佛大学成为艾森豪威尔政府驻德大使时所写的辞呈，拒绝表白个人主动离开哈佛大学从事外交活动的真正动机，毕竟作为大学生、硕士生、博士生、化学教授直至位及校长，科南特几乎在哈佛大学度过了他的整个成年期，他给自己不愿表白内心世界这样的理由："从不解释，因为你的朋友不需要，而你的敌人也绝不会相信。"③

---

① Hershberg J G. 1993. James B. Conant: Harvard to Hiroshima and the Making of the Nuclear Age. Stanford: Stanford University Press: 3.

② JBC. 1969. Notes on writing an autobiography. JBC PERP.

③ Hershberg J G. 1993. James B. Conant: Harvard to Hiroshima and the Making of the Nuclear Age. Stanford: Stanford University Press: 4.

　　科南特一生极力回避太多需要解释的事情，虽对历史来说这种悲观的言辞是一种危险，但却恰恰揭示了他的个人信条。人们在研究科南特教育哲学及其个人生活时这样评价："有些读过科南特《美国教师教育》一书的人声称，书中显然缺乏有关科南特个人及其社会教育哲学的内容，部分原因是他倾向于抵制个人信息公开化，希望人们关注讨论主题而不是他本人。尽管到1963年7月因各种职业领域的杰出表现，科南特获得总统自由奖章（Presidential Medal of Freedom），但直到那时他还没有写就一部自传。"① 就在离开哈佛大学之前，记者们蜂拥采访这位身材修长、容貌帅气的教育家，科南特戴着金属边框的眼镜，一脸灿烂的笑容，足以让那些企图透过他喜悦平静的外表捕捉其内心活动的记者们大失所望。1947年一位记者这样描写："科南特的面部表情友好而充满好奇，他谦虚的学者风范足以掩盖内心沸腾的骄傲、野心、反叛及对权力的渴望，这种野心人们无法想象。或者从另一个角度讲，外部表现又不可能完全掩饰其真实的内心。科南特是一位政治发言人，之前是一位大学校长，再之前是一名专业化学家，当然早在所有身份之前他是一名新英格兰人。面对这种正面强化，传记记者必须能从明显的事实中抓住得以慰藉的要素，因为科南特的话绝不是来自一时冲动，他的表达总有意图所指。"② 科南特非常谨慎，总是三思而后行，自传中他也隐藏了许多至高的机密，所写或所说的任何事都要权衡政治后果，就连儿子花几个小时企图让父亲谈一些敏感话题，如大学军事研究及哈佛校园冲突等，他也会置之不理。种种迹象表明，某种程度上科南特保守而谨慎。政治事务上他谨言慎行，但对科学却表现出非同寻常的民主宽容与对真理的虔敬服从。曾跟随科南特研究科学史的伯纳德·科恩（I. Bernard Cohen）认为，科南特具有天然的非凡品质，在与普通同事相处方面能做到平等相待，在研究问题时允许他人挑战自己。他服从真理，不是简单证明或坚持个人观点，也从不把自己看成位高权重的资深人士，而是用发自内心的友好与真诚影响青年学者，对任何学者哪怕是年轻的研究生来说，与科南特的合作总是激动人心和富有成效。

　　科南特谦和谨慎的原因是多方面的。首先，从家庭背景来看，他出身中产阶级家庭，生活在工人阶级居住的小镇，父亲只是一位雕版摄影师，政治地位上没有过多值得骄傲的地方，从祖上推算也不是真正的波士顿人，直到当上哈佛大学校长两年后他才出现在波士顿名人录中。因此，科南特非常重视个人奋斗，珍惜每一次个人发展的机会，只有谦和谨慎才能获得更多人的接纳，虽然小时候并未意识到何种性格更有益于个人发展，但随着生活中的一次次强化，他会不知不觉发展成一种倾向，进而成为影响行动和思维模式的个性心理特征。其次，从家庭

① Full H. 1967. Controversy in American Education. New York: The Macmillan Company: 6-7.

② Maloney R. 1947. James B. Conant-ambassador to the cosmos. Saturday Review of Literature 30（Dec. 6）: 15.

文化或遗传角度来看，科南特小时候的生活平静温馨，作为家中唯一的男孩儿深得父母和两个姐姐的宠爱，加上遗传了父亲的沉默寡言，受母亲关心政治与时事态度的影响，从小就谦和又富有责任感，这也是传统新英格兰人固有的美德。最后，也是最重要的，科南特本人承担的社会角色决定了他的性格走向。科南特的角色具有非常明显的政治意义，保密性很强，这也是他不愿公开个人信息的重要原因。例如，任哈佛大学校长时，在大学为战争服务、为国家军事研究和工业研究服务，大学培训政府工作人员，以及麦卡锡主义盛行时期的哈佛政策等方面，他一直保持谨慎态度，身为校长他深谙哈佛学术自由的传统，这些事件的过多披露势必会引起人们对大学功能的争议。担任外交官期间，作为美国利益在欧洲的代表，他的一言一行不仅代表个人立场，更代表美国的国际形象与核心利益，因此处于冷战时期并影响冷战结果的任何人都知道保持冷静和审时度势的重要性。在国家重大军事科技项目的研究工作中，更应保守秘密，因为保持军事与科技领先是未来国际竞争的法宝，他已预见到未来战争不再是地域争夺，而是科技竞争。苏联卫星发射事件在美国引起轩然大波，很多教育家、科学家及军事家惊慌失措，认为苏联教育已超美国，美国在冷战中明显处于劣势，强烈要求加强科学教育。科南特却非常冷静与自信，他致电艾森豪威尔总统："不久，那些如今在大学学习的人就要生活在洲际弹道导弹的时代，那时需要的不是更多的工程师和科学家，而是处变不惊、明智、勇于献身并有能力处理复杂问题的政治领袖，需要的不是更多的'爱因斯坦'，而是更多的'华盛顿'和'麦迪逊'。"[①]

科南特给人的印象更像一位冷静的智者，而事实上他也和同时代多数人一样，有一颗躁动激进的心。作为生活在城市化与工业化时代的美国人，他亲眼目睹了变化的魔力，把杰斐逊作为自己的政治偶像，视美国自由民主的传统如瑰宝，具有典型的美国拓荒者品质，边疆开拓的精神促使他一生不断在各个领域进行创造，当西部地理边疆消失，他和其他精进的美国人致力于开发智力边疆与科技边疆。所有实验室外获得的经历都在改变着科南特，他认为还有其他可以释放能量的地方，他小心珍藏着自己的野心，希望能在科学之外的领域大展宏图。从这个角度看，一定程度上是时代造就了科南特。在哈佛本科同学 25 周年聚会时科南特曾提到，"如果自己早生 25 年，他肯定会在某个实验室过着平静的生活，对相对无意义的实验室外的世界不会有多少或根本没有任何兴趣"[②]。

科南特不愿写自己的过去并非不重视历史，他一生都在研究历史，希望把美

---

① Hershberg J G. 1993. James B. Conant: Harvard to Hiroshima and the Making of the Nuclear Age. Stanford: Stanford University Press: 710.

② Hershberg J G. 1993. James B. Conant: Harvard to Hiroshima and the Making of the Nuclear Age. Stanford: Stanford University Press: 11.

国史作为普通教育的基本内容，也曾试图将自己在战争及曼哈顿计划中的细节记录下来，但广岛原子弹事件引起公众对科南特等人的指责，紧接着一系列重大事件的爆发，使科南特意识到解释和叙述过去毫无意义，他甚至认为对自己来说，"探究过去也许比毫无意义还要糟糕"①。二战与冷战成为透视当代美国革命性变革的窗口，科技、大学、政府与军事相互联系的强度发生质的飞跃，外交、教育、经济、社会、政治领域令人眼花缭乱的变革使科南特得以在各领域权力精英间活动。"在一个由世俗的技术专家和科学专家为混乱世纪强加理性与秩序的转折点，科南特体现了美国的时代精神。"②哈佛时期他是一位教育均等主义者，在恐慌和歇斯底里的年代发出勇敢、冷静、理性又富有远见的声音。他曾告诉总统科学顾问委员会成员乔治·基斯佳科夫斯基（George Kistiakowsky）自己不想再涉足国防科技，决心研究教育，但当1961年第二次柏林危机爆发、核战争阴影笼罩世界时，他又应邀担任国家安全委员会筹划委员会顾问，并亲赴柏林考察指导，这些都说明他依然热衷社会事务。

　　科南特有一颗不安分的心，他在自传中透露了任哈佛校长前的想法："我有三个愿望，首先成为美国化学家中的领军人物，然后成为哈佛校长，之后成为政府内阁成员，或许当上内政部长。"③这样看来，科南特基本实现了三大职业愿望，挑战这些角色本身就说明了他励精图治的勇敢精神及对权力与成功的渴望。科南特性格的复杂性导致人们对其性格的揭示也大相径庭，那些批评家包括一些合作者描写科南特是"严厉的、自负的、粗鲁的、毫无想象力的官僚主义者"④，科南特则自称"冷酷固执的新英格兰人"⑤。然而，他的朋友却认为他温文尔雅，具有杰出的创新能力，总是面带灿烂的笑容，融幽默、随意、善解人意于一身，很容易参与各种有意义的谈话。曾任科南特大使时期的年轻翻译、后来的历史学家罗伯特·塔克（Robert Tucker）认为，科南特"友好、幽默又不失体面"。科南特身材修长，看起来比实际年龄年轻许多，对很多人来说他是典型的新英格兰人，严肃的风度，学者的样貌，与他交流过的每个人都能看出他对知识的活力与热情，都能感受到他强大的气场及私下展现的活泼与幽默。

　　科南特的性格来自在皮博迪（Peabody）广场附近两层木屋（父亲1880年购置）里的生活，来自他的中学经历，在那里他邂逅了第一位科学导师，也来自世

　　① Hershberg J G. 1993. James B. Conant: Harvard to Hiroshima and the Making of the Nuclear Age. Stanford: Stanford University Press: 6.

　　②④⑤ Hershberg J G. 1993. James B. Conant: Harvard to Hiroshima and the Making of the Nuclear Age. Stanford: Stanford University Press: 9.

　　③ Conant J B. 1970. My Several Lives: Memoirs of a Social Inventor. New York: Harper & Row: 52.

纪之交飞速现代化的波士顿小镇。有时人们可以在科南特的早期生活中寻到其成年生活个性冲突的线索："强烈的求知欲与广泛的兴趣，对宗教和政治教条的怀疑与对权威的服从，对军事事务的狂热与对超凡才智的崇尚，严格的自律与极度的负责，对科技时代变革加速的敏锐以及渴望参与变革的热情。"[①] 从复杂的经历审阅科南特的性格，显然评价是综合多维的，其复杂性与他生活的多变的时代一样，令人难以琢磨。

二、深广的理论基础与多变的时代背景

科南特的性格是遗传与环境综合作用的结果，同样其思想基础也基于自身因素与生活背景。自身因素与性格相关，他的双重性格决定了他处理问题的妥协与折中。在对教育目标的追求上他表现出哲学上的实用主义和社会学中的现实主义（realism，有的译为唯实论）倾向，这是 20 世纪整个美国文化思潮的主流。"从皮尔斯开始到杜威达到顶峰的美国实用主义，与其说是一种哲学，不如说是美国文化的核心。"[②] 在美国人看来，实用主义是看待问题的方式和立场，而不仅仅是一种哲学派别，美国人的行为与政府运作具有明显的实用主义特征。"曾经担任美国国务卿的基辛格就认为实用主义是美国精神。"[③]科南特的进取和务实从实用主义哲学汲取了学术和实践的力量源泉。而且，美国的实用主义主要重视对现实社会的效用，不关注哲学命题中假定的永恒状态，这样在改造社会中表现出强烈的现实主义精神。"科南特好像不轻易陷入任何特定的意识形态阵营，他基本属于现实主义者，综合了理性主义和经验主义的传统。"[④] 作为科学家，他对教育的贡献还体现在对感觉现实主义（sense-realism）经验方法的运用。科南特深受实用主义哲学的影响，又带有明显的新英格兰清教主义色彩。杜威的社会学论述虽不够系统，但也可明显看出其思想的英国化，其思想的出发点是英格兰的自由主义传统，这与科南特不谋而合。科南特称自己为冷酷固执的新英格兰人，或"暴躁易怒的新英格兰人"[⑤]，而新英格兰人的典型特征就是移民始祖的清教主义，清教主义的核心即现实性与独立性，这是美国传统文化的精髓，因此有的美

---

① Hershberg J G. 1993. James B. Conant: Harvard to Hiroshima and the Making of the Nuclear Age. Stanford: Stanford University Press: 12-13.

②③ 黄明哲等. 1999. 梦想与尘世：二十世纪美国文化. 北京：东方出版社：60.

④ Weiss R M. 1969. The Conant Controversy in Teacher Education. New York：Random House：9.

⑤ Hershberg J G. 1993. James B. Conant: Harvard to Hiroshima and the Making of the Nuclear Age. Stanford: Stanford University Press: 9.

国学者认为是清教主义造就了美国①。科南特的教育思想与实践处处体现了对传统的尊重与对现实的关照，他尊重美国教育的传统与历史，珍视美国特有的公立教育制度，在教育上他把杰斐逊当成自己的偶像，将机会均等作为教育的政治目标。在重视杰斐逊精英教育的同时，科南特合理吸收安德鲁·杰克逊（Andrew Jackson）的政治民主思想，在教育中既强调扩大机会均等的范围，又关注现实社会对精英人才的需求。

科南特的思想并非一成不变，在不同的时代各有侧重，深受社会变迁的影响。他成长在经济急剧变革的社会，生活在世界政治风云变幻的时代，这些都明显成为其思想与行动的动因与参照，他的所思所为难以抹去时代的印痕，是美国传统文化与当时社会发展结合的产物。他出生在资本主义大发展的镀金时代，幼年记忆里留下社会急剧变革与边疆扩张的景象。"童年的经历，给这个男孩以可触知的、粗犷的边疆扩张精神。"② 他生长在进步主义时代，强调合作的新个人主义与传统的自由民主精神深深影响了他，这些都是自由竞争的资本主义经济的产物，自由、民主和竞争是其思想的主线。20 世纪 20 年代，在社会和政治上美国与哈佛处于保守主义鼎盛时期，科南特默默地发展了一种奇特的观点，"这种观点混合了科学的怀疑主义、詹姆斯的实用主义、威尔逊的自由主义和杰斐逊的理想主义。他的政治和社会哲学则倾向于谨慎的自由主义"③。20 世纪 30 年代，经历了繁荣进步的美国突然陷入旷日持久的经济危机，大面积经济萧条与社会失业，加上日益突出的种族问题，使美国陷入混乱，美国人民一度处于对前途的无望与恐惧中。与此同时，世界局势动荡不安，一战结束不久德国法西斯开始蔓延，1933 年希特勒掌握政权，开始了灭绝人性的种族压迫和民族侵略。科南特曾垂青德国高等教育，认为德国大学是真正自由研究的场所，他不明白这样一个高等教育如此发达的国家，竟成为产生集权统治的温床，是什么原因导致自由德国的灭亡？教育在其中到底扮演了什么角色？科南特认真思考着身边的历史，以使美国避免同样的灾难。他在演讲及《教育与自由》一书中对德国纳粹的兴起与衰落进行论述，他最担心社会失业与平等问题，认为失业是产生无产阶级的温床，社会不公平则会危及整个社会的稳定。欧洲局势的发展激起了科南特新英格兰贵族的奉献精神与神圣使命感，二战及战后与苏联阵营的对立让其看到了一个

---

① Flynn J S. 1920. The Influence of Puritanism on the Political and Religious Thought of the English. New York：Hardpress Publishing：100.

② Hershberg J G. 1993. James B. Conant：Harvard to Hiroshima and the Making of the Nuclear Age. Stanford：Stanford University Press：15.

③ Hershberg J G. 1993. James B. Conant：Harvard to Hiroshima and the Making of the Nuclear Age. Stanford：Stanford University Press：57.

被意识形态割裂的世界，他再也不安于隔绝在象牙塔中，安静地守在自己心爱的实验室里，而是走出来参与到更广阔的社会生活中。

世界局势不稳坚定了科南特维护自由美国国际地位的决心，国家需要成为美国公民优先考虑的事情，推动着科南特教育思想的发展演变。太平洋战争爆发彻底打破了美国偏安一隅、隔岸观火并从中渔利的梦想，为确立霸权地位，美国不得不参与到国际事务与反法西斯阵营中。在国内，经济危机爆发后，胡佛总统的措施未能抑制经济的进一步恶化，贫困和失业像幽灵一样困扰着国民，直到1933 年罗斯福上台开始新政，其国家资本主义策略很快见效，美国才逐渐走出危机阴影，经济日益复苏与繁荣。战争和工业对科技的催化与激励，促使美国科技尤其是军事科技发生质的飞跃。科南特对美国科技的发展和军事化起了很大的推动作用，他直接参与和主持国防科技研究，参与国会冷战政策的制定，这一切都与国内政治与国际局势息息相关。

除社会文化、政治、经济等环境因素，从当时的教育思潮看，科南特深受进步主义思想的影响，他承认教育对社会的改造作用，主张教育过程中应尊重学生需求，但反对简单的生活适应原则，强调教育内容有永恒不变的文化与价值观，又有服务民主生活的现代科学知识，主张在知识爆炸的时代注重教学内容的选择。他认为教育是一个社会过程，教育的目的是延续美国自由民主的制度。虽然不排斥进步主义的某些观点，但在具体教育主张上，他更倾向于要素主义教育流派，关于其流派归属与动态演变留待后文论述。事实上，科南特本人极不注重抽象的理论思辨，也不喜好单纯的派别之争，而是选择融合各派教育哲学或理论解决实际教育问题，从这一点来说，他应该属于典型的现实主义者。另外，科南特充分肯定心理学在教育中的作用，尤其是人才筛选机制依赖的儿童早期鉴定的各种心理测量手段，因此一些心理学研究成果也成为科南特教育测验主张的直接理论基础。他将教育测验看成实现人才鉴别与才学统治的理想工具，希望以此开发适合每个学生兴趣和智力条件的教育途径，并基于心理测量的分流给予恰当辅导与特殊的教育安排。最后，科南特自身的科学理性主义倾向和在工业实践中发展起来的现代企业效率观也影响了其教育管理风格与改革建议。科南特的性格、思想基础及其产生的特定历史条件，驱使他对教育的研究由宏观转向微观，以大视野综观全局，从小镜头透视细微。"他的贡献不在于他的抽象的理论架构，而在于他经过丰富实践而建立起来的教育现实观。"[①]

---

① 刘传德. 1993. 外国教育家评传精选. 北京：北京师范大学出版社：169.

第二章 | 资源困局中经营大学之道
——科南特的高等教育革新

> 纽约时报杂志谈到，"上任后的前半年，科南特致力于创建一所'新哈佛'，他不打算像劳威尔那样只做一名建设者，而是要做一名启动者和运营者，他要用最好的材料和最佳的工艺生产最优的教育产品"①。

科南特的教育研究历程始于哈佛，成于哈佛。对科南特及哈佛的观察家来说，科南特当选校长多少有些意外，因之前他并未发表过任何有关教育理念及改革意图的公开评论，而 1953 年提交校长辞呈时，他已然成为国家公认的顶级教育发言人，其主张不仅影响了美国的高等教育，也渗透至整个公立教育体系。因此，欲全面把握科南特参与教育改革的历史进程及思想演变轨迹，充分理解其教育思想的逻辑体系与实践特色，必须追溯到 1933 年，回到危机笼罩的哈佛校园。那时，与 20 年代的高歌猛进形成鲜明对比，纽约股市崩盘后的大萧条如阴霾蔽日久久不散，人们陷入普遍的焦虑与恐惧中，不确定性成为时代的主旋律。"30 年代的美国徘徊在两个极端：绝望与希冀、经济振荡与复苏、国际孤立主义与干涉主义。"②普遍的经济萧条恶化了哈佛的筹资环境，外部政局动荡尤其是战争与集权思想的威胁频频挑战着哈佛的学术生活。处在历史转折点的哈佛将何去何从，成为科南特及哈佛董事会必须思考与解决的现实问题。通过对内外部挑战与机遇的分析，科南特果断终结了劳威尔时期大搞建设的扩张式发展模式，在维持特定规模的基础上，开启了内涵提升的新道路，这是哈佛及当时很多大学应对挑战的必然选择。

---

① Morton K P. 2001. Making Harvard Modern: The Rise of American University. New York: Oxford University Press: 18.

② McInerney D D. 2008. The Education Legacy of James Bryant Conant. Dissertation, The State University of New Jersey: 43.

　　上任之初，科南特主要根据自己对大学管理的思考处理哈佛急需解决的矛盾问题，在经验主义和现实主义哲学指导下进行近乎应答式的革新，如同对待惯常的科学实验，他以诊断问题、解决问题的方式开局：一方面不断澄清大学的基本功能，确立人才强校的核心战略；另一方面优化整合学校资源，提升学科竞争力，制定普通教育课程，强化国家使命，全方位增强哈佛适应社会、服务社会的能力。在 1933 年开局之时，他瞄准人和钱的问题启动改革，到 1953 年卸任，哈佛大学基本实现了学术卓越与服务国家的两大战略目标。

第一节　国家奖学金——改革招生奖助制度

　　1933 年，科南特在波士顿哈佛俱乐部的发言中明确指出"实质上，一所大学就是一个人的集群"[①]。人是决定改革成败的核心要素，他将多年从工业实践中发展的效率观念及化学研究的定量分析方法创造性地应用于哈佛改革，聚焦选拔英才优化制度设计。1933 年 9 月，在第一次与董事会的会谈中科南特再次强调，大学急需的是人而不是楼宇。"欲强化哈佛和国家的未来，必须打破地域和经济界限，直接招收能代表大学学术水准的优秀学生。"[②]对于那些学术天才，"哈佛的角色就是发现、接纳和训练他们去承担领袖的责任与义务"[③]。为提高生源质量，科南特不顾筹资环境的持续恶化，大力改革招生奖助制度，设计并启动了广泛招揽天下英才的国家奖学金计划。

一、国家奖学金计划出台的背景

　　科南特对劳威尔改善学术条件和社会环境的努力持肯定态度，毕竟在哈佛大发展的特定时代劳威尔建立了可容纳足够人员的建筑与广泛的课程计划。同时，他从洛克菲勒大学创始人弗莱克斯纳（Simon Flexner）那里获悉了一条朴素的真

---

　　① Conant J B. 1933. Extract of a speech given before the Harvard Club of Boston. Presidential Papers，"Economics".

　　② McInerney D D. 2008. The Education Legacy of James Bryant Conant. Dissertation，The State University of New Jersey：52.

　　③ Amster J E. 1990. Meritocracy Ascendant：James Bryant Conant and the Cultivation of Talent. Dissertation，Harvard University：72.

理，那就是建立一所伟大的机构必须尽可能招纳最优秀的人才。正是以上科南特对大学使命的正确认识及完成使命的基本管理假设，成为董事会选择他担任哈佛校长的基本理由。科南特招募英才的主张与美国 20 世纪初学校教育大规模变革的刺激及 30 年代经济危机对哈佛的财政挑战息息相关，他一方面应对财政困局和生源数量、质量下滑的多重危机，另一方面借机向公众展示自己渐趋成熟的大学理念与哈佛大学发展愿景。

首先，在经济大萧条时期，通过改革招生获取支持是多数大学基本的生存法则。在经费充裕的 20 世纪 20 年代，哈佛的私人捐赠年均约 为 1000 万美元，劳威尔校长明智地建立起额外开支准备金制度用来弥补超出预算的经费支出，同时在花费方式上厉行节约。先期储备金基本保证了 30 年代初哈佛大学的正常支付能力，不必大幅削减教育项目开支，也不至于像其他大学那样被迫削减学术资助和降低教师工资来维持运转。但随着经济危机的持续加深，经费问题似乎短期内并无好转迹象，人们开始对哈佛能否长期保持正常的经济状态产生怀疑。1932—1933 年度，哈佛大学总货币捐赠从上一年度的 600 万美元断崖式减少到 380 万美元，财务亏损正耗尽劳威尔任校长时期的储备金，科南特不得不推行制度革新，努力使教育项目对广大校友及其他潜在捐赠者更具吸引力。除捐赠支持锐减，申请学生的数量与质量也双双下降，申请哈佛的学生数出现空缺，在校生磨损率逐年提高，学术声誉下降的风险陡然加大。当然，类似情况在其他大学早已发生。"1931 年秋，芝加哥大学新生中，超过 60% 的因经济原因离校。1930—1931 年度，斯坦福大学的毕业率也只有入学时的 54%，且一战后始终保持最高的学生磨损率。"[①]哈佛学生的高磨损率使科南特压力倍增，甚至很多同事开始认为，他在经济萧条的背景下接手问题缠身的哈佛，本身就是一个糟糕的选择。这样的情况也让人们更加怀念富裕的 20 年代，那时拥有充足的申请者，招生办公室讨论并制定了招生配额制以平衡生源，而当萧条来临，申请和完成学业的学生逐年减少，为了给那些被迫辍学、勉强维持和未来面临失业风险的学生找寻出路，科南特推出了募选奖励天才学生的资助策略。

其次，科南特资助天才学生也是为了更好地解决哈佛由来已久的区域保护问题。为照顾哈佛校友子弟及东北海岸家世显赫的孩子，哈佛招生规定了严格的地域限制。科南特发现，在高等教育阶段，来自大城市、小村镇和农村地区的学生数量分布极不均衡，这种不均衡在古老的哈佛尤为突出，按传统惯例，东北海岸预备学校家族显赫的子弟进入哈佛往往不太关注智力和能力水平的考核。科南特

---

① Levine D O. 1986. The American College and the Culture of Aspiration，1915-1940. Ithaca：Cornell University Press：189.

认为，这样不仅加剧了教育质量下滑的风险，而且长期下去将导致国家损失大量潜在的精英，哈佛要想成为真正伟大的国家大学，必须消除生源方面的地域保护主义弊端。在打破地域保护问题上，科南特不是第一位大学校长，早在 1910 年，劳威尔就注意到哈佛几乎不能吸引更多新英格兰地区以外的学生，他认为是学校招生考试制度出现了问题，于是引进新计划理顺入学测验设计，增加了阿利根尼斯（Alleghenies）西部各州学生的名额。从 1923 年开始，哈佛针对西部和南部地区中学毕业班的年级前 7 名学生实行免试入学。尽管劳威尔做了扩大招生范围的努力，但 1932—1933 年度来自北大西洋各州的学生数仍占新生总数的 2/3，且半数为本校子弟或亲属，科南特上任时该数据依旧保持在 2/3 以上。

最后，资助天才学生实质是科南特为实现教育功能所做的主动选择。他在研究杰斐逊的弗吉尼亚方案中得到启示，认为教育的重要功能之一就是招揽培养所有阶层的学术天才与有德之人。然而，受经济萧条影响，学费让许多家庭不堪重负，甚至边远中等富裕家庭也难以支付孩子完成四年学业的花费。之前，那些家庭条件一般的学生可在大学做兼职完成学业，如今大学财政紧缩，能够提供的兼职岗位越来越少，贫困学生通过打工维持学业的机会日渐渺茫，对奖学金的依赖程度空前提高。"科南特担心，任由这种情况发展，哈佛可能面临更大风险，以至于蜕化成仅为有支付能力的富人子弟提供教育的机构。"[1]按照他的观点，教育面临的最严峻挑战是既要培养民主社会的合格公民，又要造就未来的领袖人才，且"培养公民的教育势头强劲，往往忽视了开发天才的责任"[2]。1933 年他在校友俱乐部的讲话中指出，经济萧条加剧了天才的流失，应打破经济和区域界线，尽快锁定那些最有天赋的孩子，为其提供更多奖学金来改变哈佛学生的群体构成，从而最终打破特权因袭的招生传统，丰富大学教育的自由化元素，增强哈佛大学的储智功能。根据科南特的决策评估，哈佛扩张国家奖学金计划在当时是必要且急需的，目的在于稳固美国教育制度真正的民主根基。

二、国家奖学金计划的启动与实施

劳威尔在任时，哈佛鼓励本科生和研究生兼职实验室服务和教学辅助工作，通过学术成果竞争奖学金名额，这不仅能缓解部分学生的经济窘迫，还可锻炼学

---

[1]　Biebel C D. 1971. Politics，Pedagogues and Statesmanship James B. Conant and the Public Schools 1933-1948. Dissertation，University of Wisconsin：57.

[2]　Conant J B. 1935. The Function of the secondary school and college in educating for social and cultural leadership. School and Society，XL（1045）：7.

生的工作品质，提升其科研能力。科南特在本科和研究生时都曾获得学术方面的奖励，根据自身经验他认为聪慧的研究生有能力负责本科生的科学实验教学，提供研究助理服务。做化学教授时他也了解到，在通过提供助研岗位吸引和支持有前景的研究生方面，美国中西部各州尤其是加利福尼亚州的大学实践很成功，如果与这些学校进行激烈的招募竞争，哈佛必须扩展资助项目的覆盖范围，从本科生学院扩展到研究生部。按照传统，哈佛本科生学院资助学生有两种形式：一种是基于学术成绩优异的奖学金；另一种是为成绩不在第一梯队的贫困生提供援助和贷款。多数情况下补助和贷款按年度发放，数量控制在100～400美元，以资助优等学生为主。根据历史学家玛西亚·希诺特（Marcia Synnott）记载，"直到1930年，哈佛大学奖学金标准基本保持在300～500美元，最高时发放975美元，同时设补充性资助和贷款，额度在50～300美元不等"[①]。奖学金数额难以满足学生的基础开销，当时仅年度学费一项就高达400美元，加上医疗、食宿、交通、个人用品及书籍等费用，年生均花费最少1100美元。对真正困难的学生来说，奖学金可以说是杯水车薪，而且较高额度的奖学金惠及范围太过狭窄，仅有约7%的学生可获得500～1000美元的资助。科南特提出，奖学金计划的基本前提是获得者必须成绩优异，这样偏远地区无经济来源的孩子可凭借出色的成绩进入哈佛。大学为优秀学生发放国家奖学金并非没有先例，学费较低的学校和州立大学一直在帮助贫困的优秀学子，一些私立大学如耶鲁大学1928年也设立了针对某区域生源的奖学金，1936—1937年度分配给东部以外的6个地区每年30个资助名额，通过类似罗氏奖学金（Rhodes Scholarship）的评价标准进行招录。

　　科南特强化学生群体的努力体现了他在决策和意识形态假设方面的实用主义倾向。为顺利推行新的奖学金计划，他提前设计了成功治理的精巧程序："首先，确定政策，教育自己，从校内外权威专家那里获得可靠的事实；其次，确定和教育直接实施计划的负责人；最后说服公众支持该计划，认识其内在价值与重要性。"[②]当选校长前科南特曾提过资助天才的建议，该想法在董事会第一次会议上获得认同。他上任后随即召集院长和招生办公室负责人策划奖学金项目和招生程序，希望奖学金实际发放标准能根据学生的经济需要来确定，对完全无支付能力的学生提供足额补贴，对有部分支付能力的孩子可根据其自身优势给予相应补贴。通过秘密认定学生的经济情况后按比例增减浮动，可使受助者将关注点放在

① Amster J E. 1990. Meritocracy Ascendant：James Bryant Conant and the Cultivation of Talent. Dissertation，Harvard University：81.

② Biebel C D. 1971. Politics，Pedagogues and Statesmanship James B. Conant and the Public Schools 1933-1948. Dissertation，University of Wisconsin：53.

学术声誉上，而不致损害他们的自尊。科南特主张将学术奖学金扩展到研究生层次，覆盖所有学生，这不同于埃利奥特要求的最贫穷的学生也要缴纳部分学费，而是为贫困天才提供全额奖学金。

按照预设的治理程序，科南特首先确定并公开招募天才的政策，他用年度报告传递大学改革的重要信息，公开现行目标与主要决策。1933年冬，他在年度报告中首先廓清自己的社会和教育动机，表达更新学术项目的渴望，展现了对机会的充分肯定与推进改革的豪情。年度报告于1934年1月底公开发布，获得了报纸和教育杂志的广泛曝光。科南特认为机会必须基于个人成绩，教育组织的首要责任就是筛选天才。他一边在纽约哈佛俱乐部和中西部校友会宣传计划，一边认真准备西北地区五个州的试点工作，范围涉及印第安纳、俄亥俄、伊利诺伊、密歇根和威斯康星，他向公众表明哈佛作为一所国家大学，准备跨越地域与阶层藩篱募选吸纳全国最优秀的学子。政策基本确定后，科南特开始寻求方法支撑，他要求先期调查学生的经济支付能力，然后认定符合标准的竞争者，重组和提高现存资金利用率。重组奖学金相对简单，确定标准和评估手段难度较大。他很清楚科学精准的评估和预测是决定新制度能否成功的关键，"如果奖学金获得者现实表现太差，整个计划极有可能被废止"[1]，一旦制度失效，势必打乱通过招选英才提升哈佛学术竞争力的总体战略。考虑到公立高中培养质量的差异性，他认为完全依赖学校提供的学习记录并不可靠，应加强面试环节，寻求科学的学术测量工具。他开始加强自我学习和提升团队能力，由于劳威尔坚决反对目标性向测验，哈佛大学在该领域并无研发优势，为获得测试方面的权威知识，他以美国测验顶级权威专家的名义召集了一批顾问，其中哥伦比亚大学教育心理学家桑代克（E. L. Thorndike）功不可没。桑代克教授经常与科南特面谈，寄送一些最新开发的测验量表和成功测验样本，包括一战采用的陆军甲种测验（Army Alpha Test）、普林斯顿大学卡尔·布里格姆（Carl Brigham）教授的学术性向测验（Scholastic Aptitude Test，SAT）、哥伦比亚大学和斯坦福大学招生部门采用的目标智力测验案例等，他还要求哥伦比亚大学著名教育心理学家本·伍德（Ben D. Wood）及教育记录局和合作测试服务中心负责人为科南特提供目标测验的相关资料。1934年3月在给伍德的信中，科南特表达了自己对目标测试开发及成果使用的极大兴趣。在向专家获取最新知识的同时，他开始督促招生主管加强调研与学习，任命年轻的助理院长韦尔伯·本德（Wilbur Bender）和亨利·昌西（Henry Chauncey）深入研究相关材料，进一步评价和筛选哥伦比亚大学、耶鲁大学和普林斯顿大学所用方法的

---

① Preskill S L. 1984. Ranking from the Rubbish: Charles W. Eliot, James B. Conant and the Public School. Dissertation, University of Illinois at Urbana-Champaign: 191.

可行性与有效性。两人跑遍中西部进行广泛调研，到各地搜罗符合标准的天才学生，经调查验证最后得出结论：新的目标测验尤其是学术性向测验在分辨学生学业等级方面具有较高的可信度，对未来学术成功的预测精准度也处于合理水平，可将 SAT 与伍德开发的新测验结合起来，综合考量其他大学委员会的测验、学分绩点、班级排名、推荐和面试等情况，较为科学地选择学术精英。科南特鼓励教务长汉弗尔德（A. C. Hanford）亲自去各地招募天才学生，督促财务副校长约翰·洛厄斯（John Lowes）开拓奖学金经费来源。解决技术障碍后，他向所有愿意倾听的人推销这一计划，以获得更多校友、慈善团体、社会组织和广大公众的理解与支持。1934 年 5 月，他在哈佛俱乐部校友联席会上进一步施压，督促工作进展，指出 3 个月内已有 200 名学生申请，哈佛官方已开始重组奖学金项目，扩大基金数量，以便更多的州加入申请行列。科南特不断强化这一信息：该政策旨在促进美国教育体制的民主化，关系到国家的未来与福祉，热切期待获得外界的肯定性评价与支持。

三、国家奖学金计划的实施成效

科南特将智力水平与经济需要作为国家奖学金的发放依据，设立的第一年获资助的申请者覆盖西北五州，奖学金数额根据个人需求上下浮动。据 1934 年 10 月哈佛招生委员会统计，"除西北地区的五个州，艾奥瓦和密苏里等地的生源学校数开始增加，且 250 名申请奖学金的学生中 102 人符合招生标准，最后入学 45 名，其中 10 人获得国家奖学金，14 人获得其他形式的援助，21 人能自己支付"[①]。1934 年底，科南特督促成立奖学金委员会，建议在新生学期结束时由该委员会对受助学生进行评价，推荐大学后三年的奖学金分配标准，并建立奖学金组块开辟新项目，研究采纳特殊笔试与心理测验，在中西部地区试行五年最高 1200 美元的奖学金类别。科南特亲自考察所有学生的进步情况，每个季度检查他们的学术记录，他在第二年度这样评价第一组奖学金获得者的成绩："在新生学年中，根据学习记录和学院活动情况，所有奖学金获得者表现优异，将继续在大学二年级得到更新资助。"[②]第二年，哈佛大学扩展了奖学金项目，从西北地区扩招 11 名学生。

在年度报告中科南特指出了社会分层固化的现象，认为"美国地理边疆消

① Amster J E. 1990. Meritocracy Ascendant: James Bryant Conant and the Cultivation of Talent. Dissertation, Harvard University: 84.

② President's papers, 1934-1935. Press release.

失，19世纪的移民潮不会再现，国家工业化带来的剧烈变革今后也不可能再次发生，社会历史将进入相对稳定或固化的时期，由于强大的社会力量影响，多数最具潜力的年轻人会因地域和经济因素被迫进入预设的特定轨道"[1]。为缓解社会分层的固化，必须全力甄别这些优秀人才，根据其能力学识进行针对性的教育训练，使其从社会底层获得上升。科南特不断寻找机会争取社会支持，努力追加资金数额、扩大地域范围、增加生源学校数量。在1935—1936年的报告中，他提出项目应覆盖到研究生院和专业学院，从最初西北五州和后来四个邻州艾奥瓦、肯塔基、密苏里和田纳西，进一步扩展到路易斯安那、新墨西哥、加利福尼亚、华盛顿和俄勒冈五个州。显然，科南特将地域分布、成绩承诺、实际需求作为国家奖学金项目的三大基本原则。1936年校庆筹资300万美元，其中100万美元以上用于奖学金发放。"1936—1937年的学术年度里，大学新生和研究生一年级的奖学金数目达到31个，涵盖的州的数量及项目获得率成倍增加。"[2]其中，阿利根尼斯山脉以西12个州的奖学金数量达到总数的1/3，1937年哈佛生源在地域和社会阶层上逐渐达到均衡化。"1938—1940年，大约4%的本科生获得国家奖学金，其中65%以上以优等成绩毕业，超出学院总体优等生比例的四倍。"[3]科南特将奖学金项目扩展到全国，保证获得者具有杰出的学术背景、出色的个性品质与课外活动记录，他们大多来自中西部各州的公立学校，父母有销售员、军人、打字员、老师、工程师及其他中产阶级。

随着国家奖学金主张的传播，很多教育家开始将科南特视为有潜力的同行。1934年科南特接受两位名牌大学预备学校校长的邀请，在中部各州学院和中学协会（Middle States Association of College and Secondary Schools）会议上发言，倡导人们积极思考天才学生的教育问题，强调中学和大学培养社会领袖和文化领袖的功能。他认为：社会领袖受人尊敬不因某一专门智能的高低，而是具有诚实、智慧和处理人类问题的技巧；文化领袖范围比较宽泛，包括医生、律师、教师、作家、艺术家、工程师、投资人等，他们是影响整个国家思想行为的杰出人士。科南特通过各种手段持续教育说服公众，依靠年度报告、公开发言、信件等强化观点，重申选择、支持、教育天才符合国家的核心利益。1934年5月的《时代》杂志这样记述："在科南特的引领下，哈佛大学正成为捕获优秀人才的猎手，而不问猎物是来自波士顿后湾，还是西弗吉尼亚的波尔顿。"[4]

---

① President's report，1934-1935：8.

② New York Times，January 22，1937.

③ Harvard annual report，1938-1939：25.

④ Anonymous. 1934. Conant in Cambridge. Time，XXIII：25.

第二节　非升即走——打造学者型教师队伍

　　科南特通过改革招生政策吸引了全国范围的最强大脑，同时也在谋划如何为他们提供尽可能多的优质教育，策略之一就是打造高水平师资队伍。他对德国大学的教师晋升方式印象深刻，那里原则上不允许初级职位的教师在本校晋升，只能竞争其他大学的空缺职位，评价指标主要看发表的成果与演讲才能，这样不仅一所大学内个人之间存在竞争，大学之间也存在竞争，能有效激励教师充分发展学术与教学才能，避免出现庸才充斥的现象。德国大学的教师聘任制度为科南特提供了原型参照，"科南特坚持任用经验丰富的研究者，是他 1925 年参观德国大学制度的收获之一"[①]。校长选举前他在与董事会成员的谈话中已明确表示："如果我成为哈佛大学校长，头等大事就是教师任命。"[②]

一、哈佛大学教师队伍面临的挑战

　　劳威尔校长崇尚英国大学模式，致力于改善本科生生活质量与学习环境，认为大学教师应具有温文尔雅的英国学者风范，充满个人魅力和富有启发性，不应以服务追求学问的研究生为主要目的。他将英国牛津大学、剑桥大学实行的导师制引入哈佛，招聘大量年轻讲师从事学生辅导工作，这些人由于起点较低和工作性质等原因，专业上缺乏后劲，难以获得永久职位，长期以来累积了大量平庸教师，导致某些系临时职位的年轻人数量庞大。任化学系教授时，科南特已经明显察觉到哈佛大学教师质量总体下滑的趋势，认为劳威尔的教师政策"与哈佛追求学术卓越的目标背道而驰"[③]，主张永久职位的全职教授应是优秀的教师，但也必须是科研领域有声望的学者。劳威尔的政策使教师队伍的年龄结构与职称结构严重失衡，对哈佛学术竞争力的不利影响逐渐显现。例如，社会学研究方面，哈佛大学已无法与芝加

---

　　① Preskill S L. 1984. Ranking from the Rubbish: Charles W. Eliot, James B. Conant and the Public School. Dissertation, University of Illinois at Urbana-Champaign: 181.

　　② JBC to Harvard Club of Boston, in JBC to Harold H. Burbank, Dec. 6, 1933, "Economics", Box 5.

　　③ Preskill S L. 1984. Ranking from the Rubbish: Charles W. Eliot, James B. Conant and the Public School. Dissertation, University of Illinois at Urbana-Champaign: 182.

哥大学和哥伦比亚大学相比，1925 年哈佛的文科教育也开始落后于芝加哥大学。科南特上任时，学术研究方面，哈佛大学的教师水平略逊于与其实力相当的芝加哥大学与哥伦比亚大学的教师水平，当时哈佛大学的诺贝尔奖得主仅一位，就是科南特的岳父理查兹教授，芝加哥大学有三位。"1925 年的调查显示，全国范围内顶尖文科课程评比中，哈佛大学已落后芝加哥大学位居第二，而在 1910 年哈佛大学还是第一。"①卡内基基金会主席弗雷德里克·凯珀尔（Frederick Keppel）报道了1934 年人们的普遍看法：哈佛大学仍是第一，但不再是称职的第一，美国最大的一所大学（无疑指芝加哥大学）正成为领跑者，在学术上进入巅峰时期。

　　教师队伍在年龄、职称结构上的不合理及教师评价对科研能力的忽视，不仅限制了哈佛学术水平的上升，也因年轻教师数量庞大，在经济受限的年代没有更多职位空间招纳补充新人，与其他大学相比，哈佛竞争紧缺人才的能力不断下降。科南特指出，哈佛大学的标准工资、教学、科研水平与其他大学日益增长的吸引力，导致"在其他大学及研究所中，吸引紧缺人才变得日益困难"②。财务副校长约翰·洛厄斯不断提醒科南特，哈佛大学当前面临严重的财务拮据，捐赠收入出现断崖式下跌。文理学院教师的年龄与级别分布报表显示：1924—1925 年度与 1934—1935 年度相比，非永久性职位晋升人数从 1/3 跃升到一半以上，在人文和社会学系讲师比例高达 60% 以上，经济学系的雷蒙德·沃尔什（Raymond Walsh）和艾伦·斯威齐（Alan R. Sweezy）任年度讲师长达 6 年不能晋升。洛厄斯曾对科南特说："决定大学未来的最有效的因素是人而不是美元。"③科南特意识到问题的严重性与改革的紧迫性，决定从选聘人的问题上找到解决途径。之前董事会考察科南特对哈佛改革的看法时，他态度非常坚定，要求大学校长必须是杰出学者，公开批评劳威尔在提升哈佛学术水平方面的管理失败，表达对教师改革的看法："关于选择文理教师的标准，我有种种疑虑，我要表达的是每个永久职位只应授予出色的学者和教师。"④虽推崇德国大学的教师晋升机制，但因前任校长热衷于英国大学管理模式，于是在 1933 年 5 月 8 日被确定为校长人选后，科南特赴欧考察英国的大学。通过近半年的考察，他发现英国的学院结构与管理模式是适应英国社会制度的产物，与美国社会匹配度相差甚远，根本无法在哈佛复制。对英国大学的考察之旅坚定了科南特改变教师群体的决心，他要让哈佛大学最优秀的教师得到晋升，并努力将全国最杰出的学者吸引到哈佛大学来。

① Conant J B. 1934. Acceptance address American institute of chemists. Conant papers，speeches.
② Lipset M，Riesman D. 1975. Education and Politics at Harvard. New York：Mcgraw-Hill Book Company：153.
③ Conant J B. 1970. My Several Lives：Memoirs of a Social Inventor. New York：Harper & Row：159.
④ Conant J B. 1970. My Several Lives：Memoirs of a Social Inventor. New York：Harper & Row：157.

二、"非升即走"政策的出台

上任第一个月，科南特开始制定贯穿整个任期的基本方针，与其渐进完善的奖学金政策形成鲜明对比，在提升教师质量的策略推进上，他在整个任期内都表现得非常坚定。他经常谈论如何在短期内对哈佛的优秀年轻教师进行分类筛选和竞争淘汰，增强教师队伍更新换代的能力，毕竟现有教师中只有少数能成为卓越的教师与学者，他不允许哈佛在经济萧条年代成为保护年轻教师不思进取的避风港，表示"在经济萧条期保留平庸之人是错误的仁慈，大学有责任为有前途的人提供展示价值的机会，从而使最优秀的教师升到顶端"[①]。他发现哈佛已有大批年度讲师超出四年的预定期限，而教授席位的捐赠又无法满足晋升需求，当时文理学院共有102个终身教职，只有9个席位的工资能得到半数以上捐赠。为控制教授席位以节约开支，他提出一名教师仅具有教学能力不足以作为保留或晋升的资本，还必须同时是一位多产的学者。在教师聘任问题上，科南特实质在引导一个步骤或程序，不是在经济窘境中暂时姑息迁就，而是欲将哈佛塑造成大师云集的典范。其他大学多采用缩编和降薪的方法应对危机，他却依托晋升聘任制度改革与教师展开斗争，"充分展示了萧条年代雄心勃勃的校长为目标高远的大学提高质量与降低成本所做的努力"[②]。他在首个年度报告中声称，哈佛大学的未来完全取决于获取高水准师生的能力。出色的指导能力和讲授能力对年轻人晋升的确重要，但不足以保证其在哈佛获得永久职位。"1936年，在教学科研皆优秀的目标追求与哈佛收入骤然下跌的双重驱动下，科南特启动了极具争议的'非升即走'教师晋升政策。"[③]既然太多的学生导师、讲师、助教都想获取永久职位，就必须对其任期进行严格规定与考核。他与董事会提出要求，一名教师如果任初级职位3~4年没有得到晋升，将进入2年的终结性任命评估期，若2年评估期过后仍未晋升，则必须离开哈佛另谋高就，这种限期内不能晋升必须辞职的做法被称为"非升即走"。

与劳威尔不同，科南特干预文理学院的每一次教师任命，他要求现任院长默多克对初级职位的教师进行严格的考评和筛选淘汰，考虑到年度任命，他在给默多克的信中说："四年后任何年度任命与续聘推荐都需经过最严格的审查，除个别特例外均有被否决的可能。"[④]淘汰程序开始后，默多克寄来了大量各系任命晋

①　Conant J B. 1970. My Several Lives：Memoirs of a Social Inventor. New York：Harper & Row：157.

②　Hofstadter R，Metzger W P. 1955. Academic Freedom in the United States. New York：Columbia University Press：480-487.

③　Preskill S L. 1984. Ranking from the Rubbish：Charles W. Eliot，James B. Conant and the Public School. Dissertation，University of Illinois at Urbana-Champaign：187.

④　James Bryant Conant to Kenneth Murdock. President's papers，1933-1934.

升的评价信件，力求满足科南特的晋升要求，并在一年后向科南特去函："今年四月我们讨论了英语系年轻人换血的必要性，正如您所了解的，如今已成功淘汰那些共事多年却没有光明前途的教师。"①科南特启动的政策逐步引导各系年轻教师的专业发展和职务晋升步入正轨。除解决年龄与职称结构问题外，针对教师队伍的近亲繁殖，科南特主要依托从校外吸纳优秀人才，他首先启动对小系的调查，如化学系和历史系，评价其近亲繁殖问题。"1936年，据他估算，50%的历史教师在哈佛取得本科学位，60%的在哈佛获得博士学位；化学系30%的教师本科毕业于哈佛，46%在哈佛获得博士学位。"②为吸引欧洲逃离战乱和其他大学离职的优秀学者，他插手终身职位晋升的同时强力干涉新教师的选聘，希望招揽全国甚至全世界的一流专业人才，他给各领域的著名专家学者写信，咨询招聘贤才的来源与途径。他给牛津大学林肯学院西奇威克（N. V. Sidgwick）博士写信："如果可能，我宁愿挖到两三位世界顶尖的物理学家，说服他们放弃现有的工作。"③他给美国内务部欧内斯特·格伦（Ernest Gruening）写信："我对您说的社会学系非常感兴趣，大学应拥有最好的社会学系，问题是什么样的人能为之增光添彩。"④从约翰·杜威到李普曼他专门单独征求意见，寻求帮助以搜罗各领域的杰出人士，他将搜集到的信息填入各系卷宗，综合考虑校外多方评价及本校教师的推荐定夺中意的专家人选。

科南特选聘人才的风格在法学教授保罗·弗兰德（Paul Freund）对历史学家诺顿·斯密斯（Richard Norton Smith）讲述的奇闻轶事中有所透露，一次，费利克斯·弗兰克福特（Felix Frankfurter）拜访科南特，讨论法学院教师罗斯科·庞德（Roscoe Pound）的重新安置问题，他建议科南特在寻求新人提高教师队伍总体质量时，最好事先考察一下学院的总体需求，科南特立即打断他的话并解释说，"问题的分歧在于庞德是一位律师，习惯从一般到个别，而自己是一名科学家，追求从个别到一般"⑤。

三、"非升即走"政策引起的争议与实施效果

虽然科南特对改革教师队伍充满信心，希望以此为教师队伍注入新的活力，

---

① Murdock K to Conant J B.President's papers，1933-1934.

② Lipset M，Riesman D. 1975. Education and Politics at Harvard. New York：Mcgraw-Hill Book Company：300.

③ James Bryant Conant to Dr. N. V. Sidgwick. 1934. President's papers，1934-1935.

④ James Bryant Conant to Ernest Gruening. President's papers，1934-1935.

⑤ Smith R N. 1986. The Harvard Century：The Making of University to a Nation. New York：Simon and Schuster：121.

但因资金限制与机构惰性，改革中不仅遇到了经济困难，也遭到了部分校友和在校师生的强烈反对，尤其是在一些实力派教师与学者充裕的系部，做出晋升一些教师而解雇其他人的决定并非易事。十年间，"非升即走"政策带来的不确定性加剧了哈佛校园的紧张气氛，该政策不仅激起解雇教师的不满，还招来了学生群体的抗议，很多学生认为优质的教学不能不公平地屈服于科研。面对这些阻挠，科南特始终坚持"教学和科研同等重要，实施'非升即走'政策虽然痛苦，但确实是提升教师整体质量的有效手段"①。

　　科南特在晋升聘任程序中的一些激进做法，很容易被认为是独裁、武断甚至肤浅的表现。他对教师晋升的最终裁决，往往不参考整个系或一些资深教授的观点，而只采纳个别人的建议，这一点激怒了部分教师。例如，在任命医学院新院长时，他没有充分尊重全体教职工的意见，当否决一位已在自己系一致通过的讲师后开始引起一些人的反感，"他还曾一次性否决了十几位英语讲师的任命，从而导致更激烈的反抗"②。无论初级职位的教师群体，还是资深教师，对该政策都表现出明显的恐慌和焦虑，他们感到教师的学术权力正逐渐被行政权力侵蚀。最终"非升即走"政策在解雇经济系两位教师的问题上进一步激化矛盾，教师的不满和抗议达到顶峰。1936年，科南特任命数学家乔治·博科夫（George Birkoff）为文理学院院长，推行激进的"非升即走"政策。1937年根据教学和学术能力同等重要的裁定标准，年轻经济学家沃尔什和斯威齐虽在学生中很受欢迎，也被认为是称职甚至不错的教师及教师联合会成员，但因科研成果寥寥无几，最终晋升裁定被否决，两人遭到解雇。显然两位经济学教师未能继续留任主要"源自科南特严格执行哈佛教师聘任和晋升程序，以及经济危机给哈佛带来的财务压力的双重影响"③，但对教师本人和学生群体而言，他们有权利质疑新的人事政策实施的公平性，怀疑裁定时受到了政治观点的左右，由于两位教师都是社会主义者，因此认为解雇裁定与其社会学说和经济立场有关。当教师反抗接二连三地发生，"非升即走"政策再次遭到审查，最终在1937年酿成一场危机，科南特不得不召集9位资深教授组建教师专门委员会处理争议事件。大学教师联合会将长达15页的备忘录印发给委员会成员，要求调查经济系两位教师的解雇事件，当时9位资深教授包括：法学家梅里克·杜德（E. Merrick Dodd）和弗兰克福特，化学家科勒，历史学家埃德蒙·摩根（Edmund M. Morgan）、默多克、莫里森与亚瑟·施莱辛格（Arthur M. Schlesinger），哲学家拉尔夫·佩里（Ralph

---

① Harvard annual report，1938-1939：14-16.

② Henry F. 1936. Pringle. New Yorker，Ⅻ：25.

③ Lipset M，Riesman D. 1975. Education and Politics at Harvard. New York：Mcgraw-Hill Book Company：164.

Barton Perry)，天文学家哈罗·沙普利（Harlow Shapley）。后来科勒去世，历史学家威廉·弗格森（W. S. Ferguson）代替离职的莫里森，他们就是后人熟知的考察教师任命的八人委员会成员。在这次任命事件中，141 名初级教师联名表达对科南特管理行为的忧虑，要求这些资深教授给予明确答复。委员会成员施莱辛格认为，科南特紧急任命教师专门委员会全权负责审查校长的常规任命，实际是屈尊的明确证据，最后通过公开调查，委员会成员一致认定两位经济学教师的解雇并未受到政治观点的影响，于是批准了解雇裁定。

由于 1937—1939 年导致的教师冲突，教师专门委员会建议"非升即走"政策应缓步慢走，给那些晋升竞争者更多时间去展现能力。然而，委员会的多数建议被科南特否决，这导致了局势的进一步紧张，教师们企图从校长手里夺取教师任命权，他们酝酿采取行动争取教师在大学管理中的主导权。1939 年，为安抚教师情绪，科南特任命弗格森为文理学院院长更新完善教师淘汰程序。随着教师不满情绪日益膨胀，他采纳了商学院院长华莱士·多纳姆（Wallace B. Donham）的建议，决定在大会上向教师公开道歉，承认任命晋升行动给教师带来了困扰，自己应承担目前紧张局势的主要责任，但谈到任命教师专门委员会考察管理的问题，他指出该行动对哈佛的未来至关重要。迟来的道歉固然为教师聘任带来一丝人性化暖意，然而他与董事会始终没有放弃教师的最终任命权。其实，教师持续上升的焦虑与不满不仅仅是因为激进的聘任政策，还缘于在经济萧条背景下遭到解雇的同事们离开哈佛后，很难找到替代性的就业机会。直到参与二战，美国才终止了大萧条带来的贫困，为哈佛财务解困迎来新的曙光。

科南特指出，激进的教师政策理论上借鉴了德国大学的教师管理模式，改革方针确定时得到了董事会的一致认同，行动中也得到董事会成员的大力支持。对于危机时代的哈佛改革，科南特行为的合理性可从他与董事会成员格伦维尔·克拉克（Grenville Clark）与查尔斯·柯立芝（Charles A. Coolidge）的来往信函中得到求证。克拉克对科南特提供了实质性的帮助，他从三方面清晰解释科南特的政策："第一，针对近些年的实际情况，必须大量减少指导教师和从事系部事务的年轻人的数量；第二，年轻人的未来必须导向哈佛以外的职位，每一次可能的机制调整都应使其在哈佛大学停留的时间缩短，停留期间尽可能多出成果；第三，在全体教师中实行特事特办，如果教师在其年龄组最优秀，可在哈佛大学或到其他地方，也可离开后再被召回到哈佛大学。"[①]柯立芝的努力主要是使科南特的政策获取支持，他广泛游说，仔细征询各方意见，在信中强烈建议科南特修正管理风

---

① 1938. J. B. Conant to Grenville Clark. President's papers，1937-1938.

格，与资深教师共同决策，加强与教师的沟通，巩固个人形象。柯立芝还告诫科南特暂时减缓淘汰速度，至少在采取进一步行动前与系里重要人物进行充分讨论与沟通，争取获得完全的认同，要不断向权威人士征询解决年轻教师问题的建议，并不定期公开强化这样的事实：不能晋升的年轻人必须离开。虽然，科南特公开道歉后一定程度上获得了教师们的谅解，但他们并未感到在与一位建设性的合作者打交道，科南特更像一个为了哈佛的荣耀而试图独自行动的管理者。

科南特对教师的重要性认识深刻，清楚哈佛大学若缺少最优秀的人才，就会失去对抗未来黑暗的信心，认为"大学乃大师荟萃之地，若大学拥有一流教授，则必是最优秀的大学"①。教师专门委员会的设立使晋升程序得到完善，这样可根据正规考察和系内投票，由委员会考察各系的晋升推荐，然后交由校长和大学董事会定夺，既可兼顾教学与科研的双重标准，又给各系留出一定的权力空间，使之根据自己系的学科特点，规定差异化的聘任依据。总之，教师专门委员会行动的基本原则是重视科研、保证聘任标准与程序的公平合理，使最有发展前途的教师学者脱颖而出。科南特借助教师专门委员会的管理模式，保证了人事政策的协调、理性与客观，依靠委员会的常规性审查及对大学晋升和任命决策的支持性论证，有效缓解了校长的行政压力。科南特与教师专门委员会为哈佛制定的一系列晋升程序和任命标准一直沿用至今。

科南特始终认为，哈佛大学之所以伟大，仰赖于学术大师，而不是华丽的建筑，一流的师资队伍才是立校之本，是保证教学质量与科研成果的基础。他主张在教学与研究之间不应存在明确的分界，教师不应被分割成两个互不相关的群体，即教学群体和研究群体。大学教师作为各领域传播前沿知识的学者，既要保持前人学术思想的传承，即保存知识和传授知识，又要在各自的专业领域发展创造知识，二者同等重要，应将学术研究精神渗透于教学过程之中。因此，"科南特从就任哈佛大学校长的那一天起，就一直致力于在教学和科研之间寻求一个恰当的平衡"②。由于劳威尔时期过分重视教学，科南特的改革重点自然倾向于提高科研能力，虽有过度重视科研之嫌，但他始终坚持二者是相互促进、相互统一的关系。1945 年，针对哈佛教师专门委员会制度，新经济学派的阿尔文·约翰逊（Alvin Johnson）告诉科南特："我认为，在现代大学教育发展进程中，您发明的专门委员会做法是最重要的一步……它会开启学术繁荣的大门……"③坚持

---

① Lipset M, Riesman D. 1975. Education and Politics at Harvard. New York: Mcgraw-Hill Book Company: 154-155.

② 王飞雪，孟繁文. 2003. 康南特的教育思想及启示. 天津师范大学学报（社会科学版），(4)：77.

③ Morton K P. 2001. Making Harvard Modern: The Rise of American University. New York: Oxford University Press：70.

教师晋升的学术标准、限制教授职位和实施"非升即走"政策，最终使那些学术业绩平平的教师要么限期内提高水平，要么被淘汰出局，保证了哈佛教授皆为本专业、本学科的学术带头人或知名学者，不仅提高了教师队伍的整体素质，也营造了自由竞争、积极奋进的学术氛围。"评价哈佛大学 30 年代人事政策上的激烈论争，认识到改革的精髓至关重要，科南特和许多教师认为，这些政策是在极力寻求提高教师学术质量的方式。"①值得注意的是，不同于当时其他大学应对危机的做法，科南特在采用严苛的聘任制度的同时并未削减教师薪金，即使危机期间教师工资也一直处于缓慢增长态势，加上对资深学者的优惠政策，哈佛大学聚集了大批专家与有前途的青年学者。1953 年科南特离任时，评估哈佛的学术影响力，基本实现了他上任之初追求学术卓越的期望与才学统治的梦想，这在很大程度上应归功于科南特的国家奖学金政策与教师聘任制改革。

第三节　资源整合——推动学科交叉融合

通过设立国家奖学金和实施"非升即走"的教师聘任制度，哈佛大学招揽汇聚了更多天才学生与优秀教师，但是按科南特预设的管理程式，有了最好的原料，须有最佳的工艺，才能生产最优的产品。在资源受限的年代，如何最大限度地利用现有人力、物力资源，短期内将哈佛打造成学术领先并能承担国家使命的教育机构，是科南特与董事会管理革新的重要内容。科南特认为，当人口发展基本稳定，资金匮乏成为常态，大学依靠扩大校园和师生规模的做法已非明智之举，于是在首个年度报告中他提出了"重点强化内涵，而不是扩张招生"②的发展策略。作为在多个领域成就斐然的科学家，他非常清楚知识融合的价值，对日渐高筑的知识壁垒深表忧虑，指出"在科学研究和在对人的管理活动中存在一个共同的现实问题，那就是称职的战术家很多，却鲜有能干的战略家"③。科南特认为，过细的专业化将阻碍科研进步与人才培养质量的提高，自己有责任也有必要进行管理革新，持续推进本科生院、研究生院及专业学院间的合作，以抵制专

---

① Lipset M，Riesman D. 1975. Education and Politics at Harvard. New York：Mcgraw-Hill Book Company：167.

② Harvard annual report，1936-1937：1-2.

③ Conant J B. Free inquiry or dogma. Atlantic Monthly：441.

业活动持续分化在大学内部产生的离心力。"无论何时，只要有机会，就会鼓励专家之间开展合作，推动教学和科研项目跨越传统边界。"①为此，科南特设立了可跨系流动的大学教授席位，并重组教育研究生院，创设与文理学院联合培养的新型硕士学位，开展与公共管理学院合作培养教育管理人才的项目。"科南特关于健康大学的理念依据和哲学基础，揭示了他一贯主张的知识组织一体化发展路径，与其创立大学教授席位和发明新型教学文硕士学位密不可分。"②

一、设立跨学院流动的大学教授席位

如果教师招募聘任政策旨在鼓励优秀教师脱颖而出，那么大学教授计划的诞生则揭示了科南特最初的倾向性，即开拓知识的疆界。当初他能获得董事会成员一致认可成为校长，很重要的原因是他除具备天才的知识探究能力外，还拥有广博的普通教育知识背景及很高的人文素养与管理天赋。作为知识融合的受益者，他对过分专业化分解学者团体的弊端具有超强的感受力。任系主任时他目睹了大学在持续专业化过程中不断分化成更多系部，仅哈佛校内的系部就有 30 多个，教师们被分割成几十个相对独立的群体，在各自专属的系部内进行教学科研活动，这样不仅阻碍了相互之间必要的联系与沟通，难以发挥各系教师在大学范围内的作用，且因"非升即走"政策实施，系部隔离的结构刚性极大地限制了新教师任命晋升的灵活度，导致许多学者和科研人员逐渐与大学层面的工作脱轨。为避免自由的学术追求被狭窄的系部藩篱禁锢与阻碍，新引进的学者和教授尽可能拒绝系部层面的学术职位安排，这充分表明过分专业化已成为活跃教学和创造性研究的关键障碍。1933 年 5 月 8 日科南特当选为哈佛校长时，媒体和报刊都在欢呼董事会的决定，认为他们选择波士顿上流社会精英圈外的科南特，不仅是因其跨学科研究的学术记录广受好评，还因为其具有强烈反对狭窄专业化的倾向，一致认为他这样的科学奇才"最迫切需要的是尽可能多的杰出教师，一边致力于激发本科生的学习热情，同时拓展知识的疆界"③。

考虑到大学行政组织形式的制度化，科南特认为，欲强化学术合作必须从制度突破入手，尽快设计一种新制度，打破现存传统的大学结构，使有经验的学者从系部的烦琐事务中解放出来，激发其创新的活力。他坚信只有原创性的研究与

① President's report，1933-1934：5.

② McInerney D D. 2008. The Education Legacy of James Bryant Conant. Dissertation，The State University of New Jersey：54-55.

③ Preskill S L. 1984. Ranking from the Rubbish：Charles W. Eliot，James B. Conant and the Public School. Dissertation，University of Illinois at Urbana-Champaign：185-186.

富有想象力的教学相结合，才是开发新知识最有效的途径。他主张设立一种全新的大学教授席位，打破管理界限，允许学者在认为合适的不同学术部门间自主流动，"这种教授，可根据自己的学术兴趣进行跨学科流动"①。全新的大学教授席位还可充当联系各系的纽带和桥梁，增强系部间的交流合作，促进对学术新知的追求。科南特认为，若真能建立自由流动的大学教授席位，将会吸引其他机构的学术思想大家，脱离原来过分专业化受限的工作岗位来哈佛谋求发展。为保障充分的学术自由，获得大学教授席位的学者可脱离传统系部约束，直接从大学账户支取工资和研究经费，不必通过任何一个系的预算，且可选择在任何一个教师团队或系部自由地教学和追求学问。他认为更具吸引力的学术自由、竞争性的绩效工资与科研资金，将会吸引更多知识分子进行跨学科交流。在设计、创建和资助大学教授席位的过程中，他始终表达这样的信念："知识和学问的增进会从教学与科研结合中受益，而增进知识最有效的途径就是促进学科组织一体化。"②

为鼓励教学和科研项目开展合作，打破传统学科界限，寻找反击专业化离心力的方法，1933—1935 年，科南特会见了一系列顾问委员会，咨询关于社会科学、生物科学、物理科学和人文科学的相关问题，主要任务是协助遴选 25 名各领域的领军学者，并对其业绩水平与学术声望进行登记排名，为哈佛大学下一步可能的任命讨论做准备。1935 年 1 月科南特任命了代表物理科学、社会科学、生物科学和人文科学的顾问委员会，为未来跨学科合作的可能性提供咨询。1935 年 10 月他在《纽约时报》的文章中写道："这是哈佛官方的信念，学院和系的发展已达临界点，下一步发展最好通过投入新的资源和活动打破传统系的界限，架起弥合专业化学科隔阂的桥梁，促进分散活动走向联合，这样将会为整个大学带来收益。"③ 1936 年哈佛大学举行 300 年校庆活动，筹集到的资金一部分用于资助国家奖学金，另一部分支持设立一批流动教授席位（后改名为大学教授席位），将其作为校庆基金的一部分，明确强调通过校内联合提升大学整体功能的改革导向。1936 年，他将 1935 年在阿默斯特大会上的演讲内容以"自由探寻还是循规蹈矩"（*Free Inquiry or Dogma*）为题发表在《大西洋月刊》上，首次试图阐明全球视野中大学的角色定位问题。他认为对大学来讲，自由探寻便于杰出学者找到跨学科研究的灵感，有利于大学保存和讨论知识的功能发挥，大学必须提供适合学者自由探寻的环境，允许多元化观点的表达，激发和滋养学者的挑战意识和创新

① Preskill S L. 1984. Ranking from the Rubbish: Charles W. Eliot, James B. Conant and the Public School. Dissertation, University of Illinois at Urbana-Champaign: 103.

② McInerney D D. 2008. The Education Legacy of James Bryant Conant. Dissertation, The Stare University of New Jersey: 56.

③ Conant J B. 1935. The 300th Anniversary Fund of Harvard University. Cambridge: Harvard University: 3-8.

精神。

　　为寻找更多资金和人选，科南特在文件卡片上记录着精心筛选的候选人名单，包括经济学家韦斯利·米切尔（Wesley Mitchell）、法学学者汉斯·凯尔森（Hans Kelsen）、专栏作家沃尔特·李普曼、政治经济学家埃德加·傅尼斯（Edgar S. Furniss）、哲学家阿诺尔德·汤因比（Arnold Toynbee）、历史学家查尔斯·比尔德（Charles A. Beard）等。科南特希望借助这些全国知名学者，将其流动教授的理念普及推广到全国范围。1936—1937 年的学术年度，曾任法学院前院长的罗斯科·庞德被任命为第一位大学流动教授。然而，不得不承认，科南特从来不是一位成功的资金募集者，校庆募集的款项远远少于预期，这也间接影响了大学教授席位的建立。截至 1940 年，哈佛大学有三位学者承担大学教授轮转责任，除庞德教授可在法学院和公共行政学院从事教学和科学研究外，另外两名教授，一位是沃纳·耶格尔（Werner Jeager），在历史系、哲学系和古典文学系任课，并与这些系的学生合作开展科研，另一位是理查兹教授（I. A. Richards），主要从事基础英语教学，在英语系和教育学院均有专属研究领域。

　　除任命大学层面的教授席位，科南特认为，哈佛大学新成立的"玛丽亚摩尔人卡伯特植物研究基金会"（Maria Moors Cabot Foundation for Botanical Research）对跨系支持社会学研究具有重大价值。按照基金会的运行原则，各系参与植物研究的代表可组成特殊委员会，根据委员会评估划拨研究资助基金，科南特认为"该基金很好地诠释了新资金服务的双重目的，既能沿着既定路线推进知识进步，同时也能形成阻止过于分化的系部合力"[①]。不难看出，在哈佛大学经费紧张和整个国家经济衰退时，科南特减少管理障碍、增加流动教授财政支持的做法，更加凸显了他在组织知识方面坚持理论与实践的统一。

二、创建联合培养的教学文硕士学位

　　1933 年秋，哈佛大学教育研究生院（哈佛大学的教育研究生院就是教育学院，在劳威尔任校长时期就不再招收本科生）的招生质量和数量严重下滑，危机四伏的情况在哈佛大学尽人皆知，此时科南特如不予以特殊关照，霍姆斯（Henry Holmes）院长担心学院将很快破产。为解决教育学院的棘手问题，也为促进教育学院与文理学院开展合作，科南特启动了教育学院的重建工作。在学院复兴过程中，他继续贯彻学科知识交叉融合的基本方针，设立了新型的双学院联

---

　　① McInerney D D. 2008. The Education Legacy of James Bryant Conant. Dissertation: The Stare University of New Jersey: 112.

合培养的教学文硕士学位。

　　哈佛教育学的发展可追溯至最初为新英格兰学校培养师资的实践。20 世纪初，美国公立教育的扩张加大了教师需求，为培养更多教师，哈佛大学在暑期培训的基础上开设了全日制正规教育学课程。1906 年哈佛大学成立独立的教育系，集中为公立学校管理者和专业人士提供职业训练，由于教育系活动的实用化倾向日益严重，忽视了教育学科的学术化努力，致使文理学院教授甚至劳威尔校长对教育学家产生了敌意和不满。1909 年劳威尔上任后开始改革教育系，力求将职业训练与学术发展剥离。1920 年借助教育总局的 50 万美元拨款，哈佛大学建立起教育研究生院。虽然劳威尔校长为学院提供了很少的支持，但 20 年代由于招生不成问题，学院运转还算顺利。经济危机爆发后，教育学院的情况急转直下，由于美国公立学校的教师严重过剩，愿意支付高昂学费接受两年全日制教育以获取硕士学位的学生寥寥无几，可怜的资金支持使学院入不敷出，学院对招生减少导致的学费损失虽有所预期，但仅靠自身努力显然难以应对大萧条的严峻挑战，于是霍姆斯院长紧急向新校长求助。很大程度上科南特与文理学院的教授们一样，对教育学院教授持怀疑态度。客观上讲，教育学的学科属性与其他学科相比，确实处于劣势，而其提供的职业训练也因公立学校教育质量下滑广受诟病。1920 年科南特与布莱克合作出版高中化学教材时，编辑们曾执意要求修改教材以降低难度，原因就是公立学校的学业标准持续下降，高中生已无法接受相对有难度的教材。正是由于对公立学校质量的担忧，20 年代末科南特将自己的儿子们送到了剑桥的私立学校就读。从主观角度来看，科南特自认为是一名成功的教师，不希望由教育学专家指导学科教授们进行课堂教学，且他培养的研究生基本不会选择到公立学校教书。基于以上原因，科南特当选校长后，对受资金困扰的教育学院并不重视。"虽然教育学院院长霍姆斯极力说服新校长，希望重视吸纳尖子生的公立学校与学院教师教育间的重要联系，但那时科南特还是难以相信，教育学院能成为训练未来教师的最佳场所。"①

　　与霍姆斯数次交谈之后，科南特才开始认真处理教育学院面临的问题。20 世纪 30 年代中期，芝加哥大学废除了完全自治的教育学院，缩编成教育系划归社科部管辖，学生可同时接受教育学教师和文理学术学科教师的教学。在哈佛大学，有部分人也坚持废除教育学院，另一部分则要求学院完全自治，霍姆斯建议最好采取行动设立新的项目和教授席位，并修建新校舍和供研究生实习的语法实验学校。为调和两派观点，与所有改革决策程序一样，在决定前科南特首先要完

---

　　① Conant J B. 1970. My Several Lives: Memoirs of a Social Inventor. New York: Harper & Row: 180-182.

成自我教育的过程，他开始深入研究教育学院应承担的功能，一边召集教师开会讨论，一边向英国和美国的权威人士咨询学院未来发展的相关问题。1933 年冬他迫不及待地考察芝加哥大学的教育革新，针对赫钦斯校长推行的大量激进的课程改革，要求他的调研小组提供芝加哥大学改革成功的综合分析报告，他本人则与赫钦斯及芝加哥大学两位权威教育学教授查尔斯·贾德（Charles Judd）和乔治·沃克斯（George Works）讨论交流芝加哥大学教育学院的改革经验。1933 年12 月他应赫钦斯邀请参加会议，首次与赫钦斯校长讨论教育学院的改革问题，随后与霍姆斯讨论芝加哥大学的计划，在给霍姆斯的备忘录中指出："实际上，我们正在大学两个完全分离的部门为培养未来中学教师做准备，这两大部门就是文理研究生院和教育研究生院。"[1] 科南特建议应认真研究芝加哥大学的改革，使文理研究生院和教育研究生院通力合作，共同承担中学教师的培养责任。

1934 年 3—4 月，科南特继续搜集和整理推进哈佛教育改革的相关信息，最后决定将芝加哥大学的改革经验在哈佛大学进行特色改造。取法芝加哥大学压缩教育学院学术性硕士学位、重视文理学院在教师培养中的地位的做法，取消针对教师颁发的教育学硕士学位和文学硕士学位，将所有学科课程的管理权划归文理研究生院，但他并不赞同芝加哥大学完全取消教育学院，将其缩编成教育系划归社科部的做法，而是继续保留和加强教育学院，赋予其对未来新设硕士学位教学学科课程的最终裁定权。他认为，文理学院应承担学科教学方面的更多责任，教育学院的教师必须加强学术研究，"从训练实践者的任务中解脱出来，教育学院的教师们应从事必要的学术研究，以繁荣教育的学科发展"[2]。1934 年 5 月科南特与霍姆斯、文理研究生院院长乔治·蔡斯（George Chase）一同讨论改革方案，希望能尽快获得资助。他任命教育学院和文理学院的教师组成联合教授委员会学习芝加哥大学的改革经验，并督促教育学教授评估学院的问题与未来发展前景。1934—1935 年冬，新任文理学院院长默多克决定由文理学院承担培养中学教师的主要责任。1935 年 4 月 12 日科南特从 7 个系分别任命两位代表与霍姆斯、弗朗西斯·斯波尔丁（Francis T. Spaulding）、默多克协商合作事宜，并指定霍姆斯为各分委会主席。1935 年 9 月科南特向两个学院的教师委员会传达新方案，随后召开教师会议进行投票，建议委员会设置的新学位为教学文硕士学位，亦称"第五年修业计划"（Fifth-year Program）。该计划招收各学科的本科毕业生，经过一年的教育专业训练，授予教学文硕士学位，双方一致同意新计划的基

---

① Conant J B. 1970. My Several Lives：Memoirs of a Social Inventor. New York：Harper & Row：183.

② See Conant appointment calendar and agenda for meetings of the faculty of education // School of Education，1933-1934，JBC papers，Harvard.

本结构设计，要求董事会和监事会为新学位授权并成立管理委员会。同年 11 月底董事会和监事会通过决议，于 12 月中旬召集 7 位中意的教师正式确定新学位的细节，复审文学硕士和教育学硕士学位计划，指出各自优缺点，在保留两者优势的基础上联合两条职业路径。关于设置训练教师的新学位计划一事，科南特曾说："从来没有这么急迫地需要吸引更多有能力的年轻人，并对其进行全方位的训练，使之参与到教育下一代的工作中。"①

1936 年 2—3 月，科南特继续通过哈佛大学在纽约、圣路易斯、芝加哥、波士顿等地的俱乐部系列讲话公开宣传改革计划。4 月以科南特为主席、霍姆斯为秘书的管理委员会已解决大部分技术问题，随后签署了新学位成立宣言，并通过出版社和正式大学刊物予以宣布，教学文硕士学位教授古典文学、音乐、自然科学、形体艺术和社会科学领域的专门知识。另外，特殊的任命信件进一步解释了新学位的目的与结构，科南特把这些任命信件寄送到全国最有名的教育家手里，并专门为纽约《时代周刊》撰写相关文章。在 1936 年的年度报告中他指出，当前最迫切的是在教学专业中结合两条道路，保留双方的程序优势，文理学院的教师制定标准和检查学生学科知识，教育学院的教师负责专业材料的研究及在合作学校的实习。教学文硕士学位要求覆盖全部学科课程和教育学院的课程，相比之前的教育学硕士学位和文学硕士学位，内容相对艰深，耗时更长。"教学文硕士学位被赋予促进学术专业化的重要意义，同时也获得了改善教学方法的有效课程，从而便于教育概念的理解和掌握。"②在芝加哥大学，参与教师培养的各系分别决定学术课程和职业课程的管理，在哈佛，新学位计划则由两个学院的教授组成执行委员会进行管理，"科南特希望两院教师互相沟通，激发深度的学术合作，削弱他长期痛恨的过窄的专业化倾向"③。

1936 年 9 月哈佛新学位计划招收 66 名学生，组成首届教学文硕士学位班。科南特采用的新学位计划带给哈佛大学始料未及的收益，学术学科的教学完全掌握在文理学院手中，这样不仅提升了教育研究的声望，同时也减轻了教育学院的经济负担。当然，科南特支持教学文硕士计划不在文理学院申请硕士学位，也是为了避免转移和分散文理学院更重要的博士学位研究资源，而且这样一来，"该学位不仅结束了教育学硕士计划，至少一段时期内也标志着教师训练作为哈佛大学的一个特殊部分，被阻隔在主流研究生项目之外"④。新学位计划赋予教育学

---

①　Biebel C D. 1971. Politics, pedagogues and statesmanship James B. Conant and the Public Schools 1933-1948. Dissertation, University of Wisconsin: 85.

②　Harvard annual report, 1934-1935: 25-26.

③　JBC to Murdock D K B. 1935.

④　Preskill S L. 1984. Ranking from the Rubbish: Charles W. Eliot, James B. Conant and the Public School. Dissertation, University of Illinois at Urbana-Champaign: 199.

院以更大的权力，科南特持续给予扶持，如 1939 年学院经费极为拮据，斯波尔丁教授扬言要离开哈佛大学，院长霍姆斯则主动让贤，由斯波尔丁担任院长，并向校长争取更多鼓励，于是科南特向董事会申请允许教育学院和牙医学院、神学院一样赤字运行，这样不仅可增加项目支持，也可聘任更多教授。科南特还向斯波尔丁与霍姆斯施压，继续在校内建立与社会学部和心理学部的强大联系，同时密切与公立学校管理方面的合作。实际上，科南特创设新学位并非简单来自培养中学教师的热情，而是希望该学位能帮助实现其学科融合与提升哈佛社会影响力的战略目标。"相对来说，科南特对培养教师并没有太大兴趣，只是希望通过这些跨学科的联系，将教育视为一个社会过程，帮助哈佛大学成为教学研究的中心。"[①]1939年，科南特总结了他前六年管理的成果，在给董事会的报告中承认决定补贴教育学院有些孤注一掷，然而他认为，在大学几乎不可能有任何学院能像教育学院一样会如此直接影响一所大学的国家声望，并进一步指出哈佛大学没有哪所学院能以更好的姿态去做出新的贡献。科南特对教育学院的乐观判断，一方面建立在对国家未来教育需求的评估基础之上；另一方面也是对新院长高度忠诚给予的肯定性评价。教学文硕士学位适应了未来教师培养的新要求，20 世纪 50 年代这一实验得到迅速推广。1961 年弗朗西斯·凯佩尔（Francis Keppel）总结了教学文硕士学位计划培养教师的三大优势：首先可把大学各专业最有才华的毕业生吸收到教师队伍中来；其次可把各专业学者和教育专家，包括中小学教师的力量整合起来共同制订教学计划；最后有利于全面提高未来教师的专业知识水平和工作能力。

三、强化管理的执行与协作

在管理哈佛大学的过程中，校长的人格和意图与严格的组织结构同等重要。哈佛大学有两个管理委员会，一个是校长和学院评议员组成的学校董事会，包括校长、财务副校长和五位评议员，服务周期不限；另一个是校友选举产生的 30 人监管委员会，理论上负责考察教师、管理各系及博物馆的工作。埃利奥特和劳威尔在任时不断扩张校长的权力，学校管理的领导权逐渐转移到校长手中，董事会则主要负责筹资与宣传，在有关教育决策和机构设置的重大事务上，由校长和各部门主任向董事会提议并讨论通过，各研究生院院长和各系主任的任命均由校长决定。科南特接受劳威尔的忠告，重视出席每一次教师大会对树立校长威信的作用，但系内教师的决定权仍掌握在院长手中，只有重大行政决定由校长和院长

---

① Confidential memorandum: To the members of the corporation concerning the future of the school of education. 1939. Conant personal papers，Harvard University archives.

协商通过。为充分发挥教师论坛的议事功能，科南特曾一度借鉴新英格兰市镇会议的做法，挑选有影响力的教师代表参加，这种做法一定程度上挑战了大学教师自治的传统。

科南特认为，随着现代大学的规模扩张与组织复杂程度的提高，需要在传统的基础上寻求"一种操作方法"（a modus operandi）来弥补大学分权制与脆弱的管理在解决重大问题上的低效。基于对大学规模与组织复杂化的认识，科南特在行政人员任命上，注重各级决策团体的协作。在人事安排尤其是各系院长的任命上，他非常注重院长的协调能力及与校长的配合能力，因为温和的院长可提升校长对教师问题的干预力度。他反对埃利奥特和劳威尔时期基本"秘密"（under their hats）的大学管理风格，力求使大学重大决定公开化。"涉及校长权限内的事务，科南特是一个意志坚定的人"①，他不希望教师入选董事会，认为"这会混淆本应清晰的权力划分，校长是沟通教师与董事会的主渠道，董事会应把自己锁定在广泛意义上的一般政策，以及考察预算、校长和各类学监的任命政策上，在选择教师方面其作用'只是保证足够的宣传以使最优秀的人被任命到各种岗位上'"②。在董事会人选更新上科南特曾与财务副校长发生冲突，他力主校长权力至高无上，认为"若在董事会人选上没有决策权，显然会使多数校监委员认为，在校长与财务副校长之间应由财务副校长而不是校长来管理这所大学"③。

在人事任命与机构改革中，科南特充分利用哈佛大学毕业生对学校的忠诚感，上任伊始就把从欧洲回国的杰尔姆·格林（Jerome Greene）调到校长办公室和董事会任秘书。格林是著名的银行投资人，1897年毕业于哈佛大学，曾在1901—1910年任职哈佛董事会兼校长秘书，1932年之前先后在洛克菲勒学院与慈善基金会、波士顿投资银行，以及伦敦和巴黎的相关组织任职。1943年格林退休后，科南特的同学卡尔弗特·史密斯（A. Calvert Smith）接任，史密斯协调公共关系的能力很强，几十年执纽约投资业与银行界之牛耳。科南特还在上任不久提拔校友约翰·洛厄斯为财务副校长。另外，二战期间科南特频繁出入政界与科技界，其高级别活动与随之而来的社会声望为哈佛大学成为全国性大学奠定了基础，也使其在管理学校机构和人选问题上更具战略眼光。可以说，真正"改变哈佛管理最重要的因素不是理论或实践，而是第二次世界大战"④。二战为哈佛

---

① Morton K P. 2001. Making Harvard Modern：The Rise of American University. New York：Oxford University Press：18.

②③ Morton K P. 2001. Making Harvard Modern：The Rise of American University. New York：Oxford University Press：19.

④ Morton K P. 2001. Making Harvard Modern：The Rise of American University. New York：Oxford University Press：135.

管理改革带来契机，科南特投入到政府军事科研工作中，在董事会监管下，1938年末哈佛大学设立教务长（provost）一职，负责协助或代替校长行使日常监督学校各项事务的权力。1944年文理学院学监保罗·巴克到新岗位就职，意味着校长从此不再直接监管文理学院。科南特宣称："在哈佛历史上，我们第一次拥有了一个稳妥有效的组织，相信无论如何都不会被削弱，相反，会通过强调其重要性得到加强。"[①] 校长办公室从繁重的教师事务中解脱出来可集中精力筹集资金，筹资能力和理财能力也是衡量大学校长成功的重要标准。科南特抓住一切机会筹措资金，延续劳威尔在大学服务部门招募学生的做法，为学生增加挣得学费的机会。二战后期，大学的商业化运营日益明显，管理上对专业人士的需求进一步增强，"1946年，曾任哥伦比亚电气公司总裁的爱得华·雷诺兹（Edward Reynolds）成为哈佛大学常务副校长，负责管理审计长、商业经理、人事处和哈佛出版社，监督设施与场地、合同及大学其他商业运行"[②]。科南特任命有经验的财务副校长平衡哈佛财务预算，通过重点投资、合理经营平稳度过经济困境时期，基本保证了国家奖学金发放、高端人才引进及教师工资的稳步增长。

科南特打破传统学科边界与学院藩篱的一系列制度创新，成为提升内涵建设的重要成果之一，结合提高管理效能的行政保障，进一步强化了教学与科研活动的合作，密切了学院间的联系，促进了学科专业间的交叉融合，激发了哈佛师生追求学术的热情，为哈佛大学学术的持续繁荣与发展奠定了基础。

第四节　普通教育——重塑自由教育课程

在改组教育学院为其与文理学院牵线搭桥的过程中，科南特不断反思大学角色与社会行为之间的关联，讨论增进知识与复兴文化的使命，思索如何将永恒的自由教育基因传递给所有学生，并维持这种基因在学生身上发挥终生的效力。1936年校庆时他开始关注课程问题，希望通过课程改革进一步影响和塑造本科生的价值观。太平洋战争爆发后，为战事服务的热潮席卷整个大学校园，本科生

---

① Morton K P. 2001. Making Harvard Modern: The Rise of American University. New York: Oxford University Press: 21.

② Morton K P. 2001. Making Harvard Modern: The Rise of American University. New York: Oxford University Press: 137.

人数骤降，教授们纷纷参与到政府的应用研究中，学生们积极应征入伍，哈佛大学增设了十几门战事训练课程，在商学院的大楼随处可见穿着制服的年轻人进进出出。据统计，"1942—1945 年哈佛训练了数千名军官"[①]。哈佛大学教学场景的转变提醒科南特，"既然科学家可以放弃自己的研究兴趣和系部责任投身于政府召唤的应用研究，哈佛大学的教授为什么不能为战后世界新秩序规划教育蓝图，并以这种方式为哈佛服务、为国家效力"[②]。出于服务国家的使命驱动与解决哈佛课程弊端的考虑，他决心更新传统自由教育课程体系，为哈佛大学也为美国设计用以培养学生共同思想信念、共同目标与价值观的普通教育课程。

一、自由教育的传承与科南特普通教育理念的确立

古希腊时期，"自由教育"（liberal education）指对"自由人"的教育，是相对于针对"奴隶"的教育而言。亚里士多德认为，"自由人"的教育源于最高的善与最高尚的事物，以闲暇为前提，并为充分享受闲暇培养人的理性，促使人的智慧、美德与身体和谐发展。他说："自由人的知识领域，某些人可以不失身份地参与其中，但如果他们过于尽力，刻意求精，就会显出卑贱的奴性。"[③] 由此可见，自由教育与任何为职业做准备或求取功名、具有实用目的的教育相对立。古希腊的自由教育思想由英国牛津大学和剑桥大学继承，到纽曼（John Henry Newman）《大学的理想》时得到充分发展。纽曼不仅推崇自由教育，且认为"对学生来说，大学教育就是自由教育"[④]。自由教育成为大学教育的目的，大学的重要职能就是以正确的推理培养人的理性，使之更接近真理。纽曼认为："大学教育最适于个体的理智训练，能使个人最好地履行社会职责。大学教育是通过一种伟大而平凡的手段去达到一个伟大而平凡的目的。它旨在提高社会的益智风气，旨在修养大众身心，旨在提炼民族品位，旨在为公众的热情提供真正的原则，旨在为公众的渴望提供固定的目标，旨在充实并约束时代的思潮，旨在便利政治权力的运用和净化私人生活中的种种交往。"[⑤]不难看出，纽曼的自由教育主张兼顾了英国的教育传统与当时的社会需求，重在培养绅士，方法上倡导宽松的学生群体影响与自我发展，内容上强调知识整体性，他定义自由教育"是指通过某种教育，理智不是用来造就或屈从于某种特殊的或偶然的目的，某种具体的行

---

① Conant J B. 1970. My Several Lives: Memoirs of a Social Inventor. New York: Harper & Row: 363.
② Conant J B. 1970. My Several Lives: Memoirs of a Social Inventor. New York: Harper & Row: 364.
③ 苗力田. 1994. 亚里士多德全集（卷九）. 北京：中国人民大学出版社：273.
④ Newman H. 1994. The Idea of a University. New York: Theommes Press: 101.
⑤ 约翰·亨利·纽曼. 2001. 大学的理想节本. 徐辉等译. 杭州：浙江教育出版社：97.

业或职业抑或是学科或科学，而是为了理智自身进行训练，为了对其自身固有的对象的认识，也是为了其自身的最高修养。这一训练过程称作自由教育"①。纽曼对自由教育内涵的界定是对古典自由教育思想的继承和超越，其缺陷是将大学职能局限于传播知识和培养理性，忽视了研究与发现的重要性，并将人的理智能力与道德、精神发展相分离，总体上依旧没有摆脱中世纪大学传统的束缚。

继纽曼之后，随着高等教育在美国的发展，自由教育传统得以延续与扩展。美国最初的高等教育机构是文科学院，其显著特征是学生经过 4 年学习获得学士学位而不以专业教育为主。美国自由教育的观点集中反映在耶鲁大学1828 年 4 月发表的《耶鲁报告》中。报告认为自由教育重要的目标"是给予思想局限于特定领域的专业人员一种平衡的、宽广的心智能力，自由的全面的见解和良好的性格"②，最适宜的课程内容就是古典学科，包括古典语言、古典文学和古典艺术。自由教育的方法应采用个人思考、讲授和辩论的形式，思维模式多为演绎推理。可见，从对象上看，从古希腊到近代《耶鲁报告》，由于统治阶级崇尚理性，高等教育不够发达，自由教育一直是等级社会中少数人的特权。英国、法国、德国、俄国资产阶级革命成功以后，自然科学得到迅猛发展并逐渐应用于生产，工业和技术进步开始对人的培养提出新的要求，以古典人文学科为核心的学院教育急需变革，尤其是美国建国以后，一方面自然科学和应用学科进入大学课程体系的呼声日涨；另一方面在政治民主与教育民主浪潮中扩大高等教育入学机会成为时代所需。在达特茅斯学院案件中，联邦高院做出了有利于私立学院的裁决，刺激各州纷纷建立起自己的州立大学。在大学课程设置中，培养未来工程师、自然科学家和工业技术人员获得与培养律师、牧师同等的地位，随着课程知识总量持续增加，选修制应运而生，但到后期自由市场式的选修制出现一定程度的混乱，加上学科过分专业化与课程缺乏系统性，引起教育家与学者的强烈不满，有些学者开始重新思索与肯定自由教育的价值，一些学院开始恢复综合性和整体性课程，开设"通识教育课程"（general curriculum or general studies）。1914 年为克服自由选修制弊端，劳威尔在哈佛大学推行"集中与分配"相结合的课程制度：学生毕业要求必修 16 门课程，其中 6 门是本系专业课，保证学习有重点，就是集中；另外 10 门课程中 6 门要从三个不同的知识领域（人文学科、社会科学和自然学科）中各选两门，以保证学生具有比较宽广的知识面，就是分配；余下 4 门学生自由选择，

---

① 约翰·亨利·纽曼. 2001. 大学的理想节本. 徐辉等译. 杭州：浙江教育出版社：72.
② 李曼丽. 1999. 通识教育——一种大学教育观. 北京：清华大学出版社：41.

这样仍可保留自由选修制的优点。一战期间，为防止过分专业化，哥伦比亚大学也开设"战争问题"研究课程，战后又开设"现代文明导论"课程。哥伦比亚大学的通识教育课程对美国高校产生了很大影响，杜威称之为"概览课"（survey course）。20 世纪 30 年代，在校长赫钦斯领导下，芝加哥大学开始对本科教育进行大刀阔斧的改革，要求学生必须学习生物科学、自然科学、社会科学和人文科学四大门类的知识，并掌握其基本内容、基本方法与理论。"芝加哥大学的改革，进一步明确了高等学校本科通识教育课程应该关注的知识领域和内容，为通识教育课程设计奠定了一定的基础。"[①]

战争年代通识教育改革的潮流在培养学生关心社会问题、训练独立思考与判断能力方面，迎合了社会对高等教育的需求，具有强大的生命力，影响了许多高校的课程改革。科南特与那些通识教育改革家极为熟悉，对其思想也有独到见解，深谙美国高等教育中自由教育的传承：自 1636 年美国高校诞生效仿英制设立古典学科的自由教育开始，19 世纪受德国大学影响应用科学引入大学课程体系并取得与古典学科同等的地位，出现选修制，虽然自由教育的内容与学习方式发生了改变，但自由教育的传统经久不衰，到 20 世纪发展为广泛的通识教育运动。早在大学新生时科南特就思索教育问题，认为教育不以传授知识为目的，而是培养完善人格。他在日记中写道："教育，就是当所有知识被遗忘掉，仍保留下来的东西。"[②]科南特认为在科技扩张与文化交流中，世界将逐渐一体化，必须培养勇敢又有判断力的通识性人才才能适应未来全球化社会的需要。课程设置方面，过分专业化的趋势导致人才培养日益片面化，专业学科内部交叉渗透将成为今后学科发展的主要特征，自然科学与人文科学之间也开始出现融合趋势，这种需求必定反映在大学课程上，就是用一种大家都能接受的教育统领各个学科，这种教育就是普通教育（general education）。20 世纪中期，大学阶段专业教育的领袖们开始更多关注普通教育，希望设立普通教育计划或课程，认为只培养工程师和科学家而忽视文化品位与公民责任感将会给社会带来惨重损失。

对哈佛大学来说，虽然劳威尔废除了埃利奥特的自由选修制，代之以集中与分配制，但在哪些领域选修？学生应达到哪些具体要求？直到科南特上任依然未能妥善解决，这些问题成为科南特与哈佛普通教育委员会研究的重点。哈佛大学是否可以像其他大学一样普遍开设通识教育概览课程？答案是否定的，科南特认

---

① 李曼丽. 1999. 通识教育——一种大学教育观. 北京：清华大学出版社：62.

② Hershberg J G. 1993. James B. Conant: Harvard to Hiroshima and the Making of the Nuclear Age. Stanford: Stanford University Press：20.

为概览课程太过肤浅不会予以采纳，"最近在某些大学，开设概览课程为学生提供众多领域的广博知识以开阔眼界。据说这些课程不是很受欢迎，有些声称在行的人认为它们是肤浅的，哈佛教师没人支持概览课程，我也不打算采用"①。显然，概览课程在哈佛大学没有市场，"即使许多人心里容易把'普通教育'术语与概览课程联系起来，30 年代的哈佛仍不欢迎概览课程"②。1936 年科南特公开指出大学知识的混乱，认为大学教育在给所有学生传授某种核心知识上是失败的，并在年度报告中这样评价自由教育："我们难道不可以实验这样一种方法，往学生体内注入一种病毒，使之独自维持终身活性，这种永生的病毒就是自由教育。"③科南特透彻分析哈佛大学的人才培养目标，决心找到这种"病毒"，根据自己和委员会的教育理念为哈佛量身定制普通教育课程计划。

二、科南特普通教育课程方案的制订与实施

科南特认为，考察中学或大学毕业生视野的广度可评估自由教育的成败。最初他坚持按自身成长经历对学生进行普通教育，主要采用丰富课外经验来完成，与前两任校长解决问题的思路一样，他反对增加必修课程而是培育学院气氛，引导学生自愿阅读或精读专业外的课程，要求课外开设美国文化史作为统合课程，统一自由教育的传统，重塑适应现代社会的新模式。多年来他利用业余时间研究历史，从英国战争史和高等教育发展史中获得个人满足与职业成长所需的养分，本科生时他曾是哈佛大学纪念学会（Harvard Memorial Society）成员，1936 年被选为马萨诸塞历史学会会员。当然，现实中仅靠丰富课外学习经历已经难以满足人们对大学在社会统一功能方面的需求，尤其是哈佛大学改革招生后生源范围不断扩大，学生团体的多样化要求课程更加灵活多样，导致在所有本科课程中，除英语写作外无任何公共必修课程。哈佛文理学院拥有教师 300 多人，开设的本科课程通常有 400 多种，即使战争期间也不低于 300 种。科南特认为，这种情况将进一步加剧过分专业化的风险，对发展所有学生的共识与信念却丝毫无益，他谨慎地酝酿着课程变革，虽不是教育学专业出身，但在策划推动哈佛大学各项改革过程中阅读了大量教育文献，与众多知名教育家交流沟通、集会研讨，堪称自学成才的业内人士。当自由教育思想渐趋成形，他希望借助 300 年校庆之机公之于众。1936 年 3 月，他在剧院演讲《美国人生活中的捐赠大学：哈佛、现在和未

①② Conant J B. 1970. My Several Lives：Memoirs of a Social Inventor. New York：Harper & Row：365.
③ Conant J B. 1970. My Several Lives：Memoirs of a Social Inventor. New York：Harper & Row：366.

来》（*The Endowed University in American life: Harvard, Present and Future*）并通过国家电台向公众播放，重申哈佛大学服务民主社会的伟大使命，当战争威胁日益迫近，这种使命感愈加强烈。他指出，自由教育课程改革的使命就是必须找到能代替过时古典学科的自由教育课程，还目前教育混乱一种秩序。欧洲战争激发了科南特的灵感，他坚持把美国史研究作为普通教育的基础，当时并没有得到支持，1941 年他再次向监事会提交报告，希望促成美国史研究作为扩展课程的基础，依然未能成功，于是在教学委员会指导下，他开始酝酿更激进的课程改革计划。

1939 年 6 月，哈佛学生自治委员会出版了一份教育报告，报告激烈抨击学士学位的必修课程，认为"分散集中规则不能保证为本科毕业生提供主干学习领域清晰而广泛的视野"[①]。1940 年，科南特在年度报告中再次提到学生自治委员会的教育报告，结合他与师生在本科生课程问题上的讨论，认为学院阶段的自由教育课程加剧了学科之间的绝缘，必须采取措施进行更广泛的集中。1941 年 1 月新的年度报告尚未出台，美国便卷入二战，他身兼数职为参战游说奔忙，此间强烈意识到培养未来青年的重要性与课程改革的紧迫性，于是他开始策划筹备普通教育的研究工作。1941—1942 年，联邦科研政策吸引了大批大学科研人员，哈佛大学的许多教授开始在政府部门或政府资助的实验室工作，科南特希望那些不参与政府工作的教授与文理学院的教师能在本科教学中发挥更大作用。在 1941—1942 年的年度报告中，科南特宣布任命文理学院院长保罗·巴克牵头组织研究普通教育问题，这次他更新了观点，强调即将研究的普通教育不只针对能到四年制学院学习的少数人，而是面向每一代年轻人的大多数。1942 年秋他与巴克教授开始筹划组建委员会各项事宜，1943 年春随着对二战危机的焦虑达到顶峰，他任命由巴克担任主席的 12 人委员会致力于撰写《自由社会的普通教育目标》（*The Objectives of a General Education in a Free Society*）报告书。在对委员会的指示中，他说"我们的目的就是教育最大多数的未来公民，促其理解未来的责任与义务，因为他们是美国人，是自由的美国人"[②]。科南特为委员会申请了 60 000 美元专项资金，考虑到普通教育涉及中学课程，必须听取教育学教授的相关意见，于是专门任命两位教育学教授作为委员会成员，期望他们能与文理学院的教师通力合作、共担重任。

科南特与巴克教授一起启动了委员会的工作，巴克及其团队的努力最终获得成功。1945 年初夏，在二战结束前的最后几个月，科南特委员会的普通教育报告以书面形式问世，以《自由社会的普通教育》（*General Education in a Free*

---

① Conant J B. 1970. My Several Lives: Memoirs of a Social Inventor. New York: Harper & Row: 367.

② See the Harvard annual report, 1936-1937.

Society）命名出版，即哈佛著名的"红皮书"。该报告贯穿着科南特对普通教育的基本理解与指导精神，凝聚着委员会全体成员特别是巴克教授的心血，雄辩地阐述了普通教育的理论与哲学，明确普通教育在美国中等学校的角色定位，在报告第五章构想了哈佛普通教育政策。普通教育报告的内容很好地回应了科南特1941—1942年度报告中提到的"当今美国教育的头等大事"，认为"如此定义普通教育是美国教育体制的必需，它可以协调我们的努力，指导年轻人为美国未来做出贡献"[①]。1945年6月，科南特在给巴克教授的信中总结了与全体委员会努力的成果，大致包括"为中学和大学提供了连贯、统合而平衡的教育理念；指出了此次普通教育研究的努力不是首先对哈佛及学院项目有利，而是服务20世纪美国自由社会的延续；初中和高中的问题比大学更重要等"[②]。

普通教育报告第五章阐述了哈佛大学课程改革的细节，1945年秋文理学院的教师针对这一部分进行专门讨论，10月30日除少量需要修改，普通教育的阐述及课程设置模式得到多数教师认可。哈佛大学设立了新的常设委员会负责课程改革框架的完善、修改与试运行，经过五年试验期，1949年通过教师投票付诸全面实施。科南特直接任命委员会成员负责普通教育课程的管理与教学，包括分拨资金、完善规划、遴选任课教师，以及宣布课程原则、内容、范围、方法和目的等。委员会通常由9名成员组成，每年更换1/3，在哈佛大学本科教育中处于核心地位，一般由学院院长（dean of faculty）担任委员会主席。科南特始终坚信，对本科生来说实施普通教育是一件幸事，不仅因其内容强调了大学与基础教育阶段的连贯性，依靠一脉相承的教育目的强化了教育制度的完整性，而且在方法上打破了劳威尔导师制教育方法的垄断地位，教师可根据具体内容和学生特点因地制宜地选择多样化的教学方法，如讲座、讨论、个别指导、签订学习计划等形式，以达到最好的教育教学效果。

三、科南特普通教育课程的内容与实质

科南特主张教育是一个社会过程，教育的核心就是把人类基本知识和民族文化传统的要素传授给学生，在经济萧条和麻烦不断的时代培育年轻人共同的理想信念，从这个意义上说，他的课程理念应归于要素主义理论流派，认为文化传统中存在不变的共同要素，如一个民族共同的历史文化遗产，一个国家共同认可的思想、规则等，美国民主制度欲达到有效运行，必须依靠这些文化上的共性。因此，科南特注重教材的作用，强调提供心智训练的基础科目，他的普通教育观点

---

① ② Conant J B. 1970. My Several Lives: Memoirs of a Social Inventor. New York: Harper & Row: 369.

集中反映在"红皮书"中。科南特在序言中写道:"普通教育的核心问题就是自由传统与人文传统的延续。"[①]他认为欲保存美国文明,仅获得信息和发展专门技能无法提供正确理解的基础,没有人轻视见多识广的重要性,但即使具有良好的数学、物理学和生物学基础,再加上读写几门外语的能力,也不能为自由国家的公民提供足够的教育背景,因为这样的课程计划缺乏人作为社会动物所需的情感经验与个体实践经验的结合。"除非在每个成熟阶段的教育中,保持与涉及重要价值判断领域的联系,否则将与普通教育理想相去甚远。"[②]教育目的上,科南特认为"普通教育与自由教育没有区别,所不同的是它应用在本世纪美国的普及教育体系中"[③]。由此可见,科南特的普通教育既坚持了自由教育目的,又扩大了教育对象,使原本只在大学进行的教育变成所有公民都能接受的教育,而不只应用于少数特权阶级。他强调,既然是自由社会的普通教育,当然不会剥夺全体公民接受此种教育的权利与自由,"今天,我们关注的普通教育即自由教育,不是为了少数人而是服务大众"[④]。

　　科南特的普通教育主张中,"普通"一词首先对应"通",即通识、博闻通达、能识善辩,其次是"普",即普及、普遍,与传统意义上自由教育和通识教育相比,在教育对象上实现了突破,同时在教育内容上强调科学家、古典学科专家、历史学家和哲学家的联合,使四个领域的学科内容融合渗透。科南特把必修课程分为三大类:人文科学、社会科学、自然科学与数学。人文科学领域要求所有学生学习文学名著(great texts of literature),目的是充分理解作品,而不仅仅展示人物与时代、艺术技巧、文学发展史或其他任何东西;社会科学领域必须学习西方思想与制度,核心目标是审视西方遗产中的制度与理论;自然科学与数学领域主要发展技术词汇、技能技巧、系统科学史中的事实与理论,除介绍性的科学课程,各系还要提供培养高级专门人才的高深课程。报告不主张孤立学习这些知识,因为普通教育内容服务共同目的,是由所有科目组成的有机整体,必须教给学生了解整体社会所需的基本知识与方法。在要求的16门课程中,除主修课程外,6门与普通教育有关,文学名著选读、西方思想与制度和数学是必修科目,然后在上述三个领域各选一门广博的导论性课程,自然科学与数学领域要在"生物和物理"中选修一门,此外,哈佛大学还要求学生从三个领域中各选一门较高深的跨学科课程,如人类关系、科学史等。

---

　　①②　General Education in a Free Society. 1946. Report of the Harvard Committee. Cambridge: Harvard University Press: Ⅷ.

　　③④　General Education in a Free Society. 1946. Report of the Harvard Committee. Cambridge: Harvard University Press: Ⅸ.

科南特的普通教育课程旨在培养自由社会的"自由人"，在他及同事看来，自由人具有以下特点：第一，能有效思考，有较强的逻辑思维能力，当然并不是学习正规逻辑学课程培养逻辑学家的素养，而是将来无论成为工人、商业人员、专业工作者还是不从事任何职业，作为一名普通公民都应具有的在实际事务中运用逻辑推理思考和解决问题的能力；第二，能有效交流和与人沟通。交流沟通能力与思考力密不可分，在民主社会中极为重要，公民个人之间、团体之间、公众与政府之间交流的成效高低直接影响民主社会发展的整体进程；第三，判断力和鉴别价值观的能力。判断力指运用已有理论、知识和观念对实际情况或事物发展状态、趋势、存在的问题、解决途径等做出正确预测与判断的能力，需要间接经验与直接经验相结合，因为"一位优秀的军事学教授未必是一名出色的战地指挥官，同样一名杰出的诗学研究者也未必是一位卓越的诗人"[1]。鉴别价值观的能力是对各种价值观及其关系、对与价值观相关的各种目的与手段的识别能力，需要学生学会将价值观运用到个人行为、情感与思想中。

普通教育课程重在培养完整的人格，自由人具有的几个特征不能孤立培养，在教育内容上应进行有机整合，课程设置上遵循两个基本原则，即课程内容涵盖人类知识主要领域、三大领域内的课程允许学生自由选择，这些原则集中体现在哈佛后来推行的核心课程中。"核心课程的目的是指出这些知识领域内的知识类别、获得途径和各种分析方法，分析和探讨同一问题的不同方法、各种方法的优缺点及应用技巧等。核心课程计划中各领域课程门数多少不一，但课程设计思路一致。"[2]普通教育的课程设置主要按学科分类，"专业教育和普通教育搭配严谨得当，避免了散乱、零碎、庞杂而缺乏内在联系的知识结构，形成了广泛、全面、有序、系统的知识结构"[3]。普通教育最重要的功能是"把自由的、人文的传统融入整个教育系统，培养最大多数的未来公民，使自由的美国人理解自己的责任与利益"[4]。普通教育的基本要点是超出自由教育的狭隘对象迈向大众化与普及化，强调与专业教育的联系，重视高等教育与中等教育阶段的连贯性，服务自由社会的延续与合格公民的培养。"普通教育是有机联系的整体，提供对关系的整体性及复杂性理解，专业教育是有机体充分发挥功能的器官之一，负责应做什么和怎么做，普通教育赋予专业以意义和价值。"[5]显然，普通教育课程的本质是为解决本科课程中人才培养通与专的矛盾、学科发展整合与分化的矛盾、共性

---

① The Harvard Committee. 1946. General Education in a Free Society. Cambridge：Harvard University Press：70.

② Harvard University report on core curriculum，1994-1995.

③ 郭健. 2000. 哈佛大学发展史研究. 石家庄：河北教育出版社：175-176.

④ The Harvard Committee. 1946. General Education in a Free Society Cambridge：Harvard University Press：XV.

⑤ The Harvard Committee. 1946. General Education in a Free Society Cambridge：Harvard University Press：195.

与个性的矛盾、必修与选修的矛盾，迎合社会对高等教育的需求，是在新的历史条件下对自由教育传统的继承与发展。这种现代意义上的自由教育，在传统古典学科基础上扩展了课程内容，优化了课程结构设置，普及了适用对象，真正成为美国每一代青年都必须接受的教育。

可以看出，科南特的普通教育内容展示了要素主义的观点，和报告本身介绍的一样，默里斯（Cleve van Morris）也注意到这部作品的"要素主义立场"，即主要关注传授基本的内容和技巧。关于普通教育思想，在同时代的高等教育界，赫钦斯的主张极有影响，但赫钦斯的普通教育思想是其理智训练理论的逻辑产物，在他看来普通教育的基本内容只能是"永恒学科"（permanent studies）和"理智遗产"（intellectual inheritance），以永恒的人性为基点，课程设置上倡导"伟大名著"计划，知识上推崇理性知识而排斥经验事实与现代科学技术知识，因此，在专业教育与普通教育的关系上，更多地强调二者的区别。显然，赫钦斯极力推崇理性思辨，这种脱离教育实际的普通教育具有形而上学的致命弱点。与赫钦斯的普通教育课程相比，科南特在内容设置上重视传统要素与现代科学知识的结合，重视普通教育与专业教育的联系，在处理大学基础教育课程与专业课程、传统文化与现代科学知识、理智训练与经验积累的关系上，比赫钦斯更尊重教育规律和社会现实，并最终促进了哈佛大学本科教学的繁荣。1951 年《哈佛校友公告》（*Harvard Alumni Bulletin*）评论文章指出了公众支持本科教学的新走向，表示前景光明："普通教育已日趋成熟，既然凭借优秀的教师和新颖的方法圆满解决了师生交流中由来已久的老问题，它无疑将会继续走向繁荣。"[①]

第五节 兼容平衡——新解大学基本功能

作为一名科学家类型的大学管理者，科南特一面极力阐明问题的范围和实质，一面寻找解决问题的途径，在应对哈佛挑战、解决改革难题过程中发表了大量教育改革的言论与著述，从实践和理念两个层面揭示对现代大学使命的重新认识。"在定义问题和寻求方案的过程中，这位哈佛大学校长不断建构自己的社会

---

① Conant J B. 1970. My Several Lives: Memoirs of a Social Inventor. New York: Harper & Row: 371.

和教育哲学。"①科南特扎根欧洲大学自由教育的历史传统，直面 20 世纪 30 年代美国民主社会的现代诉求，详细阐述了大学的基本功能及其兼容平衡的特点，在歇斯底里的恐慌年代，他的声音透着略带保守的冷静与理性。

一、大学职能流变与科南特大学观念的形成

职能（function）又译为功能。1973 年卡内基高等教育委员会专题报告《美国高等教育的目的与表现》（*The Purposes and Performance of Higher Education in the Llnited States*）对目标与职能进行了历史性的宏观分析，报告指出，"习惯上所说的高等教育三个'目的'，即教学、研究和服务，主要是指手段性（工具性）功能或方法，而不是谋划性目的或结果性的目的"②，报告首次将目的与职能分开，认为目的是一种谋划或预想达到的结果，而职能是为达目的采用的途径手段。伴随组织演进与社会变革，大学早已突破最初单一的通过教学培养人才的职能，渐次叠加衍生出科学研究、社会服务与文化创新等新职能。

大学起源于中世纪学者行会，历经传统大学、近代大学和现代大学的嬗变，其职能也由传统大学重视古典人文学科的教学过渡到近代大学对自然科学知识的重视，但直到纽曼论大学理想时，大学主要职能还只是保存和传授高深学问。西方学者认为 18 世纪和 19 世纪早期的大学，"缺少一种切实的、在知识上的职责，强调传授已有的文化，严格限制发挥社会作用，所有这些都造成了动力上的不足"③。近代大学的职能以教学为主，19 世纪以前从事理论研究的目的也只是探索新知识为教学服务，很少直接解决经济、技术或各种社会问题，这种"象牙之塔"的模式远离了社会生活的实际需求。随着 19 世纪欧洲科技的发展，建立于 1809 年的柏林大学倡行改革，成功树立了研究型大学的范例，标志着大学发展成具有教学与科研两种职能的机构，科学研究成为现代大学的重要职能。"近代德国大学是世界上最早确立科学研究职能的大学"④，其中洪堡的大学思想最具代表性，他主张大学的主要任务是追求真理，并强调与国家需要密切联系，这种观念深深影响了美国高等教育的发展，霍普金斯大学成为效法德国研究型大学的成功典范。同时，南北战争后美国资本主义崛起，《莫雷尔法案》颁布和赠地

① Biebel C D. 1971. Politics，pedagogs and statesmanship James B. Conant and the Public Schools 1933-1947. Dissertation，University of Wisconsin：96.

② The Carnegie Commission on Higher Education. 1973. The Purposes and Performance of Higher Education in the Llnited States. New York：McGraw-Hill：foreword，Ⅶ.

③ 菲利浦·G. 阿特巴赫. 1985. 比较高等教育. 符明娟等译. 北京：文化教育出版社：28.

④ 贺国庆. 2001. 外国教育专题研究文集. 保定：河北大学出版社：26.

学院的兴建促使大学朝向服务社会的方向飞速发展，大学服务社会和国家的职责日益凸显。20世纪初，威斯康星大学的主张成为大学职能扩展的里程碑，其倡导并发展起来的大学服务社会的思想观念与实践行动体系被称为"威斯康星观念"（Wisconsin's Idea），进一步完善了高等教育社会服务职能。"如果说，柏林大学的历史功绩是确定科研与教学在学校中的地位，解决的是教学和科研之间的二维关系，那么'威斯康辛（笔者注：即威斯康星）观念'所确立的是教学、科研与服务的三维关系，它解决的是学校与社会的关系，打破了传统的大学封闭状态。"[①]当大学的纯理论研究被用于特定的政治目标，大学便衍生出第三种职能：服务社会。外国教育史专家贺国庆指出，"大学的三项职能并列最终是在美国高等教育中确立的"[②]。关于美国大学的社会职能，英国政治家、外交家和史学家詹姆斯·布赖斯（James Bryce）曾进行了较为深入的探究，发现在美国生活中，"这些机构在抵制政治腐败和社会不公正方面发挥了积极的作用"[③]。

社会服务职能的确立，使高等教育哲学从强调认识论逐渐过渡到强调政治论。强调认识论的哲学依据理性主义观点，认为人的本质就是人的理性，高等教育就是通过追求知识本身培养人的理性，因为知识是事物的本质，是人对事物本质的认识结果，因此具有客观真理性，不应受世俗污染。强调政治论的哲学则更关注知识对人类生活、社会及国家的影响，重视知识在解决复杂社会问题中的功用，这些知识和人才无疑通过高等教育机构培养，当高等教育承担了世俗责任，便不可避免地具有了政治性。当然，人们对教育政治性的认识自古有之，早在古希腊时期柏拉图及亚里士多德对教育的论述中就有体现，他们都涉及高级学问养成对社会和国家的作用。我国古代教育的政治色彩更为浓厚，属于国家"礼"的一部分，即"学礼"，"礼"是古代国家维持社会秩序的主要手段，是教育政治化和国家化的典型特征。及至近代，约翰·杜威在《民主主义与教育》中，从现代社会发展的角度再次强调教育对社会的改造作用，从而突出了教育政治论的实用主义哲学基础。

科南特对大学职能的认识一方面基于个人的学术经历和社会活动，另一方面源自对美国独特社会制度的分析与认同，既强调以认识论为哲学基础的研究职能，又重视以政治论为哲学基础的社会服务职能。首先，严谨的科学研究方法与怀疑主义的科学态度使他对追求真理的职能有着本能维护，且在学生时代就对德国大学重视科学研究的传统极为推崇，"当我还是一名年轻的化学家时，给我印象最深的是：德国整个大学体制的职能是作为促进科学知识的工具"[④]。科南特

---

① 柴建芳. 2005. 高等教育职能的演变与未来大学特征初探. 山西高等学校社会科学学报，（7）：1-5.

② 贺国庆. 1998. 德国和美国大学发达史. 北京：人民教育出版社：209.

③ 贺国庆. 1998. 德国和美国大学发达史. 北京：人民教育出版社：118.

④ Conant J B. 1970. My Several Lives：Memoirs of a Social Inventor. New York：Harper & Row：630.

注重大学促进与传播知识即追求真理的传统职能，认为从历史上看，"大学不仅培养学问，且守护着人类在艺术、文学、哲学和科学等领域辛勤创造的伟大精神财富"①。其次，虽崇尚德国大学的学术自由，但并不意味着在美国能复制德国大学，他更尊重美国大学的传统及其独特的发展方式，认为在高等教育迅速扩张的年代，应用科学在人类日常生活和国家政治中日益重要，高等教育与政治的联系更加紧密。严谨的科学态度与非凡的政治眼光使科南特的高等教育哲学具有了认识论与政治论相互融合的特征，为其大学职能平衡论奠定了基础。

基于高等教育哲学的融合特性，科南特既强调"追求真理"的大学传统，又重视"服务社会"的现代职能，这种实用主义倾向注定为其教育思想蒙上妥协折中的色彩，从而在变革的现实中更有效地解决实际问题。他坚持认为，高等教育应为社会公益事业服务，在服务过程中寻求公众的理解与支持。经济危机与希特勒强权政治的崛起对科南特触动很大，他意识到民主制度的脆弱，尤其是 20 世纪 30 年代希特勒的压制政策与措施，迫使科南特思索知识的完整性与大学未来的关系，"和其他许多人一样，这些事件深深影响了科南特的生活与哲学"②。这位崇尚德国大学的哈佛校长猛然发现，德国大学的自由并未自然造就一个自由的国度，他认真比较德国大学与美国大学的异同，反思其中缘由，认为必须强化美国大学及其教师的社会责任感，才能避免类似情形的发生。"科南特强调大学及其教师的社会责任，好像与忧虑纳粹对德国大学的影响有关。"③他认为"一个完美的教育制度并不能必然成为自由的保障，相反，可能会成为国家丧失自由的诱因之一，纳粹时代留给人们的教训是：特定类型的教育，或对某种职业的高级训练与对自由的压制相生相伴"④。

二、科南特论大学职能的兼容与平衡

科南特始终围绕美国大学的历史和社会现实论述大学职能，他说："我们必须理解美国大学的发展史及其反映某种社会特性的成长方式。"⑤他把大学描写成"具有相当程度独立与自治的学者结合体，她们关注职业教育，重视增进知识，

---

① Conant J B. 1933. Address to freshmen of Harvard. School and Society，XXXVIII（980）：450.

② Weiss R M. 1969. The Conant Controversy in Teacher Education. New York：Random House：23.

③ Conant J B. 1964. Two Modes of Thought：My Encounters with Science and Education. New York：Trident Press：XXVII.

④ Conant J B. 1958. Germany and Freedo：A Personal Appraisal. Cambridge：Harvard University Press：4-5.

⑤ Conant J B. 1948. Education in a Divided World：The Function of the Public Schools in our Unique Society. Cambridge：Harvard University Press：157.

也注重培养优秀公民的普通教育"①。在哈佛 300 年校庆演讲中，科南特对高等教育职能进行了详尽论述，集中表达了他的大学职能平衡论观点："今天在此的所有人，必须关注美国大学传统的未来，但到底什么是传统？什么是大学？像所有有生命的事物，仅从历史角度认为她是学术机构当然可以理解，毕竟 1000 多年前西方世界就诞生了大学。虽然中世纪大学充斥着普遍教会的学说，自新教改革以来又经历了缓慢多样的变形，但大学传统的本质始终保持不变。"②在大学传统的流变过程中，科南特认为促进大学繁荣的四股力量包括："第一，大学固有的对知识的促进；第二，博雅艺术中的普通教育；第三，成就各种职业的专业教育；第四是学生生活，它能提供来自社交冲动的所有力量，这股力量永不熄灭。"③据此，科南特把以上四部分作为未来大学的职能，并认为它们应恰当地平衡在大学发展计划中，每一部分都不应偏废或膨胀，不能打破各部分维持的平衡，因为"仅仅促进知识和培养学问，大学不过是一个研究机构；只关注学生生活，会产生一个学术领域的俱乐部，或仅仅是一个在学院操纵下的足球队而已"④。他认为关注个体是学院的核心，增进知识是大学的使命，二者不可分离、缺一不可。随后科南特对只强调博雅教育和专业教育的弊端进行剖析，"如果不恰当地关注普通教育而打破这种平衡，学术研究的传统无疑会枯萎，有人认为这是应当的，纽曼就把大学定义为教授、传播与扩充普遍知识而不是增进知识的场所"⑤。同样，他认为不恰当地强调专业教育也不利于高等教育的发展。"目前，对专业教育有一种日益扩张的需求，'专业'词义有扩大的倾向，直到包含了所有职业，这种影响一旦主导大学，高等教育机构将只提供训练而不是教育，促进知识的机构也会降格为提供物质财富的工具。"⑥

　　首先，科南特认为，大学的核心功能是增进知识，也就是追求真理。他说如果用一句话概括高等教育功能，最好不过的就是追求真理。当然，他所说的真理既包括科学真理，也包括道德真理。追求真理是坚持大学传统、尊重历史的重要体现，他说"我们必须研究过去，一个人如果不知道出生前曾发生过什么，他将永远只是个孩子"⑦，大学扩展知识疆界的同时，应通过先前积累的文明养成每一代人的智慧与美德，从来没有任何时代能比现在更强调研究历史的重要性。1936 年夏科南特采取行动实施自己的长期想法，作为一名历史研究的业余爱好

---

① Conant J B. 1948. Education in a Divided World: The Function of the Public Schools in our Unique Society. Cambridge: Harvard University Press: 158.

②③④ Conant J B. 1970. My Several Lives: Memoirs of a Social Inventor. New York: Harper & Row: 652.

⑤ Conant J B. 1970. My Several Lives: Memoirs of a Social Inventor. New York: Harper & Row: 653.

⑥ Conant J B. 1970. My Several Lives: Memoirs of a Social Inventor. New York: Harper & Row: 655.

⑦ Conant J B. 1970. My Several Lives: Memoirs of a Social Inventor. New York: Harper & Row: 656.

者，他与历史学教授和文学教授沟通，探讨在哈佛设立美国文化史非正式课程。1936 年 8 月他邀请霍华德·琼斯（Howard H. Jones）教授参与讨论，希望深入研究美国 150 年的政治、社会、文化和科技发展史，将之整合成一个教育项目，琼斯教授参与课程委员会的工作，1936 年秋起草了研究美国文明的拓展课程计划。在校庆日讲话中科南特指出，哈佛要为科技时代的民主国家建立统一连贯的美国文化的教育基础。"如果学生过早地在初级阶段就被分层，将会冒很大风险，导致这些天才加速脱离美国的主流生活。"①

其次，大学要为学生提供良好的社交环境与学术氛围，促进个体健康发展。科南特对自由教育怀有强烈渴望，认为大学增进知识、守护过去的智慧遗产属于核心功能，但除增益学术外，大学教育还要提供给学生沉浸于知识氛围的机会，"在这种氛围里可进行激烈讨论，发展宽容精神，吸纳多样化的学习者，抵制狭隘的心灵和地方派系"②。为给四年制学院提供适切的完整的自由教育，他采取与进步主义类似的观点，在 1934—1935 年的年度报告中指出，今日之教育应为一个持续终生的过程，大学教育的最大价值就是为学生提供一个"智力和精神持续生长的基础"。在纪念埃利奥特诞辰仪式上他肯定了哈佛的住宿制度，认为这种形式便于为学生营造适宜的社交和学术氛围，断定"此种社交生活不仅是教派偏见的强大溶解剂，而且可充当自由教育的基石，这一基石将比任何构思巧妙的教学项目更为可靠"③。

至于博雅艺术的普通教育与成就职业的专业教育，科南特认为，除满足人的自身发展，要更多地考虑国家和社会的需求。普通教育为培养未来民主社会的合格公民，专业教育则弥补工业社会中各类专门职业人才的匮乏，因此服务社会成为科南特高等教育职能的又一指向。在高等教育服务社会的职能上，科南特重视国际社会变革的影响，不仅因其本人是一位眼界开阔、具有广阔国际视野并密切关注世界动向的外交家，也是他坚持对世界不同教育体制进行广泛调研和比较研究的结果。通过旅行考察和阅读文献科南特比较了美国与欧洲、澳大利亚各国教育的区别与联系，能站在世界高度审视美国教育，在《知识的堡垒》（*The Citadel of Learning*）一书的前言中科南特指出："所有对美国学校与学院的讨论必须基于特定的国际形

---

① Biebel C D. 1970. Styles of educational leadership: James B. Conant and the making of a statesman. Occasional Paper Series in the Social Foundations of Education，No. 2: 6.

② McInerney D D. 2008. The Education Legacy of James Bryant Conant. Dissertation，The State University of New Jersey: 55-56.

③ Conant J B. 1936. The Endowed University in Americon Life: Harvard，Present and Future. Cambridge: Harvard University Press: 2.

势。"①任柏林大使期间，他深入思考和考察德国的高等教育，认为几个世纪的大学史表明，大学有两个显著职能，可以说成增益学问与促进教育，第一个职能穿越时空与国界代代相传，第二个职能则决定于特定历史时期所服务的社会。他说："以前我主要考虑国内政治与社会历史，而现在则至少要研究外交政策。"②

在 1937 年美国大学协会的发言中科南特再次重申，一方面大学关注训练青年心智以满足今后生活普遍较高的智力或精神需求；另一方面要教育学生为完满生活做准备，而不是训练专家，也就是一端为训练智力精英，另一端为培养高素质的公民。"科南特对高等教育的综合性观点，完全基于自由民主的现代社会大学所应承担的责任和角色。"③他反对普遍主张的大学应强调某一方面的观点，指出"美国的大学和学院服务多重目的，只满足任何单一目的的学术机构根本不存在，关键在于这些必要的多元化目要保持谨慎的平衡，不应过分长久地关注某一特定目的，以免阻碍我们的远见"④。科南特指出，维持大学职能平衡须理解美国社会的独特发展模式，过去 100 年美国与欧洲的基本区别可用"流动性"表述，在高等教育方面欧洲与美国最大的区别就是入学人数的悬殊，家庭经济与社会地位仍是欧洲学生接受高等教育的主导因素，而在美国，为发现与培养人才已不再注重家庭出身。"在欧洲，由于很多 14、15 岁的孩子没有被专门学校录取，到 16 岁获得全日制教育的学生不足 10%。"⑤ 19 世纪的欧洲大学生主要来自具有世袭政治地位或新近获得财富的家庭，到 20 世纪中期，家庭收入和社会地位虽不是决定因素，却依然在起作用。

三、科南特对大学职能的坚守

科南特对大学追求真理的职能极力维护，这是大学学术自由的传统，也是哈佛大学贯彻始终的理念。科南特虽上任于经济萧条的节点，但直到 1953 年离开哈佛大学时也不会接受用国家公共税收支持哈佛大学的任何一项活动。尽管时代在变迁，大学学术自由的传统依然促使他优先考虑不仅对哈佛人有益，且利于美国整个学术界的发展，因为"大学校园的知识自由与国家自由间的本质联系是科

---

① Conant J B. 1956. The Citadel of Learning. New Haven：Yale University Press：Ⅴ.
② Conant J B. 1956. The Citadel of Learning. New Haven：Yale University Press：40.
③ McInerney D D. 2008. The Education Legacy of James Bryant Conant. Dissertation，The Stare University of New Jersey：51.
④ Conant J B. 1937. Liberal education：The selective principle in American Colleges. Harvard University before Association of American Colleges. Washington，January 14.
⑤ Conant J B. 1956. The Citadel of Learning. New Haven：Yale University Press：30.

南特观点的强大支撑"①，他认为如果大学抛弃了寻求真理的信仰，人们最终将会成为知识牢狱的困兽，他在自传中曾用一章的篇幅介绍对学术自由的珍视。他在1934年第一次与校友谈话中表明了这一目的："今天，我们处在一个混乱的时代，政治热情时常高涨，激烈的辩论随时可以左右政治与经济意图，但无论整个世界未来有多么不确定，大学必须勇敢地坚守自己的原则，以确保自由探询和自由讨论的权利。"②为遵循学术自由的传统，维护哈佛的政治独立性，1934年他断然拒绝德国的哈佛校友恩斯特·汉夫斯滕格尔（Ernst F. S. Hanfstaengl）的捐款，因为捐赠人是纳粹领袖希特勒的私人朋友与政治伙伴。哈佛大学300年校庆时，罗斯福总统作为毕业生参加典礼，考虑到哈佛师生对罗斯福"新政"的敌视，他毅然对总统的讲话内容与时间加以限制，之后确认"罗斯福的讲话没有政治色彩，非常适合那个场合"③。

追求真理是哈佛大学科研发展的动力，科南特把科学研究与服务社会结合起来，超越了纯粹的智力追求。他将追求真理与增益知识作为哈佛的奋斗目标，吸取德国大学重视研究生教育的经验，结合自身特点与社会需求建设研究生院，增设新专业，扩大研究生招生规模，建立公共行政管理学、公共卫生学研究生院及博士后研究中心，组织新型教研结合体培养高层次研究人才。他强调高等教育机构首先是自由科研的场所，应重视科研尤其是应用研究对社会生产的支撑作用，与许多当代科学家一样，他积极将科研与国家、经济和社会发展需要结合起来，这也可以合理解释其多样化人生中为何多与科学家身份相关。无论早年任工业公司顾问并参与工业橡胶及军用毒气生产，还是二战期间参与组织核武器研发，以及战后对美国科学院与美国科学教育事业的贡献，科南特始终关注科学对社会的实用价值。除将科学研究与实际需求结合起来外，他主张大学应承担更多社会责任，满足国家的重大需求，一方面培养未来合格公民延续特有的民主制度，另一方面加强与职业界的联系服务经济发展与国家安全。在哈佛大学读书时他非常向往德国的大学，"那些日子，我心中的理想大学是德国最好的大学……20年代赴德考察的八个月增强了我的信念。大学作为研究机构，对社区、州或国家负有特殊的职责与义务"④。他主张大学在科技与军事竞争中应发挥主导作用，哈佛大学的科研政策及对国家政治人才的培训体现了对国家需求的积极回应。同时，他主张大力发展两年制学院以扩大高等教育入学机会，满足经济发展和社会稳定的需

① McInerney D D. 2008. The Education Legacy of James Bryant Conant. Dissertation，The Stare University of New Jersey：50.

② Conant J B. 1970. My Several Lives：Memoirs of a Social Inventor. New York：Harper & Row：448.

③ Conant J B. 1970. My Several Lives：Memoirs of a Social Inventor. New York：Harper & Row：156.

④ Conant J B. 1970. My Several Lives：Memoirs of a Social Inventor. New York：Harper & Row：84.

要。谈到两年制学院他进一步强调："这些学院，应提供普通教育和范围广泛的职业教育，满足所有学生的兴趣与愿望。结合职业训练与培养完满生活的公共责任，没有理由说它们提供的课程逊于大量文科学院或人口拥挤的大学。两年制学院是步入机会均等的重要步骤，深明此意则对其服务各州的未来繁荣充满期望。"①

科南特的大学功能观实质考辨了大学教育与现代民主之间的关系，认为州立大学和两年制学院在服务社会需要、促进高等教育大众化方面扮演着重要角色。而对私立大学来讲，尤其是哈佛这样的顶级大学，必须承担两大使命，一是传承古代大学自由教育的传统，二是养成健全的国家主义观念与民主精神。为完成这两大任务，他不赞成增加额外的专门化课程，或开设包含更多信息、训练学生记诵能力的必修课程，因为只接受信息根本无法使学生获得滋养心灵的价值观念。他反思自身成功经历，认为一所组织优良的大学必须拓展学生生活，丰富大学教育内涵，培育大学校园的自由民主精神，并延伸推广至整个国家，他警示人们"如果人们抛弃了对追求真理的忠诚，将会逐步沦为有组织暴民看管的精神囚犯"②。如何既传承自由教育传统又满足世俗生活的需求，科南特主张就是更新对自由教育的传统理解，让学生能接受一种广泛而整合的新式自由教育课程，也就是他所提出的普通教育计划。

总之，在涉及大学职能的问题上，科南特既肯定大学是进行纯粹智力活动的场所，又拥护其对各种职业的训练，这显然与赫钦斯等人的观点不同。赫钦斯认为，职业主义与物质的商业主义相连，与大学追求纯粹真理的智力目标相背离。贝斯托（Arthur E. Bestor）和科尔纳（James D. Koerner）及其他人则具体指出了职业教育课程与学术课程的分离，而科尔设想的多科大学（multiversity）虽容纳了大学的所有职能，却不论各职能间的关系与平衡。科南特认为，仅培养学问实为研究机构，只关注学生生活或是学术俱乐部，或是学院麾下的足球队，完全的职业教育成就的是商业学校，仅实施普通教育若脱离科研和职业训练，只能称得上一所学院而已。因此，"美国大学的未来主要决定于能否保持这四支传统力量的平衡"③。不难看出，与追求纯粹学术的赫钦斯、主张职业与学术分离的贝斯托、科尔纳及崇尚放任多元主义（laissez-faire pluralism）的科尔比起来，科南特强调的是大学各项职能应保持恰当的平衡。

---

① Conant J B. 1970. My Several Lives: Memoirs of a Social Inventor. New York: Harper & Row: 653.

② Conant J B. 1935. Free inquiry or dogma? Atlamtic Monthly: 441.

③ Conant J B. 1948. Education in a Divided World: The Function of the Public Schools in Our Unique Society. Cambridge: Harvard University Press: 159.

第六节　州际合作——协调高教政策制定

1964 年科南特出版《教育政策的制定》一书，论述美国教育政策制定存在的问题与解决途径，充分展示了一位大学校长、政治家和社会活动家所具有的全景视野，以及对美国政治传统和现状的敏锐洞察力。他认为美国教育与其政治一样属于分权体制，自新政以来联邦政府不断通过拨款与科研机制增强对大学的干预力度，以适应凝聚国民向心力、培养民主社会合格公民的潮流，加强州与州之间的合作成为时代所需。然而，面对日益增长的联邦权力，科南特开始担忧，过分集权可能会对地方分权体制产生威胁，他主张美国应保持分权传统，各州教育在多样中寻求统一，在混乱中重塑秩序，以此作为完善教育政策制定的核心理念。

一、高等教育政策面临的挑战与科南特的改革目标

科南特肯定，在美国高等教育系统的整体发展中，多样化的高等教育形式满足了工业社会对各类人才的不同需求，合理配置了教育资源，减少了人力物力浪费。同时他也指出，为促进整个高等教育系统健康有序发展，必须在政策制定上进行必要的改革。殖民地时期，美国大学主要承袭英国大学的办学传统与管理模式，大学控制权掌握在教会手中，以培养宗教教派的教士为主要目的。随着教派分化与世俗社会对大学要求的日益增多，大学教育目标加强了对经济和政治人才的培养。独立建国后，国民精神增长与高等教育世俗化进程加速，各州纷纷建立自己的州立大学和学院，赠地学院对农工及职业技术教育的促进，推动了联邦资助大学的合法化，以及州政府资助州立大学的制度化。19 世纪末美国开始效法德国建立新型研究型大学，20 世纪初社区学院获得大规模发展，并进一步加速了高等教育大众化进程，美国现代高等教育制度日臻完善，纵向形成大学、学院和社区学院三级教育结构，横向表现为大学种类的异彩纷呈，如技术学院、民族学院、女子大学、师范学院及综合大学等。由于分权体制，管理上多种权力并存博弈，在资金来源、学位结构与学生群体上千差万别，如何协调有序并在差异化发展中寻求良性竞争，成为政策制定者需要解决的关键问题。

　　科南特坚持高等教育政策革新是必要的。不管战前还是战后，各国政府都在密切关注教育改革，作为大学校长他经常把教育革命与社会、政治论争联系在一起，认为教育是消弭社会分化的重要工具，也是国家竞争力的重要指标之一。他把自由的、工业社会的美国作为教育改革的基础，认为在关乎国家工业能力和军事安全的科学家与工程师培养方面，人们正承受人才的匮乏与浪费，这表明学校在开发人力资源上存在严重不足。美国和欧洲经济学家已经指出，国家物质繁荣与人口受教育程度间存在明显关联，但在美国这样的自由社会人们很容易忽视这一点，很少去预测国家宏观需要的可能性，自然也不去说服有能力的年轻人为国家利益必须进入某一特定职业学习。科南特认为，入学人数的扩张表明越来越多的人接受高等教育，现在应从变革教育政策制定方式入手，提高教育效果或教育质量，更好地满足国家和社会需要。"我坚信未来的变革会更加激烈，同样也意味着为满足这一变革，我们古老陈旧的教育政策制定方式需要果断而彻底的革新。"[①]

　　科南特认为，在高等教育规划上，地方分权产生的多样化实践正成为一种混乱和资源内耗。他肯定分权制度的灵活性，鼓励独立多样的教育实验，但当影响教育政策制定的因素日益复杂多变，尤其外语与数学课程的重要性空前提高，教育的多样化达到近乎混乱的程度，公众也意识到需要采用某种方法重建秩序，仅由教育行政人员和教育学教授组成的杂然纷呈的非官方团体承担教育政策制定责任已不能很好地适应当前教育改革的现实需求。此外，他认为地方分权体制除可能导致全国范围内宏观秩序的缺失，还会加剧各州内部政策制定过程中的权力争斗，造成能量耗散与教育资源浪费。传统上由于美国人对集权政府的本能反对，私立高等教育首先兴起，这使得高等教育在一些州内被认为是私人机构的范畴，即使免费学校被普遍认为是公共责任时，依然不敢触及高等教育领地，因此美国各州公立高等教育人均资金投入大相径庭。各州法院至少每两年拨款一次，建设州内从幼儿园到大学研究生阶段完整的理想教育体系，但因各州资金资助机构不统一，许多州内高等教育政策因缺乏共同利益而演化为无休止的政治争斗。公立大学与私立大学之间、公立大学之间甚至同一大学不同校区间也展开竞争，州政府在协调上疲于应付，在采取政策时主要基于偏爱而不是责任心与客观分析。"学院间的真正冲突，来自教育目的和标准的不同，它们期待得到同一立法机关的财政支持，事实上这很难得到满足。"[②]

　　针对上述问题，以需求为导向重建秩序成为科南特制定教育政策的基本目

　　① Conant J B. 1964. Shaping the Policy of Education. New York：McGraw-Hill Book Company：4.

　　② Ray G N. 1959. Conflict and cooperation in higher education // Keezer D M. Financing Higher Education 1960-1970. New York：McGrall-Hill Book Co. Inc.：110.

标。在他的眼中，如果教育目标不直接服务社会需要，就不是最重要的，即使接受高等教育的天才学生，若不热心服务社会，也不应给予其向上流动的机会。科南特政策制定革新的目标是清晰的，就是强化高等教育整体秩序，缓和教育浪费及无序竞争引起的各种社会问题。他提到高校滥发学位的问题，认为应首先保证教育质量，针对不考虑就业及学生想法制造各种学士、硕士及博士学位的情况严格学位颁发制度，"各州应关闭这些虚假的'文凭制造厂'"①。几十万辍学和失业的青年警示人们，美国教育需从根本上重建，学校应帮助所有学生理解其生存的环境。为避免多样化走向杂乱无章，他主张重视研究生教育，限制本科生招生，大力发展以服务地方为主的两年制学院或社区学院，认为大量不同类型的学位，尤其是硕士学位是 20 世纪高等教育增长的表征，而谈到新生的初级学院，他很自豪成为早期拥护初级学院这一美国革新的人士之一。"作为著名美国教育发言人，科南特独一无二的管理风格，使其甘愿充当一名教育革新的建筑师"②，他力主发展研究生教育和初级学院，将大学教育向上下两极延伸，建立层次鲜明、竞争有序的高等教育体系，满足工业社会对不同层次人才的多元化需求。

二、加强州内高等教育规划的思路

1963 年美国颁布《高等教育促进法》，政府加大了对高等教育的投资，高等教育政策制定的责任由美国国会、州法院、私立学院与大学理事会共同承担。但在多数关于高等教育改革的讨论中，联邦政府的责任正变得越来越大，相比之下，州法院的权力非常有限。科南特认为，在制定高等教育政策上应发挥州一级地方政府的作用，发展各种有效的州际合作组织平衡联邦不断增大的压力。他分别考察了伊利诺伊、得克萨斯、宾西法尼亚、加利福尼亚、纽约、新泽西、印第安纳、密歇根、威斯康星和马萨诸塞等几个人口大州的高等教育情况，发现各州不同利益集团的竞争已演变成激烈的政治角逐。长远来看，基于地方与个人影响做出的政策决定往往会降低教育规划的质量，州一级规划的缺失又使教育当权派无暇顾及全国范围内的高等教育政策。"目前财政支持计划的缺陷广为人知，这些问题皆来自无休止的竞争与重复。"③ 科南特认为，在某些州应确保各种力量的协调与计划性，许多教育家、议员和一般财政官员早已认识到，为应对大学扩

---

① Conant J B. 1964. Shaping the Policy of Education. New York: McGraw-Hill Book Company: 74.

② Biebel C D. 1970. Styles of Educational Leadership: James B. Conant and the making of a statesman. Occasional Paper Series In the Social Foundations of Education, No. 2: 1.

③ Boehm C H. 1962. Preliminary proposals for the development of guidelines for a master plan for higher education in Pennsylvania.

张、财政及功能的多样性问题，某些对教育系统的连续评估与调整是适当且必需的。科南特强调，教育规划不能仅仅建立在逻辑思辨与抽象推理中，而应首先来自经验，来自实践现场，他认为"除非教育家能决定高等教育体系的基本目标，除非他们能决定哪些大学最适于提供什么样的教学与科研计划，否则对大学来说，由他们来考虑资金分配完全是多余的"[①]。同样，由于各州资金有限，州立法机关也必须建立一种有效的资金分配制度，可设立一些自愿或法定的机构协调高等教育公共资金分配问题。因为"当州在教育发展方向上没有计划、没有清晰的理念时，公共官员们就不会考虑任何标准，而只是权衡各教育集团的权力，出于自身利益评判计划是否具有政治价值"[②]。

科南特明白，通向合理制度的道路并非一帆风顺，教育制度非一日形成，也不会在短期内改变，现存的教学、组织和财政支持模式反映了各州的历史，也反映了现存的压力与需求，然而他相信，教育制度又具有适应性，能根据新的环境做出必要的调整，这种调整既非偶然发生，也不能仅靠天才的具有想象力的领导，应寻求州内高等教育政策的协调，制定整体性规划，这一点科南特和许多人的想法一致。他研究并认可加利福尼亚州的高等教育规划方案，但因各州差异明显又不可能要求其他州都来效仿加利福尼亚州的这一做法，因此他主张加强州教育委员会的权力，并认真辨识哪些做法是理论上应该做的，哪些是实际中可以做的。在处理私立高等教育时，科南特比较赞同纽约州的做法，一直以来，纽约州重视对私立教育机构的管理与监督，在制定教育政策时从不单独对待，从而保证了本州内高等教育政策的连贯性和一致性。科南特认为，在为高中后教育政策制定提供合理的方法上，加利福尼亚州是开路先锋，在如何组织与运用州权促进地方学校追求卓越方面，纽约州树立了榜样，"如果设想，把加利福尼亚州高等教育整体规划与纽约州的代理委员会及教育委员结合起来，我们将拥有最完美的高等教育范式"[③]。

科南特认为，应重点加强州教育委员会的权力，联邦的权力定位不是基于控制，而是通过拨款或助学扩大高等教育入学机会，提高教育质量。但自国会颁布《高等教育促进法》以来，国家在社会、技术、经济、道德进步中的重要使命得到强化，联邦拨款越多，参与制定国家教育政策的需求就越大。科南特在管理哈佛的经验中得知，"一旦联邦大量划拨资金，必定会寻求控制资金花费方式，进而扩大到对课程甚至人事的影响"[④]。同时，国会在另一法案中也声明："各州与

---

① Conant J B. 1964. Shaping the Policy of Education. New York：McGraw-Hill Book Company：57-58.
② Conant J B. 1964. Shaping the Policy of Education. New York：McGraw-Hill Book Company：59.
③ Conant J B. 1964. Shaping the Policy of Education. New York：McGraw-Hill Book Company：82.
④ Conant J B. 1970. My Several Lives：Memoirs of a Social Inventor. New York：Harper & Row：118.

当地社区必须保持对公立教育的控制，承担首要责任。"①因此，科南特希望加强州政府在教育政策制定中的权力，推动州内教育决策力量的协同合作。他把影响教育政策制定相互作用的力量概括为："①公立学校教师领导、教育学院教授与管理人员；②州教育权力机构；③大量州立学院与大学；④私立学院与大学；⑤各种联邦政府的机构，这些机构负责把大批资金拨给各州和个别学校。"② 科南特认为，60 年代这些杂乱无章的具有影响力的实体已不能满足国家的需求，要建立一定的秩序就必须强调组织合作，高中及以下的教育政策不应仅由公立学校人员或州政府官员决定，但要做出明智决定二者缺一不可；高中以上的教育计划不能单独由州政府负责，也不能仅由私立机构或联邦政府决定，但是成功制定全国性政策则须依靠三方的合作。

三、协调州际高等教育政策的构想

在形成全国性教育政策的过程中，科南特提倡发挥州际合作组织的统一协调功能。他认为，在州与联邦之间建立对教育问题合作研究的某种模式是必要的。由于宪法的制约，美国不能在不修改宪法的基础上由联邦直接办学和制定国家教育政策，科南特希望通过由国会或总统任命的委员会，把某一教育计划上升为全国性教育政策。他回顾并总结了联邦政府影响教育的历史，从政府结构的角度分析了联邦与州的教育权限，他认为："总的我相信，教育制度不能作为商品，被整体或部分地剔除或引进，然而我还是要问，在美国是否不需建立某种组织也会对州与联邦政府有信心，同时还能集中讨论教育的重要话题？我的确希望最终不仅能讨论，还能保持州与州之间的密切合作。"③美国教育的分权体制，使国家层面的教育改革政策往往依赖私人资源的驱动，尤其是各类慈善基金，早在南北战争后就成为促进全国范围内教育改革的关键力量，如 20 世纪最有效的洛克菲勒普通教育委员会（J. D. Rockefeller's General Education Board），主要拨款资助南部教育和高等教育领域各种改革项目。科南特也提到当时一些州际合作教育委员会，如 1949 年 6 个州建立的南方区域教育委员会（Southern Regional Education Board）、1953 年 13 个州建立的西部州际高等教育委员会（Western Interstate Commission for Higher Education）及后来 6 个州建立的新英格兰高等教育委员会（New England Board of Higher Education）等，他认为虽然这些组织没有管理与控

① Conant J B. 1964. Shaping the Policy of Education. New York：McGraw-Hill Book Company：80.
② Conant J B. 1964. Shaping the Policy of Education. New York：McGraw-Hill Book Company：109.
③ Conant J B. 1964. Shaping the Policy of Education. New York：McGraw-Hill Book Company：121.

制州政府与具体学校的权力，但可通过搜集事实与分析数据诊断教育问题，了解教育家、法官、公众与地区面临的教育现状，由这些组织的专家顾问提出解决具体问题的建议，通过游说达到影响教育政策的目的。科南特认为"在高等教育阶段，州际差别很大，但至少在某个地区可以协调不同的利益集团"[①]，他特别强调州际委员会的使命不是行使权力，而是撰写计划，座右铭是"多一些实际，少一些口号"（More facts fewer slogans），当务之急是获得各州教育问题充足确切的数据，作为国家层面教育政策形成的基础。由于这些委员会属于州际组织，其调查报告自然会主动关注各州差异与现实条件，同时因各州都有代表参与，所提建议也容易被各州法院或教育委员会考虑与采纳，关于教育政策涉及的财政需求数量与细节，州际组织应以报告形式交给国会或联邦教育办公室，由其在联邦政府机构的权限内酌情处理。

科南特建议州际合作组织的运行基于如下前提性假设："①当前的政府形式是永久的；②各州都有义务为所有孩子提供12年免费教育；③各州父母有权送子女进入私立学校、学院或大学；④各州期望所有正常孩子接受每天5小时、每年150天的学校教育，直至18岁，残疾儿童可灵活处理；⑤各州要为一些青年提供中学后教育，最少设一所州立大学作为研究学习的中心；⑥旨在开发所有青年潜力的高中及以上教育机构要适应高度工业化社会的就业需求；⑦包括科研及学术工作的大学教育，由私立大学、各州及联邦政府提供经费。"[②] 根据上述假设，在州际组织应关心的所有教育问题中，科南特强调了七大问题：初级学院与大学职业教育的关系及与技术人员需求的关系；高中毕业生就业教育（包括高中及后续的职业课程）；科学与工程教育；黑人教育问题；医学专业人才教育问题；硕士学位以上学位标准统一问题；促进高等教育机构各领域学术研究的问题等。这些问题的解决需要联邦、州教育委员会、各州教育团体及州际合作组织共同完成。"州一级的动力来自各州教育规划机制的有条不紊"[③]，科南特希望，在州首府，所有关心教育的公民都能自由畅通地表达诉求，呼吁州法院及国会考察各种类型的州际合作，进行逐州的详细研究并根据研究结果采取行动，最终形成国家性教育政策，以应对新时期的严峻挑战。显然，科南特已看到时代对优先考虑国家利益的教育政策有着强烈需求，但并不赞成联邦政府通过增加法定职能干预地方自治的传统，在他的心目中，自由与民主是首要的，是关乎美国未来命运的决定性因素。

---

① Conant J B. 1964. Shaping the Policy of Education. New York：McGraw-Hill Book Company：123.
② Conant J B. 1964. Shaping the Policy of Education. New York：McGraw-Hill Book Company：129-130.
③ Conant J B. 1964. Shaping the Policy of Education. New York：McGraw-Hill Book Company：134.

科南特倡导的政策制定模式是以州为主体的地方管理体制，结合"州际合约"（interstate compact）①的协调与联邦政府资助，这样既能保证教育政策实施的资金来源，又利于全国性教育政策的形成，既遵循了地方分权的教育传统，又可制定出适合各州实际情况灵活多样的高等教育政策。科南特"州际合约"的主张为之后成立全国性教育政策组织"美国教育调查团"（the Education Commission of the States）奠定了基础，成为美国教育政策制定方面的重要创新之举。1965—1967年，卡内基基金会主席约翰·加德纳和北卡罗来纳州前州长特里·桑弗德（Terry Sanford）根据科南特的主张起草了州际合约，获得了全部 50 个州的一致认可和国会授权，于 1967 年正式成立美国教育调查团，主要任务是跟踪政策前沿、翻译研究成果，为各州政策制定提供无偏见的建议和相互交流学习的机会，直到里根总统时期，美国教育调查团为制定全国性教育政策做出了重要贡献。

科南特赞成地方分权，同时又希望联邦政府在资金和协调上发挥更大作用。他将联邦政府在加强州政府效能上的角色定位为初级合伙人（junior partner），同时又具有强大的财政影响力，但反对由联邦制定国家教育政策，主张通过签订国会同意的州之间的合约形成国家范围的教育政策，而不是国家教育政策，其所关注的核心是教育规划而不是教育行政管理，这种由州际委员会策划全国层面教育政策的设想，是将教育理想付诸实践建立共识驱动框架和研究模式的基础。科南特认为，"州际合约"主张是"一种合作的联邦主义的新冒险"。谈到影响教育政策制定的根本因素，他在《知识的堡垒》一书中透露："如果我对过去（针对美国高等教育发展）的解释正确，在形成教育政策方面，承担首要责任的是美国社会的流动性与国家的民主理想。"②

第七节　科南特对美国高等教育的影响

科南特热衷美国教育理事会的事务，是美国高等教育著名的公共发言人。戴维·亨利（David D. Henry）充分肯定了他对整个高等教育界的影响，认为"在

---

① 科南特在其著作《教育政策的制定》一书中，建议发挥州际合作组织或州际合作委员会的作用，它们的组成和行动必须建立在协议或州际合约的基础上，以符合各参与州的教育实际。可以说，州际合约是州际合作组织的行动纲领，是科南特倡导的恢复教育秩序的一种手段。

② Conant J B. 1956. The Citadel of Learning. New Haven：Yale University Press：33.

1930—1970 年，任何考察美国高等教育发展的人都不能避开的讨论者之一就是科南特"[1]。作为大学校长及二战前后地位显赫的科学家、教育家和政治家，在推进哈佛大学各项改革的同时，科南特对美国高等教育做出了重要贡献。科南特对哈佛大学的影响主要表现为巩固哈佛学术地位，增强国家使命感，推进其民主化进程；对美国高等教育来说，他的普通教育计划、大学科研模式主张、招生考试改革及教学文硕士学位创新等，无疑具有重大而深远的影响。

一、科南特对哈佛大学的贡献

"科南特作为科学家式的管理者，因具有实用性的计划和令人信服的社会学理论基础，很快便树立起自己作为教育发言人的威信。"[2]在每一项对哈佛的改革中，从全面启动到解释宣传，他都精心设计改革的最佳公式，寻求让最有才华的人集思广益，并将自己的真知灼见融于各项改革，将未来蓝图转化为具体行动，推动哈佛从一所小型教派学院向世界一流研究型大学迈进。与历任校长相比，考察其对哈佛大学的最大贡献当然在于学术。上任之前，科南特暗下决心，要让哈佛大学保持学术绝对领先地位。为把哈佛大学建成一流研究型大学，他不顾一切在全国范围内遴选天才学生，吸引世界知名学者打造教师队伍，设立新型教授席位和创新研究生培养方式，推动学院合作和学科融合，加强研究生院的建设，提升科研水准，20 年里哈佛大学发生了巨大变化，基本实现了科南特追求才学统治的理想。科南特上任前的 26 年哈佛大学仅有一位诺贝尔奖获得者，他在任的 20 年里出现了 5 位。近 100 年来，哈佛大学教师中共有 32 位获诺贝尔奖，其中在科南特之后 60 年中获奖者达 29 位，这应归功于科南特教师聘任制度改革带来的后期效应，即教师水平的飞跃与学校声誉的鹊起。"科南特打造哈佛教师学术质量的努力获得了成功，1957 年他的同行在对各部门的声誉评价中报道，哈佛大学再次成为美国大学的领跑者。"[3]基于对教育规律的深刻认识，他的改革始终围绕提升教育质量的关键因素：学生、教师、课程与管理，当然还有统领这一切的大学功能观，从而为哈佛大学确立学术霸权地位奠定了坚实的基础。"将大学定位为学术和研究的中心，是康南特（笔者注：即科南特）在哈佛大学发展历史上最主要的贡献之一。"[4]他的教育家素养、科学家精神及政治家眼光使其在哈佛

① Henry D D. 1975. Challenges Past, Challenges Present. San Francisco：Jossey-Bass Publishers：156.

② Biebel C D. 1971. Politics, Pedagogues and Statesmanship James B. Conant and the Public Schools 1933-1948. Dissertation, University of Wisconsin：53-54.

③ Liebel M, Riesman D. 1975. Education and Politics at Harvard. New York：Mcgraw-Hill Book Company：180.

④ 王飞雪，孟繁文. 2003. 康南特的教育思想及启示. 天津师范大学学报（社会科学版），(4)：78.

大学发展史及当代美国教育史上写下浓重的一笔。

除确立和巩固哈佛大学的学术地位，科南特在校园多样性上的努力也不容忽视，这是 20 世纪哈佛大学民主化进程的主旋律。哈佛大学 1934—1940 年共招收 161 位国家奖学金获得者，其中 54% 来自城镇或小城市，1/3 来自年收入低于 2000 美元的家庭。虽然奖学金数量不多，不能有效改变学生的社会与地理组成，但其象征意义重大，是科南特实行才学统治的关键环节。1944 年因战争影响，国家奖学金一度停止发放，在科南特督促下 1946 年又重新启动。1945 年 8 月至 1946 年 6 月，美国《退伍军人权利法案》实施，哈佛大学招生再次扩大社会与地理范围，打破劳威尔时期给犹太人定的 12% 的比率，接受更多有才华的犹太学生，使 20 世纪 50 年代犹太学生的比率保持在 15%～25%。此外，他还为女生教育提供合理保障，在教育学院、医学院和法学院招收女生。1953 年科南特离任时，哈佛大学虽仍有大量上层与中上层阶级出身的学生，但学生群体已基本接近其才学统治的理想。哈佛大学的一位领导贝利（Bailey）自豪地说："我们（哈佛大学）不存在任何少数族裔或宗教派别问题。"[1]在二战期间和战后，哈佛教师队伍吸收了许多欧洲难民，尤其是犹太人，"犹太人开始在各系学术登记中出现，有些还获得了终身教职"[2]。由于科南特对犹太学生和教师采取的宽容政策，战后哈佛大学的民主化优势明显表现在犹太学生比例上。以本科学生为例：1952 年，康奈尔（Cornell）社会学家小组对全国 11 所大学，即康奈尔大学、达特茅斯学院、费斯克大学、密歇根州立大学、北卡罗来纳州立大学、得克萨斯州立大学、加州大学洛杉矶分校、韦恩州立大学、卫斯里大学、耶鲁大学和哈佛大学进行的学生进行抽样调查，"结果表明，哈佛大学本科生的犹太人比例是 25%，高于其他任何一所大学。调查的其他私立大学，达特茅斯学院为 15%，耶鲁大学为 13%，卫斯里大学为 12%，甚至主要面向纽约市招生的康奈尔大学，其犹太学生比例也低于哈佛大学，仅为 23%"[3]。科南特对待黑人、亚洲移民及墨西哥移民学生也体现出对更大多样性的追求。在所调查的大学生群体社会多样性方面，哈佛大学比其他私立大学表现出更大的差异性："哈佛大学本科生的 27% 来自收入低于 5000 美元的家庭，比其他四所私立大学都多。达特茅斯学院最少，仅 15%，耶鲁大学 17%。哈佛大学学生中来自公立学校的比例从埃利奥特时期的不足一半到战后超过 50%，50 年代初，来自手工工人家庭的孩子人数

---

① Morton K P. 2001. Making Harvard Modern: The Rise of American University. New York: Oxford University Press: 63.

② Lipset M, Riesman D. 1975. Education and Politics at Harvard. New York: Mcgraw-Hill Book Company: 79.

③ Lipset M, Riesman D. 1975. Education and Politics at Harvard. New York: Mcgraw-Hill Book Company: 179.

超过 10%。"①科南特促进哈佛大学民主化的努力赢得了教师们的赞誉，由于发展方向上的准确定位与政策革新，科南特和教务长保罗·巴克获得教师们的一致认可。西摩尔·哈里斯（Seymour Harris）提到"尤其是校长科南特与巴克教授上任以来，任何考察哈佛大学发展的人都禁不住被其 30 年代以来取得的巨大进步所折服。这些成就突出表现在大量来自少数族群的师生及其在重要活动中取得的进步……因此在这方面，没有人比科南特和教务长巴克更值得信赖"②。赫施伯格也在传记中写道："对哈佛大学的挚爱和对学院与大学的奉献充分发挥了他的创造力，他乐意接受塑造真正伟大哈佛大学的挑战：使其更能代表整个民族，代表社会所有阶层，成为世界科学与研究的中心。"③

当然，科南特对哈佛大学的贡献远不止这些，其成功的财政政策和用人政策为哈佛大学的各项改革提供了经济保障。"哈佛大学委员会选择科南特的重要原因之一就是：委员们认为，他最有希望通过经济手段维持收支平衡使大学渡过难关。"④ 科南特反对浪费，他凭借有效的财务管理使哈佛大学度过了经济萧条期，虽然在他上任几个月后罗斯福总统就下令关闭了银行，然而在其任职的 20 年中只有一次不得不平衡学校财务收支，且从来没有减少过学校预算。科南特对哈佛科学史的贡献也是有目共睹的，他强调针对非科学专业的学生进行科学教育，提倡用案例史培养非科学家的科学素养，并亲自编写案例史教材，联合一批教育家把案例教学法引入学校进行科学史教育实践，最终取得了巨大成功。"科南特的理论和方法对 20 世纪 60 年代的'哈佛物理课程'以及 20 世纪 80 年代美国的'2061 计划'都有极其重要的影响。"⑤

科南特立足现实、面向未来解决美国高等教育的种种问题，同时贯彻自己鲜明独到的教育理念，坚持大学是学术和研究的中心，在哈佛大学的现代化进程中发挥了承上启下的作用。"事实证明科南特的改革是成功的。1933 年，当科南特出任校长时，哈佛还只是一所东海岸的大学。他上任之后，力图'吸引全国范围内的有前途的年轻人来哈佛就读'使哈佛成了一所全国性的大学。而在二战之后，哈佛成了名副其实的世界一流大学。在科南特手上，哈佛大学完成了历史上的两次飞跃。"⑥

① Lipset M，Riesman D. 1975. Education and Politics at Harvard. New York：Mcgraw-Hill Book Company：179.

② Lipset M，Riesman D. 1975. Education and Politics at Harvard. New York：Mcgraw-Hill Book Company：80.

③ Hershberg J G. 1993. James B. Conant：Harvard to Hiroshima and the Making of the Nuclear Age. Stanford：Stanford University Press：66.

④ Full H. 1967. Controversy in American Education. New York：The Macmillan Company：22.

⑤ 饶志明，何锦红. 2005. 化学史课程改革初探——案例教学法：科学素养教育的切入点. 化学教育，（1）：58.

⑥ 张东海. 2005. 科南特教育思想述评. 中国大学教学，（1）：62.

二、科南特对美国高等教育的影响

美国教育理事会是国家大学的喉舌，与劳威尔不同的是，科南特热衷理事会的事务并在其中扮演了重要角色。他积极经营哈佛大学的公共关系，希望将其荣誉学位授予西部州立大学的校长，改善哈佛大学与外界的关系。为建立与其他领先大学的公共关系，他企图组织大学之间的各种学术交流活动，虽未成功，但与主要大学的广泛接触，一定程度上扩展了他及哈佛大学在高等教育界的影响。他聘请全国范围内的一流学者担任哈佛大学的教授，既建立起一支颇有声望的师资力量，同时又繁荣了与西部主要大学之间的学术交流。为进一步激励学者的科学研究热情，他实行校外特别委员会制度，用相应机构评议学校教师的资格与任期，在今天美国评估制度中，这种做法虽仍有争议，但依旧是普遍使用的方法之一。对于科南特在当时整个高等教育界的影响与地位，戴维·亨利的描述可见一斑："高等教育发展方面，任何明智的考察者都愿意听到所有讨论者的不同声音，可以肯定的是 1930—1970 年，任何讨论者的名单中都包括怀特海、卡彭（Samuel Capen）、科南特、李普曼、加德纳、莱斯顿（James Reston）、林登·约翰逊（Lyndon Johnson）。"[①] 以下重点评述科南特在普通教育、大学科研模式、学生奖助及招生测验等方面对美国高等教育革新所做的历史贡献。

（一）对普通教育课程及高等教育科研模式的影响

在《美国、德国、法国、日本当代高等教育思想研究》一书中，陈学飞教授认为，有两部对美国高等教育思想产生重要影响的文献，一部是 1947 年总统高等教育委员会发表的报告《为美国民主社会服务的高等教育》（*Higher Education for American Democracy*），另一部是 1945 年美国联邦科研开发办公室主任布什提交的委员会报告《科学——没有止境的前沿》（*Science: the Endless Frontier*）。

《为美国民主社会服务的高等教育》谈到加强普通教育的必要性："在高等教育的多样化中没有提供一个统一的核心，这是人们极为关注的一个问题。一个缺乏共同经验和共同知识的社会是一个没有基本文化的社会……学院必须在为上千种不同职业而提供的专业教育与为造就共同的公民而传递共同文化之间找到一种正确的关系。"[②] 战后初期，在大学本科生的普通教育目标方面，该报告与科南特 1945 年组织撰写的《自由社会的普通教育》的基本精神完全一致，即高等教育必须对学生进行普通教育，为社会成员提供共同的知识体系，虽各有侧重，但

① Henry D D. 1975. Challenges Past, Challenges Present. San Francisco: Jossey-Bass Publishers: 156.
② 王英杰. 1993. 美国高等教育的发展与改革. 北京：人民教育出版社：220-221.

都强调加强普通教育，因此 1947 年的高等教育报告显然是对两年前科南特普通教育主张的肯定。另外，总统高等教育委员会主席乔治·祖克（George F. Zook）曾任美国教育理事会主席，与科南特一直保持频繁的通信联系，两人经常交流有关高等教育的观点，尤其是战争期间，两人对大学促进国家安全及增进社会福利的功能都很重视。可以肯定的是，科南特的哈佛报告与总统高等教育委员会报告共同推动了美国战后高等教育普通教育的实施。马骥雄教授指出："哈佛报告书和高等教育委员会的报告书在第二次世界大战期间和战后科学技术跨入新的发展阶段的关键时刻，提出了迫切需要改革美国高等院校课程的建议，在全美引起了强烈的反响。"[1]他进一步指出，这两个报告的价值在于阐明了普通教育究竟在高等教育中居于何种地位，为何强调普通教育，如何设置普通教育及怎样处理普通教育与专业教育的关系等，对战后美国高等教育产生了很大影响。陈学飞教授也对两个报告的历史意义给予充分肯定，认为正是"在两个报告等因素的推动下，大学本科的普通教育在战后初期普遍得到了加强"[2]。另外，两个报告都关心自然科学发展造成的不利社会后果，要求在科学教育中加强社会学科教育，增设人文学科，促进人的理性发展，通过培养人文精神克服自然科学发展可能造成的不良后果。详细分析科南特普通教育报告，发现它并非单纯为哈佛大学设计，而且具有很强的适用性，因此"哈佛报告书所提交的建议，为许多学校所接受"[3]。戴维·亨利也说："1945 年哈佛报告的采纳是一个重要的成功，它虽为哈佛学院设计，但却影响广泛。"[4]正是科南特报告本身的普遍价值确立了他在高等教育发展史上的地位。"科南特的普通教育思想在美国的高等教育史上影响重大。首先它是对艾略特（笔者注：即埃利奥特）和洛威尔（笔者注：即劳威尔）课程思想的完善和修正。"[5] 劳威尔的集中与分配制纠正了埃利奥特自由选修制的某些弊端，科南特则明确指出学生在主修专业外应修习哪些普通教育课程，从而解决了劳威尔关于"分配"的课程问题。科南特注重课程的广博均衡，强调掌握某学科领域的方法而非具体知识，为此后哈佛大学核心课程改革做了铺垫。科南特的普通教育延伸到高中阶段，直接影响了美国的中等教育改革，很多中学根据报告建议开设普通教育课程，当然更大的影响是在大学，发表后即有十几所大学和学院开始效法，"1947 年白宫高等教育委员会发表了一份报告，认可了哈佛红皮书的普通教育改革方向，同时，一阵改革大学课程的风潮席卷全美，

---

① 马骥雄. 1991. 战后美国教育研究. 南昌：江西教育出版社：159.

② 陈学飞. 1998. 美国、德国、法国、日本当代高等教育思想研究. 上海：上海教育出版社：62.

③ 马骥雄. 1991. 战后美国教育研究. 南昌：江西教育出版社：159-160.

④ Henry D D. 1975. Challenges Past，Challenges Present. San Francisco：Jossey-Bass Publishers：77.

⑤ 张东海. 2005. 科南特教育思想述评. 中国大学教学，（1）：60.

科南特也被称为'普通教育之父'"①。

　　除普通教育报告的贡献，在美国高等教育史上，《科学——没有止境的前沿》报告书也是主导美国高等教育思想的另一重要文献，对美国战后高等教育科研形式产生了深远影响，科南特在该报告的编写中发挥了重要作用。1945 年，美国联邦科研开发办公室主任布什就战后美国如何开展科学研究展开调查。布什曾任卡内基研究院院长，1940 年罗斯福总统聘请他组建国防研究委员会，就如何有效组织科研服务国防及如何支援盟国提出咨询意见。布什极力主张政府应提供必要资源组织科学家在自己工作的科研机构包括大学在内的非政府机构从事科学研究，建议资助以科研合同的形式提供。罗斯福接受布什的建议并任命他为联邦科研开发办公室主任。在布什的工作中，科南特始终辅其左右，布什去联邦科研开发办公室后科南特担任国防研究委员会主席，并在联邦科研开发办公室担任重要角色。在自传中科南特写道："科学家的经历，以及在化学家中的广泛关系，使我得以助布什一臂之力。"②《科学——没有止境的前沿》强有力地说明政府持续支持科研与开发的必要性，使公众认识到最新科技成就及这些成就在战后提高人民生活水平、创造千百万就业机会的巨大潜力。"布什提交的报告是一份划时代的报告，指导了战后美国科学研究发展的方向，因此可以说是一份纲领性文件。"③ 报告强调，国家利益要求把科学从国家大舞台的边缘拉到中心，政府应给予科学持久足够的关注，承担促进新知识创造和加速科技人才培养的职责。在《科学——没有止境的前沿》报告的撰写中，科南特发挥了重要作用，"大学校长的身份，在一定程度上，有助于我在军界长官中提高威望"④。他不仅亲自参加顾问委员会，很多建议被采纳，且对报告本身做了高度评价，他说："1940年夏，主席（布什）所倡导的行动模式改变了大学与联邦政府间的关系。这种模式使得战后美国科研完全不同于战前。这场革命的核心是从扩大政府实验室的科研转向扩大私立机构的科研，以及通过合同的形式利用联邦的钱来支持大学和科研机构的科研。"⑤科南特对报告的影响主要表现为布什对科南特提议的重视，在题为"更新我们的科学人才"一章，布什引用科南特的论述作为基本理论前提："在可称之为科学的整个领域中，其限制因素就是人自身。在这一方面或另一方面进展的快慢取决于从事这方面工作的真正第一流人才的人数。……因此，归根结底，这个国家科学的未来将取决于基础教育的政策。"⑥报告主要包括四个咨询

①　张东海. 2005. 科南特教育思想述评. 中国大学教学，（1）：61.
②④　Conant J B. 1970. My Several Lives：Memoirs of a Social Inventor. New York：Harper & Row：329.
③　陈学飞. 1998. 美国、德国、法国、日本当代高等教育思想研究. 上海：上海教育出版社：132.
⑤　布什等. 2004. 科学——没有止境的前沿. 范岱年，解道华，等译. 北京：商务印书馆：22-23.
⑥　布什等. 2004. 科学——没有止境的前沿. 范岱年，解道华，等译. 北京：商务印书馆：234.

委员会提交的研究成果，其中科南特参加了两届委员会报告的撰写。例如，《发现和培养科学人才》委员会的报告充分考虑了科南特等八人委员会的建议，委员会主席莫伊说："这里提交的报告是共同努力的结果。它的形式和内容两方面都得到委员会的一致同意。这个成果不是折中的产物，而是通过委员会的成员们根据各自不同的经验对有关事实进行研究，以及根据我们的经验对从那些事实中得出的结论进行讨论并且取得一致意见后才产生出来的。"① 报告中科南特的观点得到充分关注，本报告前言这样写道："在大陆的另一侧，哈佛大学的校长、我们委员会的成员之一 J.B.科南特博士，从另一个角度看这个问题，发表了同样效果的声明，委员会的同事们也愿意采纳它作为自己的意见。"② 1948 年科南特撰文《科研在国家生活中的地位》（*The Place of Research in Our National Life*），详细阐释工业社会科学对人们生活的影响，以及政府支持基础科学研究的重要性。

总之，科南特组织哈佛普通教育委员会撰写的报告和参与撰写的布什委员会报告，为美国高校普通教育的加强及密切高等教育与政府的关系，尤其是形成新型科研资助模式做出了重要贡献。

（二）对高等教育学生补助方式及招生测验的影响

在学生补助方面，科南特首次在哈佛大学设置了可广泛选择优秀学生的国家奖学金制度，不仅满足了哈佛大学对学生质量的要求，还一定程度上扩大了招生范围，促进了高校入学机会的均等，这在当时高教界是一个创举。通过和卡内基基金副主席詹姆斯·珀金斯（James Perkins）及教务长汉弗尔德等人的共同努力，科南特在哈佛大学实施国家奖学金制度，并倡导由董事会设立"哈佛学院基金会"，根据学术才能的等级标准授予相应奖学金。哈佛大学国家奖学金的颁发使部分家庭出身和经济情况比较糟糕但富有才华的年轻人获得进入哈佛大学读书的机会。"康南特关于建立哈佛大学国家奖学金的思想在哈佛乃至整个美国高等教育史上具有重要影响意义。1986 年，在哈佛大学的第 350 个周年纪念日上，还专门成立了颁发给业绩出众的教育工作者的'康南特奖学金'，用以纪念康南特对于公共教育事业和哈佛大学教育改革的贡献。"③

由于教育分权体制与高等教育的独立性，当时美国大学的入学考试比较混乱，为辅助国家奖学金政策的实施，科南特在招生与选优过程中，出于对选拔程序的考虑，任命威尔伯·本德和昌西组织人员协助哈佛学院学术委员会的招生工

---

① 布什等. 2004. 科学——没有止境的前沿. 范岱年，解道华，等译. 北京：商务印书馆：235.
② 布什等. 2004. 科学——没有止境的前沿. 范岱年，解道华，等译. 北京：商务印书馆：246.
③ 王飞雪，孟繁文. 2003. 康南特的教育思想及启示. 天津师范大学学报（社会科学版），（4）：79.

作，当时二人是其他大学负责选拔工作的助理教务长，他们开发的学术性向测验SAT被学院招生委员会采纳。哈佛大学采用新开发的学术性向测验，辅以正规的学科测验和面试、学校推荐来全面衡量考生成绩，并与其他大学合作将招生考试形式进一步推广到当时的顶尖大学。1936年，哈佛大学学术委员会与耶鲁大学、普林斯顿大学的学术委员会建立合作关系，共同举办学术考试。1937年4月全国已有2000多名考生参加测试，半数以上申请了哈佛大学和耶鲁大学。许多学院也乐于采纳SAT测试作为入学考试，而不再仅作为国家奖学金项目选拔优秀人才的手段。1938年4月已有28所大学参与测试。"该记录似乎表明，哈佛大学为选拔国家奖学金获得者采用客观测验，最后将此类测验逐渐发展成普通高校的入学考试手段。"[①] 科南特与昌西一起改变了美国大学招生录取的规则，"我本人对新型测验的兴趣主要受本德和昌西报告及其结果的启发，最终使我在筹办教育测试中心（Educational Testing Service，ETS）的工作中大有作为"[②]。

考虑到SAT在甄别学业成绩方面的有效性，哈佛大学很快将其采纳为测量申请者学术水平的标准之一。科南特承认自己在采用标准化测验方面很狂热，即使后来发现一些测试实际测量的是学术潜力，属于先天智商问题，他依然坚信孩子的先天能力应提早到12岁就可测量。"30年代末到60年代，科南特是测量、就业指导和教育筛选功能的最强大的支持者之一。"[③]为了说明对教育测试的兴趣与投入，他在自传中用一章的篇幅叙述，标题为"ETS：一项教育发明"。他协助筹办的教育测试中心是位于新泽西普林斯顿附近的非营利性公司，到1966年中心承办的业务高达2500万美元，因主要活动与大学招生考试委员会有关而在全国学界极负盛名。教育测试中心最初由三个独立的测试机构合并而成，合并过程中科南特起了非常重要的作用。早在1937年和1938年，科南特曾极力撮合做过合并尝试，但无果而终。二战结束后卡内基基金会主席德弗罗·约瑟夫斯（Devereux C. Josephs）考虑到他的前期努力，任命他组建教育家委员会达成合并心愿，由于与教育测试专家们的交涉，科南特成为一位传奇式的人物。当1961年科南特退出测试中心董事会的时候，时任教育测试中心主席昌西在信中表达了合并测试中心应归功于科南特的创见，科南特谦虚地认为合并源于共同努力，"我不是发明者而是推动者"[④]。科南特很满意这项工作，将教育测试中心的建立作为教育革新的一部分，为自己的贡献深感自豪。对杰出人才的渴望使科南特成为国家奖学金制度和考试录用制度改进中的先锋派人物，为完善美国高等教育的学生补助模式和测验方式做出了重要贡献。

---

①②③　Conant J B. 1970. My Several Lives：Memoirs of a Social Inventor. New York：Harper & Row：134.

④　Conant J B. 1970. My Several Lives：Memoirs of a Social Inventor. New York：Harper & Row：418.

第三章 | 制度框架内强化动力引擎
——科南特的公立中学调查

> 作为著名的教育家、科学家和发言人，科南特也许是最后一位大学校长，能如此坚守大学校长改进美国公立教育及为之辩护的历史传统，将促进社会民主看成公立教育的重要职能。继科南特之后，通常那些大学校长们，要么加入文理教授行列，开始对公立学校展开攻击，要么采取一种看似漠不关己的高傲姿态，继续吹嘘他们的大学招到了最优秀的学生，这些学生拥有最棒的前途和学业成绩。①

二战前后，科南特的社会政治哲学与教育理念趋于成熟，他开始将维护美国民主制度和传统价值观作为教育改革的支点，认为当美国地理边疆消失、阶层趋于固化，能真正显示民主和促进社会流动的制度安排就是 20 世纪以来不断扩张的公立教育，尤其是公立综合中学，作为美国民主制度的独特产物，公立综合中学可以充当维护和保存民主价值观、凸显制度优势的新的动力引擎。当然，除寻找社会动力和呼应哈佛大学的改革，科南特还延续了埃利奥特校长支持公共教育的历史传统。哈佛大学历史上有两位校长对美国公立教育贡献突出，一位是埃利奥特，另一位就是科南特。历史学家默尔·博罗曼（Merle Borrowman）指出，"科南特领军美国公立教育践行了 30 年前埃利奥特校长建立起来的传统"②。二人始终坚持，由哈佛大学激起公立学校改革最终将会有益于哈佛及整个国家，这一理念对美国人思考教育的方式产生了重要影响。科南特 50 年代末在公立教育领域的声望达到顶峰绝非偶然，早在 20 世纪 30 年代末和整个 40 年代他已驰骋

---

① Tanner D, Tanner L. 2007. Curriculum Development: Theory into Practice. 4th ed. Upper Saddle River: Prentice Hall: 200.

② Preskill S L. 1984. Ranking from the Rubbish: Charles W. Eliot, James B. Conant and the Public School. Dissertation, University of Illinois at Urbana-Champaign: 205.

在公立教育改革的现场。从二战间的战时服务到战后生活适应运动，从关注天才开发到强调社会统一功效，从考察综合中学到关注贫民窟学校，从精微的课程设置到全国性教育政策的制定，科南特以饱满的热情与崇高的使命感投身公立教育事业，希望在制度框架内复制发展综合中学模式，打造美国民主制度的新引擎，其大量报告与改革建议既回应了时代召唤，也是与其他思想家交流碰撞的成果，更深层次上则是其精英主义社会哲学的逻辑推演。

第一节　从外行到专家——开拓公立教育新领地

科南特对中等教育的最初认识来自其中学经历，直到任教哈佛大学，他与所有文理学院教授一样不喜欢教育学教授，不认可教育学的价值，也不关注中小学的教育现状。然而，当接任校长职务后，需要解决的两大棘手问题都与公立教育相关，即重组教育研究生院和改革招生选拔制度。在探索哈佛改革及与知名教育家交流的过程中，公立教育问题逐渐进入科南特的研究视野并成为此后长期关注的新领域。他开始研读美国教育发展史，广泛服务于各类全国性教育组织或机构，尤其是全国教育政策委员会。在提供各类服务的过程中，科南特找到了孕育和传播自己教育理想的广阔舞台，他的努力逐渐获得了专业教育家们的认可与追随，最终由一名大学校长历练成具有全国声望的公立教育发言人。

一、美国中学的机构发展与功能演变

美国中学的产生、发展与美国社会传统的演变息息相关。早期的教育与移民观念一致，贺拉斯·曼（Horace Mann，1796—1857）曾指出：在早期移民心中，"充满了两个神圣的观念——对上帝和对后代的义务。为了第一个义务，他们建立了教会；为了第二个义务，他们开办了学校。宗教和知识，这是同一个光荣的永恒真理的两个特征"[①]。北美最早的学府是1635年开办的"波士顿拉丁学校"（Boston Latin School），它以拉丁语为核心组织古典教育课程，培养教会人员和社会精英，不久便发展为新建哈佛学院的预备学校，其建立标志着北美中等教育

[①] 卡伯雷.1990.外国教育史料.华中师范大学等四校教育系合译.武汉：华中师范大学出版社：628.

的开端。之后北美各殖民点相继建立以市镇名义批准的拉丁文法学校，大多依靠公共资金与私人捐赠维持，主要开设古典课程，除直接为升学服务，还为教会和公共事业培养人才。在南方，1693 年建立了威廉-玛丽学院，最初为一所文法学校，所以一般认为"这所学院既是美国南方高等教育之始，也是南方中等教育的开端"[①]。1751 年费城文实中学的诞生，开启了中等教育改革的先河，因其倡导的实科教育适应了新时期工商业与科技发展的需要而迅速成长壮大。19 世纪以后，公立学校运动兴起并刺激了教师教育的发展，进一步加快了文实中学的推广。文实中学兼顾文科和实科教育，课程与管理灵活多样，满足了就业和升学的双重要求，既迎合了中小资产阶级和上层贵族的心理，又适应了高等教育课程变化的需要，为以后公立中学的建立和发展积累了实践经验。随着公立学校运动的深入，普及国民教育的观念逐渐被接受，1821 年波士顿建立了美国第一所公立中学。公立中学是一种由公共机关设置和管理，以公共经费维持，面向所有青少年的免费学校，在课程与管理上公立中学借鉴文实中学的经验，强调英语是唯一学习的语言，目的在于为青年就业提供更多的实用知识。19 世纪 70 年代以后，因文实中学的衰落和南北战争后国民精神的快速增长，加之工商业发展对大量专业人才的急需，公立中学迅速发展壮大起来，虽然过程艰难，但标志着中等教育管理权开始由私人和教会转到地方政府手中，体现了教育民主化与世俗化的重大进步，至此为所有青年就业服务成为其显著特征。

19 世纪末，社会对高等教育人才的渴望变得日益强烈，中学毕业生升入大学的人数逐年增多，为使公立中学更好地满足升学需求，各州纷纷制定大学入学标准。由于兼顾就业和升学，既要与公立小学课程衔接，又要与高等教育入学要求接轨，公立中学的课程不断增多，设立相对统一的标准课程成为时代所需。在中学毕业生进入大学的资格鉴定上，隶属全国教育协会的"中等学校学科十人委员会"和"学院入学资格委员会"提出了许多改革建议，以埃利奥特为主席的"中等学校学科十人委员会"调查了 200 所中等学校的实际课程，在 1893 年的报告中提出了中学课程分类与分科的建议，报告的显著特点是课程范围广，给学生自由选择部分课程的机会，并重视语言类课程的设置。显然，此报告强调的是以升学准备为重点的课程体系，忽视了直面就业的实用课程，因此建议并未得到真正落实，多数中学的毕业标准依然比较混乱。20 世纪初，偏向升学的公立中学难以适应资本主义经济与政治发展的要求，在进步主义运动影响下更多团体开始研究中等教育学制与课程问题。1918 年"中等教育重组委员会"（The

---

① 杨孔炽，徐宜安. 1996. 美国公立中学发展研究. 武汉：湖北人民出版社：8.

Commission on the Reorganization of Secondary Education）发表了《中等教育基本原则》报告书，结合社会经济、文化与学生身心发展的需要提出了七大目标，突出公立中学的大众性、综合性和实用性特征，由此催生了独特的综合中学模式。虽然早在 1827 年马萨诸塞州就制定法律，规定 500 户以上的社区必须为中等教育提供资金支持，1852 年又制定强制青年入学的法律，然而直到 20 世纪，中等教育才真正普及。在进步主义的人道主义理想与社会民主观念引导下，公立中等教育得到快速发展，尤其是一战及战后的经济震荡鼓舞了强调公民教育与职业教育的综合中学。随着入学人数的大幅增加，综合中学逐渐发展为美国中等学校的标准类型，有些州开始将其纳入义务教育范畴。曾经具有高度选择性的中学开始为出身更具差异性的青年提供服务，由社会上层阶级为中学提供经济支持的状况得以改变，中学目标不再是主要为升学或进入某一职业领域做准备，它们不断扩大课程范围，努力吸引和保留欲在中学毕业就结束学校教育的学生。当然，除了综合中学，在一些社区大量专门高中继续存在。这些专门学校提供适应特定学生群体的教学，如纽约市布朗克斯科学中学（Bronx High School of Science）、费城中央中学（Central High School）、波士顿拉丁学校（Boston Latin School）等都提供有关自然科学的严格学术教学。在许多城市专门职业高中依然存在，它们致力于服务不同兴趣和能力的学生群体，或满足地方贸易及工业需求，如纽约市表演艺术学校（the School for the Performing Arts）。虽然一些社区的综合中学更多考虑了学生兴趣，但在特定教学方面其综合程度仍存在很大差异。

不难看出，美国中等教育由最初服务少数社会精英、重视古典课程的文法学校发展到服务多数中上层阶级、重视实用知识的文实中学，其功能随服务对象扩大不断增加，到公立中学获得大规模发展时已演变成服务所有青年的免费教育机构。中等教育不仅成为美国民主的一部分，也逐渐成为美国继续走向民主的动力源。科南特深明此意，经历了经济困境、政治恐怖和国防危机并继续处于冷战和分裂世界的美国，不仅需要民主信念的支撑，更需要统一的思想凝聚人心，这些都要依靠教育，尤其是依靠几乎面向所有青年的公立中等教育。

二、哈佛改革视域下科南特对公立教育的早期关注

作为顶级私立大学，哈佛大学历来不关注公立教育的发展，直到 19 世纪末伴随校长埃利奥特改善公立教育的努力，哈佛大学才开始为未来公立学校教师提供正规的训练与教学，逐渐与新英格兰地区的公立学校建立起联系。埃利奥特相

信，哈佛大学可通过提供教师教育与培训改善和提升中等学校的教育质量。20
世纪初美国公立教育的快速发展，直接推动了教育学在哈佛大学的发展壮大，并
于 1920 年组建起教育学院。经历了 20 年代实用导向的繁荣之后，1928 年教育
学院开始集中提高学术水平。如此一来，哈佛大学与公立学校的联系便不再如之
前那样紧密，加上接踵而至的经济危机，哈佛教育学院的生存岌岌可危。1933
年，霍姆斯院长请求科南特给予扶持，但在当时科南特并未消除对教育学教授的
偏见，只在回信中表达期望与教育学院的教师合作，更多了解学院面临的问题及
建设性意见。在随后为教育学院争取尊严的努力中，科南特逐渐认识到哈佛大学
可通过提供教育研究来满足国家需求，他开始重新评估教育学教授的价值与公立
教育的社会功效。可以说，解决教育学院的难题和与教育家的频繁接触是科南特
研究公立教育的最初诱因，尤其是斯波尔丁教授在科南特的态度转变上起了关键
作用。

　　斯波尔丁在哈佛大学获得三个学位，1924 年被任命到教育学院从事教学工
作，先后任职助教、副教授和教授，父亲是著名学校管理专家弗兰克·斯波尔丁
（Frank Spaulding）。遗传了父亲在学校管理方面的兴趣，斯波尔丁更喜欢去实践
他的管理哲学，毕生致力于研究公立教育的社会效果，支持社会效率原则，特别
关心那些被认为不能进入大学的学生，这一点与关注天才的科南特大不相同。斯
波尔丁曾提出改善纽约公立高中的建议，强调发展学生的社会技能而不是追求学
术优异，且指出学校应根据学生的家庭背景与特殊能力给予适当的教学和职业指
导。当时，斯波尔丁是霍姆斯院长的得力助手，他希望哈佛大学能接受他的主
张，"将教育学看成独立的旨在将教育理论转化为教育实践的学术学科"[①]。与斯
波尔丁接触之前，科南特很少花时间思考公立中学的问题，在重振教育学院的过
程中，他逐渐认识到教育学课程对中小学教师的重要性，对公立教育改革的兴趣
也与日俱增。1933 年秋，在科南特倡导下哈佛大学开设了针对中小学教育及其
教师培养的讨论课程，1935 年他联合两大学院创设了教学文硕士学位。在 1937—
1938 年的年度报告里，科南特明确指出了斯波尔丁对他的影响，并在报告的前
言部分用 10 页的篇幅来展示哈佛大学与公立学校的利益关联，坦言自己对公立
教育态度的转变，"当我还是一名化学家时，若有人对我说晚年会倾注大量时间
与精力考察美国公立中学，我会说他一定是疯了。我对中等教育没兴趣，也从来
不想发展对它的任何兴趣。即使任校长头一两年有过类似预言，我认为也是遥遥

---

① Spaulding F T.1967. Addresses and Papers of Francis Trow Spaulding. University of the State of New York and
the State Department of Education：vii-ix.

无期，直到斯波尔丁教授使我大开眼界，仍然难以相信有一天我会全身心地去考虑学校而不是学院与大学领域的相关问题"[①]。

　　为实现服务国家的战略导向，哈佛大学开始加强在公立教育领域的领导力。例如，在招生政策上埃利奥特废除希腊语考试并设立招生考试委员会，科南特则进一步终结了拉丁语考试开始寻求标准化招生程序，采用更复杂的 SAT 测量学生的学术品质。两人均深信，哈佛大学与国家利益密不可分，在承担国家责任方面，科南特视埃利奥特为模范校长，坚信"在美国公立学校改革方面，哈佛大学校长有义务提供明智而负责的领导"[②]。1939 年冬至 1940 年他经常就公立教育改革问题咨询斯波尔丁教授，与其共同策划教育学院的未来，斯波尔丁被任命为院长不久，科南特专门邀请特别选拔的哈佛社会科学家小组在自己家中与斯波尔丁共进晚餐，以促成教育学院和文理学院教授的进一步合作。1940 年初，斯波尔丁扩展科南特"训练教育管理与规划人员"的计划，谋划招纳教育管理与策划专家、社会学家或心理学家，并联合政治学家和纽约州教育助理局长，起草完善新的研究方案，通过强化教育管理效能全面提升哈佛大学的科研、教学与社会服务水平。1940 年秋他们正为新计划筹款之际，美国外交发生戏剧性转变，进一步强化了介入欧洲战争的决心，那些活跃在各领域的专家学者如斯波尔丁、科南特等开始投身美国的军备工作，教育学院的扩张及科南特对新式自由教育的呼唤，只能等待下一个和平安定日子的到来。

三、教育政策委员会的异军突起与科南特的战时服务

　　科南特主张，哈佛大学与其他精英教育机构必须唤醒广大教师群体积极行动起来，应对现代社会面临的各种新情况。随着对意识形态冲突和法西斯危害认识的加深，科南特认识到社会流动作为民主的支柱正在被严重侵犯，美国社会问题的解决不能靠财富的重新分配或追求绝对的条件平等，而是改革公立学校阻止社会分层的加速和社会流动性的丧失。在二战前忧郁的年代，他不断发声强调公立学校对国家安全与社会稳定的重要性。对教育学院的早期关注和筛选高中学生的努力并未将科南特完全拉进公立教育改革的现场，其深度卷入的契机是 1941 年加入全国教育政策委员会，此后他了解了更多公立教育的现状，近距离感受到学校教育改革者们的心声与抱负。1941—1963 年，科南特断断续续供职全国教育

---

①　Conant J B. 1970. My Several Lives：Memoirs of a Social Inventor. New York：Harper & Row：613.

②　Borrowman M. 1963. Conant the man. Saturday Review，（46）：58.

政策委员会，他称自己这段时期的历练为"学习公立教育现状的学徒期"。[①]

教育政策委员会是全国性教育组织之一，其发展壮大得益于地方分权的管理体制及该组织成立以来的独特优势。美国公立教育管理和财政划拨的分权本质，使联邦政府无权对公立学校进行全国范围内的监管，这些权力真空主要由各类教育协会或慈善基金组织填补，从而完成促进全国范围内教育改革的使命。美国20世纪最具影响力的私人慈善组织是洛克菲勒普通教育委员会，该组织最初旨在加强南部教育，影响高等教育改革，但在1931年后，为应对日益严重的辍学和失业问题，委员会开始将资助重点放在界定和发展中等教育及两年制学院的普通教育项目上，希望学校能帮助所有学生提升生活适应能力，并于1935年末在全国教育协会及其质量监督分部（后成为美国学校管理协会）组建的教育危机联合委员会的基础上，资助成立了教育政策委员会，优先研究中等教育问题。1936年1月教育政策委员会召开首次大会，公开阐述其组织目标，并任命公立教育家威廉·卡尔（William Carr）为执行秘书。威廉·卡尔不仅借助委员会平台成为公立教育领域改革的旗手，也是继斯波尔丁之后影响科南特公立教育主张的重要人物之一。"在科南特声名鹊起成为50年代自诩的公立学校教育检察长的过程中，威廉·卡尔是一位关键性的人物。"[②]教育政策委员会根据时局需要出台了多个重要报告，逐渐成为30年代末人们寻求教育共识的重要途径。在教育政策委员会之外，1936年洛克菲勒基金会领导承诺将划拨1000万美元支持研究青年教育问题，资助美国教育理事会成立美国青年委员会，致力于研究青年特征与教育目标，但因资金问题1942年青年委员会发布最后一个报告后便悄然解散。1933—1940年，美国进步主义教育协会继续参与公立教育改革，到1943年因无法协调儿童中心主义与社会改造主义的内在冲突，其协会成员锐减，此后陷入十几年沉寂并最终解体。战争年代研究公立教育的全国性组织中，教育政策委员会能一枝独秀主要归于两大优势：一方面，广泛的代表性使其拥有强大的组织与资金保障，该组织由全国教育协会和美国学校管理者协会共同发起，可自然获得稳定的资金支持及专业教育组织、教师和管理人员在意识形态方面的认可，这一点美国青年委员会和进步主义教育协会无法相比，如1940年洛克菲勒普通教育委员会宣布撤资时，教育政策委员会背后的两大协会同意承担大部分资金份额；另一方面，教育政策委员会具有灵活的运作模式和松散的组织结构，委员会设一个小型

①　Preskill S L. 1984. Ranking from the Rubbish：Charles W. Eliot，James B. Conant and the Public School. Dissertation，University of Illinois at Urbana-Champaign：235.

②　Biebel C D. 1971. Politics，pedagogues and statesmanship James B. Conant and the Public Schools 1933—1948. Dissertation，University of Wisconsin：252.

管理委员会和一名全职秘书，15 名成员每年春末、秋末召开两次会议，全职秘书和职员负责起草政策方案和协调方案的实施，全体大会修改和通过相关决议与报告，同时管理委员会可随时召集简短的会议讨论特殊问题。代表的广泛性和弹性组织形式便于教育政策委员会制定和采纳新的政策，进一步发挥全国性影响，并及时灵活地应对国家需求或突发性教育问题。1941—1945 年当其他全国性教育组织很难发力之时，教育政策委员会异军突起成为领导性组织，直面强化国防使命制定教育政策的艰巨任务。

　　1939—1941 年，教育政策委员会开始处理教育与战争问题，其回应国际形势的方式与科南特如出一辙，如 1939 年波兰战败后科南特和教育政策委员会同时表达对战争威胁的担忧，委员会 10 月 2 日召开紧急会议筹备出台政策，界定教育在全球危机中的责任和义务，在报告《教育与欧洲战争》（*Education and the War in Europe*）中指出，美国在保持中立的前提下必须冷静理性地讨论战备措施。当时科南特也主张最好不要直接参战，集中加强公民教育和民主理想教育，以免消解处理国内关键问题的能量。教育政策委员会为培养公民、解决贫穷、失业和政府低效等问题制定了大量文件，阐明教育和民主原则的普遍关系，策划训练公民的实用项目。1940 年 5 月纳粹开始闪电袭击，委员会出版《民主方式的学习》（*Learning the Ways of Democray*）并启动研究《美国民主中的自由人教育》。1940 年 6 月底法国战败，轴心国入侵北美的可能性陡然上升，委员会开始集中考虑国家防务和教育家的具体责任，7 月初开会起草新的政策声明，通过《教育与美国民主的防卫》（*Education and the Defense of American Democray*）报告督促美国立刻启动国家防卫，加强 21 岁以上青年的军事训练与服务，强调教育家应承担巩固经济和道德防线的重任。科南特一直维持着哈佛大学与公立学校的联系，1941 年加入教育政策委员会，在首次与其他新成员的研讨会议上，针对联邦扩大资助的问题，他反对任何的联邦官僚主义对青年教育施加影响，希望公立学校管理者和州、地方教育当局提供职业训练与指导，分配联邦给予学生的补助资金，联邦通过另设新的教育项目来满足国家利益的需求。1941 年 9 月委员会报告《教育与道德》（*Education and the Moral*）起草成形，建议学校教师和管理者开发道德武器抵制集权威胁。1942 年的会议记录显示了科南特的建议被一致采纳的情况，他建议建立保障社会充分流动的中学类型，将民主思想植入学校功能的讨论中。文件讨论过程中，科南特提醒委员会孤立主义情绪和理想主义论调在策划战后世界格局中注定失败，美国在战后世界新秩序中应承担主导责任，他的很多建议获得多数委员的认同。珍珠港事件后美国国会宣战，委员会立刻指导威廉·卡尔起草《美国学校的战时政策》（*A War Polic for American*

Schools）声明，其中包括针对教育的具体建议和一般性战时政策，"最后一类针对工业人力需求的建议详细具体，主要受到科南特的鼓舞"①。在报告起草过程中，科南特督促委员会关注选拔服务和人力资源分配，建议高中生学业成绩前10%～20%的自愿服兵役，海陆军可在大学招募军官。"1942 年科南特参与起草教育政策委员会第一次会议报告《美国学校的战时政策》，根据自己对英国教育体制的理解为报告提供建议。"②

1944 年，在报告《为所有美国青年的教育》（*Education for All American Youth*）的讨论中，科南特起了关键作用，他虽赞同报告的核心观点，即综合中学同时将普通教育和专门化职业教育提供给所有 18 岁以下的青年，但仍担忧同事们对改组中等教育过于乐观，强烈建议委员会认真处理学术天才的开发问题，主张公立学校应承担保存美国民主的重要责任。他担心联邦政府看似无穷尽的权力干预会侵蚀公立教育领地，最终破坏教育民主，于是委员会决定研究为所有美国青年的教育，通过强调教育民主来抵制联邦职业教育体制的威胁。当然，委员会并非孤军奋战，1943 年 2 月，美国教育问题和策划理事会也指出了联邦参与支持和控制州、地方教育当局的不利影响，强调联邦和州财政支持公立学校时应避免过多的政治干涉。总之，1941—1945 年，教育政策委员会积极回应经济萧条和战争带来的迥然不同的各类问题。"在这一过程中，科南特被带到公立学校全国性政策制定的现场，同时委员会也为这位哈佛大学校长提供了全新的平台去实现其对公立教育理想的追求。"③

四、从关注生活适应到强调天才开发

1944 年初，教育政策委员会报告《为所有美国青年的教育》发表，报告描绘了理想的教育结构，为青年设置了三大教育目标：职业效率、公民能力和个人发展。尽管设想的课程是为了服务所有人，但仅有 15%～20%的青年有机会选择相对严格的学术课程，多数学生的课程是诸如家政、工作世界、心理卫生、人类自由发展史及个人选择的学习项目，其中特别强调教育指导作为衡量学校成功与否的核心指标，希望中等学校能通过能力测量进行合理分层，借助指导制度实现

① Biebel C D. 1971. Politics, Pedagogues and Statesmanship James B. Conant and the Public Schools 1933-1948. Dissertation, University of Wisconsin: 195.

② Passow A H. 1977. American secondary education: The Conant influence, a look at Conant's recommendations for senior and junior high school. National Association of Secondary School Principals: 3.

③ Biebel C D. 1971. Politics, Pedagogues and Statesmanship James B. Conant and the Public Schools 1933-1948. Dissertation, University of Wisconsin: 190.

人力资源的筛选，从而使人才培养规格与就业需求更加匹配，这就意味着在利用标准化测试和教师评价督促天才学生升学的同时，还要劝阻那些天分一般的孩子。"科南特后续关于中等教育的报告也特别强调了教育指导，这一点应归因于他在教育政策委员会的服务所得。"①总体来看，报告频繁使用生活适应的词汇，几乎没有学术导向性，因此被奉为生活适应教育运动的经典。生活适应教育运动由教育政策委员会于20世纪30年代末40年代初发起，二战后很快成为主导潮流之一，1945年查尔斯·普罗塞（Charles Prosser）宣称60%的高中生得不到足够的生活适应训练，建议将生活适应教育作为公立学校的基本目标之一。生活适应教育实质是进步主义教育理念在中等教育领域的进一步实践。

科南特承认，《为所有美国青年的教育》对他后来系统研究公立教育产生了重要影响，"如果没有参与这份报告的出版，也许他的职业生涯会截然不同"②。但是科南特认为，报告强调稳定、忠诚和为工作做准备，缺乏抽象的理性批判思维或对现存社会制度的挑战，其最大的缺陷就是对天才学生关注不够，虽然他可以见缝插针地在报告中增加一些段落强调天才学生的教育，但显然报告整体上更关注那些放弃大学教育的年轻人的教育指导问题。1945年，哈佛大学普通教育报告开始在高等教育领域广泛传播，对学校人士来说《为美国所有青年的教育》影响更大，科南特同时参与了两个当时最著名的教育文献，他在教育界的名望随贡献及战时表现出的美德与日俱增。1945年11月哥伦比亚大学教师教育学院邀请科南特前往讲座，他先后发表三篇演讲：美国社会的结构、美国社会的普通教育和中学后教育，他乐于并急于告诉人们最大的收获是懂得了"教育是一个社会过程"。演讲中，他直接论述国家社会结构与正规教育过程之间的关系，主张公立学校应在学生群体中贯彻劳动公平的原则，积极应对社会经济发展的需求，遴选高素质年轻人进入大学，借助完备的指导体系为所有人提供适当的普通教育与专门化教学。这样看来，科南特虽指出了报告对天才培养的忽视，但他为不准备升学的学生提出的建议，恰恰将其置于生活适应理论的阵营。

随着美苏关系的紧张，科南特将在哥伦比亚大学演讲的内容扩展成书，即《分裂世界中的教育》，在意识形态割裂的世界里赋予其旧论调以新的内涵，主张公立学校的首要任务是通过促进文化和社会统一，建立抵制苏联的堡垒，将公立学校的功能提升到统一社会、文化和政治的层面。战后的几年，科南特深度卷入

---

① Preskill S L. 1984. Ranking from the Rubbish: Charles W. Eliot, James B. Conant and the Public School. Dissertation, University of Illinois at Urbana-Champaign: 232.

② Educational Policies Commission. 1944. Education for all american youth. Washington: Educational Policies Commission: 40, 75.

大量广泛公开又影响深远的教育计划，由于对公立教育功能的自信与敏感的问题意识，他在教育家群体中的地位不断攀升。"其实，到 1947 年底，科南特已迅速成长为国家一流的教育发言人。"[1]1947—1948 年对科南特很是关键，它见证了科南特思想的成熟、人际网络的拓展及被认可为全国教育发言人的政治策略的完全成型。在一年多的时间里，他获得美国学校管理者协会的教育奖，为哈佛教育学院找到有前途的院长，当选为美国教育测试中心信托人委员会主席，再次当选教育政策委员会主席，他的专著《分裂世界中的教育》被授予图书界最高荣誉"古登堡图书奖"。1948 年之后，无论是资质、品德还是能力，科南特作为美国顶级公立教育发言人的地位已牢固树立起来。

由于教育政策委员会偏重大众教育，科南特提议写一部关于天才教育的报告，当时委员会成员没有表现出太大热情，1949 年 10 月他开始自己牵头一个分委会撰写《天才的教育》，1950 年春季完稿。虽然书中赞同教育天才是为了儿童个人的发展观点，但还是显示出他一贯的倾向，认为改善天才教育是加强社会流动性的最佳途径。1951 年，教育政策委员会和美国教育理事会执行委员会合作出版报告《教育与国家安全》，这个 60 页的小册子正是科南特任教育政策委员会主席和教育理事会执行委员会成员时所写。在简单论述教育促进个人成长的目的外，报告一半以上的篇幅都在列举公立教育如何应对军事人力资源的需求。在委员会所有的出版物中，科南特印象最深的还是自己贡献最大的《天才的教育》。整个 50 年代，他继续研究天才教育，呼吁全国教育协会召开天才儿童教育大会，致力于在美国现存教育体制内寻找培养天才的有效方案，希望破解天才培养的难题。

第二节　中学调查——破解天才培养难题

虽然在与公立教育改革家交流学习及在教育政策委员会的长期历练中，科南特已成长为一名公认的教育发言人，并逐渐形成自己的教育哲学，但因缺乏直接参与中等教育的实践或体验，他在阐释美国教育及其目标时常常感到底气不足。他说："对美国教育及其目标的说明，至少有一个先天不足，我所掌握的关于美国学校的知识都是二手的。谈到一手的考察，我对澳大利亚学校情况的掌握要比

---

[1]　Biebel C D. 1971. Politics，pedagogues and statesmanship James B. Conant and the Public Schools 1933-1948. Dissertation，University of Wisconsin：222.

美国的学校更清楚。我一直赞誉美国中学，却很少与其直接接触，随着这种担忧日甚，便萌生了考察美国中学的想法。"①离开哈佛大学后，他在德国度过了4年的外交生涯，因感觉自己并不适应政治斡旋与外交工作，他决定重回教育领域致力于公立学校改革，解开天才培养这一潜藏已久的心结，寻找能实现开发天才与培养民主双重目标的理想中学模式。

一、 20 世纪 50 年代的基础教育论争

从 20 世纪 30 年代中期开始，经济危机的持续、法西斯主义崛起、共产主义蔓延及国内各种社会问题的集中爆发，促使人们将目光投向公立教育，希望从中找到治愈美国病的灵丹妙药。二战后高中学段的入学人数急剧扩张，学生在校停留时间却在延长，"1945 年高中入学人数为 6 956 000 人，到 1959 年达到 9 838 000 人"②，在毕业率上，1944 年高中每千人中 393 人不能毕业，到 1958 年涨到了 582 人③。高中的极速扩张导致了很多问题，加上利益相关者选民范围不断扩大，为探讨教育问题添加了新的能量源，因此教育论争的形势异常火爆。50 年代初公立学校占上风的高中课程计划以导向生活适应为主，自 1949 年开始人们对生活适应教育的批评持续长达近 10 年，到 50 年代中期之后达到顶峰，大量责难的文章和书籍如滚滚洪流势不可当。批评者认为，随着苏联威胁的增大，学生最急需坚实的知识基础而不是更好地适应公民生活，生活适应课程采纳进步主义教育主张误导美国青年弱化了学术成绩的重要性。来自新传统教育的要素主义和永恒主义者掀起针对"生活适应教育"的猛烈批评浪潮，认为其教育理论纷争混乱，导致中学在功能定位上无所适从，不清楚中学目标到底是传播永恒文化还是为国家强盛，抑或为所有美国青年的生活适应服务，不知道如何解决由此带来的升学与就业矛盾、普通教育与职业教育的矛盾，以及"天才教育"与"机会均等"的矛盾。另外从管理上，由于地方分权模式，中等教育的教学内容、发展规模及教学标准五花八门，既妨碍了整体教育水平的提高，也降低了对急剧变革的国内外需求的应对能力。

除教育理论上的困惑，多数批评主要基于对人才培养质量的不满，这与中学面临的经济压力及冷战带来的国防需要密切相关。二战及战后一段时期，美国政

---

① Conant J B. 1970. My Several Lives: Memoirs of a Social Inventor. New York: Harper & Row: 614.

② U. S. Department of Commerce Historical Statistics of the United States.1975. Colonial Times to 1970, Part 1. Washington: Census Bureau: 370-371.

③ U. S. Department of Commerce Historical Statistics of the United States.1975.Colonial Times to 1970, Part 1. Washington: Census Bureau: 379.

府优先考虑军事费用，对教育的投入压缩到最低限度。"1948 年，美国军费支出 180 亿美元，而教育费不足 3 亿美元。"①同时，因退伍军人安置及人口激增，中等教育入学人数不断攀升，仅 1946 年 6 月退伍军人权利法通过后，就有 300 多万名退伍军人涌入中等学校。迫于扩大教育机会的需要，中学向广大美国青年开放，1952—1953 年，中学在校生人数已超过 730 万人。经费不足及逐年增多的入学人数，使中学陷入校舍、设备、师资缺乏等各方面的困境，教学质量严重下滑，毕业生就业压力增大，许多学生被迫辍学成为社会不安定因素。中学陈旧的教学内容、混乱的管理及低下的教育质量，招致大学及其他各用人单位的批评指责。大学抱怨招收不到合格新生影响了教育教学质量，家长和社会各界指责无法满足社会对人才的需求，致使许多行业或部门不得不自己承担对毕业生的就业强化培训。"中学面临的多方压力集中到一点是人才的挑战：社会各界普遍感到的'人才危机'最终被归结为'教育危机'，尤其是中等教育的危机。"②从 30 年代中期到战后，中学一直广受指责，随着 50 年代危机愈演愈烈，美国社会储蓄了强大的改革势能。劳伦斯·克雷明在其著作《学校的转型》题为"普及教育的危机"一章中写道："大量著作、文章、小册子、广播节目、电视座谈在教育界爆发，传递着对学校的种种忧虑，这些忧虑既有真实的，也有想象的。"③ 面对举国上下的不满，从事中等教育的人们却无法实施具体改革，他们不知从何处着手，又将走向何方。

除民众批评，还有来自于中等学校教学相关的专业组织，如课程理论家、高中管理者及高中教师的业内批评，以及这些团体之外的非权威人士相对谨慎的个人意见，真正对批评负责的主要是公众及公立教育领域内与决策相关的人士。1951 年哈罗德·阿尔贝蒂（Harold Alberty）曾指导研究生研讨小组对批评问题给予关注，针对具体批评进行判断，决定其普遍的有效性④。1954 年温菲尔德·斯考特（C. Winfeild Scott）和克莱德·黑尔（Clyde M. Hill）出版针对公立教育各种批评的选集《抨击声中的公立教育》（Public Education Under Criticism），为人们提供了各方批评的广泛信息。自阿尔贝蒂和斯考特等展示对学校的各种批评以来，在新一轮批评浪潮中，两个最直言不讳的领导人物就是亚瑟·贝斯托（Athur Bestor）教授和里科弗（H. G. Rickover）上将。

---

① 杨孔炽，徐宜安. 1996. 美国公立中学发展研究. 武汉：湖北人民出版社：194.

② 杨孔炽，徐宜安. 1996. 美国公立中学发展研究. 武汉：湖北人民出版社：225.

③ Cremin L A. 1962. The Transformation of the School: Progressivism in American Education 1876-1957. New York: Alfred A. Knopf: 339.

④ Alberty H. 1951.Let's look at the attacks on the schools. Columbus: College of Education, Ohio State University.

大卫·科恩（David Cohen）在其著作《美国高中超级市场》（*The Shopping Mall High School*）中写道："若 50 年代的改革运动被整合为对学术质量的担忧，那这种担忧的根源是多元化的，其竞争性目标也是多样的：一些批评寻求扩展对生活适应教育的抨击以改善针对所有学生所有学科的教学；而其他批评更关心科学和数学教育对天才学生的培养与开发；另外仍有一些人忧虑与苏联的军事和科技竞争。"[①]在所有批评者中，贝斯托和里科弗的观点最具影响力。贝斯托在其力作《教育的荒原》（*The Wasteland of Education*）和《恢复学习：未实现诺言的美国教育补救计划》（*The Restoration of Learning，a Programe for Redeeming the Unfulfilled Promise of American Education*）中，挑战了生活适应课程的前提，嘲笑其为拙劣的教育，呼吁进行更多的智力训练，支持无论智力和能力高下，高中应为所有学生提供学术课程。里科弗上将作为广受尊敬的核潜艇领袖，认为教育的首要目标是训练技术专家和科学家，期望"教育筑起美国第一道防线"[②]。与贝斯托攻击学校教育一样，里科弗哀叹，当前强调行为环境训练是在牺牲学生独立思考能力的开发，在其最畅销的《教育与自由》（*Education and Freedom*）一书中他断言俄国技术进步将倒逼美国教育修正既有态度、假设与处事方式。里科弗强调学术教育的真正兴趣在于教育那些智商在前 15%～20%的学术天才，主张将其分离出来进行特殊教育，批评综合中学是一种破坏性的濒临退化的机构，只适应早期不太复杂的时代。"少数智力超常的孩子在日益降格的课程中不能体验挑战，这是不公正的，我们要在更早的年龄将他们遴选出来，并对其进行单独教育。"[③]不难看出，贝斯托认为教育首先是基于学术训练的智力过程，里科弗则坚持教育是实现国家政策的工具，在他看来，多数学生的成长和发展应让位于投资天才的喜好。克雷明总结了教育公共利益扩张的连锁现象："首先是战争导致的单纯的住房、预算和入学人数问题；其次是共产主义蔓延引起的意识形态冲突使学校课程成为战场；最后是经济扩张需要训练有素的高智商的人力资源。"[④]

在全国批评浪潮中，被"卫星事件"搅动的报纸和杂志也发声批评，举国上下几乎听不到任何辩护的声音。在这种情势下，科南特走进了公立教育的现场，此时他已在科学、高等教育、外交等领域取得显著成就，在为高等教育和政府服务中获得了崇高职位，积累了无人企及的社会声望，他先后获得国内外高校颁发的 40 多个荣誉学位，为其开展进一步研究打开了方便之门，"这扇大门使之可利

① Cohen D. 1958. The Shopping Mall High School. Boston：Houghton Mifflin Company：281.
② Preskill S L. 1984. Ranking from the Rubbish：Charles W. Eliot，James B. Conant and the Public School. Dissertation，University of Illinois at Urbana-Champaign：267.
③ Rickover H C. 1959. Education and Freedom. New York：E. P. Dutton and Co. Inc.：127-128.
④ Cremin L A. 1961. The Transformation of the School. New York：Vintage Books：338-339.

用哈佛大学荣誉校长的学术声望，以及战争领袖与德国大使的全国知名度这一阶梯，继续影响美国的中等教育改革"①。

二、聚焦综合中学天才培养

当美苏主导的两大阵营陷入冷战僵局，很多头脑清醒的社会人士开始反思中等教育的功过，他们既不是一味批评指责，也不陶醉于盲目乐观的情绪之中。科南特明确强调，虽然中学正遭受普遍的批评与指责，但必须承认美国特色的中等教育制度具有独特的社会功效。在《分裂世界中的教育》一书中，他对公立学校充满溢美之词，确信那些对公立中学怀有敌意和言辞激烈的抨击者，要么对公立中学毫不知情，要么是学校双轨制的拥护者。1951 年夏，卡内基基金会资助科南特赴澳大利亚和新西兰考察中学，进一步激发了他对综合中学和开发学术天才的兴趣。1953 年根据考察结果，科南特出版专著《教育与自由》，通过与澳大利亚、新西兰、英格兰中等教育对比，他总结美国中等教育和学院教育的特点，提出了十条改革建议，其中有三条直接与公立中等教育相关："扩展初中和高中教育以满足更多入学人数，重新制定课程；坚持在综合中学开设公共核心课程和分科课程，努力鉴定有天赋的学生并在数学和语言方面施以严格的学术训练；为高中毕业生提供更多奖学金等。"②他在书中专门论述了综合中学并在自传中坦言："的确，本书最后几页可代之以这样的题目：为美国综合中学的辩护。"③

任驻德大使期间，科南特将美国与德国的中等教育进行比较，通过公开演讲或日常交流不失时机地说服那些对美国中等教育不了解或怀有偏见的人，并把《分裂世界中的教育》译成德文，名为：机会均等。他热切期望那些学术天才能在更具多样性的综合性学校得到良好的教育，但苦于缺乏一手知识，综合高中的问题始终困扰着他。科南特对学术天才的持久兴趣引起了卡内基基金会新任主席加约翰·加德纳的关注。1955 年 6 月科南特着手策划未来的职业，秋季开始与加德纳通信，表示 1956 年选举结束后会放弃外交生涯，拓展教育研究视野，虽未确定具体研究目标，但这种持续升温的热情已化为强大的动力。加德纳提议科南特研究美国教师教育，但科南特表示当时不准备接近这个微妙的话题，坚持研究公立学校，希望真正贴近公立学校的整体目标。虽遭到婉拒，加德纳依然表示

---

① Amster J E. 1990. Meritocracy Ascendant: James Bryant Conant and the Cultivation of Talent. Dissertation, Harvard University: 209.

② Conant J B. 1953. Education and Liberty: The Role of the Schools in a Modern Democracy. Cambridge: Harvard University Press: 57.

③ Conant J B. 1970. My Several Lives: Memoirs of a Social Inventor. New York: Harper & Row: 614.

只要科南特愿意，卡内基基金会愿意出资支持他的任何项目。1956 年新年后不久科南特便与加德纳交换意见，详细规划未来的研究。对教育的热衷使科南特在人生的晚年依然不能停下前进的脚步，这一点他自己也深有感触，"记得我当时呕吐得厉害，也许我应该简单地退休，坐在门廊里畅想往事"①。

1956 年加德纳在其年度报告《天才大搜捕》（*The Great Talent Hunt*）中报道了最新的 IQ 研究发现，在大篇幅论述天才重要性之后提出智商介于 108～115 的学生可能是进入大学的适合区间，多数情况下智商不足 108 的学生不易进入典型的四年制学院，主张未来几年应特殊关照学术天才的培养，激发其社会责任感。加德纳提出的 IQ 值 115 的智商分界线也是科南特最惯常采纳的鉴定指标。加德纳在下一年度继续强调天才教育，但焦点转移到指导那些不适合进入大学的学生放弃不切实际的幻想，在《卓越》（*Excellence*）一书中加德纳再次强调，鉴定天才是保证教育制度有效运作的必要的筛选程序，学校可成为有才青年上升的黄金大道，但同样也意味着对那些能力较差的年轻人，学校是发现不足和弥补劣势的竞技场。事实上，20 世纪 50 年代中期加德纳持续推进和强化的这一主题，就是 20 世纪 30 年代末科南特提出过的类似主张，即"鉴别提升有能力的学生，同时限制其他学生进入高等教育"②。在保持超过一年半的通信之后两人一拍即合，共商教育天才的方案。

科南特一直与关注公立学校的朋友保持密切联系，除了卡内基基金会主席加德纳，全国教育协会主席威廉·卡尔与哈佛教育学院院长凯佩尔对科南特研究公立教育问题起了重要的推动作用。威廉·卡尔邀请科南特加入教育协会接替他的工作，希望依靠其声望激起对教育问题广泛的建设性讨论，这一建议被科南特拒绝，但威廉·卡尔仍表示愿意继续支持他为公立教育做出贡献。在说服科南特聚焦美国综合高中的问题上，凯佩尔也很关键。威廉·卡尔与凯佩尔都认为，针对公立学校的多数批评没有确凿可靠的依据，"急需像科南特这样有声望的教育发言人向美国公众做出解释，明确综合高中服务社区所有青年的基本观念"③。科南特不断强调教育天才改善公立学校的紧迫性，在 1956 年出版的《知识的堡垒》一书末尾，他用一连串的提问揭示开展高中调查最重要的心理困惑和预期："美国人能否意识到，美国过去 100 年形成的民主机构到底有多么出色？当务之急是否准备扩张公立学校并真正改善它们？应不应该尽快找到一种方法，哪怕代

---

① Conant J B. 1970. My Several Lives: Memoirs of a Social Inventor. New York: Harper & Row: 615.

② Carnegie Corporation.1955. Carnegie Corporation of New York. Annual Report.1954. New York: Carnegie Corporation: 12.

③ Conant J B. 1970. My Several Lives: Memoirs of a Social Inventor. New York: Harper & Row: 616.

价昂贵也要加强对天才的教育？要不要支持相当数量的大学作为研究和专业教育的中心，作为加强保留自由世界精神传统的场所？能不能既给予财政支持，还要守护它们去抵制学问的传统敌人，譬如通过煽动公众意见去打败无知、偏见与狭隘力量的攻击？对我来说，这些都是最基本，也是作为国家公民必须回答的问题。毋庸讳言，能否平衡本世纪自由世界的未来，很大程度上取决于我们对这些问题的答复。"①

1956 年 8 月，国务卿杜勒斯召见科南特希望他出使印度，科南特最终选择从事教育研究，认为针对公立中等教育的批评有失公允且提不出任何满意的解决方案，"至今为社区所有青年服务的综合中学观念，依然不为美国公众所理解"②。1956 年 11 月他与加德纳开始敲定调查综合高中的具体细节，12 月给加德纳写了长达 5 页的备忘录，题为"关于美国综合高中相关问题的研究设想"，建议资助调查综合高中的天才教育。他认为如果在容纳差生的学校也能进行扎实的外语、数学教学，完成对天才开发的重要任务，那么综合高中这一机构就能真正发挥促进社会和谐与民主统一的功效，于是他决定将研究主题确定为"综合中学天才青年的教育"，计划 1957 年启动研究，两年内完成项目。

三、组织开展中学调查

1957 年 1 月 28 日官方正式解除科南特的外交职务，1 月 29 日科南特在给加德纳的信中建议有三类学校值得研究：第一类学校相当优秀，完全在综合基础之上，能为所有美国青年提供教育；第二类学校相当优秀，能被哈佛大学、耶鲁大学、普林斯顿大学或其他大学的招生人员认可，提供了良好的入学准备；第三类学校是坐落在困难地区的社会经济水平较低的学校，承受的家庭和社会压力较大，不利于学生继续接受高中后教育。他决定用一年时间检视人们对中等教育的偏见，再用一年时间将他的发现告知所有美国人。他并未想到本来预计只用两年时间研究综合高中，结果却开启了一项重要的使命历程，如同打开了潘多拉魔盒，最终演变成长达 8 年调查美国公立教育的努力。

1957 年 2 月科南特回到美国，3 月他会见了加德纳召集的顾问小组，共同开发学校研究的目标和范围，成员包括威廉·卡尔、凯佩尔和昌西。接下来的讨论会除科南特、加德纳和珀金斯外，威廉·杨格特（William Youngert）、凯佩尔、

① Conant J B. 1956. The Citadel of Learning. New Haven：Yale University Press：78-79.
② Conant J B. 1970. My Several Lives：Memoirs of a Social Inventor. New York：Harper & Row：616.

昌西、巴尔的摩学监约翰·费舍（John Fischer）也出席了会议，他们同意扩大科南特预定的考察范围。3 月底卡内基基金会领导同意为科南特提供助手，除高级顾问威廉·卡尔和曾为教育政策委员会成员、时任芝加哥高中校长的尤金·杨格特（Eugene Youngert）参加外，科南特通过凯佩尔的助手德纳·科顿（Dana Cotton）与康涅狄格高中校长纳撒尼尔·奥伯（Nathaniel Ober）取得联系，奥伯随后来到纽约加入工作组，最后加州大学伯克利分校历史学助理教授鲁本·格罗斯（Reuben H. Gross）与纽约匹克斯基尔（Peekskill）中学的助理校长伯纳德·米勒（Bernard Miller）也加入工作组。昌西任命其职员约翰·霍利斯特（John S. Hollister）负责研究结果的出版事宜。科南特还同全国公民改进学校理事会（National Citizens Council for Better School）的领导讨论研究计划，并在其帮助下会见各地公民团体，目的是使研究结论的表述更能被各州热心公共教育的公民委员会所接受。卡内基基金会为此项研究提供了两次经费补助，共计425 000 美元。

1957 年 4 月初，研究小组同意将研究主题聚焦在综合高中的大学预备项目上，也包括指导服务、足够的职业教育项目与促进社会一体化机制等内容。虽然配备了助手，约定为集体努力，但已提前达成共识，即最终的研究结果由科南特一人负责，不属于委员会集体所有。顾问委员会开发了鉴定综合高中有效性的初步指标，包括：①证实针对最有学术天分的学生（智商 115 以上）开设了 3 年外语、3 年数学、1 门物理或化学、英语作文训练；②指导项目保证所有智商在125 及以上的学生能学习高难度学术课程；③均衡的能力分组；④多样化的教师分组；⑤职业教育路径的学生能得到足够训练；⑥优良的教师队伍。1957 年 5月 16 日，卡内基基金会同意先期拨款 35 万美元给教育测试中心，由其负责研究经费的支出。有了明确的研究目的、合意的职员配备及初步的考察方案，在资深顾问尤金·杨格特与调查骨干撒尼尔·奥伯协助下，学校调查工作按预定模式进行。他们首先发放问卷，认定考察对象所在的学区类型及人口规模，调查选定的学校样本，然后对学校实践运行方面的要求进行详细说明。学术方面的问卷主要用来分析高年级学术天才的课程选择。基于规模、政治和种族考量，科南特选出了 100 多所学校作为考察对象，多数位于人口规模在 1 万～10 万人的城市，覆盖 6 类社区，包括大城市、郊区市镇、独立城市、建有特殊高中的社区、仅有小型普通高中的小规模社区和乡村社区等。科南特根据公立高中的预设标准建立了评价体系，将考察对象锁定在规模介于 1000～3000 人的学校，这些学校有不到一半但至少 15% 的男孩继续 4 年的大学教育，并为 7 年级和 8 年级学生提供了标准测试和良好的学习指导。

根据日程安排，工作组 1957—1958 年两年间开展调查，要求至少有一名成员调查全部 26 个州的 103 所中学，科南特与奥伯、威廉·杨格特一起，调查了其中 59 所综合高中，这些大都为全美最好的综合中学，多数位于 16 个人口大州的小城市。65 岁高龄的科南特与成千上万的学生、教师及学校行政人员进行交谈，调查中付出了太多艰辛。"作为巡回调查者，他乘坐公共汽车、火车、飞机和电车往来穿梭，他在旅馆房间用录音机记录调查结果，在途中用便条纸或油腻的餐巾纸制订计划。清晨他灌下橘子汁保护嗓子，夜晚困乏时用螺丝刀敲头提神。"[①] 科南特与奥伯参观了 55 所学校，基本每日一所，根据霍利斯特的考察记录，大致行程与考察方式从 1957 年 11 月 26 日到宾夕法尼亚奥兰顿高中的典型案例中获悉：一般早上 8 点 15 分开始会见校长，上午紧接着要完成会见英语教师、会见社会研究教师、参观工业职业作坊、会见外语教师、参观咨询室、了解美国历史教学的考察任务，到下午开始观摩英语课堂，并与学生零距离接触，然后是参观学校等事宜，考察结束后，对当天考察进行详细记录与分析[②]。科南特及助手每天的工作非常紧张，虽然参观每所学校的时间有限，预定日程也未必周全，但已充分表明他在积极寻找学校运行的细节与事实，而不是试图从理论上解决社会学和组织学方面的难题。科南特及工作人员一致认为，一所满意的综合高中应能为所有学生提供良好的普通教育，培养未来民主社会的合格公民，同时提供更具选择性的项目，使多数学生发展实用技能，并充分教育那些学术天才。科南特与四位助手鼎力合作，调查结果的统计与出版得到昌西、霍利斯特及其他相关人士的倾力相助。

调查结束后，科南特开始与学校董事会对话，了解他们对研究和假设性建议的反应。除南方独立黑人学校，他发现所调查的所有州的中等教育并没有明显的差异，因此撰写报告时大胆做了一般性概括，将报告题目定为"今日美国中学"（*The American High School Today*）。1959 年 2 月，140 页的研究报告正式出版，报告聚焦科南特 25 年来一直讨论的问题，他认为综合中学是美国公立中等教育的理想模式，体现了美国人民对机会均等与民主的追求。"我肯定，综合中学反映了美国的社会特色。"[③]

---

① Conant J B. 1970. My Several Lives：Memoirs of a Social Inventor. New York：Harper & Row：710.

② Hollister J. 1957. Memorandum to the file. Studies of American education.Conant papers.

③ Conant J B. 1959. The American High School Today. New York：McGraw-Hill Book Company Inc.8.

第三节　《今日美国中学》——树立综合中学典范

《今日美国中学》报告提出了改革公立学校的 21 条建议，公开阐明了科南特的折中立场与评判标准，其中 9 条集中在学校规模上，11 条指向学术天才培养，1 条针对学习迟缓学生的鉴定方法。对学术天才的重视可从篇幅设计中得到证实，建议部分篇幅总计 36 页，其中以 24 页来说明学术天才的教育。根据设定的标准，考察过的学校中有 8 所基本满足综合中学的预定目标，他的态度非常明确，就是要"寻求能够复制的学校样板，与读者分享评判综合中学是否合格的权利"[①]。报告强调了综合中学是美国公立中学的典范，是实现培养天才和促进民主双重目的的独特机构，不必以激进的改革撼动美国教育制度的基础，只需根据综合中学的标准和要求去完善公立高中办学模式。"报告的 21 条建议既是美国中学特点的分析性材料，又展示了科南特对综合中学长期思索的成果，1945 年他在哥伦比亚大学教师学院发表的三篇纪念性演讲表述了同样的观点。"[②]

一、综合中学的概念界定与目标设计

科南特认为，"解决美国社会问题的答案不是重新分配财富或追求条件平等，而是去改革公立学校，阻止社会的持续分化与流动性丧失"[③]。他大胆声称，中等教育的未来是国家的最高利益所在，报告开篇详述美国教育的特征，讨论其独特的历史及与欧洲教育制度的不同，追溯综合中学的发展历程，力求向世人展示综合中学的无与伦比。"由于我们的经济史和忠于机会平等与地位平等的理想，这一无所不包的综合中学成为社会的典型特征，它既拥有共同的普通教育计

① Conant J B. 1959. The American High School Today. New York：McGraw-Hill Book Company Inc.：19-20.

② Passow A H. 1977. American secondary education：The Conant influence，a look at Conant's recommendations for senior and junior high School. National Association of Secondary School Principals：11-12.

③ Preskill S L. 1984. Ranking from the Rubbish：Charles W. Eliot，James B. Conant and the Public School. Dissertation，University of Illinois at Urbana-Champaign：203.

划，也拥有发展特殊兴趣与目标的专业化教育。"①在定义综合中学及其教育目标方面，科南特深受富兰克林·凯勒（Franklin J. Keller）的影响。凯勒在《综合中学》（*The Comprehensive High School*）一书中认为，真正的综合中学必须提供广泛的包括职业课程在内的选修课程，最好建在小城市，那里仅有一所这样的高中为整个社区服务，这一基本定义成为科南特选择学校的理论依据。科南特表述美国中学之所以为综合中学是因为"它在一种管理模式下，在同一校舍（或楼群），为一个城镇或社区几乎所有高中年龄段的孩子提供中等教育。它负责教育未来的原子科学家，也教育18岁就结婚的女孩；它负责教育有前途的船长，也教育未来工业界的巨头；它负责教育聪颖或不太聪颖的具有不同职业需求与专业抱负的孩子。总之，在一个民主环境里负责为所有年轻人提供学术的与职业的良好适当的教育……这是美国人民相信并珍视的民主原则"②。

科南特希望推广综合中学的模式，他与助手及公共教育行政人员确定了四项评判标准：第一，普通教育是否完备，包括英美文学和作文、社会研究课（含美国史）及必修课能力分组情况；第二，非文理科目选修课是否完备，包括男生的职业课程与女生的商业课程、获得有指导的实习经验的机会和对阅读能力发展迟缓学生的特殊帮助；第三，对擅长文理科目的天才学生是否提供特殊安排，包括能激发学生竞争兴趣和发展阅读技巧的设施、高才生受益的暑期课程及个别化课程、日课时7节或7节以上的课时组织；第四，学校其他特色的判定，包括学生指导、学生道德风尚、教师环境及不同学生之间的相互了解。科南特认为，前三项标准最为重要，有助于综合中学同时实现三大教育目标："第一，为所有的未来公民提供普通教育；第二，为准备就业的学生开设良好的选修课程，使他们学到谋生技能；第三，为准备升学的学生开设专门的高级文理课程。"③从科南特提出的三大目标看，综合中学兼顾了升学与就业准备，强调所有学生必须接受良好的普通教育，并认为这三个目标可在较大的综合中学同时实现。

科南特中学报告出版的时机非常恰当，时值苏联卫星上天后美国公众对中学的批评浪潮达到顶峰，全国学校管理委员会成员迫切需要解决问题的具体方案，如应如何组织学校、中学应教授哪些知识等，针对这些具体问题的研究，他说："我们大胆地为这些问题提供了答案，并分成21条具体建议。"④科南特在凯勒对综合中学定义的理论基础上，确认综合中学最大的特点就是按社区内所有青年受

---

① Callahan J F，Clark L H. 1977. Innovations and Issues in Education. New York：Macmillan Publishing Co.：221.

② Conant J B. 1959. The American High School Today. New York：McGraw-Hill Book Company Inc.：IX.

③ 科南特. 1984. 科南特教育论著选. 陈友松主译. 北京：人民教育出版社：10.

④ Conant J B. 1970. My Several Lives：Memoirs of a Social Inventor. New York：Harper &Row：621.

教育的需要开设广泛课程。除了制订广泛的课程计划，他认为应改善现有的教学组织与教学管理方式，使课程达到最佳的教育效果，于是在报告中提出了组织和管理变革的具体建议。关于报告主要内容，加德纳在序言中明确指出："这是一篇十分切合实际的报告，报告中谈论的事实和提出的建议都很具体。"[1] 在国内舆论对公立中学的一片抨击声中，科南特行动的亮点在于勇敢地挺身而出为之辩护，并提出建设性的解决方案。

二、综合中学的课程设置

（一）普通教育核心课程

科南特建议，综合中学约一半以上的课时应安排全体学生的必修课程，即为普通教育课程。普通教育课程计划主要包括"四年英语、三年或四年社会研究，社会研究要包括美国史在内的两年历史及 12 年级的社会研究课程，普通教育还包括 9 年级一年的数学，9 年级或 10 年级一年的自然科学，最好开设生物和普通物理"[2]。他要求学生每学年每周安排 5 节课，用四年时间学完 9 门或 10 门带有家庭作业的课程，这些课程约占学生整个高中学段一半以上的学习时间。

普通教育课程旨在培养合格公民，强调针对全体学生的共性教育内容。"综合中学的普通教育课程包括必须能被所有学生圆满完成的一切课程，而不论学生的职业计划，主要发展学生的品性和理解力，使之拥有人类共同保持的民主基础。尽管学生个体的巨大差异要求课程更加具体，普通教育课程依然寻求打破学科界限，利用各种渠道和材料帮助青年发展能力、增长知识以满足日后所需，使之成为负责任的公民。"[3]科南特曾把普通教育比喻成人的手掌，五指从共同的核心向外延伸，"五指是各种特殊兴趣，即数学和科学、文学、语言、社会和社会研究、艺术职业"[4]。同样，中学阶段也要秉持这一精神，利用普通教育培育学生共同的目的和理想，并允许打算升学的学生在三个或更多专业领域选修高级课程，具有其他生活目标的学生可选修其他专业领域的课程。他强调普通教育至少具有以下三个特点：①不像其他类型学校的课程，综合中学的普通教育应服务所

---

① Conant J B. 1959. The American High School Today. New York：McGraw-Hill Book Company Inc.：Ⅵ

② Conant J B. 1959. The American High School Today. New York：McGraw-Hill Book Company Inc.：47.

③ Callahan J F，Clark L H. 1977. Innovations and Issues in Education. New York：Macmillan Publishing Co.：222-223.

④ Anonymous. 1946. General Education in a Free Society. Report of the Harvard Committee. Cambridge：Harvard University Press：102.

有人，不应被指定只服务未来学者、有实力的专家教授或有前途的木工，而应满足所服务社区内所有年轻人的不同需求；②普通教育的教学目标关注发展学生整体人格、情感、习惯、态度及智力，所有学生不是被分割的生物个体，不能用彼此隔离的特别教育模式满足不同发展需求，而应被视为一个统一体进行教育；③普通教育关注学生的非专业性活动，即不考虑为生活准备的职业选择，当然也非反对职业，不鼓励专业课程与一般课程在所有教育项目实施中的严格划分，每个人都要学会为社会服务并在贡献中得以生存①。

科南特的普通教育计划不仅重视社会学科，还要求所有学生都修习数学和自然科学。为鼓励学生加强文理课程的学习，他建议可以放宽评定标准，不管成绩如何均给予及格分数，以激发不同能力的学生充分发掘潜力，不至于因受挫而放弃。所有学生的充分发展离不开教师的额外辅导，学校要采取各种措施帮助学生，保证他们获得最基本的作文能力和算术能力。针对社会研究课程的学习方式，科南特认为，班级应由千差万别的个体组成，教师应鼓励所有学生参与讨论，形成对美国政府运作形式和自由社会经济结构的基本概念，促进不同类型学生间的相互理解与尊重，关注当前问题并鼓励学生对争议问题的自由讨论。关于对争议问题的自由讨论，科南特指出，"这一方法是我们学校区别于其他集权国家学校的重要方面，与组织良好的本班教室（homerooms）和特定活动一样，有助于未来民主公民的培养，有利于把学生培养成有智慧的选民，在国家处于困境时依然立场坚定，而不致被追求特殊利益的花言巧语所蒙骗"②。

（二）广泛的选修课程

科南特坚持，在普通教育培育共性的基础上，综合中学必须提供多样化的选修课程，以使共性与个性有机结合，共同服务所有学生。在选修课程中，他强调开设广泛的职业化课程和学术性文理课程，其中学生需选修不包括体育在内的 7 门以上课程。虽然艺术和音乐属选修之列，但他强调："选修课程计划应鼓励全体学生选修艺术和音乐。"③除鼓励选修艺术和音乐，他还建议整体选修计划要有核心课程，要么以发展谋生技能的课程为核心，要么以文理学科为核心，且选修课程之间要有知识的内在联系，强调学科内容具有序列性，选修过程中要求辅导教师负起责任，对学生进行有效指导。

① Callahan J F, Clark L H. 1977. Innovations and Issues in Education. New York：Macmillan Publishing Co.：223.

② Conant J B. 1967. The Comprehensive High School：A Second Report to Interested Citizens. New York：McGraw-Hill Book Company：33.

③ Conant J B. 1959. The American High School Today. New York：McGraw-Hill Book Company Inc.：48.

对可获得谋生技能的多样化课程，科南特在第七条建议进行了详细论述。他认为，首先不能忘记在职业课程选择上，中学对女生训练关注不够，学校应根据女生特点为有志于获得各种谋生技能的女生设置适应性课程，如打字、速记、会计、办公机器使用、家政及其专业分支等；其次，他强调职业教育课程要与社区需求紧密联系，"如能劝说社区各零售商店适当打开就业之门，就可开设市场推销教育方面的课程。若位于农村社区，应包括农业方面的职业课程，还应视地方经济需求为男生开设手工艺和工业课程，在11年级和12年级用每周半天时间学习此类职业课程"①。为使学校的职业课程与社区需求对接，他要求每个专门行业设立由业主和劳工双方代表组成的顾问委员会，职业课程可利用联邦经费开设。科南特对"职业课程"进行解释，"职业"一词在美国中学具有特殊含义，通常把职业课程定义为"由联邦政府拨款、通过各州政府负责职业教育的机构发放，且由州政府参照这项拨款提供一定经费得以维持的课程"②。科南特希望增加校外职业训练的机会，积累校外工作经验，并在职业教育中激发学生学习的积极性。科南特重视职业教育与社区经济联系的理念，为后来美国实施生计教育和职业指导提供了借鉴，虽然到20世纪60年代，"美国职业教育的发展，已远远超出了科南特当初的设想"③。选修课程计划中除开设多样化谋生的职业课程，还包括专门为擅长学习数学、自然科学及外语课程的学生提供学术性文理课程。这些学生在必修四年英语、三年社会研究和一年数学与自然科学的基础上，还要延长数学到三年、自然科学到三年，并增设四年外语课程，综合性强的中学可增设第二外语和音乐序列课程。既然科南特调查综合中学的初衷是发现并培养天才，因此对高级文理选修课程的学习最为重视，他要求文理选修课程至少包括普通教育中的内容，尤其是英语、外语、数学及科学科目，文理课程学习要求学生要有足够的能力，考核成绩时坚持高标准、严要求，在保证不影响学生学习兴趣的前提下严把质量关。"评定文理选修课程学习成绩，要坚持高标准，没有能力学习这些科目的学生，还是不要轻易选修，要阻止那些考核成绩不及格的学生继续参与学习本序列的课程。"④

无论培养学生共性的普通教育课程，还是满足多样化需求的选修课程，"总之，关于中学课程问题，科南特的主导思想就是为所有学生提供尽量广泛的课程"⑤。

---

① Conant J B. 1959. The American High School Today. New York：McGraw-Hill Book Company Inc.：52.
② Conant J B. 1959. The American High School Today. New York：McGraw-Hill Book Company Inc.：53.
③ 赵祥麟. 1992. 外国教育家评传（第三卷）. 上海：上海教育出版社：153.
④ Conant J B. 1959. The American High School Today. New York：McGraw-Hill Book Company Inc.：48.
⑤ 王桂. 1995. 当代外国教育——教育改革的浪潮与趋势. 北京：人民教育出版社：339.

三、综合中学的教学组织与管理

（一）能力分组

对基于学术能力和职业理想的教育分轨，科南特持保留意见，认为这种分流不利于发展不同文化、宗教、职业群体间的相互理解。但在教学组织方面，他主张普通教育外的其他必修课程和选修课程都应在学科基础上按学生能力进行分组，最少分成高、中、低三组：A 组为能力全面的学生，B 组为中等能力的学生，C 组为需教师特殊辅导的学习能力非常低的学生。例如，在英语、美国历史、9 年级生物、代数等学科中，A 组是各科学习能力较强的学生，B 组是学习能力中等而人数较多的学生，C 组则将阅读能力发展迟缓的学生集中起来，由专门教师进行辅导。在 B 组当中，由于人数较多，还可根据能力细分成 2～3 组。科南特认为，"学生分组应基于各学科的学习能力，这种分组方法不同于一揽子式的分组（across-the-board grouping）方法，不是把学生所有课程的学习固定在一个组内，而是根据各科学习的情况区别对待"[①]。他认为对学生分组教学有利于因材施教，当然教育界对能力分组也有很多争议，无论争议如何，科南特倡导能力分组的方法主要是为提高学习效率，避免人才浪费，使有天赋的学生得到充分开发，使学习迟钝的学生得到适合其能力水平的学习任务和教师辅导，而不致挫伤其学习积极性。科南特能力分组的思想与其崇尚的才学统治一脉相承，也和重视测试筛选与评价功能密切相关，是适于精英教育的教学组织形式，反映了他对提高教育效率的诉求。

（二）个别教学与教师辅导

报告的第一条建议是建立学生辅导制度，他认为这是所有建议的核心，其他诸多建议均依赖完善的辅导制度才能真正顺利实施。在他看来，学生辅导工作就是全校工作顺利运行的润滑剂。第二条建议要求实施个性化课程计划，辅导教师在选修课程上给每位学生提出建议或忠告，配合家长对学生选修结果做出正确的评估鉴定。第八条建议要求对阅读能力不强的学生予以特殊照顾，专门教师负责其必修课教学并给予额外的阅读补习。第九条和第十条建议为擅长文理科目的学生和天赋极高的学生开设个别课程，这些建议的实施需辅导教师配合，以判断学生是否适合某种课程的学习。科南特重视教师辅导制度与其自身经历不无关联。

---

① Passow A H. 1977. American secondary education：The Conant influence，a look at Conant's recommendations for senior and junior high schools. National Association of Secondary School Principals：11.

中学时由于科学天赋极高他曾得到布莱克老师的专门指导，并建立起密切的个人关系，在专业定位和升学推荐中起了重要作用。科南特认为，一个令人满意的学校系统，学生辅导工作应从小学开始，如果为"六三三"学制，初级中学和高级中学的辅导工作应有良好衔接；如是"八四四"学制，小学和中学辅导工作也应过渡自然。他要求中学每 250～300 名学生设专任辅导员一名，全日制辅导员须具备当教师的经历，能熟练使用各种关于能力倾向与学业成绩测验的工具，熟知自己的职责是帮助家长而不是替代家长为青年提出建议或忠告。辅导教师不仅与学生和家长保持密切联系，还要与各科教师协调配合形成教育合力，并充分认识到，"对任何学生来说，适当的动机对能够最后获得成功具有重要的意义"[①]。科南特承认，关于辅导或指导工作的看法不只来自他所访问的中学，还依据了马里兰州巴尔的摩市教育局的局长助理 R.C.劳埃德为他撰写的专门报告。劳埃德曾专门访问各种学校，与许多辅导教师交谈并为科南特提供相关报告，从而使科南特关于辅导教师的建议更加贴近学校实际。

在教师辅导工作中，科南特尤其重视提高学生的阅读能力，要求学校必须为此进行补习性教学，这一点似乎与其小学经历有关。上小学时科南特的阅读能力和作文能力表现很差，曾在学校接受老师的专门辅导，第一次考取语法学校的落选也与其阅读和拼写问题有关，他为此很受打击，直到升入中学后才逐渐克服语言表达上的缺陷，因此他对学校培养学生阅读能力怀有强烈的动机，要求学校把发展学生阅读技巧看作从入学到毕业坚持不懈的过程。

（三）暑期学校与本班教室

为充分开发优秀学生的潜力，科南特要求为高才生开设暑期学校，并认为这比单纯延长学年更为恰当，在擅长文理科目的学生课程计划中，若在中学不能选修适当课程，对个人造成的损失显而易见，对国家也是一种危害。15%的擅长文理科目的学生是未来国家各种专业人才的智力源泉，这些人应当接受尽可能广博扎实的教育，应充分开发其才能并及早启动开发程序。除暑期学校的安排，对有极高天赋的学生还要开设"大学先修课程"（advanced placement program）[②]，组成特别班级开展特殊教学。在培养学生的民主精神方面，他建议成立本班教室，因为"综合中学最重要的办学目的之一就是在具有不同能力和职

---

① Conant J B. 1959. The American High School Today. New York: McGraw-Hill Book Company Inc.: 45.

② 见科南特. 1984. 科南特教育论著选. 陈友松主译. 北京：人民教育出版社：81. 大学先修课程，指美国 20 世纪 50 年代前后发展起来的一种课程计划，在大学入学考试委员会的协助下，由中学和各学院合作设置，允许学生在中学 12 年级学习大学的课程，通过考试给予这些学生大学学分，用来鼓励对文理课程的学习。

业兴趣的学生中发展和建立相互尊重与了解的情感"[1]。学校应把本班教室建成承载特殊功能的社交单位，从各班选派代表加入学生会传达信息，组织各种活动培养学生为公众谋福利的意识，也可通过班级管理和学生会活动培养从事具体代议制政府活动的相关能力。虽然对培养学生的民主精神坚信不疑，但他并未忽视学生工作的难度，由于存在两极分化的社区，不同来源的学生冲突可能会升级成社会压力，给多样化学生群体之间的交往带来文化的、心理的甚至现实的障碍。

（四）学习组织与管理

在学习组织上，为尽可能灵活安排课程，每日课时可安排7节或8节。实验课或工艺课可连续排课以避免与选修课发生冲突。对学生的学习管理不应根据学生所有科目的分数确定其在班上的等级，而应建立文理学生学习报表与优等生光荣榜，一方面以此考查教师的工作成效，另一方面真正鞭策学生学习。关于如何才能办好理想的中学，科南特主张，为节约经费和拥有足够的师资配备，尽可能开设广泛的课程以吸引社区所有青年，当务之急就是淘汰小型中学。"在美国诸多州中，首要问题是通过学区改组淘汰小型中学。少数州已在州政府领导下通过立法活动及选民投票完成了改组。在其他所有州，凡想改进公共教育的公民，最好把精力用于发动舆论上，以使大家赞成旨在减少小型中学的学区改组工作。"[2]科南特指出，办好一所中学有三个必要条件：第一，教育董事会组成人员应是明智、诚实且尽职的公民，必须明晰自己的职责是做出决策而不是纯搞行政；第二，一流的教育局局长；第三，优秀的校长。只有明智的教育董事会、精干的教育局局长与校长才能聘用出色的教师，也只有高水准的教师才能保障高质量的教育。科南特如此总结其报告结论："大批小型中学必须通过学区重组减少数量，除此重大转变，我相信改善公立中学无须对美国教育的基本范型进行大范围调整。假设所有高中都能像参观的一些中学那样有条不紊，除应加强外语学习与优秀女生的指导外，针对所有美国青年的教育总体上令人满意。"[3]

四、综合中学的学制衔接问题

无论何种学制，科南特强调学习过程要相互衔接，教学安排要协调有序，尤其是初中与高中在课程和教学方面应有效衔接与过渡。1959—1960年，科南特

---

① Conant J B. 1959. The American High School Today. New York：McGraw-Hill Book Company Inc.：74.
② Conant J B. 1959. The American High School Today. New York：McGraw-Hill Book Company Inc.：38.
③ Conant J B. 1970. My Several Lives：Memoirs of a Social Inventor. New York：Harper & Row：621.

专门针对美国初中教育进行调查，1960 年发表第二个献给热心公民的报告：《初中年代的教育》。他与助手考察了 23 个州的 90 种学校制度，共计 237 所初中，观点除基于本次调查结果，还来自在教师和管理者会议上的见闻，针对初中教育的现实提出了 14 条建议，主要内容包括：关于 7～9 年级必修课程与选修课程设置的建议，关于教学、课外活动、家庭作业及学生辅导与测验的建议，关于学校正常运行必备的领导、教师与设施保障的建议。这些建议与综合高中的建议指导思想一致，具体做法上更多照顾了初中教育的特点，以及为衔接高中学段在课程与教学组织上的安排。

科南特指出，初中在小学与高中之间起着承上启下的过渡作用，为实现初高中的良好过渡，校长必须发挥领导作用，努力使各科教学相互协调与配合。"年级间的衔接是一个重要问题，科南特督促 K～12 年级[①] 各学科领域的联系。"[②] 为使课程衔接更加自然，他对 7 年级、8 年级所有学生必修的课程与 9 年级课程进行区分，在第一条建议中列出 7 年级、8 年级所有学生需选修的学科，包括"英语（强调阅读技巧与作文）、社会研究（强调历史和地理）、数学（除第二条建议中的算术，第二条建议要求少数学生应在 8 年级开始学习几何和科学）"[③]，此外还应接受艺术、音乐和体育教学。9 年级的课程安排与《今日美国中学》第十条建议一致，保证 9 年级学生升入高中能更好地适应高中课程。为提高 7 年级、8 年级的教学质量，学校优秀骨干教师群体有责任督促学校委员会进行管理革新，"尽全力保持 7 年级、8 年级专任教师的地位和声誉，努力创造工作条件，使这些年级的教学成为学生满意且有益发展的宝贵经历"[④]。他还对选修外语和数学做了具体安排，要求 8 年级最好有少数学生能选修几何，7 年级最好有少数学生能选修一门现代外语，9 年级则在普通教育的基础上提供选修课程。他强调必须以课堂教学为主渠道，提高课程标准和教学质量，坚持以培养阅读能力和数学基本技能训练为核心，各学科教学内容协调配合，教学难度对学生智力要有挑战性，教学安排要灵活，避免学科之间的冲突。科南特认为，无论何种学校制度都应保证从幼儿园到 12 年级的学科教学连贯协调，保证不同学科教师所留家庭作业间的联系。此外，他也指出学校作为有意义的社会单位，要提供标准设施以便组织形式多样的课外活动，培养和发展学生各方面的能力与兴趣，达到课堂主渠道与课外学习的一体化。他建议初中阶段专职教师与学生的比例大致确定

① 指从幼儿园到中学 12 年级的教育，K 为 kindergarten 的缩写。

② Passow A H. 1977. American secondary education：The Conant influence，a look at Conant's recommendations for senior and junior high school. National Association of Secondary School Principals：29.

③ Conant J B. 1960. Education in the junior high school years. Princeton：Educational Testing Service：16.

④ Conant J B. 1960. Education in the junior high school years. Princeton：Educational Testing Service：13.

在 1∶250～300，每 1000 名学生最少安排 50 名专任教师，尽量保证各学科教师的工作量持平。科南特认为"好坏学校的差距与校长的优秀程度密切相关"[①]，当然制定学校教育制度应交由学校董事会负责。

在课程安排、教学组织与管理上，科南特始终坚信综合中学最重要的办学目的是满足社区所有青年的学习需求，这是一种坚实的民主精神和对美国公立教育的信任，同时提出了各种措施开发学生潜力，满足提高学术标准的祈望。科南特对建议做了必要的解释与提醒，为避免人们怀疑其主观偏好与实践脱离，他慎重声明报告无意成为仅对综合中学的调查，也不企图回答"如何才能办好令人满意的美国中学"，只想证明只要对中学进行逐一翔实的调查，就有可能得出有关美国中等教育发展的可靠判断。"总之，建议勾画了一所具有广泛综合性运行良好的中学的重要特征，必须全面评价这些建议，若孤立采用，几乎不能产生实效。"[②]为保障建议的有效推行，他提醒学校董事会增加预算，向社区解释以获得选民支持，有些涉及学校组织管理和课程设置细节的建议则需学校行政人员配合。他认为一所运行良好的学校应当是校长和教育局局长向学校董事会充分说明推行的改革措施，同时学校董事会向公民说明改革情况，在说服教师推行改革时，教育行政长官、学校董事会、校长、学校行政人员、各科教师委员会及社区公民一定要通力合作，形成改革合力。他主张公立教育须广泛获取公众支持，只有动员全国所有地方社区采取集体行动，才能真正改善和提高中学教育。"提高学校质量的责任不能仅仅交与州立法机关或国会，还要靠每一位公民的努力。"[③]

第四节　《贫民窟与市郊》——考察中学社区差异

《今日美国中学》发布不久，科南特就意识到回避了种族隔离问题，考察的综合中学大都为白人学校，未提及南部黑人群体就读的中学，认为仅开发中等规模中学的白人精英不会也不可能在全国范围内实现预期理想，他担心在出版发布会和其他会议上会被要求解释"为何不涉及南部学校和种族隔离问题"，虽然现

---

① Conant J B. 1960. Education in the junior high school years. Princeton：Educational Testing Service：37.

② Passow A H. 1977. American secondary education：The Conant influence，a look at Conant's recommendations for senior and junior high school. National Association of Secondary School Principals：41.

③ Conant J B. 1959. The Child，the Parent，and the State. Cambridge：Harvard University Press：82-83.

实中这种质问并未发生。为弥补缺陷，1960 年 67 岁的科南特将注意力转向几乎不涉及学术筛选的几百万青年群体身上，他考察了两类极端社区的综合高中：一类是位于大城市市区的黑人学校，这里几乎无一例外地致力于职业教育，为学生直接就业做准备；另一类则是富裕的郊区学校，那里几乎所有学生都在为升入大学做准备。

一、对都市贫民窟与市郊学校的调查

科南特调查的种族隔离的城市高中和白人精英充斥的郊区学校，主要位于美国东北部和中西部，最后出版调查报告《贫民窟与市郊》。他发现，事实上贫民窟的孩子不管学术能力高低都没有得到科学鉴定和充分培养，而许多郊区的孩子由于家庭和社区优势几乎都得到了最好的学术教育，这就导致大学可能招不到足够的学术天才，不仅浪费贫民窟优秀孩子的资源，降低大学生源质量，且最终会影响国家人力资本的开发和利用，对国家来说是一种潜在的巨大损失。

科南特此次研究并非仅因之前报告的疏忽，也是因当时整个社会对族裔问题关注度不够而采取的有意回避。随着 20 世纪 60 年代社会问题和民权问题的凸显，他明显感到地区间教育状况的落差将加剧贫民窟教育的落后和黑人青年的失业，并最终危及美国社会的和谐与稳定。他把青年失业看成随时引爆冲突的"社会炸药"（social dynamite），指出"社会炸药以社会青年失业的形式正在大城市积聚，尤其在黑人贫民窟。我们迫切需要来自每个街区准确而真实的信息"[①]。科南特担心的袭击美国城市的灾难在 60 年代突然爆发，这种灾难"不是由共产党引发，而是源自日益沸腾的种族狂热"[②]。他承认当初有意回避这一问题，参观学校的综合性只就白人青年而言，这次社会情势的改变督促其尽力弥补这一缺陷，他不再考察相对平静的中等规模的白人社区，而是到纽约、芝加哥、底特律、圣路易斯和其他大都市的中学，那里二战爆发后来自南部乡下的黑人移民随处可见。科南特决心涉足"种族与教育"这一有争议的课题，除受黑人学校恶劣条件的触动及与舒适白人学校对比激发的灵感外，还有毋庸讳言的利益考量，那就是美国 50 年代末 60 年代初高涨的民权运动。如火如荼的民权运动正在改变这个国家：1954 年发生布朗诉托皮卡教育局案（Brown v. Board of Education of

① Conant J B. 1961. Slums and Suburbs: A Commentary on Schools in Metropolitan Areas. New York: McGraw-Hill Book Company Inc.: 146.

② Hershberg J G. 1993. James B. Conant: Harvard to Hiroshima and the Making of the Nuclear Age. Stanford: Stanford University Press: 722.

Topeka），最高法院裁决公立学校种族隔离属于违法；在蒙特利尔阿拉巴马市罗莎·帕克（Rosa Park）拒绝坐到公共汽车后面，第二年导致长达数月之久的联合抵制，引起南方基督教联盟主席马丁·路德·金（Martin Luther King）的关注。1960 年的最初几个月科南特在市中心学校调查时，北卡罗来纳州的格林斯博罗（Greensboro）①市发生便餐馆黑人青年静坐事件，在南部各州引发激进主义分子抗议官方强制公共隔离政策的熊熊烈火。正当科南特发表研究结果时，国会组建了民权委员会，最高法院命令小石头学校合并，阿肯色州包括福布斯（Orval E. Faubus）州长在内的种族主义官员极力阻止，事件激化成美国头条新闻，艾森豪威尔不得不召集国防军空降部队保护黑人学生免遭白人暴徒的侵害。民权运动者的行为引起国际社会对美国社会致命缺陷的关注，南部种族主义者对黑人实施隔离、打击、滥用私刑情况的生动描绘如同苏联支持非洲与亚洲的反殖民运动，又如同"苏联卫星"事件一样，让美国恐慌，令世界震惊。

民权运动点燃了科南特的研究热情，这次他的工作组得到卡内基基金会的资助，成员主要有加芙尼（M. P. Gaffney）、怀特（F. O. White）及阿尔登·邓纳姆（Alden Dunham），尤其是助手邓纳姆对报告初稿做了大量改动，且与科南特密切合作完成最终手稿，1961 年 6 月完成研究，9 月出版《贫民窟与市郊》。报告的很多观点基于之前对初中教育的考察。"科南特激情描绘了惊人的贫穷、种族歧视、地方暴乱、社会分裂和失望，预计今后 10 年可能会在瓦茨、纽瓦克、底特律和其他城市燃起黑人愤怒的烈火。"② 在科南特的公共生活中，他第一次把种族问题作为关注中心，俨然将自己描绘成忠于种族正义的一分子。"既然《贫民窟与市郊》要开诚布公地讨论大城市的黑人教育，最好在解释前描述一下美国黑人的不幸历史。必须讲清楚我接近这个复杂的种族问题与一个纯正新英格兰人背景的关系。我母亲对美国内战仍有记忆，她在孩子时就确信如果黑人与白人有什么区别，黑人也不会比白人差。很难想象，成长在 19 世纪 50 年代受过良好教育的母亲会为黑人奴隶辩护，如同我难以理解 20 世纪 30 年代受过良好教育的德国人会狂热地支持希特勒一样。"③科南特认为，美国社会自诞生之日起就承载着黑人奴隶制的先天不足，现在仍未摆脱种族歧视的阴影，尤其与民主制度极不相称的是，21 岁以下黑人青年的失业率是同年龄组白人失业率的两倍多，若不能恰当地处理这些问题，美国将面临冷战地位削弱的风险。因为很大程度上，自由

---

① 美国北卡罗来纳州中北部城市，或译为格林斯巴勒。

② Hershberg J G. 1993. James B. Conant: Harvard to Hiroshima and the Making of the Nuclear Age. Stanford: Stanford University Press：723.

③ Conant J B. 1961. Slums and Suburbs: A Commentary on Schools in Metropolitan Areas. New York: McGraw-Hill Book Company Inc.：8.

世界的前途取决于对种族问题的平衡，能否抵制共产主义蔓延也最终取决于自由社会运作的成效。

二、调查结果与建议

《贫民窟与市郊》基于对费城、芝加哥、圣路易斯、底特律、纽约和波士顿都市区和周围郊区学校深入调查的结果。该书内容分为六章：第一章叙述城市贫民窟学校和黑人教育，描写黑人的地位、能力倾向及这些因素与家庭背景的关系，指出了黑人贫民窟初级学校与家庭背景对黑人教育的重要性及现实中存在的种族隔离问题；第二章叙述大城市的学校与就业问题，主要论述学校的功能、职业教育、一般高中的职业训练和高中后进生与辍学问题；第三章阐述学校课程与组织问题，包括多样性与学校规模、阅读问题、贫民窟学校的特殊项目、能力分组与分流、人员问题、管理的地方分权、年级组织、专门高中与学校董事会等内容；第四章描写升学导向的郊区学校，包括美国大学教育模式、专业教育与学术天才、跳级计划的重要性、大学招生标准、激进的新建议、郊区的困境与学习迟钝的学生；第五章研究特定学校的学习计划，包括一些观察和学术发明；最后一章为结论。科南特在前言中指出："本书用比较法写成，欲展示两个完全不同的社区及其学校的不同画面，讨论城市贫民窟和富裕郊区的差异。"[①]他选择大都市地区的中学证实美国公立教育的复杂性，认为这些学校在很多方面存在的基本问题截然不同，区别主要来自学校所服务的迥异的家庭。"正是贫民窟的社会背景和家庭背景，使黑人的能力与成就抱负受到压抑，使黑人在教育、经济和社会方面均处于不利地位。"[②]科南特说："考察和比较贫民窟与富裕市郊所获得的经验教训对理解美国公立教育至关重要，即相当程度上学校应该做什么和能够做什么取决于所服务的家庭的地位与理想。"[③]郊区中学80%以上的毕业生打算升入某种学院，父母最关心的是如何保证孩子进入有名气的学院或大学，因此最重视学术科目的教学。从教育者的观点看，对于郊区孩子的家长，需要调整他们的期望值以匹配孩子的能力。在城市贫民窟学校，9、10和11年级中途辍学的孩子多达半数，校长和督导官员所面临的问题与富裕郊区几乎恰恰相反，他们必须一面争取使学生毕业就能获得工作机会，一面鼓励那些有学术天赋的学生通过接受高

① Conant J B. 1961. Slums and Suburbs: A Commentary on Schools in Metropolitan Areas. New York: McGraw-Hill Book Company Inc.: 1.

② 赵祥麟. 1992. 外国教育家评传（第三卷）. 上海：上海教育出版社：161.

③ Conant J B. 1961. Slums and Suburbs: A Commentary on Schools in Metropolitan Areas. New York: McGraw-Hill Book Company Inc.: 1.

等教育进入专业领域。"事实上，它们（这些困难）如此震撼人心，使我难以抑制将之公之于众的冲动，我准备在写给卡内基基金会的最后报告中加以描述，并决定撰文专门探讨。"① 科南特这样做是确信美国正放任"社会炸药"在大城市积聚，他把贫民窟学校教育的落后与社会不安联系在一起，尤其是严重的青年失业问题。20 世纪 50 年代美国又发生两次经济危机，大量的中学毕业生一职难求，有些社区半数以上的 16～21 岁黑人青年既不在校读书，也无工作机会，这种状况的持续严重威胁到美国的城市社会和政治稳定。他明白改善贫民窟的生活条件只是改善教育问题的一部分，充分肯定学校在促进 16～21 岁社会青年就业中的作用，以帮助学生获得进一步的教育或工作机会，这种额外的责任需要额外的资金维持，因此增加大城市公立教育资金投入是最棘手的问题之一。富裕郊区与贫民窟学校在资金分配方面相差很大，无论是学生的人头费，还是学校的设施与专业教师配备，二者的鲜明对比正撼动人们对公立学校资金资助方式的信心，严重挑战了机会均等的信念。

科南特聚焦综合中学，很重要的理由是认为它可以充当促进民主的有效工具，尤其在小型独立城市与乡村联合学区。然而在大都市学区，不管郊区还是贫民窟很难找到真正意义上的综合中学，要想获得有效的职业教育，人们会进入专门的技术中学或职业中学，而在郊区学校学生对职业教育的需求几乎为零。显然，都市贫民窟与市郊学校教育的曝光损害了机会均等的理想，"只有激起公众情绪，才能真正解决与之相关的紧迫问题"②。他考虑了大城市学校董事会、管理者和教师面临的特殊教育问题，发现少数族群在文化上多处于劣势，1950—1960 年南方黑人的平均生活水平从全国平均水平的 60%降到 52%，加上奴隶制、种族歧视与隔离的历史影响，黑人及其他有色人种的文化背景明显处于不利地位，在流行的学术性向测试中，这种文化不利会直接影响测试结果，尤其是阅读能力。科南特呼吁："任何有志于改善文化不利群体命运的人，不应直接关注测试本身的改变，因为这些测试在文化上收效甚微，而应去促进所有孩子获得均等的教育机会。"③ 他肯定家庭背景与学生成绩的相关性，希望人们通过实际行动改善不利群体的生活状况。考察之后，科南特对那些公立学校的批评者或辩护者表现得越来越不耐烦，认为"他们无视学校教育的现实，而去参与毫无结果的

---

① Conant J B. 1961. Slums and Suburbs: A Commentary on Schools in Metropolitan Areas. New York: McGraw-Hill Book Company Inc.: 2.

② Conant J B. 1961. Slums and Suburbs: A Commentary on Schools in Metropolitan Areas. New York: McGraw-Hill Book Company Inc.: 6.

③ Conant J B. 1961. Slums and Suburbs: A Commentary on Schools in Metropolitan Areas. New York: McGraw-Hill Book Company Inc.: 14-15.

关于教育哲学、教育目的之类的讨论，改变这种状况要求的是行动，而不是吹毛求疵的争辩"①。科南特是一位具有现实主义精神的实干家，他厌烦毫无实效的空泛论争。"科南特故意在有良知的公民中制造紧张情绪，希望寻求广泛的公众理解与支持。"②

谈到大城市的中等教育与就业之间的关系，科南特指出，全国各地就业情况都不乐观，在小型城市或乡村主要任务是促进成人就业，而在大都市地区解决就业问题主要针对21岁以下的青年。他认为，健康的社会需要良好的经济发展水平和较高的就业率，在高度城市化和工业化的自由社会，青年的教育经历应与日后的就业相适应，保证他们在全日制就学与全日制就业之间平稳过渡，为此他特别重视就业指导，认为中学后直到21岁的职业指导责任应由就业指导官员承担，尤其在大城市地区，在学校与就业之间应建立一种联络机制，联邦政府、社会就业指导机构、劳工工会、当地雇主及职业教师等多方力量协同配合，有效提升职业教育的成效与就业水平。

科南特指出："贫民窟和市郊学校之间的鲜明对比表明：谈论教育若不具体区分学生来自怎样的家庭背景便无济于事。以往我听到的许多针对公立教育的批评都忽视了这样的事实，他们提出的观点通常太过笼统而不具有建设性。"③ 在结论部分他要求批评家们均有义务提出具体建议，并在清晰的前提下展开讨论。根据考察结果，他为富裕郊区和城市贫民窟的学校分别提出了具体的改进建议。针对富裕郊区学校的建议主要有：①引导那些期望远超自己孩子能力的父母为孩子选择合适的学院；②在学院招生的现实性方面，专业顾问或指导必须及早开始，对家长和孩子同时进行教育；③名牌学院招收最聪明的孩子，大部分能进入研究生院继续学习，许多也可进入职业领域；④在许多州，热心解决学院问题的公民应认真研究包括两年制初级学院在内的加利福尼亚州高等教育模式；⑤应在教育阶梯的最后一个环节制定教育标准；⑥鼓励聪明的学生学习广泛的学术学科，所有中学要协调一致；⑦所有高中都应努力参与学生跳级计划。科南特提出的改进城市贫民窟学校的建议有：①富裕郊区和贫民窟学校人均投入对比挑战了美国公立教育的机会均等观念，应给贫民窟学校投入更多的资金；②"社会炸药"以社会青年失业的形式正在大城市积聚，尤其在黑人贫民窟，急需获得每一个街区准确

① Conant J B. 1961. Slums and Suburbs：A Commentary on Schools in Metropolitan Areas. New York：McGraw-Hill Book Company Inc.：21.

② Passow A H. 1977. American secondary education：The Conant influence，a look at Conant's recommendations for senior and junior high school. National Association of Secondary School Principals：32.

③ Conant J B. 1961. Slums and Suburbs：A Commentary on Schools in Metropolitan Areas. New York：McGraw-Hill Book Company Inc.：136.

而真实的信息；③学校应负责学生离校后的教育和职业指导，直到满 21 岁；④在两个地区都应多考虑达不到平均水平的学生，为他们开发有意义的课程；⑤大城市就业机会必须在无歧视的基础上开放；⑥加大投入改善南部大城市的黑人教育，努力提高位于贫民窟的黑人学校的教学质量，而不是通过交通运输打乱学区界限实现象征性或表面化的统一，当然教师群体的完全一体化是需要的；⑦应为贫民窟学校提供更多的资金与教师，为这些教师提供特殊训练；⑧在贫民窟地区，要努力获得家长对其子女教育的支持，改善和扩大成人教育计划；⑨为使学校更接近社区每个人的需求和地方实际，需要地方分权的管理模式；⑩成立包括高素质公民在内的非政治性的诚实的学校董事会，激起公众对教育的关注热情。

据劳工数据局西摩·沃夫贝恩（Seymour L. Wolfbein）估计，20 世纪 60 年代会有 2600 万名青年工人进入劳动力大军，按当时辍学率计算，其中 750 万名新工人将没有高中毕业文凭，且大部分辍学者将成为没有技术的储备劳工[①]。科南特很清楚，若不能创造更多的新机会促进经济与社会公正，美国黑人教育的痼疾就不能医治。在标志约翰逊总统任期后十年的"伟大社会"精神鼓舞下，科南特急切呼吁教室以外的变革，要求联邦资助聚焦于促进就业和市中心地区的房屋改建，划拨巨款资助市中心的公立中学，这些新增的拨款主要用于改善学生条件，建造和维修校舍、买课本、吸引和培训更多优秀教师，帮助学校承担额外的责任，为贫穷的黑人社区雇佣更多的职业指导人员，帮助 16～21 岁青年发展"推销技巧"和开发就业机会。比起问题较轻的以升学为主的郊区学校的教育，报告对城市黑人青年投入了较大的篇幅与热情，叙述了被斗殴纠缠的都市学校，被家庭暴力与恐惧折磨得整夜未眠上课睡觉的少年们，科南特要求那些条件优越的读者认真思考两大社区间男女学生的生活与教育差距，希望有良知的公民，即使居住在郊区只在大城市工作也能产生急切改善贫民窟学校的想法或冲动，对城市教育问题进行更多的细节分析，真正理解这种教育问题潜在的社会危机。"大城市教育问题的分析应比之前更具体、更细致、更坦诚。我们需要了解每个社区的情况，当事实预示了危险的存在，美国人民应时刻准备防患于未然。"[②]

三、关于《贫民窟与市郊》的论争

《纽约时报》报道："谈到处境不利的贫民窟和声名财富俱佳的郊区，这位保

---

① Wolfbein S L. 1961. Our changing population. National Education Association Research Bulletin，39：75-76.

② Conant J B. 1961. Slums and Suburbs：A Commentary on Schools in Metropolitan Areas. New York：McGraw-Hill Book Company Inc.：147.

守的、通情达理的新英格兰科学家和大学管理者首次被激怒，事实触及了他的正义感，也触动了他的意识形态。"[①]作为总统青年就业委员会副主席，科南特结合对种族问题的考虑建议肯尼迪政府行政部门，一再督促劳工党的秘书阿瑟·顾德伯格（Arthur J. Goldberg）将研究五大城市黑人区的青年失业问题放在工作组的首位，主张"真正的问题不是种族一体化，而是社会经济的一体化"[②]。科南特关于贫民窟的报告引起了广泛的阅读与讨论，他从邓纳姆那里借用的"社会炸药"一词风靡全国，报告成为全国头条新闻得到普遍赞同，"它是照到社会和教育弱势群体的一束亮光"[③]，不仅因其关注了急需关注又被忽视的角落，还因其及时的建议和考虑周全的策略。可悲的是，报告和科南特本人都没有获得急需帮助的选民们的支持，他们对报告的反应相当混乱。"有些人甚至质疑科南特的真诚，'他实际在为北部城市隔离但平等的模式辩护'，纽约城市学院一位心理学教授肯尼思·克拉克（Kenneth Clark）说：'我实在不同意科南特的观点。'"[④] 对于多数黑人教育领袖的反应，科南特尤其感到失望，虽然他们明白科南特旨在唤醒公众良知，但仍然不能接受他的立场和观点。

首先，人们怀疑科南特改进学校的立场。作为忠实的实用主义者，科南特虽然明白是种族因素限制了黑人孩子的教育与就业机会，但他仍然坚持不打破学校的隔离状态，不挑战现存的社会结构分层，而是通过改善特定的贫民窟学校与青年就业问题去缩小不同社区的孩子们之间获得机会的剪刀差。1961 年，科南特在写给教育政策委员会詹姆斯·罗塞尔（James E. Russel）的信中这样表达："我相信，南部乡下人、波多黎各人和大都市黑人间存在显著差异……在我看来，即使把他们聚在一起，三个群体的最终命运也不可能相同，虽然有时贫民窟白人居民暂时处于弱势，但仍有很多家庭愿意并能够通过传统美国人上升的阶梯迅速得到提升……相反，黑人会在每个改变命运的关键时刻遭遇种族歧视问题。"[⑤]联系到他的"社会炸药"聚集主张，科南特接受的方案是在方式方法上追求公平，通过修补完善而不去挑战种族隔离的现状。科南特对贫穷黑人学校的态度正如历史学家克拉伦斯·卡雷尔（Clarence Karier）所说，"科南特的理想社区感最终屈服于他对现实可能性的判断"[⑥]。他反对激进推行种族一体化的做法，强调通过增

①　Hechinger F M. 1967. Conant：A new report by the schools "Mr. Fixit". New York Times，Mar. 5.

②　Conant J B. 1961. Slums and Suburbs：A Commentary on Schools in Metropolitan Areas. New York：McGraw-Hill Book Company Inc.：30.

③　Israel S. 1963. A city school principal looks at the latest Conant report. The Educational Forum ，28：43.

④　Hershberg J G. 1993. James B. Conant：Harvard to Hiroshima and the Making of the Nuclear Age. Stanford：Stanford University Press：726.

⑤　1961. James B. Conant to Dr. James E. Russel. Conant correspondence，Conant papers，Harvard archives.

⑥　Karier C. 1967. Man，Society，and Education. Glenview ：Scott，Foresman and Co.：254.

加学术学科这一隐性方式改善黑人学校，弱化北部地区学校对少数族裔孩子进行隔离教育的心理影响。他的态度激起社会的广泛争论，人们甚至质疑其改进学校建议的诚实性。1962 年冬，针对《贫民窟与市郊》，保罗·古德曼（Paul Goodman）在《哈佛教育评论》发表长篇大论，表达了对科南特观点的不满，"我对科南特博士已无耐心，被他的技术的甚至是经济的手段所震惊，仿佛实际问题的解决就是资源分配，而不是对每一代人从心理上和政治上进行社会更新"①。古德曼甚至认为，科南特作为科学家和管理者，没有深入了解社会或心理现实，而是简单地为冷战训练人力资源，常常表现出对吹毛求疵的哲学家及其教育理念的不耐烦。

其次，人们对科南特改进两大社区学校的基本建议持有疑议。针对富裕郊区学校的问题，他主张通过改变家长期望、增加课程和教师辅导提高学校综合程度，针对父母不顾孩子能力催促其为升学准备的情况，希望广泛运用指导服务和测试数据，支持学校根据学生兴趣和能力水平增加更多职业训练课程，从而达到真正意义上的综合。针对贫民窟黑人学校，他肯定黑人高中的职业教育有效地促进了社会稳定和其他社会期望的行为，并举例芝加哥顿巴职业高中（Dunbar Vocational High School）虽坐落在糟糕的贫民窟社区，但自创建以来从未发生过打碎玻璃事件，开设的课程根据学生的职业需要安排，学术项目也足够为一些学生升学做准备，虽然升学不是学校主要目的。他的举例难免引起人们猜想，如果顿巴职业高中的学术项目至少与职业课程一样得到加强，是否会有更多学生从顿巴职业高中升入大学，或简单接受喜欢的智力挑战。科南特不反对为少数人设置学术课程，但论及贫民窟学校他似乎并不关注学术发明和鉴别学术天才，只支持加强职业教育，其解决方法并未超越美国非裔教育领袖布克·华盛顿（Booker T. Washington）宣传的妥协的黑人教育理论。

科南特希望消除城市"社会炸药"，保护国家免于威胁，人们有理由拷问他关注都市贫民窟教育的动机及解决问题的方式，认为他支持贫民窟学校的职业教育不过是其教育哲学的逻辑扩展。如果黑人学生在 SAT 测试及其他传统学术能力测试中得分很低，如果他们的表现低于期望的优秀水平（智商 110～115），就应接受建议不去选择学术课程，而应集中在职业课程的学习上。科南特从未想过，学校本身可能就是积累的"社会炸药"。教育史家亨利·珀金森（Henry Perkinson）指出，"他的做法不是加强和满足黑人孩子决定自己命运的渴望，这

---

① Perkinson H. 1987. Two Hundred Years of American Educational Thought. New York: University Press of America: 283.

种教育机会均等只能简单地固化他们的无助感"①。事实上，人们对报告的不满，部分原因来自倾向于无视科南特强调的苏联共产主义蔓延的威胁，部分来自高涨的黑人民权运动抬高了民众期望。科南特只在报告中描述两个极端景象时简单提到冷战浪潮激起了比以往任何时候都明显的社会问题，"我不必提示读者，世界自由的命运归于平衡，不满意、沮丧和失业只能滋生共产主义，在大城市贫民窟范围内，这些年轻人是我的主要关切，尤其当他们大规模聚集在一起时。自由解放、机会平等对他们意味着什么，我们应以何种热情和努力去奢望他们忍受无情的共产主义压力，他们是否准备好了去面对这些毫无缓和迹象的挑战"②。之前科南特已习惯自己的主张获得多数人喝彩，此次因容忍学校隔离和为少数族裔青年提供职业教育遭到了严厉苛责。在黑人教育领袖们看来，他实际上纵容了"隔离但平等"的原则，在当时非常不合时宜，他的主张过于温和，因此只能被淹没在激进民权运动的惊涛骇浪中。但是人们还是感谢他的努力，欢迎联邦政府对公立学校加大人力物力的投入，打破就业的种族歧视，希望在改善城市黑人青年就业的前景上进行激烈的变革。

第五节　政策制定——力挺公立单轨学制

科南特坚信，公立中等教育机构是美国民主制度延续的保障，是繁荣民主制度的动力引擎，也是统合美国文化的社会机构和保持社会稳定的黏合剂。他直言"美国 19 世纪和 20 世纪初吸收移民的成功，主要归功于公立教育系统，它为多元文化的美利坚民族达到相互理解、融洽统一奠定了基础，成为稳固美国社会的力量源泉，是美国理想的具体体现，是传承民主观念的基本途径"③。因此，维护公立单轨学制是科南特制定中等教育政策的出发点，他坚持以地方学校委员会为主导，加强各种教育组织及公民团体的州内协调与州际合作，促进州内教育政策的多样统一，同时满足国家层面教育政策的新需求。

---

① Perkinson H. 1976. 200 Years of American Educational Thought. New York：Longman：255-256.

② Conant J B. 1961. Slums and Suburbs：A Commentary on Schools in Metropolitan Areas. New York：McGraw-Hill Book Company Inc.：34

③ 赵祥麟. 1992. 外国教育家评传（第三卷）. 上海：上海教育出版社：145.

一、中等教育多样化的制度根源

科南特通过比较得知，同是英语国家并受英格兰教育传统影响，美国与其他英语国家的教育发展轨迹迥然不同，这充分说明教育制度的形成与各自国家的历史息息相关。美国中等教育的多样化源自其独特的制度与历史，在学校管理上严格遵循地方分权的传统，长期面临巨大多样性的挑战。在1952年4月美国学校管理者协会会议上，他发表了题为"中等教育的统一与多样"（*Unity and Diversity in Secondary Education*）的演讲，详细论述美国中等教育的多样性与统一性，指出由于地方社区负责的传统，美国中等教育掌握在成千上万的学校董事会手中，基于地方分权的原则，在教育目标、内容、组织形式与管理上千差万别，加上各州教育发展的不平衡，中等教育呈现出多元化趋势，所幸的是公立教育体制的发展使综合中学异军突起，成为一支强大的统合力量。科南特认为，这种多样性与美国社会相关，"若告诉一位外国来访者，现在数以万计的地方教育董事会掌管着我们的中小学，他肯定认为'这不是一种制度而是一种混乱'。我常如此答复：'但这样做是可行的，我们多数人乐于如此，正如美国绝大多数的政治制度一样，这种管理模式已成为美国社会的永久特色'"[①]。科南特通过考察得知澳大利亚存在明显的双轨制教育，由许多私立学校和中央控制的州立免费学校构成，虽然与美国的教育实践有着共同的制度根源，但教育体制却截然不同，他对此不予简单批评，因为他理解的教育并不是可以随意输出的商品，"对一个社会类型有益的教育体制，在其他社会不一定适用"[②]。他发现，在所考察的国家和地区，任何地方的教会私立学校都没有澳大利亚的几个州那样繁荣，很难想象在一个比北美都崭新的大陆，在一个以关注社会福利和工党政府著称的社会，私立教会学校会如此蓬勃发展。在科南特看来，支持澳大利亚教育的双轨制主要有观念差异与城市布局两方面的原因：在观念上，一部分人认为，中等教育应与正规宗教教育分离，他们对此抱有坚定信念；在城市布局上，澳大利亚的各州多拥有较大的中心城市（尽管陆地面积不大、人口稀少，但一半居民居住在大城市），只有少数例外。澳大利亚对私立中学的统筹协调主要依靠州政府，州政府通过奖学金发放与统一考核标准来处理私立学校的多样性问题。美国的情况几乎与澳大利亚相反，在加强学术天才的鉴定和外语、数学教学的建议中，科南特绝不批判中学课程的自由化与管理方式的多样化，他认为外人看似的教育混乱是灵

---

①② Passow A H. 1977. American secondary education: The Conant influence, a look at Conant's recommendations for senior and junior high school. National Association of Secondary School Principals: 8.

活分权的民主制度的本来面目，应该保持这种特色，承认差异的存在，避免一般化的做法，警惕联邦和州对地方分权可能造成的各种威胁。

科南特进一步分析了美国公立中等教育多样化的成因与挑战。建国伊始，美国人民太害怕专制，几乎反对一切形式的中央集权，于是把许多权力留给了各州，包括教育权。宪法把教育权赋予各州，各州又把管理权最大限度地让渡给学校董事会，因此多样性既是历史发展的结果，也是民主制度的产物。除历史原因，美国中等教育多样化还来自公众的不断施压。美国人对教育期望过多，不论何种社会问题总希望通过学校尤其中学得到解决，在社会需求的驱动下，中学不得不迎合公众的各类喜好与兴趣，要么变革，要么增加教育内容，致使中等教育的目标更加多样、课程内容日益繁杂、教育理论越发混乱。另外，各州因分权治理的传统，学制也不统一，20 世纪 50 年代以后，为衔接小学和中学的过渡又出现了中间学校（middle school）类型。而且，多样化的公立中学只是美国中等教育的一部分，在其发展壮大之前，存在着成千上万的私立中学及教会学校，虽然到 20 世纪中期公立中学开始占据主导地位，但私立中学及教会学校的影响也不容忽视，如果公立中学不能很好地适应时代的需求，必定会给私立中学的发展带来契机，这是科南特谨防出现的结果之一。他说："我一方面希望通过学校统一我们的国家生活，另一方面，努力寻求各类小型公民团体自由实践与表达的多样化。我们不喜欢单一的教育结构，远离任何严格的思想控制，不赞成中等教育许多细节的统一。如果公立学校在教育青年中发挥主导作用，如果尽可能不论家庭贫富与文化背景，社区所有青年都能进入同样的学校，我们就会达到某种统一。我们坚持通过继续强调学校教育地方负责的原则达到实践中的多样性。"[①] 科南特对当时私立学校的发展极为关注，他不希望私立学校无限扩张，最终形成类似澳大利亚的双轨制中等教育，他主张加强公立学校的地位以稳固单轨制教育的基础。

二、公立中学是单轨制教育的基础

科南特加强公立教育的主张，间接反映在对待私立学校的态度上。在 1943年 5 月《大西洋月刊》（*Atlantic Monthly*）上，他发表题为"急需的美国激进分子"（*Wanted：American Radicals*）的文章，表明对公共资金资助私立学校的态度，不希望用公共税收支持私立学校，该观点是其 1940 年 3 月在加州大学伯克

---

① Conant J B. 1952. Unity and diversity in secondary education，address before a meeting of the American Association of Administrators. Boston，Massachusetts，April 7.

利分校宪章日演讲中所述观点的延续与扩充。在波士顿科南特也表达了对资助私立学校的一贯立场，因而受到很多人的质疑与反对，甚至有人指责他使用了"分裂性的私立学校"（divisive private school）的术语。对此科南特解释，"事实上，我从未用过这一词汇，因为不确定'分裂性'（divisive）一词的发音"①。为澄清自己的观点，1952 年他在《教育与自由》一书中为自己辩护："我知道，今天没人希望压制私立学校的发展……但是，即使不情愿支持州或国家抑制私立学校的行动，与放任扩张私立学校也是完全不同的两码事，与默许税收支持私立学校更不能混为一谈。英格兰和苏格兰用公共资金资助包括教会学校在内的私立学校，在美国，没人公开反对采用英国的模式。的确，对那些相信脱离教派控制的教育就是糟糕的教育的人们来说，拥护英国模式非常符合逻辑。"②科南特显然不希望参与任何简单化的争论，议员麦克·曼斯菲尔德（Mike Mansfield）曾问他："您是否认为私立学校制度对我们的民主具有分裂性和破坏性？"他没有直接反驳，但表示愿意劝说家长把孩子送到公立学校而不是私立学校，希望大部分美国孩子进入公立学校读书，但不干涉私立学校的权利。可见，出于策略考虑科南特虽未直接反对，但一贯加强公立学校的声明已然清晰表明了他的立场。

科南特认真考察了公立学校和私立学校的竞争与冲突，认为在同一个社区，私立学校的增长会对公立学校构成潜在的威胁，批评私立学校的增殖扩张会破坏民主统一的精神，希望通过有效地改革公立教育巩固单轨制的基础，他通过公开赞美公立教育吹响战役的冲锋号，以阻止私立学校的进一步扩张。在 1952 年的演讲中他指出："人们倾向于确信支撑公立学校的原则而很少意识到激烈变革的后果，因此对不怀好意的批评感到满意，却极不愿做出必要的牺牲来维持学校作为促进民主的有效工具。直接从事公立学校教育的人们也常感觉不到其所面临的挑战，不愿为迎接挑战做出必要的调整……没有必要再耗时重申，免费税收支持的学校的扩张是国家生活的重要组成部分，这一点我深信不疑。"③科南特对加强公立教育的渴望更多地考虑了它的社会统一功能，正如哈利·帕索评价科南特对中等教育的影响时所说："公立教育模式提供了'服务国家多种信仰的强大的民主动力'，没有公立学校，科南特怀疑，这样一个文化多元的国家能否建立起'共同理解的基础'。"④科南特指出他的建议正是基于这样的信念，希望美国的公立学校尽快成为学生享有共同经验的地方，让那些来自不同家庭背景、有着迥异

---

① Conant J B. 1970. My Several Lives: Memoirs of a Social Inventor. New York: Harper & Row: 541.

② Conant J B. 1970. My Several Lives: Memoirs of a Social Inventor. New York: Harper & Row: 541-542.

③ Conant J B. 1970. My Several Lives: Memoirs of a Social Inventor. New York: Harper & Row: 665.

④ Passow A H. 1977. American secondary education: The Conant influence, a look at Conant's recommendations for senior and junior high school. National Association of Secondary School Principals: 8.

观点的学生，能在这样的机构中共同成长，这就是美国和英国在中等教育观念上的不同，美国不仅努力为所有人提供教育，而且发展了综合中学这一独一无二的教育机构，将其作为促进不同学生群体相互理解与交往的社会单元及训练民主社会公民的重要场所。

科南特相信，除非在一些州出现双轨制，或至少公立学校提供的教育开始威胁到民主原则，否则就没有必要担心。"许多忠诚的新教、犹太教和天主教教徒相信，核心教学脱离宗教派别的中等教育是糟糕的教育，误以为税收支持的学校不关心道德与精神价值观的培养。这实质上是澳大利亚私立学校校长的观点。"① 科南特认为某些攻击公立学校的策略不够诚实，他们意图损坏人们对世俗教育的信心。美国学校应为拥有各种信仰的人服务，进入私立学校的青年比例越高，对美国民主与统一的威胁越大，对美国社会来说，用纳税人的钱去支持私立学校发展无异于釜底抽薪。如果人们接受民主的观念，希望建立高效流动的社会，使不同职业群体间拥有最小限度的阶级划分与最大限度的相互理解，那么理想的中等教育就是综合中学。"在促进道德与精神发展上，如果怀疑世俗学校的能力，也必定与民主的目标相背离。杰斐逊声称，自由只掌握在人民手中，掌握在那些有一定'教育程度（degree of instruction）的人民手中'。"② 正是民主的信念与平等原则相结合，才加速了美国中等教育与高等教育在入学人数上的大规模扩张，除非人们坚持认为，应为富人提供一类普通教育，为穷人提供另一种普通教育，否则就应接受民主平等的世俗教育，在尽可能广泛的基础上组织美国的学校。让学生理解民主、加强宗教宽容，增进不同职业群体间的相互尊重及个人的权利信念，理解联邦政体、肯定盎格鲁-撒克逊（Anglo-Saxon）传统的重要性，辨别通过约定程序（due process）和社会压力做出的决定等，所有这些民主社会必备的能力，正通过我们的免费的公立学校实践获得。科南特认为，免费公立学校的增长是美国公众意愿的真实表达。"我们已努力建立单一而不是双轨制教育体制，相信本世纪余下的岁月会证明，这种趋势不可逆转，很大程度上将取决于综合中学能否赢得广泛的支持。总之，中等教育能否兼得多样性与统一性的双重优势，我的答案是肯定的。"③

三、公立中学政策制定面临的挑战

科南特首先分析了时代需要与原有政策制定方式的不协调。"在所有自由的

---

① Conant J B. 1970. My Several Lives: Memoirs of a Social Inventor. New York: Harper & Row: 668.
② Conant J B. 1970. My Several Lives: Memoirs of a Social Inventor. New York: Harper & Row: 669.
③ Conant J B. 1970. My Several Lives: Memoirs of a Social Inventor. New York: Harper & Row: 670.

高度工业化的大国，教育革命的基础基本相同。"[1]他承认，过去公立学校教育政策主要取决于公立学校的管理者和教育学教授，而现行无组织的非正式政策制定体制已不能适应加强公立学校的需要。他指出 20 世纪 30～40 年代，除特定地区和特定学校，美国中学课程政策制定主要关注教育为社会民主服务，将发展学生作为自由社会合格公民的品质放在首位，然后培养所有学生的各种技能。有关课程政策层面的讨论只能在教育学教授和杰出教育管理者的著作与文章中看到，很长一段时期人们没有机会与教育专家共同讨论这些问题，因此中学课程内容几乎没有得到适时更新。中学课程相对稳定便于中学生在城市或州之间迁居，那时教育家们相信，学习领域的真正分化应推迟到高中以后，学生进入大学后会有充裕的时间集中学习数学、外语或物理化学等课程。"40 年代甚至 50 年代，我常听到这样的论断。"[2]在肯定传统的基础上，科南特揭示了一个残酷的现实：综合中学忽视学生在外语或数学知识技能方面的早期培养，只关注"三 R"教育或培养学生延续与改善自由社会应具有的态度。他说："我们自豪于高度分权的公立学校制度，灵活的制度允许了更大的独立性与实验性，到目前为止孩子们没有为此付出太高代价，然而在学校课程的革命性变革中，日益强调外语和数学正在制造更大的多样性，到那时公众会要求教育当局通过某种手段恢复一定的秩序。"[3]在更大多样化的挑战下，决定公立学校课程改革的旧机制已经失效，为未来谋划成为公众和公立教育家们的一大难题，加上当时流行的跳级生运动（advanced placement movement）[4]，政策制定的难度进一步加大。中学与大学曾经分隔的原有知识疆界正在变成混乱的模糊地带，是将课程制定仍然视为公立学校人员的决策"领地"还是交给大学的各学科（如英语和化学）教授仍有待讨论。虽然公立学校的教育政策主要由教育家或引进文理科教师参与决定的论断极易得到理论上的论证，但对州内主管学校的官员和大学区学监们来说，真正执行起来并非易事。科南特并不激烈批评当权派的失误，因为 22 年间他曾断断续续任职全国教育政策委员会，明白当权派曾做的种种努力，他主要将批评重点放在教育当权派未能及时回应公众的态度与需求上。

　　关于支持公立学校改革的资金问题，科南特认为教育是决定国家未来最重要的因素，需要国家的大量投入，联邦政府可通过国会拨款资助，但不应限制各州和地方花费方式的自由，这是国家提供经济援助的唯一途径或前提。直到 20 世

---

① Conant J B. 1964. Shaping the Policy of Education. New York：McGraw-Hill Book Company Inc.：1.
② Conant J B. 1964. Shaping the Policy of Education. New York：McGraw-Hill Book Company Inc.：5.
③ Conant J B. 1964. Shaping the Policy of Education. New York：McGraw-Hill Book Company Inc.：7.
④ 跳级生运动，是允许学术尖子生高中最后一年修完大学一年级课程的计划，也称大学先修计划。

纪初，地方学校的经费主要源于实际财产税收，30 年代前后地方学校越来越依赖州政府拨款，由于各州贫富差距与重视程度不同，拨款资金的比例悬殊，当实际财产税收不足以支持公立学校的正常运转，州教育官员和州教育委员会的作用更加突出，甚至州法院的法官也会频繁参与资金划拨。州法院作为州最高权力机关必须遵守州法律和联邦宪法，几乎所有州都组建了"外行委员会"（lay board）①监督管理，外行委员会可以选举或任命学校教育的主管，通常与州教育委员会合作，直接或间接对委员会负责，一定程度上控制了众多相当独立的学校。州政府对公立学校财政的关注涉及教师薪金、养老金领取权和雇佣条件诸多问题，不可避免地会将教师的人事安排提到州政府层面。在这一过程中，自愿组织的公立学校教师和管理者协会的规模与影响越来越大，在所有的人口大州，这些组织的领导及成员与州政府保持着密切联系。"事实上，在法院法案和州教育委员会的决定中，多数州的教师协会的永久会员和学校监督组织的官员作用巨大，州教师协会附属全国教育协会，学校监督人员往往来自全国学校管理者协会，这两大团体通过会议和出版物在制定公立学校政策上拥有全国性的影响力，甚至还资助教育政策委员会并确定其成员组成。"②

关于政策制定的话语权问题，科南特发现，几乎所有州教育部门的主要缺点体现在太容易被教育当权派的现行体制所操控。大量对当权派的批评指向全国教育协会，他们认为全国教育协会在组织上协调不足，各分支机构缺乏一致的标准和行动，在州一级的党派性比在全国层面的党派性更加明显。对于左右政策制定的各种非官方团体，科南特认为，"抛开过往的所有批评，任何由公立学校管理者和教育学教授组成的五花八门的非官方团体，现在看来都不能很好地满足公立学校参与制定政策的需要"③。科南特从参加教育政策委员会会议的经历中得知，只要关注民主生活（democracy living）、学校与就业市场（world of work）的关系，为中等教育提出某种原则并不难，但当决定是否应在三年级或更高年级开设外语或开设哪门外语这样的具体问题时，就提不出任何有益的指导方案了，因此必须变革公立学校教育政策制定的方式。那些毕生从事公立学校教学及管理的人常视自己为职业教育家，而全国教育协会及其附属委员会则声明，它们才是这一职业的政治代言者。在影响教育改革的人群中，由于外语、自然科学与数学及大学先修项目设置方面的新进展，如果没有大学学科教授的参与，政策制定很

---

① 外行委员会，指委员会成员不属于某一特定专业，即非专业人员组成的委员会，主要代表公民承担对某一领域的监督职责。

② Conant J B. 1964. Shaping the Policy of Education. New York：McGraw-Hill Book Company Inc.：18.

③ Conant J B. 1964. Shaping the Policy of Education. New York：McGraw-Hill Book Company Inc.：8.

难顺利完成。科南特认为，大学教授也应属于教育家之列，"不论学校教学是否为一种职业，重要的是记住大学教授也是教育家，在面临困境时公立学校代言人应承认，教育职业包括所有教授和学校教师。然而现实中，只有一类教授即教育学教授与他们保持着紧密联系，并称自己为职业教育"①。那些撰写中学基本原则和活跃在教育政策委员会的人实质影响了20世纪美国中学的历史进程，他们通过全国、州及当地各种会议，利用书籍和教育杂志，尤其借助大学教育学院的教学，实际掌控教育政策几十年之久。历史学家克雷明在《中学的转型》②一书中深刻剖析了影响教育变革的职业外部力量，认为在决定教育政策的因素中，象牙塔里的教育学教授接受了某种思想，通过学校同僚再把这些观点强加给不情愿的公众。全国教育协会和美国学校管理者协会组建教育政策委员会，先后出版了100多本小册子和书籍，其中倡导的主题揭示了美国中等教育的钟摆现象，关注点从大萧条到对独裁的恐惧，从战争到和平，再到重新关注天才教育，最后到关注处境不利孩子的教育。1937年查尔斯·比尔德（Charles A. Beard）教授撰写的委员会文件深刻揭示了大萧条年代美国社会的种种忧虑：大规模的失业使人们开始怀疑美国社会的整体结构，他们看到独裁头目希特勒和墨索里尼明显为自己的国家恢复了物质繁荣，斯大林统治下的苏联也不再毫无吸引力。科南特认为，只有记得那个时代的读者才能真正理解比尔德的忧虑，理解一战以来美国社会面临的国内外生活的种种不适应。"战争本身对人文与经济的破坏，欧洲社会制度与政府更迭，繁荣破产及大萧条冲击，从中心到外围都在动摇美国的思想与实践。"③ 20世纪30年代的不安，说明民主社会的保障不再理所当然。正是比尔德教授指出的钟摆现象主宰了美国公立学校大部分课程计划，强调公民教育、理解民主方式、个人合作及培养新工业社会需要的社会态度等主题，在30～40年代无数的会议中被讨论。

当然，并不是教育政策委员会拥护的所有变革都能成功，即使改革代表了教育当权派最先进的思想，仍需赢得广泛的公众支持。在制定教育政策方面，教育当局改革失败有多种因素，科南特总结为，"预定的改革难以实现，不能赢得公众支持"④。科南特认为，教育政策的制定不能忽视公众的态度，如全国教育协会麾下的教育改革小组，最初因两次世界大战期间美国的孤立主义外交策略，应

---

① Conant J B. 1964. Shaping the Policy of Education. New York：McGraw-Hill Book Company Inc.：18-19.

② Cremin L A. 1962. The Transformation of the School：Progressivism in American Education 1876-1957. New York：Alfred A. Knopf.

③ Beard C A. The document written for the educational policies commission in 1937.Washington:Educational Policy Commission：1.

④ Conant J B. 1964. Shaping the Policy of Education. New York：McGraw-Hill Book Company Inc.：24.

公众要求取消了公立学校外语教学，在二战中美国国际新姿态改变了公众心理，于是录音机辅助教学很快成为现代外语教学的新方法。保罗·莫特（Paul R. Mort）认为，若没有普通公民帮助，教育服务社会的职能很难得到广泛认同与落实，应组成没有职业教育家参加的全国层面改革公立学校的公民委员会，这样将比只有少量教育家组成的团体更具代表性。科南特同意他的观点，建议由公民团体帮助公开宣传教育政策观点，并游说公众实施。1946 年 10 月，科南特与教育政策委员会其他领导及教育家召集了 9 位身份显赫的外行人代表，筹建公立学校公民委员会。1949 年卡内基基金会出资 20 万美元，资助罗伊·拉森（Roy Larsen）成立全国公立学校公民委员会（The National Citizens Commission for the Public Schools），作为关心公立学校改革的全国性公民组织或外行组织。

四、公立中学政策制定的基本问题与解决思路

科南特认为，制定公立中学的教育政策需考虑 10 个问题：①教学方法和教材改革，包括在更低年级开设现代外语、物理、化学、数学、生物等新课程；②跳级生制度；③英语作文教学；④引进电视和程序机辅助教学；⑤招募有能力的年轻人进入教师行业；⑥对能力有限的中学生的教育；⑦职业教育；⑧关注处境不利孩子的阅读教学；⑨贫民窟学校；⑩隔离学校。前两个问题主要涉及新课程的教材教法问题，需要学科教授领袖的积极参与，可合并考虑，基本条件是真正意识到公立学校没有给天才青年足够挑战，决策者没有进行必要改革。20 世纪 50 年代末麻省理工学院的扎卡赖亚斯（Zacharias）教授首先在中学采用物理学新方法，引起一系列有重大意义的变革，紧接着中学化学、生物学和数学也进行方法革新，现代外语协会正引进"直接法"推进现代外语学习。科南特认为，所有这些进步若没有学科教授参与，仅靠教育政策制定者的热情，不可能充分讨论或完成策划。最后一个是政治问题，以前教育当局不敢涉足，现在南部出现了许多相对独立的教师培训学校和教师组织，欲解决隔离学校的问题，外行人士或组织及大学教授也必须介入。

考虑到跳级问题，科南特考察了地区认证协会等自愿认证机构的作用，它们通过州教育委员会发挥影响力，如影响最大的北方中心协会（North Central Association），实质就是中等学校和学院（公立和私立）机构的协会。对于地区认证协会科南特不简单评判其优劣，对其在州教师认定方面的作用持肯定态度，

认为"即使最疯狂的批评也不得不承认，对中学和四年制学院来说，地区认证协会的活动带来了一定程度的秩序"①。作为教育革命的结果，科南特也认识到它们的力量至少在有些州正在减弱，由于大学入学考试委员会管理的性向与成绩测验正得到广泛推广，使得考生是否来自地区认证协会的认证学校变得不再重要。在为学术天才规划现代课程、为 12 年级提供大学新生课程或培养更多天才学生提前升入大学方面，仅靠地区认证协会已不能满足需求，因此他断言："由只反映教育当局观点的非正式机构决定教育政策的时代已结束，作为州际公立学校策划机构，全国教育协会的附属州组织日益失效，操作上地区认证机构也很快失利。"② 从某种意义上说，当前没有全国性的机构实施教育当局的一致意见。科南特主张加强州教育局的效力，所有人必须以州政府为核心，保证州教师协会、教育学教授、学科教授和普通民众的教育观点的统一性，通过制定长远规划提高意见交流成效，使关心教育改革的声音在州政府得到畅通的表达，激发公民的责任意识，而不是通过出台新的法案处理具体问题。"提高学校质量的责任不能仅交给州立法机关或国会，而是依靠每个公民去承担。"③总之，在公众理解的基础上，州内教育政策的制定需要强大的州教育委员会、一流的州学校主管、组织精良的州教育工作人员，以及来自法院的适当支持。科南特认为，纽约州在政策制定方面很成功，具有良好的财政支持、高素质的州教育部门职员及公众不控制州教育机制的传统。尽管了解美国政党政治活动的现实，他仍主张政治尽量不要影响公立学校，因为讨论教育问题一旦成为政治竞争便很容易失去理性，政府机构需要借助一个永久的专家团体，摆脱对教育当权派的过分依赖。"同一州内，教育当权派与强大的政府部门间到底由谁决定教育政策，我坚信未来公立学校的前途决定于是否由优秀的州教育部门组织推进，强有力的州教育长官对高质量的教育委员会负责，树立州教育领导的典范。"④

除对决策团体进行分析外，科南特重点强调了黑人教育与学区合并问题，"毋庸置疑，目前所有为中小学制定教育政策的考虑都忽视了黑人教育问题，或完全接受了隔离学校存在的合理性。……我们谈论公立学校制度如何适应协调各种人群及社会阶级，唯独不包括黑人"⑤。对综合中学观念的局限性，教育当权派的成员避而不谈；早期的中等教育报告《中等教育基本原则》中没有为南方提出具体

① Conant J B. 1964. Shaping the Policy of Education. New York：McGraw-Hill Book Company Inc.：28.
② Conant J B. 1964. Shaping the Policy of Education. New York：McGraw-Hill Book Company Inc.：29.
③ Conant J B. 1964. Shaping the Policy of Education. New York：McGraw-Hill Book Company Inc.：82-83.
④ Conant J B. 1959. The Child，the Parent，and the State. Cambridge：Harvard University Press：38.
⑤ Conant J B. 1959. The Child，the Parent，and the State. Cambridge：Harvard University Press：38-39.

建议；《为所有美国青年的教育》报告也没有指出南方情况的特殊性；邦联时期发展起来的州教师组织，则默许隔离学校的现实，认为隔离学校在可预见的将来继续存在；科南特考察贫民窟和郊区学校之前，也没有充分意识到黑人和白人教师隔离的现状。如今他认为，应合理讨论各州差异，讨论美国面临的严重政治问题，创造机会为黑人提供足够的教育。在合并学区的问题上，除了采取交通运输或教师混编、加大投入等手段外，各州要发挥主动性，综合解决黑人问题，种族歧视表现出来的住房与就业模式必须依托多部门合力解决，各州应根据自己的实际制定可行的教育政策。

由于担心联邦越权，科南特从不考虑联邦在废止种族隔离学校上发挥作用，在教育政策制定的关键问题上，仍不把联邦政府纳入讨论范畴，认为国家范围的教育政策应通过增加州与州之间的合作逐渐演化而来，他的想法就是通过合约形式在一些或所有州慢慢推广而后上升为全国性政策。州际合约最有价值的任务之一就是逐州搜集所需的事实和数据，发挥全国性影响力，在各州则突出州教育委员会的主导权。科南特自认为是教育政策制定方面的专家，或至少是学识渊博的评论家，"关于州政府和联邦政府的作用，我的评论一定程度上可能影响了约翰逊政府准备起草新立法的行政人员"[1]。

科南特结合对教师教育的考察和对几个大州教育部门的研究出版《教育政策的制定》一书，凯佩尔阅读后非常赞同其改善和加强州教育部门的主张，时任北卡罗来纳州州长的特里·桑弗德通过努力，将科南特州际合作的想法变成现实，1967 年成立由许多州长、主管学校的州教育长官及相当数量的教育家支持的全国性组织——美国教育调查团。加德纳建议将该合作组织作为科南特的社会发明之一，科南特承认"虽然加强州教育部门的进展缓慢，但在发挥全国教育调查团的重要作用上前途光明。我对此相当满意，发明家如同作家难以摆脱原创的自豪感"[2]。当然，也有人反对科南特在全国性教育政策上的主张。总之，相比他的中学报告，《教育政策的制定》获得的关注不多，尽管依靠政治手段落实了合约，但招致的批评也很严厉，认为他"一方面与联邦机构太疏离，另一方面在州集权的方向上走得太快、太远"[3]。

---

① Conant J B. 1970. My Several Lives: Memoirs of a Social Inventor. New York: Harper & Row: 647.
② Conant J B. 1970. My Several Lives: Memoirs of a Social Inventor. New York: Harper & Row: 649.
③ Weiss R M. 1969. The Conant Controversy in Teacher Education. New York: Random House: 33-34.

第六节　科南特中学报告对高中实践的影响分析

《今日美国中学》发表后很快成为舆论关注的焦点，加德纳指出有些人认为综合中学不能为社区所有青年提供良好恰当的教育，"当像科南特这样的人说能时，必定会引起全国的注意"[①]。事实验证了他的预言。科南特报告在全国获得了广泛的受众，成为普通人和专业团体热烈讨论的话题之一。然而，这样一个全国范围的广泛研究，到底在分权教育体制下如何影响各州实践，始终是人们最关心的问题之一。由于很难描绘建议被采纳的全景图像，这里以对俄亥俄州和印第安纳州高中实践的影响及科南特的反馈调查为例，在一定程度上展现报告对美国高中实践的影响程度。总体上讲，由于联邦支持基础教育立法的推行，当时的社会背景有利于科南特建议的实施。正如研究科南特对印第安纳州高中影响的丹·沙菲尔（Dan A. Schafer）所说，"《国防教育法》的激励基金和州级鼓励学区重组的立法，为公立学校采纳科南特的某些建议提供了驱动"[②]。

一、科南特报告在俄亥俄州高中的实施前景分析

专门研究科南特报告影响的唐纳德·斯蒂尔（Donald R. Steer）认为，读科南特的中学报告能够感受到他尝试解决问题及提供建设性方案的真诚，由于之前科南特在高等教育和政府领域的显赫地位，许多人尊重他的判断和意见，"很明显，他的建议获得了学校董事会成员和许多教育家的广泛认可"[③]。在 1959 年斯蒂尔的博士论文中，她专门选取了俄亥俄州 1000 多所高中，研究科南特的建议对这些高中改革的意义，分析建议实施的前景，同时也指出科南特的研究不是个案研究，而是全国范围的考察，但在当时美国根本没有全国范围内考察科南特建议实践效果的全景性研究，基于教育制度的州负责体制，斯蒂尔的研究发现主要用来指导州教育部门和多样化的州级专业团体。斯蒂尔的研究主要审度科南特的高中建议并判定其对俄亥

---

① Conant J B. 1959. The American High School Today. New York：McGraw-Hill Book Company Inc.

② Schafer D A. 1963. Study of the Extent That James B. Conant's Recommendations for the American High School Have Been Implemented in Selected Indiana High Schools. Dissertation，Indiana University：20.

③ Steer D R. 1959. Conant's Recommendations for the American High School：Implications for Implementation in Ohio High School. Dissertation，Ohio State University：1.

俄州高中实践的影响程度。她根据广泛的调研、数据统计与讨论得出一系列研究结论，有些结论直接从数据中导出，有些结论与数据联系不大但展现了作者的观点和综合性判断，主要包括直接结论、相关结论、被数据证实的假设、作者实施建议和需要继续研究的问题几个方面①。由数据得出的 27 条直接结论见表 3-1。

表 3-1 斯蒂尔从数据中得出的 27 条直接结论

序号	直接结论表述
1	科南特的报告和建议在全国、地区和州各层面都得到了广泛认可和公开
2	尽管有些个人批评展示了观点的多样化，但基本赞同对报告和建议的认可和公开
3	报告和建议与先前的中等教育目标、条件准则和标准一脉相承
4	俄亥俄州中学校长们同意多数建议
5	多数建议期望在 5 年内得到实施
6	高中当前的兴趣是考虑决定建议认可度和实施的关键因素
7	学生入学人数少、人员不足和基础设施不充分是决定反对或阻滞建议的最重要因素
8	教师因素强烈影响地方高中采纳建议的积极行动
9	大型高中的校长对建议的期望度和可行性评估高于小型高中的校长
10	市郊和大都市的学校校长对建议的期望度及对其可行性评估高于乡村和城镇学校的校长
11	认可教师最高年工资达 6000 美元以上的校长，对建议的期望度及对其可行性的认可度高于认可教师最高年工资不足 6000 美元的校长
12	生均花费相对高的学校的校长对建议的期望度和可行性评估更高
13	生均评估相对高的学校的校长对建议的期望度和可行性评估较高
14	在生均花费和生均评估之间比率较低的学校的校长对建议的期望度和可行性评估较高
15	学科领域教师教学任务分配相对少的学校的校长对建议的期望度和可行性评估较高
16	教师独立日备课相对少的学校的校长对建议的期望度和可行性评估较高
17	虽有些认为建议仅是以前声明的目标的重复，多数校长认为建议有价值，意义重大
18	建议普遍被期望谨慎采用，作为策划和行动指导刺激对中等教育项目的关心，被运用到地方情境中
19	少数校长严重质疑科南特研究的方法
20	许多校长认为建议过于强调学术学科
21	高中教师遵从类似于其校长的接受建议的意愿和行为模式
22	许多教育董事会正在采纳建议作为行动基础，服务地方教育目标
23	对社区团体来说建议诱导了综合反应，一些支持，另一些表示极少感兴趣，或强烈反对某些个别建议
24	在地方获得了广泛的公开，最通常的模式是制作建议与相应地方学校实践的比较图片
25	个别最易接受的建议在这样的综合高中：咨询者最大负担 250～300 名学生，所有学生选修艺术和音乐，有发达的阅读计划、强大的英语课作文训练，英语教师最大负担不超过 100 人，开设适当的职业项目
26	个别最不易被接受的建议：为学术天才开设一门 4 年的外语；为学术天才女生开设 7 年的数学和科学；高中毕业生不设基于所有课程等级的排名
27	最不可能被实施的个别建议：为学术天才开设一门 4 年的外语；为学术天才女生开设 7 年的数学和科学；不设基于所有课程等级的排名；据数学背景开设独立的物理和化学课；设阅读能力差生的独立项目

① Steer D R. 1959. Conant's Recommendations for the American High School: Implications for Implementation in Ohio High School. Dissertation，Ohio State University：241-254.

在 27 条直接结论的基础上，斯蒂尔基于数据分析和多样化的讨论结果，提出了 7 条相关结论：第一，斯蒂尔认为，虽对有些观点存有疑义或认为比较薄弱，但其总体贡献是积极的。报告出现在公立中等教育饱受攻击之时，看似一股强大的逆流回归类似欧洲的保守体制，而现代教育理论家的应对建议不能有效送达公众面前，科南特以其不偏不倚的中庸立场及声望似乎阻止了回归到更保守的实践潮流的逆行，虽然他并未应用新式现代教育理论。第二，建议强调了学术组织和课程结构却忽视了课程内容和教学方法。斯蒂尔认为，学生学什么和怎样学远比课程名称与学习年数更为重要，科南特的研究几乎都在处理教学过程的工具问题而不是教学过程本身。第三，科南特关注学术课程天才学生，似乎已决定了其为所有学生建议的计划。基于服务高级学术课程的选修，他建议高中班级的规模不少于 100 人，8 个或更多日课时划分也是基于方便学术天才选择广泛的学术项目，整个学校的项目集中满足 15%～20%的优秀学生的需求，在民主社会这是相当糟糕的实践。第四，建议过分强调为学术天才学生提供数学、科学和外语课程。虽然科南特宣称课程服务所有个体的需要和兴趣，但却支持为所有天才学生提供繁重的数学、科学和外语科目。斯蒂尔认为，未来的领袖不仅要重视科学领域，还应重视人文学科的学习。第五，科南特做了不真实的假设，认为学术课程必定艰深，非学术课程不够深奥。报告虽然到处表达更现代的方法，但支持他的是定义学术天才和为其推荐的项目假设。斯蒂尔认为这种假设是错误的，艰深与否和课程名称没有内在联系，只与课程内容和教学方法相关，工艺的、职业农业或速记与高等代数、法语或化学同样艰深。第六，科南特对指导咨询人员的角色理解不够全面，似乎认为指导咨询人员是服务特定学生决定预期的教育项目，通过测试和学校制度建议来督促学生接受预定的选择。斯蒂尔认为咨询者的义务应是帮助学生做出自己的选择。第七，斯蒂尔认为一些建议前后不一致，在结果和分流问题上进行了错误的区分。虽然科南特为支持个别化项目建议取消分轨，但选修计划的建议或是为了学术项目或是为了既定的职业项目，甚至建议根据成绩结果来分类，这样的安排看似没有分轨，只不过是名义不同而已。

斯蒂尔在研究前对研究假设进行澄清，根据后期数据所得发现有 7 个研究假设得到支持或验证，包括：大型高中比小型高中更容易接受科南特的建议；大型高中校长比小型高中校长更期望实施这些建议；城市和市郊高中比小型村庄乡镇高中更容易在实践上与建议同步；高中校长的关注点对反对或阻碍建议实施很重要，他们首先基于实际考虑而不是哲学认同；学区组织类型、现存实践与建议是否被认可关系不大，除非组织类型反映了高中规模；与同等规模的公立高中相比，私立教会高中对采纳建议没有多少热情；高中是否是北部中心地区认证协会的成员与建议接受度关系不大，除非反映了学校规模。

确认结论和证实研究假设之后，斯蒂尔强烈建议那些高中行政人员在采纳建议时注意以下几个问题：第一，科南特报告和建议应在高中被用作地方研究、规划和行动的基础，为使建议更适应地方学校，应首先澄清自己学校的目标而不是考虑建议；第二，学校和社区应紧密合作，在科南特建议启发下研究学校项目；第三，学生应参与学校项目的评估和策划；第四，在地方研究策划和行动中，应立即着手采纳报告及建议，"如建议被搁置冷却时间过长，其效用会受到损耗而递减"[①]；第五，应给多数高中提供额外的资金用以改善教育项目；第六，减少小型高中应考虑社区团体因素。斯蒂尔认为，科南特无端认为最小毕业班容量为 100 人虽未得到证实，但规模小确实限制了许多高中的综合性和有效性，另外由于常被社区团体阻碍，减少小型高中的进程缓慢，因此驾驭这些团体是紧要任务。在研究报告的最后，斯蒂尔指出了今后研究的努力方向，希望能妥善解决本次研究悬而未决的问题，包括：另行研究消除俄亥俄州小型高中涉及的问题，充分定义科南特所谓的"大小"概念；该研究主要来自校长反馈数据，还应将类似其他群体的研究作为信息源，如中学教师、教育董事会、社区、教育理论家的判断与意见等；应开发评估综合高中的标准体系，科南特建议的非综合高中包括职业高中、学术高中，但综合的标准不够确定；应跟踪研究建议的后续影响，当前有意义并不足以证明多年后的合理预测；应加强对个别建议的有效性研究等。

二、科南特报告对印第安纳州高中实践的影响分析

1959 年，印第安纳州教育家保罗·希林（Paul M. Schilling）曾针对印第安纳州的高中校长、督学与学校董事会主席开展调研，在 1960 年的博士论文《印第安纳学校官员对科南特高中建议的意见》（*Opinion of Selected Indiana School Officials Toward James B. Conant's Recommendations for American High Schools*）中，分析了人们对科南特建议的不同态度。沙菲尔认为，虽然希林选择印第安纳州的学校领导进行采样表达人们对科南特建议的情感态度，但依然不清楚自 1959 年以来建议对该州高中实践的真实影响。为展开进一步调查，莎菲尔将 1963 年完全按照科南特建议内容进行实践的比率与 1959 年之前的情况进行对照，比较科南特主要建议对实践的影响效果，并且考察了 1963 年对各条建议部

---

① Steer D R. 1959. Conant's Recommendations for the American High School: Implications for Implementation in Ohio High School. Dissertation, Ohio State University: 251.

分实践的情况，以及人们对各条建议所持的态度，具体如表 3-2 所示。

表 3-2　1963 年印第安纳州高中对科南特建议的实践及所持态度

（兼与 1959 年前实践情况对比）　　　　单位：%

项目 建议	1959—1963 年实践 增量占比	1959 年前 实践占比	1963 年 实践占比	1963 年部分 实践占比	1963 年支持 态度占比	1963 年反对 态度占比
咨询制度	19.6	38.0	57.6	26.7	7.6	8.1
学术测验	14.5	3.2	17.7	14.5	53.3	14.5
暑期学校	12.9	56.5	69.4	12.0	17.8	0.8
学术天才项目	8.2	40.8	49.0	15.6	20.9	14.5
个别化项目	8.0	24.2	32.2	19.4	14.5	33.9
阅读计划	7.7	23.8	31.5	20.4	43.1	5.0
外语	7.1	16.8	23.9	15.2	45.7	15.2
差生考虑	6.4	13.9	20.3	35.0	33.9	13.8
先修课程	5.6	37.7	43.3	28.2	21.7	6.8
学日组织	4.9	19.7	24.6	18.0	29.5	27.9
英语作文	3.5	23.5	27.0	17.6	35.8	19.6
多元化项目	3.3	47.5	50.8	14.5	29.2	5.5
能力分组	3.2	17.2	20.4	50.9	13.1	15.6
文凭附加信息	3.2	4.8	8.0	11.3	67.8	12.9
尖子生培养	2.1	7.1	9.2	17.5	68.4	4.9
12 年级社会研究	2.0	81.8	83.8	9.7	4.9	2.3
学术荣誉排名	1.7	16.6	18.3	12.7	49.2	19.8
本班教室	1.6	47.0	48.6	12.7	17.7	21.0
必修课程	1.4	50.9	52.3	20.0	14.5	13.2
科学课程	1.1	13.4	14.5	14.0	60.2	11.3
班级排名	0.6	26.5	27.1	8.8	4.2	22.1
均值	5.7	29.0	34.7	18.8	32.9	13.6

从表 3-2 的数据可以看出，总体上对科南特建议的平均支持率远远高于平均反对率，说明科南特建议的总体方向顺应或引导了高中改革的潮流，而且在实践层面增量可观，达到了 29.0%，部分实践的建议占比也达到了 18% 以上。在具体建议方面，1963 年实践占比最高的是为 12 年级学生开设社会研究课程的建议，此外暑期学校、学术天才项目、多元化项目、必修课程建议占比也很大，仅从增量占比看，咨询制度、学术测验和暑期学校建议排名前三，而 12 年级开设社会研究课程建议只为 2.0%，说明该做法早在科南特建议前就已得到普遍实践。根据部分建议采纳数据，采纳最多的建议是能力分组，随后是差生考虑、先修课程与咨询制度。从 1963 年对科南特建议的支持态度占比来看，占百分比最高的是尖子生培养建议，其后依次为文凭附加信息、科学课程和学术测验，这几条建议都与天才学生的开发相关，因此 1959—1963 年获得的支持率最高，很好地回应了科南特寻求天才学生开发的初衷。在对科南特建议的反对数据中，占比最高的是个别化项目与学日组织，占比最低的是暑期学校和 12

年级开设社会研究课程建议。

考虑到客观数据在样本覆盖率和意见表述上的局限性，沙菲尔安排了学校负责人针对科南特建议开展座谈。根据讨论情况，他发现有以下建议决定于管理人员的个人态度和哲学观点，包括个别化项目、必修课程、文凭附加信息、学术天才项目、学日组织、班级排名、学术荣誉排名和本班教室。同时，讨论结果显示：社区力量和领导决定着多元化项目建议的实践程度；家长态度决定了能力分组和暑期学校建议的实践程度；教学能力和态度及咨询人员决定差生考虑、先修课程和 12 年级开设社会研究课程的建议；资金不足决定咨询制度、英语作文、尖子生培养、阅读计划、暑期学校、外语课程的建议实践程度；家长和资金因素决定了暑期学校建议的实践情况。最后，讨论结果并未显示学校董事会成员的态度及出版、新闻媒体是决定 21 条建议是否采纳的主导因素。

结合数据分析与学校负责人的讨论结果，沙菲尔最终得出两条主要的研究结论：第一，在 1963 年，印第安纳州的学校管理人员仍能接纳 1959 年科南特报告的建议，结论真实显示了态度支持、部分实施和正在实施的程度；第二，尽管人们普遍接受科南特的建议，但在实施方面只是有限的增加，在研究有效的限度内，结果显示科南特建议实施方面的不足多缘于教育领导制度的内部因素与资金因素。在该对比研究的次要结论中，沙菲尔得出如下判断：第一，科南特虽不是公立教育家，但其报告及时提高了公立教育的地位，因此是一名负责任的公立教育批评家；第二，相比 1959 年，教育家更能批判地看待报告建议，科南特对综合中学的支持提高了教育家在公立教育项目启动、获得更多支持和改善中的地位；第三，报告影响与科南特的地位和声誉有关，也与其首次试图发现公立教育优点而不是批评缺点有关；第四，科南特为学校董事会提供了比较学校不同项目的依据，许多学校董事会热心阅读和讨论；第五，科南特期望报告被接受，因此提出了改组当前中等教育的建议，这个号召性的报告需要学校管理者更多地面向未来，帮助一些学校获得前所未有的支持；第六，科南特的报告清楚地表明当前小型高中没有地位；第七，中等学校在关注科南特报告的同时，应多关注人文学科；第八，公众施压对学校有益，公众对教育感兴趣首先是因为关心教育成本，有时来自社区领导对公立学校的需求混乱；第九，管理人员没有在教学领导方面投入足够的时间，学校管理如预算、资金、建筑及与社区的关系消耗了教学领导的大部分时间和精力；第十，教师应介入训练项目和课程开发，公立教育会因优秀教师的服务获得良好回报；第十一，教师在职训练、监管、课程评价与开发方面，学校管理者没有寻求额外的支持；第十二，足够的资金是保障教育项目质量的关键，如果没有更多的资金、人力、物力和设备支撑，建议将很难得到贯彻实施。

三、科南特对综合中学建议的反馈调查

《今日美国中学》报告完成之后，科南特对美国的初中教育进行调查，并出版报告《初中年代的教育》，相比之下后者激起的讨论明显弱于前者，但布里格斯（T. H. Briggs）对后者给予了很高评价，主要因初中教育报告将读者定位为学校委员会成员和其他热心公民，认为报告"会激起更多常人的实践兴趣而非情绪化的讨论，可激发协调的行动满足明显需要的革新"[1]。从大众媒体看，科南特关于美国高中的建议获得了广泛关注和普遍认可，弗瑞德·赫钦格（Fred M. Hechinger）在《纽约时报》上这样描写科南特："他是一名用大量组织严密的事实武装起来的和平改革者，在改进教育上拥有巨大的能量，能成功避开激起可能的言辞批驳。"[2]十年间，为符合科南特建议的标准，学校管理人员和学校董事会对高中课程做了巨大调整。"他们通过增加课程和设备来满足广度要求，允许和鼓励跨学科选修来满足灵活性的标准，在趋于综合性方面，许多学区的高中成绩喜人，而在大都市学区，由于其他因素影响进展比较缓慢。"[3]

1967 年，科南特发表关于其高中建议的反馈调查《综合中学：给热心公民的第二个报告》，集中介绍建议被采纳的情况。该报告由全国中等学校校长协会资助完成，是科南特撰写的第二个关于综合中学的报告，研究对象是 2000 所具有广泛综合性的中等规模的中学，主要采用问卷调查的方式，关注中学在提供不同学科机会上的实际进展。根据科南特的反馈研究结果，各州和各学校间存在很大差异，若按之前制定的综合中学标准评价只有少数学校令人满意，但比起 10 年前大批学校在学术学科学习方面得到较大改善。虽然可在任何 750 人以上、资金充足的学区发展优秀的综合中学，但他承认："当研究不同州和不同学校的反馈时，显然美国教育机会均等的理想远未实现，这是所有州全部

---

① Passow A H. 1977. American secondary education: The Conant influence, a look at Conant's recommendations for senior and junior high school. National Association of Secondary School Principals: 30.

② Hechinger F M. 1959. The New York Times: 6.

③ Callahan J F, Clark L H. 1977. Innovations and Issues in Education. New York: Macmillan Publishing Co.: 226.

社区面临的挑战。"① 科南特希望依靠他的反馈调查进一步激发明智选民的研究和行动热情。

首先，在提供均等的教育机会方面，学校间师生比的差异对美国公立学校体制提出了质疑。反馈表明每 250～300 名学生配一个全职指导教师的建议远未实现，只有 13.9% 的学校达到 1∶299 或更小的比例。考虑到通过问卷调查很难确定所设课程的内容，科南特没有确定先前关于必修学科的建议是否得到贯彻，但他发现 99% 的学校提供了音乐教学，86% 的学校提供了艺术教学，推测起来学生的确可获得广泛的选修课程。在教学组织上，科南特认为既然 96.5% 的校长表示他们按学生能力在一门或更多门学术学科中进行了分组，关于能力分组的争论不再重要。几乎 92% 的学校为能力低的学生单独开设课程，80% 的学校拥有暑期学校计划，但只有 58% 的学校承认暑期学校计划对聪明、有远大抱负的学生与其他学生一视同仁，提供了丰富知识的公平机会。

其次，在课程的综合程度方面，反馈结果体现了十年间的明显进步。科南特建议综合中学普通教育的基础应是四年英语、四年社会研究，社会研究包括两年历史，必须有一年的美国历史，12 年级应开设美国政府运作或美国问题研究方面的课程。反馈表明只有 24.9% 的学校要求开设四年社会研究课程，另有 43.4% 的学校要求三年；71% 的学校要求开设一门研究民主问题的课程，在选择民主课程的学生中，62.5% 的班级组织学生团体代表参加；在英语教师应该承受的学生负担上，只有 25.5% 的学校符合标准，多数为 11.9% 或更少。反馈显示出多数学校能为学术天才安排七门学科，包括英语、科学、数学、外语、社会研究、体育、艺术或音乐，不少于 1/3 的学校为那些极有天赋的学生开设了跳级计划。科南特欣慰地发现，多数学校同意他关于学习外语的建议，64% 的学校安排了至少一门四年的现代语言课程，许多学校的外语教学情况发生了急剧变革。调查表明 92.4% 的学校列出了商业教育课程，90% 的学校列出了家政教育课程，但这些学校的职业课程非常有限。科南特指出，"整个职业教育领域经历了革命性的变革，难以做出全面调查和准确诊断"②，他重申实施职业教育应在综合中学而不是单独的职业学校，更多地考虑了社会因素。科南特最后总结，十年间在数学、科学和外语教学方面取得了显著进步，新技术的采用尤其激动人心。然而，在学

① Conant J B. 1967. The Comprehensive High School: A Second Report to Interested Citizens. New York: McGraw-Hill Book Company Inc.: 2.

② Conant J B. 1967. The Comprehensive High School: A Second Report to Interested Citizens. New York: McGraw-Hill Book Company Inc.: 62.

习资源上仍有 40% 的学校没有达到美国图书馆协会的最低标准，他希望未来十年公立教育在促进机会均等的努力中取得更大进步。

第七节　科南特中学主张的评价及历史意义

无论发行量还是社会接受度，《今日美国中学》的影响力都是巨大的。科南特欣喜于他的精英哲学在学校实践中得到应用与扩展。他的精英观点孵化在自己哈佛大学的求学和科研生涯里，成长在二战的领袖责任中，并在教育发言人的历练中得到不断强化。科南特将精英哲学看成保存美国民主制度和经济繁荣的重要保障，由于在公立教育领域的坚持不懈，他成为当时学校改革大潮中的中流砥柱，虽然同期也有很多基金会资助开展其他美国中等教育方面的研究，但无论从理论上还是实际效果上，都不能与科南特研究的影响力相提并论。当然，在科南特中学报告取得轰动性效应与深远影响的同时，人们围绕报告提出的具体建议的批评与讨论也从未停止过。

一、关于科南特中学主张的论争

科南特的中学报告和建议成为很多个人和小组讨论的话题，在全国范围的社区或教育场合，"科南特博士与其报告被做成半小时的电台专题新闻，获得了广泛的听众"[①]。除各级专业出版物的宣传外，报告本身也得到最大量的发行，印刷的廉价平装本以每本 1 美元的价格零售，甚至这些简装本被出版商直接免费下发到高中校长们的手里，加之《今日美国中学》结构合理、思路清晰、观点明确、通畅易懂，同时又具有权威性的散文风格，很快在关注教育的一般读者中走红，两周内便登上《纽约时报》最畅销的书单，成为继先前名著《为什么约翰尼不能阅读》（*Why Johnny Can't Read*，Rudolf Flesch，1955）之后关于教育问题的第一大畅销读物。科南特这样描写人们对报告的反应："那些一直严厉指责（在我看来是不公平的）公立学校的外行们惊呼'粉饰'；威廉·卡尔和一些在教育政策委员会的朋友，以及多数公立学校的学监和高中校长，对我们的结果与建议

---

① Fifth in the hidden revolution series，narrated by Ed Murrow，CBS Radio Network.Februry 18,1959.

有相当的热情；这本书博得了家长们的青睐，连续数周高居畅销书榜首，在那些日子这本关于学校教育的书不同寻常地受人瞩目；教育学教授们对这本书没有如此的热情，有些认为这些建议即使说不上反动，也太过保守，也许在他们看来，一个外行闯进了他们评价与推荐课程的领地激起了某些敌视。但总的说，专业教育家们认可这个报告，除一两条建议外基本都接受了。"①

一方面，科南特的中学报告获得了极高评价。科南特建议的方法做成胶片电影被两所中学采用，一所在加利福尼亚州的奥克兰大（Oakland），另一所在堪萨斯州的拉贝特（Labette）县。电影获得广泛流通，大量的杂志文章、讲话、会议都把报告作为讨论的主题。科南特呼吁给天才女生进行额外指导的建议，得到加尔布雷思（John Kenneth Galbraith）的高度赞扬，认为报告具有"非凡的见识与总体的文雅"，希望能做得更多，他在给科南特的信中表达了对女生建议的认同。明尼苏达大学召开了题为"关于目前社会学科的兴趣和明尼苏达州感兴趣的公民问题"的座谈会，在总结报告中写道："选择科南特报告不仅因其流传广泛，也不只因有思想的人对建议感兴趣，而是因报告的建议激起的公众热情令人振奋。显然，他对中等教育的思考获得了真诚的关注。"②地方学校管理人员经常按照科南特的建议测量地方高中是否达标。逢迎时势的《时代》杂志把科南特作为封面故事人物，尊其为美国教育的"总监察长"。多数人承认科南特的报告建立在实际调查的基础之上，极有说服力地论述了美国中学的特点与存在的问题，提出的改进建议受到了普遍欢迎，成为当时中学改革的重要依据。报告在当时美国教育界能有如此的影响力，除作者为著名大学校长和杰出外交家之外，还因报告的指导思想回应了当时美国一致要求提高中学学术水平、迅速培养优秀人才的强烈渴望，并与《国防教育法》的精神完全一致，总结了20世纪50年代以来中学改革的初步经验，报告的许多具体建议既维护了美国中等教育的基本特色，又恰当地回应了改革之需，较为稳妥地处理了急待解决的许多问题，如普遍提高中学生知识水平与加强升学准备教育（实际上是选拔天才学生）的矛盾，课程的统一性、计划性与个别化、灵活性的矛盾，学术课程与职业课程的矛盾，以及分散的小型中学发展趋势的定向问题等。"如果说《国防教育法》给美国当时的教育改革（包括中等教育改革）定下的是大政方针，那么，《今日美国中学》就是《国防教育法》在上述各方面的具体实施方案，他们共同有力地推进了美国中等教育的改革。"③

---

① Conant J B. 1970. My Several Lives：Memoirs of a Social Inventor. New York：Harper & Row：621-622.

② Beck R H，et al. 1960. Perspectives on the Conant Report. Minneapolis：University of Minnesota Press：1.

③ 杨孔炽，徐宜安. 1999. 美国公立中学发展研究. 武汉：湖北人民出版社：235-236.

另一方面，从作家、小组辩论和评论家对科南特报告和建议的评价来看，也存在很多截然不同的观点。哈兰·科赫（Harlan Koch）以专业教育家的立场发声："他的建议在有能力的学校人员看来有新意吗？答案是否定的，几十年来每个有能力的教育家都在支持他的多数建议，只是教育场景发生了变化。"①同时，马尔蒂默·斯密斯（Mortimer Smith）在其关于基础教育的声明中也指出，一些拥护基础教育的人最拥护科南特的改革建议，因为在他介入之前很多高中就已经开始实践。针对科南特提出的改善公立高中的 21 条建议，史学家卡拉翰（Raymond Callahan）认为，"任何负责的人都能说出他们正在采纳科南特的建议，或者更好的情况是他们的学校制度已经按照科南特的建议实施了多年，这几乎是坚不可摧的事实"②。哈罗德·阿尔伯蒂（Harold Alberty）在承认报告的价值的基础上，重点指出了报告的缺陷，如学术天才项目计划的选择性有限，咨询观念不应只是劝说而应能帮助学生在做出决定前评价个人的天赋、能力和兴趣，民主问题不应仅依赖本班教室，这样会导致第二个学段的时间拥挤等，总之，阿尔伯蒂认为，虽然科南特本人是伟大的科学家，其研究却缺乏科学基础。"首先，在学生划分上没有进行科学论证，而是接受了一些老师的固有意见，忽视了科学证据间的相关性；其次，他的有些定义太过松散，使用'坚固的、彻底的、艰苦的'词汇来解释学科的重要性和难度，没有科学准确地界定坚固或软弱的标准。总之，考虑到科南特深厚的科学背景和基金会资助的总体力度，他的工作还需继续改进。"③关于报告的某些具体建议，美国教育哲学家布拉梅尔德也表达了质疑，认为虽然科南特依靠慷慨的支持赢得了大量受众，但他主张中等教育不需要重大变革的大部分建议不仅不适合当前的社会文化，而且对未来模式的重建也是一种阻碍，尤其是减少小型高中数量的建议。布拉梅尔德随后列举了科南特建议的四个缺陷："第一，他的高中计划不能提供分裂社会中需要的任何课程；第二，他没有考虑新近心理学和社会学在人类经验整体特征方面的研究成果；第三，科南特为所有学生提供的必修课建议不包括文学、绘画、音乐和其他艺术课程；第四，他过分关注少数学术天才。"④有人断言，科南特只是简单陈述以前的偏见，只是发现了希望的结果，也有人怀疑"科南特不是在寻找客观事实，而是

---

① Koch H C. 1959. A calm man in a neutral corner. North Central Association Quarterly，（XXXIII）：269-270.

② Preskill S L. 1984. Ranking from the Rubbish：Charles W. Eliot，James B. Conant and the Public School. Dissertation，University of Illinois at Urbana-Champaign：279-280.

③ Alberty H. 1959. Condensed and paraphrased from his tape recorded remarks on the discussion "the probable impact of the Conant report on the American high school".OSU Forum，WOSU-TV.

④ Schafer D A. 1963. Study of the Extent That James B. Conant's Recommendations for the American High School Have Been Implemented in Selected Indiana High Schools. Dissertation，Indiana University：29-30.

寻求强大的数据支撑去完善既定的哲学"①。虽然报告鼓励了改革，集中用建设性的方式冷却了苏联"卫星事件"的狂热，激起了多年的教育大讨论，然而从长远来看其影响值得怀疑，有人通过研究报告得出这样的结论："尽管在某种方向与士气上，（报告）给漫无目的、萎靡不振的美国中学提供了相当的动力，也获得了教育家的普遍接受与赞誉，但在具体建议的应用上学校相当滞后（除对学术天才关注外），对'美国中等教育内容与结构'的持久影响几乎为零。"②对许多家长或教育家来说，科南特的建议仍然属于传统学院预备教育的翻版。

　　科南特综合中学的主张影响最大，争议也最多。他坦白承认综合中学的观念在许多地区并不存在，在更多的地区也与理想目标相距太远，尤其是南部各州大城市的中学，其所服务的社区仍处于社会、经济、种族或民族的隔离状态。但存在这些问题并不表明综合中学的失败，而是意味着"以社会学和教育学视角规划教育发展的必要性"③。在科南特眼里，综合中学也有不足，如天才教育的充分性问题、机会均等原则适用的局限性、工作经验训练项目与非全日制教育的可行性等，他提醒读者报告并不是对综合中学的评价性研究，因为 21 000 所公立中学的差距太大。为避免被视为忽视中学组织和课程的最新发展，科南特强调了革新与实验的重要性，希望通过实验和评价新理念提供考察课程的新思维。

二、科南特中等教育思想的历史意义

　　科南特的研究并非迎合潮流之举，而是具有一定的前瞻性。尽管报告刻意回避与苏联"卫星事件"的联系，"一个 25 年后由卡内基基金会（加德纳赞助）发起并出版的关于美国高中的报告认为，它（科南特的中学报告书）依然是'那个时代的象征'"④。对广泛感受到教育危机的美国公众来说，他们太渴望找到解决问题的方案，因此科南特的"混合菜肴"极合口味。在美国中等教育发展史上科南特的思想具有转折性的重大意义，《今日美国中学》成为 20 世纪 50 年代末和 60 年代中学教育改革浪潮中影响最大的调查报告，报告中的许多观点一直影响着此后的教育发展。"然而，不能不注意到科南特思想产生的历史背景，作为对

　　① Hershberg J G. 1993. James B. Conant: Harvard to Hiroshima and the Making of the Nuclear Age. Stanford: Stanford University Press: 708.

　　② Hershberg J G. 1993. James B. Conant: Harvard to Hiroshima and the Making of the Nuclear Age. Stanford: Stanford University Press: 713-714.

　　③ Martin J H. 1976. National Panel on High School and Adolescent Education. The Education of Adolescents. Washington: U. S. Government Printing Office: 31.

　　④ Hershberg J G. 1993. James B. Conant: Harvard to Hiroshima and the Making of the Nuclear Age. Stanford: Stanford University Press: 714.

进步教育的矫枉过正，他倡导综合中学和加强学术性课程，却忽视了所有学生的各方面的发展——情感的发展，社会责任感的发展和职业或职业前途的准备。实际上这种主张是一种比较单一的教育模式（尽管这种模式本身提倡多样性），这就在发展的方向上与美国民族的多样性与丰富性不能合拍。因此，七十年代，呼唤教育多元主义的声音越来越响，人们要求学校多样化，提出建立非传统学校作为中等教育的组成部分。"① 20 世纪 70 年代前期，所有的研究都在 60 年代末混乱的基础上进行，1970 年 2/3 以上的城市和郊区学校，以及一半以上的乡村中学出现了严重的学生破坏与分裂现象，人们对学校的许多批评仍集中在科南特曾经关注的问题上。美国教育总署（USOE）顾问团认为，综合中学企图使教育适应巨大差异的学生群体，结果发现"机构庞大到难以管理，人为地限制了教育实践，导致教师任务繁重并脱离了社区"②。总统科学顾问委员会青年调查团在为青年教育创造新环境的建议中总结道，学校结构变革包括在中学发展真正的专业教育而不仅仅局限于学术性专业，青年能在这些专门化中学进行自由选择，建议新型专门中学不要超过 500 人，直接反对美国中等教育机构走向综合化和大型化。美国教育总署顾问团也为小型中学辩护，认为不同教学模式的发展不再要求学校规模而是节约开支，直接质疑"大"本身代表课程多样化的前提假设，认为期望的多样化完全可通过其他途径达到，综合中学概念不仅不能解决青年教育的所有问题，而且现实中越来越多的证据显示，大型综合中学并未真正节约资金和获得教育上的优势，也没有促进学生团体广泛的社会化和平等主义。1999 年，约翰·鲁里（John L. Rury）对科南特综合中学的思想进行深刻分析，从种族问题、青年文化兴起和城市经济变迁入手论证这些因素的变革如何改变综合中学的发展前景，"二战后大量的历史新进展使科南特综合中学的观点变得不合时宜，至少在美国大都市地区情况如此"③。威斯康星大学的历史学家爱德华·库克（Edward A. Krug）认为，"中学基本原则的贡献是建立了能统一美国多元化生活的中等教育机构，而推动学术的或职业的专门学校转型到综合学校的唯一效果就是将专门高中的计划掩盖成课程植入到综合高中"④。

科南特之后，改革中等教育的建议从质疑青年教育基本目标到忧虑中学这样

---

① 刘传德. 1993. 外国教育家评传精选. 北京：北京师范大学出版社：173.

② Martin J H. 1976. National Panel on High School and Adolescent Education. The Education of Adolescents. Washington：U. S. Government Printing Office：10.

③ Rury J L. 1999. Educating urban youth：James Conant and the changing context of metropolitan American, 1945-1995. Paper presented at the Meeting of the American Educational Research Association. Montreal，Quebec，Canada，April：19-23.

④ Krug E A. 1964. The Shaping of the American High School. New York：Harper and Row：405.

的单一机构能否提供青年成长所需的机会与完整环境，从关注课程的实质与相关性到忧惧使学校功能丧失的暴力与蓄意破坏，最后到重新考虑参与教育美国青年的各类团体的角色与权力划分等，任何改革团体或研究团队都没有像科南特那样详细考察普通教育和一般的课程问题，指出普通教育中的必修学科，或为天才学生推荐具体的学科与教学，建议发展学生的市场技能以改善职业教育。此后的太多报告多建议改革整个教育体制，与 10 年、20 年之前科南特的建议已大相径庭，然而却没有一项研究能像科南特报告那样引起广泛的公众兴趣。如果美国中学需要继续推进教育机会均等、促进社会民主、改善青年经验系统，可以肯定的是，科南特会诉诸周祥的调查研究，他是否同意当前的新分析和新见解不得而知，但作为钟摆性原理体现得较为明显的美国社会，科南特的思想总会在一段时间之后重新显示其重大意义。理查德·霍夫斯达特（Richard Hofstadter）发现，科南特的建议与 1893 年以埃利奥特为首的十人委员会提出的建议极其相似。可以说，"他的中等教育思想主张反映了美国国民精神成长和发展的历程，也反映了美国中等教育"钟摆"性原理"①。美国中等教育极易受到社会变革的影响，民众寄予过多的期望以至于发展中出现典型的钟摆现象。凯特林（Kettering）委员会把美国中学形象地描写成"暴风雨中的海燕"（stormy petrel），认为它的存在始终是引起争议且经常是骚乱不安的。教育实验设备组织（Educational Facilities Laboratories）委员会的报告中指出"那些从未受宠的、惹麻烦的机构的病态已招致批评，被描写成充满谬论、最荒唐的教育制度"②。1972 年初大批委员会、座谈会开始考察美国的青年教育和社会化问题，凯特林基金会支持的一个全国中等教育改革委员会授权综合考核美国的中等教育，为美国公众提供中等学校的清晰的发展情况，指出哪里需要改革、如何改革才能更有利于为所有青年服务，此项研究的基本精神与研究方法与科南特研究完全一致，表明"在科南特研究美国中学 20 年后，即发表综合中学报告十年后，中等教育仍是人们研究与批评的焦点"③。1983 年，全国教育质量委员会（National Commission on Excellence in Education）出台《国家处在危险中，教育改革势在必行》（*A Nation at Risk: The Imperative for Education Reform*）报告，基本精神与科南特的主张惊人地相似。综合中学作为美国人的一项特殊发明，为更好地为服务所有青年不断经历批评与改进，科南特的观点也将持续接受历史的评价。

---

① 刘传德. 1993. 外国教育家评传精选. 北京：北京师范大学出版社：169.

② Weinstock R. 1973. The greening of the high school. New York：Educational Facilities Laboratories：8.

③ For an analysis，see Passow A H. 1976. Secondary education reform：Retrospect and prospect. New York：Teachers College，Columbia University.

　　科南特在中等教育上的努力旨在寻求解决由来已久的基本问题，平衡普通教育与专业教育、升学与就业、学术教育与职业教育、提高质量和追求平等几对矛盾。《今日美国中学》报告说明他是一位机敏、明智、有远见的观察家和评论员，他所调查的问题体现了其对一整套理念或理想的由衷奉献。"《今日美国中学》也流行世界许多国家，成为研究美国教育特别是美国中等教育发展的经典性文件。"①关于科南特为美国中等教育所做的贡献，戴维·奥斯汀（David B. Austin）在评论中指出："我们期望科南特博士继续研究美国公立教育，为美国公众提供更多的机会去整体感受时代的紧迫感，理解为现在和未来教育年轻人是一项复杂的事业，从这一点上，当前没有谁比这位优秀的绅士和学者更加出色。"②

　　①　杨孔炽，徐宜安. 1996. 美国公立中学发展研究. 武汉：湖北人民出版社：232.

　　②　Austin D B. 1959. The administrator and the Conant report. NASSP Bulletin，May：202.

第四章 | 权利划分时动了谁的奶酪
——科南特的教师培养建议

> 任化学教授之初我就意识到化学教授们对教育学院和教育系持敌视态度，多数文理科教师认为那些专门教别人如何教的先生们没有存在的理由。我同意他们的看法，深信自己是一位卓越的老师，是根据经验发展的教学技巧，并未从教育学教授那里学得什么。我不明白为什么别的老师尤其是那些愿意在中学任教的化学系优秀毕业生，不能照我这样做。我和之前的化学老师曾合著一部中学化学教科书，确信自己完全了解如何教好这门课，我不相信教育学教授会有同样的体会。因此，当教育学院的经费问题提交文理学院各系讨论时，我毫不犹豫地同那些轻视教育学院的教师们一起投了反对票。[①]

"教师教育"由"师范教育"概念演变而来，"师范教育"蕴涵了较多伦理学色彩，适用于教育普及程度不高、教师需求量大且待遇较低的时期，教师主要接受职前培养。20 世纪 30 年代以前，西方一些发达国家也称教师培养为"师范教育"，称培养教师的学校为"师范学校"。随着科技知识更新的加速，教育普及程度及教师地位不断提高，人们对教师知识结构及其教学水平提出了更多要求，出现职前培养和在职进修并举的情况。随着师范学校退出历史舞台，"师范教育"概念逐步被"教师教育"所取代。在政治、经济、社会及文化变迁中，美国教师教育机构经历了师范学校、师范学院和综合大学教育院系三个时期。前两个时期，培养中小学教师的任务主要在师范学校和师范学院，当发展到综合大学教育院系时，文理学院开始参与中学教师培养，教师培养工作逐渐成为整个大学的任务，从而改变了以前综合大学培养大学教师，师范学校和师范学院培养中小学教师的分离模式，教师培养

---

① Conant J B. 1963. The Education of American Teacher. New York: McGraw-Hill Book Company Inc.: 1-2.

主体由分离的机构与人员逐渐走向多样化的合作模式。科南特对教师教育并不陌生，虽然刚任哈佛大学校长时他曾反对教育学院的一些做法，但很快成为其强有力的拥护者，倾力解决教育学院的生存发展问题，积极推进院系合作，在教师教育的学术化与大学化道路上始终保持着坚定立场。由于深知教师教育改革的复杂性与艰巨性，科南特本人并不情愿开展这方面的全国性调查，但因其社会名望及与教育领袖们的密切往来，他最终还是被推到了教师教育改革的风口浪尖。

第一节　使命驱动——站在教师教育改革的风口浪尖

自教师教育机构诞生以来，提高教师培养质量的努力持续至今，针对教师培养问题的争论也从未间断。由于教学专业化水平常常遭到质疑，教师教育机构始终位于高等教育金字塔的底层。二战后美国教师教育开始向培养学者型教师转变，教学专业标准化运动进一步加快了组织合作与提高质量的步伐。苏联"卫星事件"后，人们对教师质量的不满再次爆发，改革成为回应批评唯一有效的方式，教师教育被迫进行更广泛的合作，一方面维护教学的专业地位和教师教育的专业自主权，另一方面提高应对和解决教师教育问题的能力。对科南特来说，虽然在哈佛大学时期就开始关注公立学校教师的培养，并创设了培养中学教师的新型学位，但这次冒险从幕后走到台前，针对地方分权传统下的美国教师教育开展全国性调查并深陷改革漩涡，绝非其个人意愿所致，倒更像是履行时代和教育领袖们赋予的政治使命。

一、改革漩涡中的美国教师教育

自教学成为一种职业，教师培养就以某种形式存在。殖民地时期，初级学校的教师无须进入专门学校接受教学培训，也没有统一的入职要求与薪酬管理规定，大多由初级学校的毕业生担任，他们只需具备基本的读、写、算知识和品行端正即可。"这一时期，判断教师教学技能的优劣不在于其学术水平，主要关注其道德上的楷模作用和在学生纪律方面的管理能力。"[①]18世纪末，文实中学兴

---

① Field S H. 1994. The American School (1642-1993). New York：Longman：104.

起后开始附设师资训练班来提高教师的教学水平，这一做法逐渐在各州得到实践，但因文实中学的私立属性与师资训练在学校的边缘化地位，根本无法满足公立小学运动对教师需求的大量缺口。19世纪初，导生制传入美国并开始流行，短期内曾一度缓解了公立学校教师紧缺局面，但因其以学生教学生的方式难以提高教育教学质量，在专科学校兴起后便逐步退出历史舞台，培养教师的任务开始由新生的师范学校承担。师范学校最早诞生于法国，1681年拉萨尔创立了世上第一所师资培训学校，1696年德国的弗兰克在哈雷创办了教师养成所，此后师范学校在欧洲获得发展，到19世纪已在世界范围内得到普遍建立。1823年美国的牧师塞缪尔·霍尔（Samuel R. Hall）在佛蒙特州的康科德市创设了美国第一所私立师资培训班，学制三年，强调教学实践，带有明显的学徒训练倾向。1825年俄亥俄州率先颁布了美国第一部教师证书法令，规定了教师的入职标准、资格审查及证书颁发等，标志着政府开始介入教师管理。1838年马萨诸塞州的立法机关颁布了美国首部《师范学校法》（*Normal School Act*），决定拨款筹建州立师范学校，次年赛罗斯·皮尔斯（Cyrus Peirce）在该州的莱克星顿市创建了美国第一所州立师范学校，学制1～2年，并附设小学为实践基地。此后在教育部门与教育家的合力推动下，美国各州纷纷建立起自己的公立师范学校，到1875年，全美已有95所公立师范学校，分布于25个州，共有学生23 000名。随着人们对教师入职资格要求的不断提高，初等师范学校开始向中等师范学校转型，经过半个多世纪的发展，到19世纪末美国的师范教育已经初具规模。为了满足科技发展和社会进步对人才培养的新要求，教师的专业化水平与职业地位不断提高，在全国教师协会（National Teachers Association，NTA）和全美师范学校协会（American Normal School Association，ANSA）等专业组织的推动下，中等师范学校纷纷提升入学标准，延长修业年限。1893年，纽约州的奥尔巴尼市率先将原来的师范学校升格为州立师范学院，其他各州也纷纷效仿，2～4年制高等师范学院开始取代原有的中等师范学校。"到1920年，全美师范学院达到46所，到1928年又增加为117所，到20世纪50年代初，美国共有139所师范学校改为师范学院，招收中学毕业生，修业年限为两年。"[①]20世纪30—40年代，中小学教育改革的浪潮推动着教师培训标准水涨船高，尤其是佛罗里达州率先实行了以受教育程度为基准的单一工资制，使得提升学历成为中小学教师培养的重点，师范学院、综合大学开始更多地介入到中小学教师的培养中。二战以后，师范学院纷纷改制为州立大学或综合大学文理学院，扩展教育目标成为州立学院或

---

① 滕大春.1998. 外国教育史和外国教育. 保定：河北大学出版社：436-437.

州立大学后，同时颁发人文学科和教育学科的学位。20 世纪 50 年代以后，教师培养的高学历趋势更加明显，师资培养的主要任务开始由州立学院或州立大学向综合大学的教育学院或文理学院教育系转移。

从培养机构的变化不难看出，美国教师教育在中学的基础上发展而来，如师范学校和教师学院（teachers'seminaries）①，虽然这些机构最终成为高等教育的一部分，但因与大学发展路径有着本质区别，教师培养的技术部分长期游离于学院或大学之外，因此一直处于高等教育金字塔的底层，教师的地位自然也无法与综合大学培养的其他从业人员相比。例如，殖民地时期，只有达不到法律、政治、医学或牧师专业目标的大学毕业生才可能屈尊到中学任职。为了强调教学的自由教育部分，1810 年德国大学开始涉足教师的普通教育，自赫尔巴特在柯尼斯堡大学建立起教育学习明纳（经常被称为工作坊）之后，教师教育才真正成为大学教育的一部分。在美国，到 19 世纪后期教师教育学科开始挤进大学殿堂，自贺拉斯·曼在安第亚克学院（Andiac College）开设教育理论与实践课之后，学院或大学层次的教师教育专业教育逐渐获得认同。1882 年哥伦比亚大学校长亨利·巴纳德（Henry Barnard）主张在大学开设教育史、教育理论与实践等课程，师范学校也强化了教师培训的专业化措施，提高教育学科的价值，19 世纪末美国教师教育步入教育学科中心时期。20 世纪初，教育研究生院首先在纽约大学和哥伦比亚大学教师学院成立，进步主义教育运动的开展进一步提升了教师职业准备的专业化水平，各类教师专业团体积极争取与自由教育或其他专业同等的社会尊敬与专业认可。

因与低等的小学和初中相连，教学一直处于不利地位。1903 年萧伯纳（George Bernard Shaw）在《人与超人》（*Man and Superman*）一书中写道："有能力的做有能力的事，没能力的就去教书。"后来人们进一步补充说："不能教学生的去教老师，老师也教不好就去管理老师好了。"这些说法直观反映了教学地位和教师职业的尴尬，不仅使教师工资的低廉合理化，还可能随时沦为管理者的"替罪羊"。长期以来，教师培养机构受困于经费和资源短缺，导致生源学历水平低、毕业生质量差和教师队伍不稳定等问题。当入学人口激增，教育发展为不断膨胀的人力与公共财政投资体，越来越多的公众开始关注教育。"二战以来，美国历史上从未见证过这样一个时代，入学人口日益膨胀，与此相伴，人们对教育问题产生了越来越多的争议。"②应该说，世界性战争直接或间接刺激了公众聚焦

---

① seminaries，神学院，尤指培训神父、教师或犹太教教士的神学院。teachers' seminaries 指美国专门培养教师的学院。

② Weiss R M. 1969. The Conant Controversy in Teacher Education. New York：Random House：176.

教育问题的敏感神经，伴随着美苏对峙与新一轮科技竞争烈度的提高，美国国内掀起了全国性的基础教育大讨论。培养目标的转向、教材内容的更新和教学方法的变革直接挑战了既定的教师培养体系。新一轮课程改革中，课程内容难度加大，强调基础知识的教学与学生的智力开发，新需求与教师学术水平低下的矛盾更加凸显。当对中小学教育的指责演变成对教师培养的不满，"在最初阶段由教育学教授、教育行政管理人员和学校教师长期结成的'教育同盟'，进行了全力的辩解，但是显得理屈词穷。教育中与师范教育实践中所暴露的问题，使他们自己也觉得有必要对他们长期控制的师范教育从理论到实践进行一次全面的检查和深刻的反思"①。美国学界认为教师教育计划过分强调教学方法的训练，忽视了文理学科的基础教育及学科专业水平的提升，为达成改革共识，美国先后举办三次全国性的教师教育研讨会，三次象征和解的大会分别是 1958 年的鲍灵格林会议、1959 年的堪萨斯会议和 1960 年的圣迭戈会议。鲍灵格林会议主要探讨"如何培养一名好老师"，涉及教什么、如何教、证书鉴定及教育专业训练、普通教育与任教学科教育两者的关系等，代表们一致认为，教师不仅需要懂得所教学科的内容，还要懂得如何去教，教师教育须由学院或大学各部门共同负责，会议还提出了延长教育年限的建议，为五年制教师教育计划的推广奠定了基础。堪萨斯会议根据鲍灵格林会议确定的基本目标进一步完善了新的教师教育计划，讨论如何加强教育专业的训练和学科课程，以及普通教育内容的确定等。圣迭戈会议在前两次会议的基础上主要讨论了教师证书制度，旨在吸纳优秀的非师范生，提高教师的教学能力。三次会议的主题一脉相承，第一次会议厘定教师培养目标，第二次会议重在制订方案，最后的会议主要研究教师教育的质量控制。值得注意的是，三次象征和解的会议的与会代表，除作为"内行"的"教育同盟"的人员之外，还有作为"外行"的各州和全国性学术团体发言人，他们在教师教育问题上达成基本共识，促成了新一轮教师教育改革的勃兴，为 20 世纪 60 年代教师教育改革的深化做了理论铺垫与舆论准备。在这次轰轰烈烈的改革浪潮中，科南特从幕后走到了改革台前。

二、从旁观、幕后调停走到改革台前

很长时期人们几乎都在争论，为什么大学培养的中学教师与没有经过大学训练的小学教师之间存在明显的地位差距，原来二者主要的分歧源于培养方式。在

---

① 马骥雄. 1991. 战后美国教育研究. 南昌：江西教育出版社：181.

许多学院或大学，教育学教授们指导那些未来的小学和初中老师，学科教授们指导那些欲进入高中教学的人，这样一来，大量小学老师仍主要来自州立学院（前师范学校和师范学院）。州立学院承担着繁重的教学和学生指导工作，生源的学术水平与经济条件偏差，这些成为其与研究型大学竞争的先天不足。科南特明白最初教师教育是基础教育的一部分，这种显著的身份标志使其在培养教师的专业准备上缺乏大学相应的自由教育标准。学院和大学的多数教授仍主要在实践中学会教学，直接通过无监督的经验试误在工作中习得，他们只需掌握所教学科领域的知识即可，因此有些教授很难理解为什么对中小学老师还有除必要的自由教育与专业学科以外的其他要求。科南特不情愿强调教学是一种专业，可能与这种早期的担忧有关，他敏感地意识到该领域的专业缺陷，认为与其他专业相比，教育学的确是一门初生的学科。1939 年，科南特在未发表的大学演讲中讲道："包括教育在内的所谓社会科学，正处在发展的幼年期。"[1]在后来发表的《美国教师教育》报告的开头部分他承认："从任化学系教师到 1933 年当上哈佛大学校长，我一直怀疑任何专业的教育学课程。"[2] 而那些争取获取大学管理职位或加入类似全国教育协会组织的人，正尝试开设新的教育学专业课程，为进入行政领域的教授扩充所需的知识背景。科南特联系中等教育的实际回顾了教育界关于教师教育的作用、地位及培养目标的激烈争论，坦白承认与许多文理教授一样也曾怀疑过教育学教授存在的理由。若不是成为校长去处理教育学院面临的棘手问题，科南特也许仍是一名教师教育专业化的旁观者。当选校长后，他需要对大学董事会负责，主管全校事务的预算与人事工作，逐渐获悉了美国教师教育的处境及面临的基本问题，并开始由一名冷漠的旁观者变成一名努力终结争吵的调停者。

哈佛大学教育学院与本校其他专业学院一样只招收研究生，不设本科生教育学课程，由于劳威尔提高了文学硕士、教育学硕士和教育学博士学位的学业标准，这些学术学位研究生的招生人数有所下降。科南特上任后，为与其他大学竞争教师教育市场，也为改善教育学院的经济状况，经与院长霍姆斯商谈，建议教育学院对全校的教师训练给予特殊指导，为未来中学教师提供有价值的教育学课程。当时，哈佛大学培养教师的教育学课程并未得到州法律的支持，因此哈佛大学准备当教师的毕业生可能得不到其他州的认可，但科南特坚持认为，中小学教师在大学环境中接受教育学教授的课程训练相当重要。1933 年秋，哈佛大学开设了中小学教师培养方面的讨论课程。后来科南特发现，学科教授在基础教育改

---

① Conant J B. Unpublished, untitled speech delivered November 1, 1939 to the University of Missouri Convocation, Conant papers, Harvard University archives, HUH298, Box two: 8.

② Weiss R M. 1969. The Conant Controversy in Teacher Education. New York: Random House: 12

革中的作用日益明显，提出了促进教育学教授与文理学教授两个阵营联合的主张，强调"有理由去增加两大敌对集团之间的相互了解，通过种种安排，使他们能够交流思想，如果可能的话，使他们学会通力合作"①。这种联合表面上是两派力量的合作，实质上是在追求教师教育中长期分离的技术训练与自由教育成分的结合，是科南特解决教师教育师范性与学术性之争的一种方式。在 20 世纪 30年代中期的美国，科南特的这一想法不仅明智，也相当超前，却常常被视为异想天开，以致某大学一位身居领导职务的学者曾致函哈佛大学教育学院院长："必须采取强迫手段，才能使两派达成和解。"②

科南特主张大学文理学院和教育学院的教师们应增加相互了解，进行有效的沟通与合作。在哈佛大学的小环境中，科南特俨然成为终结教师教育传统论争的调停者和实验革新的先行者。他说服两大阵营的教授们组成联席委员会，开办了跨学院的教学文硕士学位。如前文所述，在创设新型学位过程中科南特做了大量工作，"为争取哈佛大学资深教师成员的支持，哪怕只让他们在教育学系和文理学系的合作学位上保持中立，科南特进行了大量的个人游说"③。科南特最大的特点是对新事物具有超强的学习能力，他向哈佛大学的中学教育专家咨询，与院长霍姆斯交流，从芝加哥大学赫钦斯校长那里取经，征求两大学院各系部教师的意见，最终在哈佛大学两个完全分离的部门架起合作的桥梁。新型学位的创设是科南特推行学科资源整合策略的一部分，1937 年他描述教学文硕士学位的发明是一个"始于渴望训练中学教师而探索文理学院和教育学院教师合作可能性的过程"。许多教育家没有意识到，科南特的这一创新很早就表明了支持整个大学培养教师的理念，他希望将教学专业训练与更广泛的大学教学融合在一起，让学生真正融入大学的研究氛围。多年后他反观文理学院教师曾对教育学院教师的攻击，认为这种批评"在现代学校面临的社会问题上，表现出令人震惊的无知"④，当然也包括他自己。哈佛大学的教师培养计划虽然只吸引了少量学生，但为 20 世纪 50—60 年代美国教学文硕士计划的繁荣提供了原型。20 世纪 50 年代初该计划得到推广，"到 50 年代末 60 年代中期，许多大学纷纷采用和发展这一课程计划，并很快形成全国性的改革浪潮"⑤。加利福尼亚州在 20 世纪 50 年代对多数高中教师实行 5 年的培养计划，并积极推进小学、初中教师纳入该计划，最终在

---

①② Conant J B. 1963. The Education of American Teacher. New York：McGraw-Hill Book Company Inc.：2.

③ Jacobs N S. 2007. The Holmes Group and the Education of American Teachers. Dissertation，the State University of New Jersey：25.

④ Conant J B. 1959. The Child，the Parent，and the State. Cambridge：Harvard University Press：63.

⑤ Koermer J D. 1963. The Miseducation of American Teachers. Boston：Houghton Mifflin Company：169-172.

1963 年《费舍法案》（*Fisher Bill*）生效后得以实施。

科南特在哈佛校园的教师教育计划创新，基于 20 世纪以来所有职业包括教学职业专业化改革的广阔背景。1910 年卡内基基金会资助亚伯拉罕·弗莱克斯纳（Abraham Flexner）针对美国和加拿大的 155 所医学院进行调查评估，发表《弗莱克斯纳医学教育报告》（*The Flexner Report on Medical Education*），主张提高职业训练的标准限制职业准入，此后各类职业加速了专业化进程。在教学领域的专业化努力中，除类似科南特进行的教师教育计划创新，还包括创办实验学校、组建专业协会、完善资格证书制度等途径。美国教育史上最著名的实验学校创办于芝加哥大学教师学院，有 1887 年创办的贺拉斯·曼学校、1896 年创办的杜威实验学校和 1917 年创办的林肯学校。这些实验学校经常被塑造成"教学医院"，主要提供实习基地和开展教育问题的系统研究，旨在改善教育实践，积累教育学的知识基础。在教师教育专业化进程中，各类教育协会发挥了重要作用，尤其是全国教育协会及其附属组织，如教育政策委员会于 1946 年成立的全国教师教育和专业标准委员会（National Commission on Teacher Education and Professional Standards，NCTEPS）、全国教师教育认证理事会（National Council for Accreditation of Teacher Education，NCATE）等，这些组织在开发完善教师教育标准，研究讨论及组织加强各派力量的联合行动中功不可没。那时科南特已认识到全国教师教育和专业标准委员会积极吸纳学术教授参与中小学教师标准制定与认证，与自己在 20 世纪 30 年代哈佛大学联合两派教授的理念是一致的，二者共同成为督促公立学校教师和大学教师合作改进教师教育的早期代表。

历经 20 世纪 30 年代的哈佛大学改革及 50 年代大规模的中学调查，科南特深知教师培养问题将直接决定基础教育改革的进程与最终成效。开展教师教育研究之前，因改进贫民窟和黑人教育的中庸立场与温和建议，科南特招致黑人领袖及教育界人士的批评，虽然他也意识到自己所提建议的不合时宜，但不愿为此做更多解释，在教育界朋友的合力督促下，他把研究目光转移到一向重视却不愿过多涉足的教师教育领域。从科南特的文章、信件和备忘录中可以看出，他对批评极度敏感，虽然很少回应批评。关于开展教师教育研究的动因，他曾在相关文献中透露，自己并不情愿为此承担全部责任。1955 年，加德纳督促科南特研究教师教育，当时被科南特婉拒。四年后加德纳再次提议，科南特仍坚持自己不独立启动关于教师教育的调查报告，只希望负责指导一项教师教育研究，这样的回应也算应付一下该领域领袖们的支持和起哄。随后，加德纳一边写信强烈建议科南特开展研究，一边联系科南特曾经的合作者尤金·杨格特，安排他给顶级教师教育方面的专家发函，呼吁联合督促科南特开展教师教育研究。不久，这些教育专家纷纷来信表达：科南特是唯一可担此重任又具有政治觉悟的人选。1960 年 9 月，科南特给加德纳写了一封态度纠结的信函，表明加德纳策划的集体说服计划进展顺利，"尤金·杨格特积极支持我研究教师教育，好像还跟很多人说了这一想法，他积极活动的结果是我收到了督促的来信……因此，我想，公平地说，我是在一些本领域的领袖催促下做的研究"①。当谈到《美国教师教育》报告时科南特再次解释，这是由一群教育领袖发起并让他承担的研究任务。1960 年 10 月，科南特召集一些督促他的领袖及长期顾问开展座谈，这些人包括威廉·卡尔、凯佩尔、尤金·杨格特，以及哥伦比亚大学、加州大学洛杉矶分校、科罗拉多大学的教育学院院长们，大家一致认为：研究结果肯定会颇具争议，但也一定有助于教师教育领域的改革，如同弗莱克斯纳对医学教育的贡献。会议后不久，科南特就严肃地预感到调查教师教育是一块难啃的骨头，想到将来报告可能激起的不可避免的争议和对自己可能的责难，他说："我想，我正在准备调查一只大黄蜂的巢。"这一次，科南特也许真的捅了马蜂窝，他一改之前温和中立的调停者角色，站在教师教育改革的风口浪尖，随时准备迎接纷至沓来的批评与责难。

第二节　《美国教师教育》——改革教师教育的 27 条建议

1961 年，在教育界领袖的合力邀请下，科南特开始对美国中小学教师培养问题进行为期两年的调查研究。他深知教师教育领域的复杂纷争，遂选用一批有才干的合作者，在卡内基基金会的资助下开展调查。他准备用两年时间进行考察和撰写报告，以期将美国教师教育改革的复杂性呈现给公众，报告详述科南特的主要观点与改进建议，希望更多的人能根据自己的研究结果展开进一步的讨论。报告建议的主题与顺序直接反映了科南特对教师教育管理、组织和结构问题的重视及其基本理念。

---

① Conant J B 1959. Memo from Conant to Gardner. Conant papers, Planning for Education of American Teachers, box 4, folder 55a, HUA.

一、《美国教师教育》报告的出台

科南特曾赞成综合使用演绎的理性主义和归纳的经验主义方法研究教师教育问题，但在 1959 年他这样写道："多年来我纠缠在定义和一系列逻辑推理中，已对自己在教育上的陈词滥调感到惭愧，因此必须承认，我越来越不信任用演绎的方法思考教师面临的问题。"[①] 他感到语言经常不能准确地反映现实，于是在教师教育研究过程中他尤其重视实地考察，提出的改革建议突出了教师培养的实践环节。在对美国教师教育研究的两年间，"科南特及其助手考察了 22 个州的 72 所各类学院，以及 16 个州的州教育管理部门。与研究中学时一样他走进教室听课，与学生、教师及行政人员交谈，据估算仅与其谈过话的各类学生就有 300～400 人。报告详细反映了他的研究结果并在此基础上提出了 27 条改革建议"[②]。科南特声明调查结果和改革建议凝聚着许多人的努力，有些结论并非自己独创而是集体智慧的结晶。在报告的序言中，科南特肯定了研究团队每一位成员的工作："第一年参观师资培养院校的过程中，得到普林斯顿大学芬奇（Jeremiah S. Finch）教授、杜克大学卡特莱特（William H. Cartwright）教授、埃默里大学（Emory University）卡尔本（Robert F. Carbone）博士及邓纳姆博士的大力支持。加州大学洛杉矶分校的古德莱德（John I. Goodlad）教授虽只能花部分时间协助，但他与卡特莱特教授一起提供了师资培训细节的基本知识。芬奇教授作为普林斯顿大学的前任院长和英语教授，协助我与不同院校文理学院的教授们进行讨论。"[③] 研究的第二年，科南特主要关注各州有关地方学校董事会的法令，这些法令限制了董事会任用教师的自由权。由于法令已引起各州首府的争论，科南特意识到这与政治具有较高的相关性，因此要求政治学者和历史学家帮助。他说服宾夕法尼亚州立大学教授马斯特斯（Nicholas A. Masters）、威斯康星大学教育兼历史学教授博罗曼及西北大学教授尤斯坦（Micheal D. Usdan）参加研究，还得到了纽约州负责高等教育的副厅长弗莱特威尔（Elbert K. Fretwell）的大力支持。

科南特研究团队访问了各种师资培训院校，既包括各类教师学院，也有不同类型的综合大学，考察的教师教育课程既有本科水平，也有研究生水平。除了和许多教授谈话了解情况外，他还审查课程、教学大纲和教科书，观摩课堂教学，会见学生和教师小组，广泛听取中小学任课教师的意见。科南特承认，在课程研

---

① Conant J B. 1959. The Child, the Parent, and the State. Cambridge: Harvard University Press: 1.

② Passow A H. 1977. American secondary education: The Conant influence, a look at Conant's recommendations for senior and junior high school. National Association of Secondary School Principals: 33.

③ Conant J B. 1963. The Education of American Teacher. McGraw-Hill Book Company Inc.: V.

究和建议中，他对各种职业教师的教育课程没有涉猎。1962 年 5 月，科南特对柏林进行短期访问，并在那里帮助建立教育学中心，这在他的教育生涯中具有非凡的意义，促使其对教师教育的思考更加成熟。1963 年，科南特发表了调查报告《美国教师教育》。在从事教师教育研究的两年里，尤金·杨格特起了很大作用。尤金·杨格特与众多教育学院院长及关注教师教育的协会领导一起磋商，凭借满腔的热情感染对方，协调安排科南特组织的考察团到各大学和教育学院考察。在教师教育上，科南特关心的是一些教育学教授正在教什么，就目前教师认证程序和教育学院教授有权所做的努力，科南特对两者都不支持，他知道，许多大学教育学院或教育系成员与文理学院的教授一直存在争执，职业教育家们正处于自我防卫中，他们希望科南特的报告能提供防卫的武器，事实证明这是不可能的。在开始第二年的调查前科南特已经预见到，报告会引起许多朋友的不满，他曾在自传中叙述小组成员威廉·卡尔的警告："不管对我的报告反应如何，相比之下，以前受到的所有攻击都不算什么。"[1]科南特在报告的前言中表明，对一些悬而未决的问题自己也很为难，报告的目的不是促成关注或展现冲突的方法，而是作为主要的催化剂使这些差异公之于众，即使公众不必面对，职业教育家也必须积极行动起来。正如本次教师教育研究的顾问博罗曼所写，"通过拒绝争论题外话，如基本的价值观冲突，科南特明显在避免引起敌意，因为那样会使之后的合作变得更加不顺畅"[2]。

　　值得一提的是，本次对教师教育的研究基于大量专家一定程度的合作，但该报告绝不是一份委员会报告，科南特虽在前言中强调了人员合作问题，但他认为"自己承担报告和建议的全部责任"。针对该报告的受众，科南特告知那些教育家，该报告首先为普通公民所准备，希望对公众理解复杂的教育问题有所贡献。为达到这一目的，他的研究发现戏剧性地被各大报纸、期刊及国家和地方的电视、电台广播节目传达到公众那里，引起了广泛的公众注意，与他当时出版的其他教育著作一样，获得了公共传媒机构的技巧性推介。关于报告的责任权属问题，科南特在报告的前言中做了澄清，小组成员之一卡特莱特在"教育论坛"（The Educational Forum）发表文章说："报告不是团队报告，而是他的个人报告，既然他这样说了，那么可以肯定的是，没有一位职员完全同意报告的所有观点，但作者相信，多数内容得到了所有成员的认可。"[3]

───────────

① Conant J B. 1970. My Several Lives: Memoirs of a Social Inventor. New York: Harper & Row: 623-624.

② Borrowman M. 1963. Conant, the man. Saturday Review, 21: 58.

③ Cartwright W H. 1964. Improving the preparation of teachers, one staff member's interpretation of the Conant report. The Educational Forum Jan, 28: 187.

二、科南特改革教师教育的 27 条建议

《美国教师教育》报告提出了 27 条具体的改进建议，内容涉及教师招收和训练的方方面面，从解决教育学教授与文理学科教授由来已久的争吵，到改善地方控制的教师训练项目，从完备教师鉴定方法和认证程序，到加强教师入职适应与在职进修，以及明晰州教育部门与教师训练机构的权力关系等，建议几乎涵盖了教师教育的职前教育计划设置、实习见习安排、职业资格鉴定与入职适应、职后培训进修等环节的主要事项，构成了一个基本完整、前后连贯的教师专业发展程序或教师培养与培训的完整链条。

卡潘（Phi Delta Kappa）是美国 1906 年成立的著名的专业教育家组织，该组织的基本使命是通过公开支持、领导、研究和服务来提升教育质量，维持民主的生活方式。1915 年该组织开始发行教育专业杂志《卡潘》，旨在为各层级教育家提供研究、交流教育政策和问题的平台，重点支持中小学教学实践、政策革新等方面的研究，在美国教育领域具有独一无二的地位。《美国教师教育》发表以后，科南特在全国专业协会三次针对该主题发表演讲，并将演讲内容补充到次年的报告扩展版中，随后《卡潘》杂志摘录发表了科南特的 27 条建议，这些建议凝聚成报告的核心与灵魂。科南特在给《卡潘》编辑们的信中嘱托，希望其属下遍布全国的 2000 多名评论人能更多关注建议的第十一条、第二十四条、第二十五条和第二十六条。《卡潘》杂志文章全部摘录了科南特的 27 条建议，并根据建议实施的责任归属或实施主体，将建议大致分为五组进行介绍[①]。

第一组建议需要州学校主管、州教育委员会或立法机构采取行动予以实施，涉及建议的第一条、第五条、第六条、第七条和第十条。第一条建议规定了教师资格认证的基本条件或要求，科南特认为各州的教师资格认证需满足以下三个条件：一是拥有合法学院或大学的学士学位；二是提交在学院和公立学校人员指导下成功实习的表现证据，指导人员应取得州部门的信任，实习教学情境应得到州部门的同意；三是拥有学院或大学颁发的官方文件作为专门的教学证明，证明学生已经在特定的领域和年级水平具有足够的教学准备。第五条建议是关于州应认可的实习计划，要求州与学院和公立学校当局合作规定教学的条件和教学方法本质，州应要求学院和公立学校系统参与提交合作教师和临床教授任命的能力证明。科南特采纳斯坦福大学罗伯特·布什教授的说法，将"临床教授"一词运用到教育领域，指称那些指导教学实习的教育学教授为"教育临床教授"（clinical

① 科南特对建议的分组方式见 Weiss R M. 1969. The Conant Controversy in Teacher Education. New York: Random House: 77-85.

professor of education），该词语的内涵转借成为科南特在教师教育改革中的发明之一。第六条建议是州应提供的信息服务，要求州教育部门开发和提供教师雇佣准备的相关信息给地方学校委员会、学院和大学，数据可能涉及全州范围内的学院或大学，包括不同年级、不同学科领域教师教育计划类型方面的全部信息。第七条建议强调州教育当局应出台相关条例或刚性规则，规范地方教育委员会的教师分配，保证教师按所训练的学科进行岗位分配。第十条建议指向各州资格认证的通用性问题，要求凡在某一州按第一条建议的前两个条件得到认证的教师，其认证资格应在其他各州均得到承认。

　　第二组建议是需要获得州法院认可的建议，包括建议的第四条和第十二条。第四条建议是州承担实习的财政责任，对地方委员会提供财政援助以保证高质量的实习，作为教师准备的一部分，无论这些教师将来进入私立机构还是公立机构。第十二条建议要求各州为未来教师开发贷款政策，贷款根据训练的标准下发到训练机构，训练机构根据学生学业性向和具体花费决定贷款的额度，学生毕业后在州内公立学校任教 4 年或 5 年后取消贷款，以此吸引更多有能力的贫困学生进入教师职业。

　　第三组建议需要地方学校委员会采取行动，可单独行动，也可与州一级相关机构联合行动，主要涉及建议的第三条、第十一条、第二十三条、第二十四条、第二十五条和第二十七条。第三条建议是关于实习中的合作教师问题，要求公立学校系统指定与一所学院或大学签订实习合同，通过减少工作负担和提高工资的方法鼓励那些有能力的教师、领导和评估人员处理实习教师的课堂问题。第十一条建议是在新教师试用期阶段地方学校委员会应采取的具体帮助措施。第二十三条建议是建议地方委员会修订工资表，保证教师从见习期进入长期制后，工资收入上能有较大的涨幅，并按照继续学习的情况增加工资，但不应与课程绩点（学期小时）挂钩，而是与获得硕士学位相关，基于正常的全日制住宿或四个暑期项目，直接发展教师能力，建议要求各州应以法律强制规定学校的工资增长机制。第二十四条建议是对教师在暑期学校学习的财政援助，州学校委员会或州应提供财政支持，督促教师参加暑期学校的学习，在进入研究生学院后，完成第二十三条建议规定的详细的研究生计划类型。第二十五条建议是关于教师脱产进行继续教育，建议学校委员会应提供离职工资，为教师提供整个学期在大学接受全时制学习的机会，达到硕士计划的学习要求，增益教师能力，州应设立相关的基金为达到急需教育的目标做保证。第二十七条建议是关于在职的教师教育或培训，要求学校委员会与教育机构联系提供短期的习明纳（经常被称为工作坊），在学年中针对所有教师提供各种免费学习的机会，使教师在教学和研讨过程中获得能力增长。

　　第四组建议是教师、行政长官、公立中小学教师教育机构及其资助组织或个人应采取的行动建议，主要包括建议的第二条、第十三条、第十四条、第十五条、第十六条、第十七条、第十八条、第十九条、第二十条、第二十一条、第二十二条和第二十六条。第二条建议是学院和大学应承担的责任，建议允许每个学院和大学开发他们认为最急需的详细的教师教育计划，只要满足两个条件：一是机构校长代表整个教师团体，无论学术的还是专业的，证明学生在具体等级和领域具有充足的教学准备；二是培养机构与公立学校系统合作做出州级同意的实习安排。第十三条建议是实施整个大学的教师训练模式，针对参与教师教育的机构，外行委员会捐赠人应过问是否真正存在连续有效的整个大学层面的统筹教师培养模式，如果没有需说明原因。第十四条建议提出了对学院或大学教师教育计划的要求，捐赠人委员会应要求教师培养团队证实当前为未来教师设置的学士学位必修课具有特定的广度参考性，并列出在这些领域要求的中小学和大学的全部课程。第十五条建议是外语准备，如果要求有必修外语课，那么完成最低学位必修课达到硕士学位的证据应送达捐赠人委员会。第十六条建议是设立临床教授职位，要求学院和大学用来监督和评价实习的教授具有丰富的实践经验，其地位应提高到类似特定医学院临床教授的地位。第十七条建议是对小学教师基本准备的要求，指出从幼儿园到小学三年级的教师计划在内容与方法上应不分学科，但从四年级到六年级的教师计划应提供适于特定学科或学科群的内容深度与教学方法。第十八条是关于小学教师的实习建议，要求所有未来小学教师参与最少8周的实习，每天至少在教室花费3小时，实习期必须包括对一个教室至少3周的全权管理期，期间需要合作教师的指导和临床教授的监督。第十九条建议要求小型学院训练小学教师要具备足够的职员，资助和管理小型学院的负责人应考虑是否具有维持足够职员队伍培养小学教师的支付能力，除非能雇佣3~4位相关学科的教授从事小学教育研究，否则应停止培养小学教师的业务。第二十条建议针对初中教师，要求教师培养机构为未来7~12年级的老师颁发单一领域的文凭和教学资格证明。第二十一条建议要求教师教育机构内的教师团体，应在各领域至少设一名相关或相近学科的临床教授，由临床教授教育未来的初中教师，并由培养机构为其颁发特殊的教学文凭。第二十二条建议是针对美术、音乐、体育教师的要求，要求培养机构为美术、音乐、体育教师提供的教育准备颁发单个领域的教学文凭，不应企图在四年间发展一个领域以上的能力。第二十六条建议是对硕士学位计划提出详细要求，教育研究生院或大学的相应组织应修改培养计划，建议详细阐明了增加教师能力的七点要求。

第五组是针对自愿教师认证机构——全国教师教育认证理事会的建议，包括建议的第八条和第九条。第八条建议要求在理事会组成上，其管理委员会和地区协会应扩大代表范围，不仅给专业教育人士更大的权力，还要给学术学科的代表和见多识广的外行公众代表更大的份额和权力。第九条建议要求在职能上，全国教师教育认证理事会和地区协会只能作为咨询团体，应根据机构要求开展小组团队研究，提供关于整个或部分教师教育计划的建议，应基于地方委员会的要求评估教师雇佣政策，并开设关于教师教育和教师雇佣问题的论坛，促进广泛的讨论与交流。

三、科南特建议的精神内核与基本假设

报告中提出的改革教师教育的 27 条建议，充分展示了科南特研究教师教育聚焦的基本问题与倾向的问题解决方式。

首先，从建议顺序与内容分量看，科南特对教师教育问题的关注点主要集中在教师资格认证、教师教育计划设置和教学实习的安排上。科南特在第一条建议中明确指出了教师资格认证的基本条件与标准要求，显然，这是一条引导性的基础性建议，也是贯彻整个报告的主线索，认证要求的三个基本条件实质上决定了教师教育实施与资格认证权力的划分。例如，他在第十条建议中指出了资格认证在各州的通用性，直接与第一条建议相呼应，因为只有各州都认可了最低的认证达标条件才能保证教师在各州的自由流动。第二条建议强调了大学开发教师教育计划方面的主体责任，第十三条建议提出了整个大学的教师训练途径。第十四条建议对学院或大学设置教师教育计划提出了具体要求，这几条建议直接指向教师教育计划的设置问题，与第一条建议基本达标条件中赋予的学院和大学提供学士学位证明和专门教学证明的权力相呼应，实质表达了对现实中各州普遍存在的认证标准混乱状况的一种约束，尤其是针对州教育管理部门硬性规定其他条件或强加必修课程的做法，以及教育协会及其附属组织影响下的各种安排。还有一点值得注意，即科南特用五条建议来规范教学实习，充分说明了他在整个教师教育培养计划和认证环节中，对教学实践训练最为重视，这一点准确体现了他的教学能力倾向和教学技艺观，侧面反映了他在教育学专业训练中对理论课程的隐性偏见。第三条、第四条和第五条建议主要强调教学实习的安排、合作教师的作用、州必须提供的财政支持与实习条件的统一规范性，通过这样的规范全面提升实习过程的科学性，保证实习结果的有效性。除了对各州在提高实习质量上的要求，科南特还在第十六条建议中提出了设立临床教授职位，重视临床教授在教师培养过程中的作用，重视来自学院或大学层面的实习监督与指导，这一建议远远超出

了传统教学法课程教师简单对教学实习的方法性指导，不仅指出了学院或大学在实习中的责任，也反映了科南特密切教学理论与实践关系的解决思路。在科南特建议的教师教育计划中，除了师范学院或教育学院的学生，大批综合大学的教师教育项目往往在学生取得学士学位后进行，即在计划的第五年安排教育学专业课程，这与师范学院或教育学院的学生相比职业定向相对较晚，如何将浓缩的教育理论和教学理论尽快传授给学生，有效地指导教学实践，科南特发明了教学临床教授一职，他希望创设理论与实践相结合的职位去弥补教学计划中理论的不足，强化教学实践中的问题解决意识。科南特还在第十八条建议中特别提出了针对小学教师的实习计划，主要是要求实习的最低时间投入与对实习过程的监督指导。通过以上内容的分类梳理不难看出，在科南特对教师教育问题的诊断上，教师资格认证、教师教育计划的设置与教学实习安排是其建议的重中之重。

其次，我们再来分析科南特解决教师教育问题的思路，其基本思路是在整个教师教育的职前、职中和职后强调各种力量的责任分工与权力划分，不仅赋予大学更多开发和管理教师教育计划的自由，而且详细界定州教育部门、地方教育委员会与资格认证组织在整个教师培养和质量保障中扮演的角色，如第六条和第七条建议规定州教育部门提供信息服务和规范教师分配标准，第十二条建议要求州对未来教师提供贷款政策。对地方教育委员会和学校管理委员会来讲，他们的责任和权力主要体现在建议的第十一条、第二十三条、第二十四条、第二十五条和第二十七条中，分别是对新教师在试用期阶段的支持和帮助、修订工资表导向教师能力发展、提供暑期学校财政支持、支持教师脱产获得学位和在职继续教育。在权力划分中，科南特一方面强调教师教育机构主体的自由，另一方面指出州和地方教育委员会作为管理部门应在教师教育合作中承担更多责任，强化其在教师培养方面不是管理和控制，而是服务与保障。

最后，再次回到科南特写给《卡潘》编辑们的信件内容，他希望建议的第十一条、第二十四条、第二十五条和第二十六条得到评论家们更多重视，说明他已将教师教育看成一个持续终身的职业。教师职业生涯持续终身的观点当然不是他的首创，1582 年第一位感觉现实主义者理查德·穆尔卡斯特（Richard Mulcaster）在其教育论著《职位》（*Positions*）中提到，"为什么不能好好培养老师，让其与神职人员、律师、内科医生一样发展各自的职业，能够从学校直至持续终身？如果那样，在其生命的全程会不断增长判断力和学识"[①]。科南特很好地继承了这一观点，加上欧洲终身教育思潮的影响，他努力寻找教师职业生涯发

---

① Quoted in：Cole L. 1950. A History of Education：Socrates to Montessori. New York：Rinehart：274.

展持续终身的理论支撑与现实途径，1950 年他曾声明"在专业或职业水平上的专业化训练，最好在工作中获得"①。而他在信中指出的上述四条建议均体现了对教师职业发展的生涯规划意识，尤其是对硕士学位计划和入职后教师专业发展的重视，这部分建议的文字体量也相当大。由于在第一条建议的教师资格认证的三个条件中已经规范了职前的达标条件，所以在教师教育计划的设计与管理中，科南特将主要责任赋予了教师教育机构，在关于实习和整个大学培养的建议中规定了实习标准、学士学位课程的广度、硕士学位课程的设置与类型要求、学制安排及获得方式等，并指出了小学低年级和高年级未来教师的硕士学位类型差异，以及美术、音乐、体育教师的具体要求等。为详细规范硕士学位计划，科南特专门在第二十六条建议中提出了增强教师能力的七项要求，在教师教育质量标准上他除了要求通过获取学位提升学术水准外，更注重教师教学能力的培养，而且将教师专业发展看成一个连续的过程，提出职中与职后的专业发展建议，即第十一条关于试用期的安排、第二十三条关于教师工资的激励措施，第二十四条关于暑期学校的安排，第二十五条的脱产学位进修建议，以及第二十七条的在职继续教育等。科南特之所以专门以信件的方式提醒编辑及评论人员注重这些建议，除了他自己肯定这些建议的实际价值外，很重要的原因在于 1963 年报告《美国教师教育》发表后，他关于教师教育管理错综复杂的权限划分因触动了当权派利益而遭到激烈批评，但以上强调的建议多是已在某些学校实施只需进一步改进的做法，而且这些建议正在引导教师教育发展的新方向，如教师能力发展和终身发展问题，因此他认为在这些建议上应该能够达成更多的共识，也更容易被接受和在现实中操作。科南特这样做无非是希望评论家们能更全面平衡地看待他的所有建议，使对报告的评论更加客观、理性，更具建设性。

　　如果不与当时美国的教师教育现状进行比对，很难理解这些建议的革命性与有效性，不过还是多少能感到科南特的立场不再像之前中学建议那样温和，他没有为现存秩序进行过多辩护，其一贯坚定的维护者与和平协调者形象在教师教育报告中有所改变，虽然也担当了终结争吵的调停者，提出了一些明智的辩护性建议，主张对未来教师进行广博精深的学术训练，但这不过是在重复过去几十年来教育家和外行们强调的主题。他真正的意图在于通过权力的重新划分来号召教师教育领域的一场变革，对一些教育当权派尤其是专业认证组织如全国教师教育认证理事会来说，这的确具有杀伤力。林德利·斯泰尔斯认为科南特"从政治竞技

　　① Conant J B. Untitled address delivered January 27, 1950, at the symposium "Functions of a Modern University". Proceedings of the First Symposium Sponsored by State University of New York. Albany: State University of New York: 13.

场的角度去解放教师教育，使之回归自然的学术本质的建议，对当前全国教师教育认证理事会先发制人的重组努力，显然是致命的一击"[1]。可以预见，科南特围绕《美国教师教育》的所有焦虑都将被证实，全国各地的教育学教授对他的研究表达了相当的不满，在批评中，一些教育家无疑试图保护自己的领地不受侵犯，当然也不乏教育家承认科南特研究的全面性和建议的合理性。

报告发表以后，科南特及其团队一直在努力澄清支持其建议的基本假设。1963 年 11 月 12 日，研究团队的骨干成员博罗曼在芝加哥州立大学和赠地学院协会上的讲话中以"科南特教师教育的相关建议"（*Conant's Recommendations Concerning Teacher Education*）为题进一步阐释所有建议。1964 年 2 月 19 日，科南特以"教师认证：州严苛控制下的项目途径"（*The Certification of Teacher: the Restricted State approved Program Approach*）为题，在芝加哥教师教育学院协会发表演讲阐明教师认证问题。斯泰尔斯根据博罗曼的讲话内容，将科南特报告建议的基本假设总结为以下七点[2]：第一，超出高度抽象的概括化或一般化（除了高度的泛化），在一个特定的州或有时甚至一所校园没有任何可以用来描述美国教师教育的论断；第二，关于教师教育最有意义的决定，如教师选择、课程内容重点的确定、材料呈现方式及学生成绩评价等，一直而且还会继续在特定的学院或大学发生；第三，每个校园和州必须按照自身的特色传统和典型的政治思潮做出决定；第四，除了所有人都承认实习或临床经验的重要外，没有足够的证据保证任何教师教育元素具有全国性共识；第五，教师教育面临的主要挑战就是要解决政治程序问题，通过这一程序使当前一系列团体能寻求影响，表达其合法的利益诉求；第六，教师教育课程应由具体学校从事教学的教师来决定，但必须符合两个条件：一是要基于对公立学校情况的详细研究，二是带来变革机会的公立学校当局和州长官应该能够发现某一特定学院在教师产出方面的具体弱点；第七，在专业课程内部，有效的教学极有可能来自影响教育问题的跨学科教授，如那些成熟学科的历史学、心理学和哲学教授，以及掌握实践现场经验的临床教授，他们影响着教师准备的广泛性与连续性。

基于以上假设，科南特的建议具有了真正的现实主义特色，他认为学院和大学的教师最终决定中小学教师培养的质量，建议允许他们自由创新，赋予其合作完善产品的责任。科南特及其团队意识到，现行的执业资格与认证程序运作起来更像是一种骚扰甚至控制，他们所能做的就是号召大家行动起来，通过完善认证标准和认证程序，将教师教育计划的质量目标导向提高教师的学术水准与执教能力。

---

① Weiss R M. 1969. The Conant Controversy in Teacher Education. New York: Random House: 88.

② Weiss R M. 1969. The Conant Controversy in Teacher Education. New York: Random House: 96-97.

第三节　学术水准与执教能力——科南特的教师教育计划

在教师教育发展历程中，学术性与师范性一直是一对基本矛盾，学术性解决教什么的问题，师范性解决如何教的问题，两者分别从学术保障与职业属性的维度提供专业化的动力。"一般认为：所谓学术性是指文理学科的水准，而师范性则是指教育学科的水准。"[①]但是，科南特建议的教师教育计划很难用这组相对的概念来概括和平衡，他非常重视学术性，强调以整个大学联合的途径提升学术水准，以此迎合基础教育改革的需求和自己对学术的偏好，但在师范性上，他并不单纯强调加强教育学科的教学，而是希望通过实践环节将学术性与师范性之间复杂的对立统一关系进行整合，通过设计严密的教学实习环节提高学生的教学实践技能，因此在他设计的实践程序中既包含了学术的师范性，又兼具了教育学科的学术性。"教育实习是使学生将所学知识应用于教育教学实践的活动，其目的主要是培养学生的教育实践能力，更多体现师范性，但它也包含了文理知识和专业知识的运用，因而它实际是学术性与师范性关系的综合反映。"[②]由于科南特同时强调文理学科的学术性和教师职业的实践特色，却对当时盛行的教育学科有故意回避之嫌，所以，本研究采用学术性和实践性来概括其教师教育计划的特点更为贴切，这两大特征直指提高未来教师的学术水准与执教能力，反映了美国教师教育质量观从学科本位到能力本位的过渡属性。

一、科南特教师教育计划的课程安排

20世纪前半期，受杜威实用主义思想影响，学校课程从关注教材内容转到了促进学生的发展，导致教师教育课程日益宽泛、松散，缺乏相互联系与重心支撑，到20世纪50—60年代，在教师培训方面，政府与教师专业团体开始对教师教育计划进行调整。应该承认，教育科学的发展为教师教育计划设计提供了丰富

---

① 欧阳光华. 2004. 高师学术性与师范性关系的透视. 内蒙古师范大学学报（教育科学版），（7）：18.
② 欧阳光华. 2004. 高师学术性与师范性关系的透视. 内蒙古师范大学学报（教育科学版），（7）：17.

的资源，强化了教育的学科训练与教师教育品质的养成，然而在课程设置中多达几十门的教育学科如教育哲学、教育史、教学原理、教材教法、普通心理学等，不仅占据了培养计划相当大的比例，而且课程门类繁多，内容交叉重叠又贫乏空洞，不能发挥应有的作用。为了解决学术课程与专业课程比例失调的问题，先后出现了20世纪20年代突出专业教育的课程模式与二战前强调文理基础教育的课程模式，反映了从教育学科中心阶段向大学化、学术化方向转变的起步。这两种模式的课程控制主要通过学分来实现。20年代为学科中心时期，强调专业学科培训，这种课程模式中的结构比例如表4-1所示。显然，该模式的课程标准注重对未来中小学教师的专业培训，在小学教师培训课程中，教育专业课程学分比例几乎占到一半，在中学教师培训课程中也占到将近1/3，当然最大的份额是基础学分，就是普通文理科目的学习比例，在小学教师培训课程中占到一半以上，在中学教师培训课程中也占到45%以上。

表4-1　20世纪20年代美国中小学教师培训课程分配比例[①]

培训对象	基础学分及百分比		任教课程学分及百分比		教育专业课程学分及百分比	
小学教师培训课程（含初中）	126.5	51%	—	—	121	49%
中学教师培训课程	88	45.1%	48	24.6%	59	30.3%

在理论界对两种模式的争论与比较中，菲尔普斯（Phelps）赞同专业培训应在文理教育基础之上的观点，他比较了两种模式在理论、论点、建议和期望几个方面的主要区别（表4-2）。通过人们对两种观点态度的反馈，菲尔普斯得知，多数人肯定学术背景和人文知识的积累是教师培训课程的基础。

表4-2　关于教师教育课程的两种不同观点[②]

	强调专业教育的观点	强调文理基础教育的观点
理论	四年制教师学院应为学生提供毕业后所教的学科课程	四年制教师学院的课程应有宽广的领域，能容纳与专业学科不同的人文学科
论点	教师学院的每门课程都应是专业的	以两年宽广的人文学科积累为专业训练基础
建议	加强训练，将小学课程分为两个或三个小组，要求在小的领域中专业化	旧的两年制专业训练计划，应集中安排在两年学术学习后的高年级阶段
期望	要求分析教师工作，建立包括教师必须掌握的准确的学科与活动课程	不同领域的教学培训的相似性大于差异性，培训教师应使用具有一定不同性、能适用于不同领域的核心课程

---

① 郭志明. 2004. 美国教师专业规范历史研究. 北京：中国社会科学出版社：110.
② 郭志明. 2004. 美国教师专业规范历史研究. 北京：中国社会科学出版社：113.

在理论层次上，科南特更强调普通教育学科的学术性，对教育学科的学术性追求明显弱于文理学科和普通教育学科，这不仅是社会和基础教育改革的紧迫需求，也反映了教师教育自身发展的内在逻辑，当教育学科中心时期开始向能力本位转变，提高课程学术水准，培养学者型教师成为直接提高教师教育质量的策略之一。"二战以后，在原哈佛大学校长康南特和麻省理工学院教授克尔纳（J. B. Koerner）的倡导之下，美国高师教育开始加强文理学科和普通教育课程，一些院校将教育史、教育哲学等理论性学科安排在研究生阶段进行，在本科阶段则以教育基础或教育导论等课程给予学生关于教育的背景和原理的知识，有的院校则淘汰一些空泛无用和缺乏科学依据的课程。"①在教师教育报告中，科南特的课程思想集中在第五章和第六章，第七章和第八章作为前两章的具体化，分别论述小学和中学教师的培训课程。在提出的 27 条建议中，第十四条和第二十六条专门针对教师教育课程，其他建议间接谈到某些具体学科，如外语、短期讲习班内容、小学教师基本训练及教学实习等。除教学实习环节外，科南特的教师教育计划主要包括普通教育课程、集中专攻课程（各科专业教育课程）和教育学专业课程三部分。

关于普通教育课程，科南特论述了教师文理科的基础训练，为保障教师培养课程的深度和广度，他设置了三种形式的普通必修科目："第一种为实际指定的具体课程，如英语、历史或自然科学等科目，通常是所有大学生在大学头两年都必修的；第二种（也是最常见的形式）是指定某些领域或指定一系列课程，学生必修其中一定数量的科目；第三种是开设一系列的综合课程或跨系课程（打破系的界限，把若干领域的知识重新组合，如人与社会、现代趋势等都是跨系课程）。学生必修其中全部或若干课程，跨系课程有时由大学各部门或学院自己的教师开设。"② 科南特认为在多数院校中，普通教育必修科目的水平低于要求的标准，因此他对普通教育内容做了假定："第一、某些知识领域是所有未来教师都应熟悉的；第二、这些知识领域中，有掌握该门课程的独特方法；第三、这些知识本身以及理解这些知识的方法都有其基本原理；最后，如果学得得法又教得正确，这些科目及其基本原理，能够促进博雅教育的过程。"③ 关于普通教育课程的时间，他提出即使在中学已做了良好准备，也要占到四年时间的一半，而且他认为这个分量并不重，因为对每一位教师来说，必须做好讨论高深问题的准备，不仅在教室内，也要在和学生的谈话中涉及专业以外的知识，教师应组成相

① 欧阳光华. 2004. 高师学术性与师范性关系的透视. 内蒙古师范大学学报（教育科学版），(7)：17.
② 科南特. 1984. 科南特教育论著选. 陈友松主译. 北京：人民教育出版社：241-242.
③ 科南特. 1984. 科南特教育论著选. 陈友松主译. 北京：人民教育出版社：248.

互合作的学者集体，拥有尽可能多的共同的知识经验，积累学识并获得学术界的认可。他认为，大学学习两年的普通教育在于发展一般文理科目的学力，使教师在同这些领域中任何一门专任教师同事的谈话中具有一定的自信，不论小学教师还是中学教师，这种学力信心是必要的。"因此，未来教师的普通教育应是广博的文理科目学术性教育。"[1]尽管了解美国教师教育课程的多样化现实，科南特还是大胆对未来教师的普通教育进行了规范，他所要求的普通教育的课程数及学分时数如表 4-3 所示。[2]

表 4-3　科南特规定的普通教育课程数及学分时数

中学已学过的科目	课程数	学分时数
英语和作文	2	6
西方世界文学传统	2	6
历史（至少一半不是美国史）	3	9
艺术欣赏和音乐欣赏	2	6
数学	2	6
科学（有顺序地学习物质科学和生物科学）	4	12
中学没学过的科目	课程数	学分时数
普通心理学导论	1	3
社会学和人类学导论	1	3
哲学问题导论	1	3
经济学导论	1	3
政治科学导论	1/20	3/60

科南特认为，通常在中学已经学过，在大学需要继续学习的领域有文学、历史、政治学、数学、各门自然科学、地理、艺术和音乐，作为普通教育的一部分这些科目应达到胜任 12 年级教学的能力。所有的科目中，他着重指出数学、物理、科学和英语学习的重要性，尤其是数学，认为 20 世纪的科学几乎是数学性质的科学，数学、物理、化学领域的学习不过是在每天都和人类发生关系的领域进行扫盲，这些课程的学习要采用能力测验的方式进行评价。在未来教师四年学习时间的 120 个学期小时内，上述课程占到 60 个学期小时，剩余时间用来主攻专修课程和教育学专业课程，如仍有节余则用来选修一些自己主修外感兴趣与拓宽知识领域的科目。虽然他承认教学能力和智能（即根据学习各门课程的成绩分数或学习能力倾向测验衡量的智慧能力）不是密切相关，但还是强调良好普通教

---

① Conant J B. 1963. The Education of American Teacher. New York：McGraw-Hill Book Company Inc.：93-94.

② Conant J B. 1963. The Education of American Teacher. New York：McGraw-Hill Book Company Inc.：99.

育基础的意义，甚至要求教育行政人员也要接受广博的普通教育。科南特的计划强调了教师教育和中学教育的内在联系，认为改进教师教育不仅要提高招生标准，还要改进中学的课程计划，把教师教育培养的目标与中学的教学需要联系起来。

关于集中专攻课程，科南特认为主要解决未来教师任教科目的专门化问题，未来教师不应只得到扩展范围的肤浅知识，而应在广博的知识背景中用大部分时间学习任教科目，满足任教科目知识更新与难度加大的要求，这就是科南特提倡的"精深教育"。在提到精深教育课程计划时，他采用"集中专攻"或"一个或若干领域的集中专攻程度"，来替代"主修"和"副修"两个容易产生混淆的学术名词。他认为对未来小学教师来说，36个学期小时的集中专攻课程是四年制教师教育课程计划容纳的极限，而对未来的中学教师来说约需48个学期小时。除了学时分量上的规定，在集中专攻课程的内容方面他主张计划要有连贯性和顺序性，可采用综合测验的方式测评学习结果。他举例说明集中专攻化学和文学科目的差别："一个集中专攻课程计划，要么有顺序，便于学完最高课程即可保证掌握以前所学知识，要么就应采用综合测试来检验，且经得起这种检验。一个经不起上述两种检验的所谓'主修'，依我看就是靠不住的教育工具。"[1]

在讨论教育学专业课程时科南特论述了教师为发展教学技能应具备的四种心理因素：第一种因素称为"民主的社会因素"，实质是具有民主的社交方面的基本素养，因为教学是人与人的互动；第二种因素要求教师对儿童在团体中的行为发展方式感兴趣，掌握儿童行为发展的规律，保证教学能促进儿童行为的改变与发展合乎目的；第三种因素是掌握儿童成长的适宜知识，科南特指的不仅是身体生长，也包括心理的、精神的及社会技能等方面的成长；第四种因素可称之为教学原理，教师掌握这种原理既适用于旨在发展班组儿童的心智技能，也适用于针对个体学生的教学。对科南特来说，孩子心智技能的培养或智力开发能力既是未来教师应具备的教学技能核心要素，也是教学活动必须遵守的原则，是提高课堂教学效率的基本保障。以上四种因素的解释展示了科南特对教师素质的总体要求，他认为当前并不存在一门教育科学或一门教育学科，能承担培养未来教师发展以上基本素质的功能，因为教育和医学一样，是建立在多种科学或学科知识基础之上的，所以在讨论与教师有关的学术性科目时，科南特把这些科目统称为各门教育科学或学科。他发现教育学教授和文理学院教授一样，在教育学课程方面除了规定学习时间，在内容设置与教学安排上并没有统一要求，所有课程计划大

---

[1]　Conant J B. 1963. The Education of American Teacher. New York：McGraw-Hill Book Company Inc.：109.

都包括一些常设课程，如教育心理学，至少一门教学法课程，一门从哲学和历史观点解释学校与社会关系的课程，且每所院校都有教学实习计划，这些教学实习计划内容不同、标准各异，起始年级五花八门。许多学生对教育学科的教学质量表示不满，认为多数属于陈旧乏味、幼稚单调的"米老鼠"（Mickey Mouse）课程，讲授这些课程的人并非历史学家、哲学家或社会学家，因而没有实际内容，不能从中推断出教学实践的规律性知识，对未来教师尤其是师范生用处不大。但科南特不同意某些批评家取消教育学科，代之以普通文理课程的意见，相反，他承认教育学科的某种价值，主张精简教育理论课程，删去空泛重复的教材，增加切实可用的科学内容，提高教育课程的学术水平，提高教育理论与教育实践的相关度。他认为学习这些课程是有益的，关键要慎重选择教师，最好由对教育问题感兴趣的哲学家、社会学家、历史学家和心理学家来教授。他还提出在整个教育计划中，小学教师必修的教育课程不应超过 1/4，中学教师则不应超过 1/8。在所有的教育学课程中，心理学与教学工作最为密切，"应用于教学的心理学原理是否正确，取决于我们能否根据这些原理推断出具体的预见"[①]。心理学是一门必要课程，至少对小学教师如此，对高中教师来说，教育心理学的价值不如教育测验和测量重要，科南特建议所有教师都应学习一门普通心理学课程。无论心理学还是教育学或教法课程，内容上一定要协调一致，避免重复，保证教师把更多精力投入到对教学实习的指导和评价中。显然，针对教育学科的课程，科南特的基本主张就是课程本身具有价值，但须精简内容、压缩课时，并由教育学教师以外的相关领域的专家来讲授，旨在提高教育学科的科学化程度或学术化水准。

　　总之，科南特主张加强普通文理教育基础，提高学术标准；设置集中专攻课程计划，保证学习时间有所侧重；废除杂乱无章、肤浅的教育学专业导论性课程，增强教育学课程的学术性；强调教学实习，建议各院校负责指导和评定教学实习的教授必须具有丰富的实践经验等。他要求由学科专家承担教育学课程，认为教育科学的发展水平相对较低，希望吸引各领域的专家关心教育科学的发展，在更广泛的社会科学领域展开对教育问题的研究，而不单单把推动教育科学发展的任务留给教育学教授们，这在某种程度上展示了科南特强调教育系统开放综合的大教育观。

---

① Conant J B. 1963. The Education of American Teacher. New York：McGraw-Hill Book Company Inc.：135.

二、科南特教师教育计划的目标达成与制度设计

科南特设计的教师教育计划着力聚焦教师质量标准的两个观测点：一是提高学术水准，培养学者型教师；二是注重实践技能，增强执教能力。提高学术水准和执教能力是 20 世纪美国教师教育专业化发展的两大重点策略，也是科南特构建教师教育计划课程体系和培养制度的基本依据。

科南特认为，制定统一的教师教育课程是不现实的，但他相信提高学术标准和课程教学质量是改进教师教育的有效途径。为了提高学术水准，无论是普通教育课程、集中专攻课程，还是教育学专业课程，科南特一再强调不要因广度牺牲深度，同时课程设置也不再仅关注各学科的结构比例问题，而是把目光更多地投向学科内容及方法革新上，他从普遍争论中获得广泛共识，"未来学校教师的文理科目学业成就，可能且应该比现在更具广度和深度"[1]。他列举了很多适合大学生心理特点的学习方法，希望根据学科和学生特点选择最有效的教学和学习方法。针对中小学教师培训他提出了不同的侧重点，小学三年级以下教师要比高年级和中学教师在儿童心理学上有所擅长，精通儿童活动组织，可不设集中专攻课程。对小学高年级和中学教师则必须设置集中专攻课程，因为他反对为应付师资不足让教师兼职多个学科的应急之举，尤其让教师兼任两门或多门毫不相干的学科，这样既不利于教师对专业领域的深度钻研，又不能保证教学质量。在课程安排模式上他主张打破用"学期小时"（semester hour）[2]为唯一计量单位的教育衡量标准，同时配合其他方法辅助提高教学质量，如加强独立学习和更新考试方式，采用综合测试与其他考核手段等。为提高未来教师的学术标准，科南特对生源质量及师资配备提出要求。生源上，由于教师教育的先天弱势，他重申要提高生源质量，在全国范围内选拔中学毕业班中才智水平前 1/3 的尖子生，并在报告的第十二条建议中要求各州为未来的教师提供助学贷款，以此吸引经济条件差的优秀学子加入到教师行列。在优秀生源的培养上，他要求与其他综合大学一样高标准、严要求，对普通教育中的文理科目绝不降低标准、放慢速度，在师资配备上动用整个大学的资源。在第十三条建议中，他提倡整个大学的教师训练模式，认为如果一个机构参与了教师教育，董事会和捐赠人应过问是否真正存在支撑整个大学训练的师资队伍和跨系部合作的教师群体。在教师培养环节，他希望改组学区、改革教学形式以减少教师实际需求量。如果一所小型教师学院不能满足师

---

[1]　Conant J B. 1963. The Education of American Teacher. New York：McGraw-Hill Book Company Inc.：73.

[2]　（美、德等国学校课程的）半学年的授课时数，作为衡量课程的单位，指每半年的课时数，如半年开设 36 小时的课程，则称为 36 学期小时。

资培训的最低要求，第一种变通的方式就是跟邻近学院或大学合作整合人力资源；另一种可能的办法就是与开设五年制或教学硕士课程的大学联合培养。在第十九条建议中，他要求小型学院训练小学教师要配备足够的职员，负责人应考虑能否支付维持足够的师资队伍。人们对教师教育学院较低的学术水准提出了批评："教师教育学院的学生用全部时间学习如何教学，他们应该在文科学院得到培养，从而获得广博的普通教育和扎实的主修专业知识，这样毕业后才能有几分学问。"①科南特认为，美国教师教育机构种类繁多、课程多样、标准不一，教学情况不能一概而论，他发现事实上一些教师教育学院和多目的综合大学的教师教育课程的变革只是取代了部分选修课程，而且这种情况在文理学院同样存在，因此主张文理教授和教育学教授共同培养未来教师，这样既强调了文理各专业领域中的学术性，又注重了教育职业的专业训练。

提高未来教师的执教能力是科南特教师教育计划的另一指向，为此他精心设计了教学实习环节，以保障教育教学理论与教学现场的相关性，架起理论世界与实践领域的桥梁。科南特对教育专业课程的选择非常谨慎，重点强调该门课程是否对提高实际教学能力有效，并对教育专业课程的内容做了严格规定，剔除毫无作用的拼盘式课程，改革脱离教学实际的教法课程，慎重选择教学内容和教师，特别强调"第一门教育学专业课就应该为师范生提供获取实践经验的指导，帮助他们通过观察对课堂教学、个别儿童或儿童集体行为有所了解"②。科南特希望，继续开设教育学专业课程要给学生提供更多的见习机会，在专门教师指导下将所学文理知识和教育原理应用到实践中去，在实践现场激活理论，用先修理论点燃课堂教学的艺术灵感。为提高实习效果，真正将课程学习成果运用到教学实际中，增强课堂执教能力，科南特在报告建议中做了周详的安排。在制度保证上，第五条建议规定："教学实习计划应由州政府批准。州政府应同各培训院校和公立学校通力合作，规定教学实习的各种条件以及实习中的教学法。州政府应要求相关学校呈交证件，说明任命的合作教师和实习指导教授合格。"③在财政支持上，第四条建议规定，州对地方委员会提供财政援助来保证高质量的实习。在时间规定上，第十八条建议规定了小学教师的实习周数和教学时数、实习标准等要求。最后也是最重要的保证建议，就是科南特设计了两类教师，让他们在实习和培养未来教师的教学技能中充当重要角色，也可称为教学实习与技能提升的人员保障。一类称为合作教师，来自与学院或大学签

---

① Conant J B. 1963. The Education of American Teacher. New York: McGraw-Hill Book Company Inc.: 73.

② Conant J B. 1963. The Education of American Teacher. New York: McGraw-Hill Book Company Inc.: 126.

③ Conant J B. 1963. The Education of American Teacher. New York: McGraw-Hill Book Company Inc.: 211.

有实习合同的学校，具有丰富的课堂教学与管理经验，是沟通教师培养机构与公立学校教学现场的中介，保证实习经验与学校的实际教学不脱节，合作教师是实习合作学校值得信任的任课教师，他们协助学生实习，既有当教师的本领，又有当领导和评价者的才干。科南特在第三条建议中要求，与学院或大学签订实习合同的公立学校系统，对有能力胜任实习合作者的教师，应给予任务分配和工资待遇上的倾斜，不仅"减少他们的工作负担，还要提高他们的薪金以资鼓励"①。另一类教师来自具有教师培养资格的学院或大学，称为临床教授，他们具有丰富的实践经验，主要职能是监督和评价实习效果，在教育机构中教育未来的中学教师，沟通教育教学的理论与实践，保证理论与实践的相关性，在第十六条建议中，科南特要求学院或大学对这类教授也要给予足够重视，将其提高到类似特定医学院临床教授的地位。另外，在第二十一条建议中，他特别强调了教师教育机构内教育队伍应在每个领域都设一名相关或相近学科的临床教授，为该机构的学生颁发专门的教学文凭提供监管保证。从这些建议中不难看出，科南特通过系统的制度安排来规范实习环节，保障实习效果，旨在实现提升未来教师执教能力的最终目标。

科南特引用马萨诸塞州建立师范学校目的的表述，作为自己对教师职业的理解："教学同其他艺术一样，也必须有一套熟练的技能，这是毋庸置疑的。同样，在合理的范围内，可以把这种技能和本领作为一种科目，通过教学传授给他人。"②从教学技艺观出发，科南特对教学实习给予极大关注，重视未来教师从教基本功的训练，突出了教师教育课程的实践性特点，与提升学术水平的一系列建议共同服务改革的终极目标，即提高教师培养的总体质量。由此可见，科南特提供的教师教育计划，既注意拓宽普通教育的知识广度，又重视深化普通文理与集中专修课程的学术基础，尤其强调了未来教师的教学实习安排，这种对学术性与实践性的重视，成为 20 世纪 60 年代末 70 年代初美国能力本位教师教育新模式的先导。当然，科南特观点的不足之处也很明显，他虽然承认教育是一门既包含理论又需要经验的科学，却没有把教育学看成一门严格的科学列入课程计划，认为教育学尚不能完全建立在科学实验的基础上，这种对教育科学性及其学科价值的轻视，导致此后一段时间教育学专业课程备受冷落，一定程度上对教育的科学化进程产生了不利影响。

---

① Conant J B. 1963. The Education of American Teacher. New York: McGraw-Hill Book Company Inc.: 212.
② Conant J B. 1963. The Education of American Teacher. New York: McGraw-Hill Book Company Inc.: 113.

第四节　质量保障与权力重构——科南特的教师认证与检定政策

教师质量指教师胜任教学工作应具备的知识、能力、性向等个人属性，教师教育质量则是对教师培养机构具有或应具有的资质的界定，虽然二者涉及对象不同，但因教师个体正是教师培养机构的成果或产品，因此在质量上二者密切相关，均为质量保障的关键要素。在教师质量保障与控制体系中，针对教师和培养机构的资格认证是教师教育质量保障制度的核心，它除了对教学专业人员给予职业竞争保护外，最直接的功能就是充当质量"看门人"的角色。在美国教师认证制度中，科南特明确指出了所谓的教育当权派的权力过剩及学科教授和公众缺位问题，主张各方团体应突破利益藩篱，围绕提高教师质量标准重构培养与认证主体的权力结构，真正实现教育当局、教育团体及其附属组织、培养院校、文理学科教授、州政府及公立学校人员各司其职、团结协作。

一、美国教师质量保障制度与权力格局的演变

美国教师质量保障经历了师范学校建立前的非专业外部行政保障，到专门教师教育机构产生后的专业机构内部保障和外部保障相结合，再到叠加各类专业团体形成多层次联合保障机制的复杂演变历程，教师认证标准的完善展现了不同时期的教师质量观，而监管主体的变动则体现了教师职业管理与专业控制权的归属及博弈格局。

美国教师资格证书传统始于殖民地时期，那时教会组织和地方长官负责考察申请者的宗教观点与个人品行，后来随着经济社会的发展与教育世俗化水平的提高，教师资格认证权逐渐从教会组织转移到县市级地方政府和学区手中，由县政府相关部门组织对申请者的选拔考试，审核者多来自教育领域之外，重点考察申请者的任教学科水平。19世纪30年代，这种县市和学区主导的低重心行业外教学许可制度在各州普遍建立。此后，州政府力量逐步崛起，随着各州教育管理机构和师范学校的设立，城镇、县市掌管的教学许可考试权开始向州政府聚拢，考

试内容除了学科知识，增加了培训和教学实践，资格认证开始与培养环节互通。教师资格证书管理权的上移提高了州内教师入职标准与程序的规范化水平，便于州际或州内县市间的教师流动及供求调节。由于美国地方自治的传统，教师认证权力的上移过程缓慢而复杂，直到内战结束后，集权化趋势才得到进一步加强，到 20 世纪初，多数州基本实现了对教师资格认证的州级控制或半控制。"到 1937 年，完全控制教师证书系统的州达到 41 个。"[①]州级政府除了控制教师资格认证权，还主导着教师教育机构的质量监控。师范学校建立初期，主要目的是满足公立学校的教师需求，因此由当地教育部门和学校董事会负责组织与管理，控制上具有非集权化特征。州立师范院校建立后，因经费来自州级财政，管理权归州教育委员会，州政府便可通过直接干预入学标准和审查培训方案来实现对本州教师的供应调节与质量管控。为增强职业竞争力和体现教学的专业特性，师范学校通过提高入学标准、延长修业年限、争取学位授予权，以及毕业直接获得教师资格等途径获得自我提升，实现教师质量在机构内部专业保障上的纵向延伸。1925 年前后，多数师范学校完成升级过渡，升格为师范学院或进一步发展为州立学院或大学，或并入综合大学成为教育学院。"1959—1960 年，在 1133 所教师教育机构中，承担教师教育任务的大学有 221 所，普通文理学院有 705 所，技术学院、初级学院和其他学院 122 所，教师学院仅剩 85 所。"[②]在教师教育跻身高等教育行列的过程中，州教育部门通过课程限制及证书制度施加影响，以学历取代资格考试的做法得到推广，教育理论知识和教学实践成为质量标准的重要组成部分，具有教师培养职能的大学开始联合文理学院和教育研究生院共同培养中学教师。"根据 60 年代的统计，当时全国中小学教师只有 20%的是由教师学院来培养，有 32%的中小学教师由私立高等学校培养，有 48%的中小学教师由公立高等学校培养。"[③]

　　在教师教育机构升级和教学专业化进程中，除了来自州教育机构的行政保障与教师培养机构的自我质量审核，各类教师及教育管理人员的协会组织也介入标准制定与资格审查。1858 年，美国师范学校负责人组建全美师范学校协会，并成立教育理事会致力于开发统一的教育标准和课程。几乎同时，来自多个州的教育工作者于 1857 年成立全国教师协会，1870 年与全美师范学校协会合并更名为"全国教育协会"，下设全国教育协会师范学校部，1912 年又成立师范学校标准

---

① 　Angus. D L.2001. Professionalism and the Public Good：A Brief History of Teacher Certification：16.
② 　郭志明. 2004. 美国教师专业规范历史研究. 北京：中国社会科学出版社：149.
③ 　滕大春. 1980. 今日美国教育. 北京：人民教育出版社：132.

委员会，进一步强化教育专业团体在质量保障中的地位和作用。1917 年，州立师范学院院长组成全美师范学院协会（American Association of Teachers Colleges，AATC），作为高等教育层次教师培养机构的协会组织，致力于开发符合高等教育规范的学术课程，并于 1925 年与全国教育协会的师范学校部合并为代表州立师范院校的协会机构，制定和完善教师教育机构专业标准及教师资格认证要求。虽然全美师范学院协会在教师培养标准方面做了很多努力，但因认证对象局限于师范院校，而当时半数以上的教师来自其他培养机构，如大学的教育学院、教育系、文理学院等，加上州行政和立法干预，以及其他教育专业组织与自愿协会的冲击，其学术标准的代表性效力逐年下降，与其他教师教育组织联合认证成为时代所需。另外，各州教师教育行政负责人也组建代表自己权力的协会组织，它们不属于专业认证组织，主要致力于提升各州教师教育行政管理人员的业务素质。

截至 1950 年，美国已有 100 多个专业认证组织，他们代表不同的利益团体，为控制专业教育权相互竞争，有的代表教师教育专业团体，有的代表高等教育区域认证组织，有的代表州和地方行政力量，有的代表联邦管理部门，在质量认证主体和标准上日趋多样化，甚至形成混乱之势。为促进各类教师教育机构和组织的协调合作，1942 年，美国教育委员会成立了教师教育合作理事会（the Council on Cooperation in Teacher Education，CCTE），1948 年，在其 17 个成员单位中属于教师培训机构协会的全美师范学院协会、全国教育学院和教育系协会（National Association of College and Departments of Education，NACDE）、全国城市教师教育机构协会（National Association of Teacher Education Institutions in Metropolitan Districts，NATEIMD）合并成立了全美教师教育院校协会（American Association of Colleges for Teacher Education，AACTE），成为当时全美首个代表不同类型教师教育机构的教师教育认证组织，负责对其成员机构开展认证工作。虽然占总数 3/4 的教师来自全美教师教育院校协会的成员机构，但因成员机构的代表数比重不足 1/4，尤其是排除了美国学院协会教师教育方面的文理学院，从而引来一些赠地学院和大学校长的联合抵制，导致其认证标准始终未得到高等教育界的承认。而且，尽管全美教师教育院校协会在常务工作中吸纳了州教育厅和全国教育协会各部门及委员会任命的人员，但并未将其纳入认证的主体，无法反映专业实践者的立场，由此招致教学一线广大中小学教师的不满。

全国教育协会起初为教育管理者组织，二战后中小学一线教师成为主导力量，协会发展成美国教学专业领域最有代表性的专业实践者组织。为打破教育机构的教师及其管理者在质量认证方面的垄断，1946 年全国教育协会成立了全国教师教育和专业标准委员会，声称自己为联合教学专业组织的官方机构，旨在吸纳不同团体广泛参与推进教学专业化标准运动。全国教师教育和专业标准委员会涵盖了全国教育协会及各州和地方教育委员会协会、中小学校协会、区域认证协会及其他行业外组织，通过在各地设置分支机构，成立由中小学一线教师主导或参与的教育顾问委员会（Education Advisory Council，EAC），协助各州制定和实施证书政策。全国教师教育和专业标准委员会于 1950 年创办《教师教育杂志》（*The Journal of Teacher Education*）作为美国教师教育的顶尖级杂志，主编佩克（W. E. Peik）在杂志首期撰文，强调教师教育领域的最新行动是推动教育组织和专业组织、机构及立法机构走向统一与合作。在 20 世纪 50—60 年代教师教育的学术化大战中，该委员会的重要贡献就是推动成立了新的全国性教师教育认证机构。1952 年，全国教育协会联合全美教师教育院校协会等组织，成立新的教师教育联合认证机构——全国教师教育认证理事会，于 1954 年接管原属全美教师教育院校协会的认证工作，到 1959 年有 17 个州接受了认证，通过认证的教育机构，其毕业生同时获得跨州通用的州级教师资格证书。在加强协作方面，1959 年 8 月到 1960 年 8 月，全国教师教育和专业标准委员会发起了教学领域的"新视域项目"（New Horizons Project），联合小学、中学、大学教师和管理人员、专业代表和学术学科代表、州专业协会和教育系统成员等各领域人士，共同致力于提高教学专业化标准的研究。

从教师质量保障组织的发展演变中不难看出，致力于改善美国教师教育的几股力量在不同时段反映出不同的竞争合作关系，它们之间的矛盾冲突构成了教师专业化的基本动力。从最初非专业外部教会组织针对教师个体的资格筛选考试，到行政力量和专业组织针对个人和培养机构双重认证的培养筛选并重模式，再到多种力量针对个人与机构的联合培养与认证，此间推动教学专业化的基本力量主要包括：代表专业外管理层的州政府，尤其是州教育厅主管教师教育和证书的专业人士；代表教育实践者的全国教育协会组织及其下属机构，州和地方教育协会与认证咨询委员会；代表培养机构及管理者、实践者联合认证的专业组织，如全美教师教育院校协会、全国教师教育和专业标准委员会及全国教师教育认证理事会等。各利益相关者为保护自身利益和分享权力，不得不在更广泛的代表性上结成联盟，如全国教育协会组建全国教师教育和专业标准委员会，旨在分享教育机构和教育管理机构的管理认证权，而美国联邦教育局、高等教育区域认证组织及美国赠地学院协会等，主要从维护高等教育学术标准层面讨论教师教育的标准问题。到 20 世纪 50 年代，几乎全部主要教育团体和教师教育者群体都卷入其中。在这些力量的冲突合作中，教育专业人士、教育专业团体及教育管理机构已结成强大的联盟，作为教学专业化阵营对专业外力量的干预形成一定程度的阻滞，被称为教育当权派，甚至被对手批评为教师教育现状的维护者。

二、科南特教师质量认证的权力划分与检定政策

科南特虽然与教育界领袖交往甚密，但并非教育专业阵营的代表，他认为过多的教育学课程和强势的教育专业阵营阻碍了改革的进程，希望控制在全国教育协会旗下的认证组织与州教育管理机构赋予培养机构更多的自由，增加文理教授尤其是学科专家的话语权，并激发公众的参与意识和责任感，他准备仲裁长久以来的争论，提出联合努力的方法。"他的核心和最具争议的建议结果是：通过将教师教育计划从外部强制规定和内部教育家控制中解放出来，鼓励学院和大学教师去寻找更好的教师教育方式。"①由于直面了教师教育领域的权力划分，《美国教师教育》被视为关涉教师教育政治学的报告。对于科南特的政治化观点，科尔纳及拉德（E. T. Ladd）分别在 1963 年和 1964 年撰文表达了认同与理解，但当时更多的是来自教育当权派阵营的评论家对其政治化建议的疑义。1963 年埃德加·弗雷登伯格（E. Z. Friedenberg）、哈罗德·泰勒（Harold Taylor）等人先后发表评论文章，对科南特的政治策略表达批评立场。

科南特指出，大学教授之间由来已久的争吵既不是事实争论，也不属于理论思辨，而是牵涉家长、校友、立法人员及大学董事会的权力纷争。他在报告的序言中指出，各州有关地方学校董事会的法令限制了学校任用教师的自由，各州政府对教师教育课程及其检定的具体规定不利于发挥培养院校的自主性，教育学院自封于专业壁垒使文理教授不能过问教师教育，局限了研究视野与改革创新力，教师教育的争吵实质掩盖着经济、政治、种族或意识形态问题的根本性矛盾。为了解决这些矛盾，科南特访问了 16 个州的首府，发现几乎存在一种全国性的共识，某些大学教授及其同伙正利用教师检定程序作为保护教育学课程和公共学校教师的策略，在全国教育协会庇护下排斥社会各界的优秀人士与文理学科教授。对此，科南特认为，确实存在一些教育当权派联合起来积极支持公立学校教育，"所谓教育当权派是由有组织的学校行政人员、各类中小学教师、教育学教授及地方学校董事联合会、家长—教师协会等组织的负责人组成"②。

在证书检定方面，全国教育协会正扩张话语权。通过分析全国教师教育认证理事会的成员组成便可证实这一判断，在 19 名成员中，6 名由全国教师教育和专业标准委员会指定，7 名由美国高等教师教育协会任命，而该协会通过全国教

---

① Weiss R M. 1969. The Conant Controversy in Teacher Education. New York：Random House：88.

② Conant J B. 1963. The Education of American Teacher. New York：McGraw-Hill Book Company Inc.：15-16.

育协会负责教师教育与专业标准的执行秘书与全国教师教育和专业标准委员会紧密联系，其余6名成员中1名由各州教育厅厅长选派，1名由全美教师教育州负责人和证书协会选派，这样看来，在全国教师教育认证理事会的19名成员中，只有4名成员与全国教育协会无任何关联。因此，"可以有把握地说，全国教师教育和专业标准委员会不过是全国教育协会的政治工具，其任务是争取各州教育当局接受全国教师教育认证理事会所做的检定"①。虽然"政治工具"一词容易激起敌意，但他肯定，如果在州一级没有获得强有力的政治支持，全国教师教育认证理事会绝不可能取得现有的地位，他承认接受全国层级的检定可提高教师教育的标准，有利于教师的州际流动，然而事实上，全国教育协会并未达到认证的一致性，各州教师证书仍然五花八门，数量、规格极不统一，而全国教师教育认证理事会又无力改变州政府的规定，从而导致许多州正对提高教师教育标准失去信心。"迄今为止，各州主要把全国教师教育认证理事会的工作当成补充手段，只用其检定外州培养的教师。"②科南特发现，在多数州中，各种教育专业联合会（教师联合会、教育行政人员联合会等）和教育厅是决策的关键，尤其是教师联合会，正致力于为强制的专业教育学训练进行辩护，希望通过教育学的高深学问突出教师的职业特点，相信传授专业教育原理对培养优秀教师至关重要，以此增强专业认同，控制教师的行业准入。科南特认为，教师教育管理和认证很难达到一致，应根据各州经费、师资、设备状况制订相应的教师教育计划，在决定教育政策时，各州领导人的判断力及教育当权派对外界批评反应的灵敏度尤为关键，他深信多数州"教育'当权派'应有存在的理由，如果没有教育'当权派'，就没有人对教育真正负责"③。

教师检定方法与程序是科南特关注的核心，他认为州政府应起主导作用，在此基础上，确定科学的检定标准、方法与权力分享机制。州教育局、地方学校董事会、教师培养院校之间的关系是影响改革的根本因素，他坚持"在大、中、小学校所进行的工作意义重大，不能完全由教育家包办。一般社会人士、学校董事会、大学评议会、州议会或任何公共团体负责人都应发挥积极作用"④。科南特发现，所有州的教师检定主要涉及三方面的要求，即培养年限、专业教育学科、普通教育与集中专攻科目授课总时数。有些州把取得学士学位作为领取证书的标准，"卫星事件"后，提高普通教育和集中专攻课程学术标准日趋明朗，但教育

---

① Conant J B. 1963. The Education of American Teacher. New York：McGraw-Hill Book Company Inc.：18.

② Conant J B. 1963. The Education of American Teacher. New York：McGraw-Hill Book Company Inc.：20.

③ 科南特. 1984. 科南特教育论著选. 陈友松主译. 北京：人民教育出版社：195.

④ Conant J B. 1963. The Education of American Teacher. New York：McGraw-Hill Book Company Inc.：14.

学课程没有明显变动，且都以教学实习为领取检定证书的先决条件。此外，还有一些州，通过某种考试进行教师检定，或通过批准教师教育课程达到控制教育质量的目的。对于州教育部门用教师考试、规定具体课程和批准课程计划履行检定职责的做法，科南特一一予以反驳，认为"没有任何州的教师检定规程与教师质量、教师培训有明显的实质性联系，且这些规程不能使社会公众对教师配备有充分了解。各州机械照章办事已不现实，违反规程的现象也时有发生"①。他相信会答测验题不一定是好老师；至于州教育厅规定具体课程检定教师的做法，按他的判断，"没有一州仅通过开列课程名称和规定学分小时数就能保证教师教育的高质量"②；而通过批准课程计划检定教师，比采用规定课程和学分还要僵化。以上三种教师检定办法都不能令人满意，应找出教师教育质量的关键要素，他指出了两点共识：第一，未来教师须有机会在周密指导和监督下进行教学实习；第二，州教育厅严把最后关口，判断未来教师能否胜任。据此他在报告的第一条建议中规定了州教育厅对学位、实习和学科训练的三项基本要求，突出院校的培养责任，取消州政府对具体课程的限制，只保留对教学实习和任教科目教学法课的规章权限，他相信，该建议可充分发挥院校主动性并引发院校间的自由竞争，最终提升教师教育质量。教学实习计划由州教育厅、培养院校和公立学校制订，既是培训教师的步骤，又是检定教师的方法，因此最重要的就是保证未来教师有足够的时间获得丰富的教学体验，坚持"若教师培养院校的实习计划在检定教师或目标达成上不合理，就不能得到各州教师检定机关的批准"③。

在州教育厅、培养院校和公立学校三个关键点上，科南特进一步阐释教师检定工作的具体开展，他要求各院校与一所或多所公立学校订立教学实习合同，州教育厅、培养院校和公立学校建立有效的合作关系，地方学校董事会指派优秀合作教师随时汇报实习情况，并负有最后选任教师的责任，州教育厅有权组织各界人士研讨教师任用政策。此外，教育与社会公众的利益密切相关，"从长远看，我深信，教师教育的改进有赖于明达的社会舆论"④。对于类似全国教师教育认证理事会这样权力大影响广的民间团体，以及各地区性学校认证组织，科南特将其定位为具有广泛代表性的咨询机构，不享有直接或间接决定权，旨在为更多人搭建充分辩论的平台，为决策者提供全国教师教育项目实施情况的全景视野。

---

① Conant J B. 1963. The Education of American Teacher. New York：McGraw-Hill Book Company Inc.：54.
② Conant J B. 1963. The Education of American Teacher. New York：McGraw-Hill Book Company Inc.：58.
③ Conant J B. 1963. The Education of American Teacher. New York：McGraw-Hill Book Company Inc.：62.
④ Conant J B. 1963. The Education of American Teacher. New York：McGraw-Hill Book Company Inc.：67.

在教师教育政策的论述中，科南特频繁提及自由与责任，他认为若各方参与力量都能恰当处理自由与责任的关系，就能营造合作、竞争的良好环境。各州应鼓励培养院校大胆实验，阻止学校课程和方针政策决定权的过分集中化，各州有关教师教育的规程不能禁锢有才干的大学教授与行政人员，应给他们以更大的自由和权力制订更高明的教师教育计划。教育当权派应积极回应公众诉求，保护本州教育制度不致因地方腐化和失职而受到损害。"州教育当局和志愿组织认证机构都不能具体规定文理科目或教育科目的学习时数。一方面州教育当局给各院校以实验的自由，另一方面为了院校名誉，各院校文理科教授和教育学教授应联合起来，共同负责师资培养。"[1]关于教师教育的权力划分，若用两个词概括科南特的研究结论，那就是"自由"与"责任"，各州教育当局给各院校最大限度的自由，各院校对有教学能力的毕业生负起尽可能多的责任。

第五节　入职适应与在职进修——科南特的教师发展建议

教师教育的职前培养和入职质量检定旨在保证教育机构培养出合乎质量标准的中小学教师，但事实上，如果不对新入职的教师进行特别安排，他们很难短期内提高教学技能与课堂管理水平，不仅因工作低效影响教学质量，且会因职业适应不良和认同困难加大离职的风险。即使一名教师经过了两三年的锻炼顺利度过适应期，若没有持续学习的动力与继续接受教育的渠道，也很难满足教学理念、课程内容和教学方式快速更新换代的需求。因此，在教师的职业发展中，科南特非常重视独立学习能力的培养与各种形式的继续教育，一方面希望从内部激发教师自主学习的动力，另一方面由外界提供专业发展源源不断的能量。他不仅从理论上阐述独立学习与继续教育对教师成长的意义，而且长期以来，支持两大全国性教师教育协会对新教师开展职业生涯规划与指导项目，并在报告中提出了改善教师入职适应和在职进修的具体建议。科南特对教师专业发展的重视与提高学术水准和执教能力的目标是一致的，是其教师质量保障体系建议的有机组成部分，

---

① Conant J B. 1963. The Education of American Teacher. New York: McGraw-Hill Book Company Inc.: 210.

也是他对教育过程和学习本质理性认知的必然结果。

一、科南特论独立学习与继续教育

科南特认为，独立学习和接受继续教育是现代社会对个体成长的基本要求，对教师职业来说是一种专业标准。早在 1950 年科南特就提出，专业训练在专业或职业层面最好在工作中获取，教授某种技能和传授专门知识必须统一在一系列的计划中。虽然在教育哲学上，科南特不同意杜威的教育无目的论，但他认同教育过程蕴涵着巨大价值，因此把教育看成一个持续不断的社会过程，而学习也就成为伴随其中的连续不断的活动。科南特倡导培养未来教师有效自学的能力，重视某些学科在教学过程中的教育价值，他说："有些科目的教学过程，如讲授、讨论、演示和实验已成为教育实践有价值的组成部分。"[①]他认为应根据不同学科的性质有意识地提高未来教师的自学能力，当然有些科目仅仅通过自学，最后考试达标，这样的学习是远远不够的。例如，对于哲学和经济学来说，这些领域内的自学或阅读只能提供理解的局部片段，可能会遗漏许多重要内容，还需要借助讨论或讲解，但对任何人来说，独立学习一直而且应当是精通一门科学的合理途径，因此他鼓励那些准备当教师的学生，在大学期间应充分利用假期富有成效地自主学习某些科目。

科南特重视独立学习和继续教育还缘于他对博雅教育的独特理解。他说："千百年来，人们对博雅教育有过各种看法，我们承认并珍视这一概念所包含的某种东西，但在本质上它不属于某种课程计划或范型，而应将其看作一种过程和志向，这样才会更加接近标准。"[②] 他还说，博雅教育不是到大学才进行，而是从儿童时期就已开始，每个人或多或少整个上学时期都在延续这一过程，且在成人时期依然保持良好的发展势头。博雅教育的特征与其说在于所包含的内容，不如说在于其所追求的目标，即扩大理解力，发展对事实的尊重心，增强合乎情理的思考力与行动力，因此博雅教育的过程不应局限于教室，也不以所学科目或有助于学习这些科目的种种经验来界定。工作是一个人生活的重要组成部分，许多学术研究人员相信，博雅教育是自由的，无论是否卷入职业目标，关键在于能真正帮助人们成为理想的自己，充分发挥自身的潜能。显然，"它所追求的在于造就一种有学识的、好探询的、善判断的心理习惯，而不在于成就某种特殊的才能"[③]。在

---

① Conant J B. 1963. The Education of American Teacher. New York：McGraw-Hill Book Company Inc.：79.

②③ Conant J B. 1963. The Education of American Teacher. New York：McGraw-Hill Book Company Inc.：92.

接受博雅教育的过程中，科南特强调学生愿望和需求的重要价值，他在普通教育报告中提出，"只要学生有选修的需要，他就不会拖延扩展自由教育领地的进程"[①]。即使是教学实习，他认为也应该首先让学生感到有必要且希望通过实习来提高教学技能。科南特不反对未来教师追求知识的广度，但对其在校选修的科目进行限制，既希望他们在校期间能学有所长，又要求他们在未来通过自我学习增广见闻。"假如期望未来的教师成为有教养的人，成为学生和一切人的楷模，就应该督促他们在获得学位后继续进行自我教育。"[②] 他反对只有上课、仅在教室才能掌握一门学科的观点，认为"未来教师所从事的符合其固有兴趣的附带学习，不一定是教师正规教育的产物，但应是其继续教育的一部分，和任何专业人士一样，是作为一个成人独立阅读的一部分"[③]。与博雅教育一样，他认为集中专攻课程也是一个连续不断的过程，"我深信一个正确设计编制的集中专攻课程计划，应是开端而不是终点，应是一个持续不断的过程，而这恰恰是博雅教育的检验标准。正如有些人的说法，大学毕业文凭不应像死人盖面巾一样去昭示教育经验的终结。正确进行的有广度和深度的教育应当能进一步引导更具广度与深度的自学"[④]。在阐述教师应具备的四种心理因素时科南特谈到，第三种和第四种因素是关于儿童成长和教学原理的知识，一名优秀教师在以上两方面应表现突出。对教师来讲，首要的是掌握何种传播知识的形式更容易被学生理解和接受，这方面所需的专业知识和教学理论，主要来源于普通教育和专业教育课程，同样也来源于个体的自学。他认为，教学作为一种高度复杂的专业活动，要求从业人员必须经过长期的专业培训，除设置严格的入门执业标准，还要求从业后继续学习与发展，这是教师教育与专业标准委员会一贯的主张，在教师教育大学化的背景下，职前培养、入职适应与在职进修的一体化趋势会更加明显。

二、科南特继续教育思想的社会基础与基本观点

继续教育是对初始学历教育的延伸和补充，属于成人教育范畴，主要是为了适应科技进步和社会发展，针对在职或离职人员进行的知识更新和职业能力提升活动。真正意义的教师继续教育出现在二战以后，多以"教师在职进修"表述。虽然美国中小学教师在职进修与职前培养同样久远，但直到二战前后，真正的在

---

① Weiss R M. 1969. The Conant Controversy in Teacher Education. New York: Random House: 221.

② Conant J B. 1963. The Education of American Teacher. New York: McGraw-Hill Book Company Inc.: 102.

③ Conant J B. 1963. The Education of American Teacher. New York: McGraw-Hill Book Company Inc.: 102.

④ Conant J B. 1963. The Education of American Teacher. New York: McGraw-Hill Book Company Inc.: 109.

职教育制度尚未完全建立。殖民地时期，教师所谓的在职进修主要是接受主管部门在知识和能力方面的建议。19 世纪中叶师范教育兴起后出现了夜校或讲习所，重点针对需要补救的教师进行在职教育。1862 年《莫里尔法》颁布进一步加强了在职教师的技术培训力度，政府首次以法规形式规范了中小学教师的继续教育与培训，此后，师范学校暑期班成为教师在职教育的重要形式。随着教师专业标准的规范化与教学实验的兴起，通过实验班或教育计划中心对在职教师进行新课程设计培训成为新途径。20 世纪 20 年代，联邦基金会以政策方式颁布《联邦师资训练研究》，主要为美国中小学教师继续教育提供指导性建议。到 20 世纪 30—40 年代，美国教育总署制定了包括教师继续教育在内的教师教育纲要，洛克菲勒普通教育委员会资助改进教育和教师教育的研究报告进一步提高了对中小学教师继续教育与培训问题的关注。1938 年，巴尔（A. S. Barr）和伯顿（W.H. Burton）等人著书论述教师在职进修的重要性。二战后，教学专业化运动加速了教师继续教育的制度化进程，福特基金会资助的"五年计划"、全国教师教育和专业标准委员会出版的《教学职业新视域》、全美教师教育院校协会出版的《现实世界的教师》、1958 年颁布的《国防教育法》及国家科学基金组织对"新三艺"课程内容的强化等，对美国中小学教师继续教育产生了深刻影响。在教育专业化浪潮中，科南特的《美国教师教育》最终成为指导美国教师教育与在职培训的重要文献。可以说，在 1967 年《教育专业发展法》（*Education Professions Development Act*）颁布之前，各领域、各层次的教师质量改善行动对中小学教师继续教育与培训起到了强有力的推动作用。

除了教师专业化和基础教育课程改革的需要，终身教育思潮的传播也提高了人们对教师继续教育的认识，社会和国家大力资助教师进修，最终使之成为全国各州和各学区日常工作的组成部分，教师进修方式也从个体自学变为有组织的学习。随着教师在职进修制度的日渐完善，在终身教育思潮的影响下，出现了与职前学历教育和教学实习一体化的趋势。当在职教育成为教师教育的重要环节，许多专家开始呼吁，应该像重视职前培养一样重视在职进修，其中科南特就是最有力的倡导者之一。继科南特之后，又有哈里斯（Ben M. Harris）、艾里克森（K. A. Erickson）等人继续倡导教师的在职进修。随着在职教育日渐受到重视，教师进修的形式也更加多样化，出现了推广讲座、暑期学校、研习会、教师会议、行政人员会议、教学演示与学科研讨等形式。科南特认为，除了外部的社会动因与终身教育理论的支撑，发展在职教育最根本的理由是职业发展的终身化，即职业应是持续一生的过程。既然初始教师是未完成的职业人士，那么仅具有资格证书的在职教师不等于成熟的教育教学专业人员，新入职的教师需要一个职业适应和继续接受教育的过程，才能把学到的专业理论与职场实践结合起来，并获得进一步的职业成长。为使新教师获得职后继续成长，科南特提出了入职适应和在职进修的专业发展路径，并与职前培养相结合，因此他赞同机构协作的主张。1950 年《教师教育杂志》首期发刊强调了教师教育领域的最新行动，就是呼吁教育组织和专业组织、机构及立法机构走向统一与合作。在致力于提高教育质量的力量中，"获得认可的有四种专门负责机构，即州政府、专业组织、教师教育机构和雇佣教师的学校"[①]。在这些组织机构中，科南特认为，教师教育机构和雇佣教师的学校必须加强合作，将中小学教师的教育与职后培训作为大学和中小学的共同责任，这样，中小学教师与大学教师可以组成合作小组，构建平等融洽的伙伴关系。一方面，让中小学教师在大学接受理论学习，在大学教师的指导下学会发现问题和解决问题，提高研究问题的能力或获得学历与学位提升；另一方面，中小学作为实践场所，通过富有创造性的教学实践，将教师经验上升到理论层次，在合作过程中，中小学教师应积极主动地接受大学教师或专家的辅导帮助。在这些组织机构中，科南特特别强调了用人单位也就是学校系统应负的主要责任，"雇佣教师的学校系统不仅在教师准备中占很大份额，而且发挥着主导作用"[②]。学校除了接纳有前途的初始教师外，最直接的责任之一就是负责教师的入职适应和在职进修，一方面对初始教师给予特殊关注，从而为业内塑造更多的优秀教师；另一方面认真对待他们的在职教育，尽可能地为学校保有最好的职员队伍。科南特在报告中反复强调实习合作计划、合作学院和合作教师，建议将这些合作作为持续的学校政策，形成各方合作的工作机制。

三、科南特对教师入职适应和在职进修的建议

威廉·卡特莱特作为科南特报告参与人之一，从八个方面认真总结了报告的核心观点，认为科南特除在教师培养方面针对教学改革、教学研究、教学试验的主张及在教师资格检定方面的具体要求外，就是呼吁教师教育机构与学校系统加强合作，将主要责任放在开发教师培养计划和证实其产品的能力上，对学校的责任分工就是"直接参与教师的在职教育，雇佣和分配高质量的教师，提供新入职教师的研究生教学和社区进修课程等"[③]。科南特坚持，在教师教育的整个链条

①　Cartwright W H. 1964. Improving the preparation of teachers, one staff member's interpretation of the Conant report. The Educational Forum Jan.: 189.

②　Cartwright W H. 1964. Improving the preparation of teachers, one staff member's interpretation of the Conant report. The Educational Forum Jan.: 193.

③　Cartwright W H. 1964. Improving the preparation of teachers, one staff member's interpretation of the Conant report. The Educational Forum Jan.: 197.

中，学校应承担参与本科生培养、制定资格检定规则以外的更多义务。

　　长期以来，学校习惯给新教师安排满额工作量，分配最困难的班级和学生，支持条件也最差。对此科南特提出了相反的建议，认为不应该期望新教师与老教师一样，入职后便能表现突出，学校应采取各种措施减轻他们的教学压力，不分配过多的课外活动任务，尽量避开有问题的班级和学生，并提供特殊的学期定向指导，多为他们提供观摩资深教师高水平教学的机会。科南特认为，教师检定只是初步程序，只能保证新教师具有良好的训练，但能否保证入职后有效地完成教学任务，取决于各地方学校董事会能否帮助新教师顺利度过 2～3 年的试用期。他建议在最初的试用期内，地方学校董事会应采取具体的步骤，对新教师尽力之所及给予帮助。在报告的第十一条建议中，科南特明确了地方学校董事会帮助新教师的具体措施，主要包括：减少或限制教学责任，不安排学习困难儿童与问题学生；帮助搜集教学资料与器材；减少资深教师的教学任务以便指导新教师教学，鼓励资深教师帮助新教师处理问题；提供关于社区、街区和学生特点方面的专门化教学，以及地方社区、学校、邻里及可能遇到的学生问题的相关知识等。虽然，全国教育协会影响下的两大教师教育专业认证组织，对科南特坚决否认其主体认证权耿耿于怀，但是他们知道，长久以来，科南特支持其鼓励改革学生实习的行动，以及为新教师入职三年或四年内设计职业发展规划的做法，因此，两大组织的领导对科南特呼吁关注的这些职后发展问题给予了公开的认可。

　　科南特将教师教育作为一个完整的专业成长历程，希望这个过程能真正融于大学的教学氛围，包括职前整个大学的培养途径和在职进修。报告中他提到一个事实，即在被调查的教师中，20%的教师至少接受过一周全国科学基金会举办的暑期讲习班培训。其他一些机构或组织，针对卓有成效的教师也开办在职进修学校和暑期讲习班。科南特希望能发展更多的进修学校，充分利用学院或研究生学院的人力资源实施在职教育，强调"中小学教师应紧追着时代，充实自己，尤其是在急剧变迁的社会，学校董事会应与师资训练机构密切合作，举办短期研习班，以供教师在职进修"①。科南特总结了支持和反对工作期间实施部分在职教育的理由。支持的理由是：教师应在知识上继续发展，四年制课程中教师训练不够充分，需进一步培训以跟上时代发展的新潮流；反对的理由是：教师工作过于繁重劳累，教师所选课程通常对提高教学能力无实际帮助，多是轻易取得学分或造就行政人员的课程，实际安排会诱导优秀教师离开教学岗位转向行政管理。通过与教师们的谈话，科南特了解到教师进修的一些弊端，并在什么时间进修、进

---

　　① 郭为潘等. 1980. 明日师范教育. 台北：幼狮文化事业公司：92.

修什么课程的问题上提出了自己的意见。报告中的第二十六条建议规定教育研究生院或大学应修改完善培养与培训计划，提升教师能力，科南特提出了七点要求，除在培养上打通院系壁垒、增加能力培养课程、实施硕士学位综合考试外，其他的都是关于在职培训的责任建议，主要包括针对全职教师提供不直接与学位挂钩的扩展性课程或校本课程，硕士学位进修安排四个暑期或两个暑期加一个全时制学期，若文理学院不能提供广博的课程和有价值的暑期学期教学，应安排到能胜任的好大学的暑期学校，并将学习成绩转化成学分绩点。除了暑期学校的学位进修，他还在第二十七条建议中提出非学位进修的在职教育要求，主要是保证教师跟上时代步伐，适应新课程改革的需要，要求学校董事会积极与各类教育机构联系合作，提供短期的习明纳或工作坊，为所有教师提供免费学习的机会，研究特定的针对本学区或本校的教育问题，提高教师的教学能力和教学效果。他认为应区分两种课程：一种是在暑期或学术假期内进修详细规划的课程计划的一部分；另一种是针对全职人员在下午或周六上午部分时间安排的进修课程。他访问过一些优秀的暑期学校，在哈佛大学也曾承担过暑期学校的教学，认为通常暑期学校的教学要优于工作期间午校和夜校的授课，参加学习的教师不仅有充分的准备，时间、精力比较集中，而且还可与其他教师进行有价值的课外讨论。"我越来越相信，上暑期学校是一种温故知新令人振奋的经验，教师有理由在一生中常去暑期学校，小学教师尤其应当如此。"[①]在进修的内容上，科南特比较了暑期学校和午校、夜校的课程计划，认为暑期学校行政管理的课程吸引力太大，导致一些教师进修后不再研究本学科的教学而走上行政岗位，这与文理学科进修课程无法满足教师需要有关，应进一步加强文理学科的进修课程。

为鼓励教师进修并提高进修内容与职业需求的匹配度，科南特提出了一系列辅助性激励措施。在报告的第二十三条建议中，他要求地方董事会修订工资表，保证教师从见习期到长期制有较大的工资涨幅，要求任何工资增长不与课程绩点（学期小时）挂钩，而与基于正常全日制住宿或四个暑期项目的硕士学位相关，各州法律应强制规定工资增长。第二十四条建议要求学校董事会或州提供教师在暑期学校学习的资金援助，鼓励教师参加暑期学校的学习，以完成第二十三条建议的计划类型。第二十五条建议要求学校提供由州基金保证的离职工资，使教师能在大学有一个全时制学期，达到硕士计划的学习要求。他发现某些州法律规定，入职新教师担任最低职务后需要继续接受正规教育，几乎所有州的多数学校董事会都通过制定薪金等级表诱导教师继续接受正规教育，通过获得课程学分或

---

① Conant J B. 1963. The Education of American Teacher. New York：McGraw-Hill Book Company Inc.：193.

获得学位来实现加薪。获得课程学分及学位要求教师在工作期间或暑假上课，或通过午校和夜校学习，他认为这样做是探索按绩效而不是按年限增加工资，但由于绩效测量难度大，只能要求教师继续进修一些大学课程，但至少能证明教师有自我提高的强烈动机。这种排除教学训练及经验的薪金等级制度经常遭到教育协会分支机构的强烈反对，科南特也不同意仅靠学分积累实现加薪，这样做的结果是，几十年来培训教师的都市私立高校财源滚滚，即使免费的公立院校，也同样可在培训在职教师的活动中获得其他方面的收益。

　　针对各州教师在职教育的不良状况，科南特建议地方学校董事会彻底修改薪金等级表，不能按所得课程学分（或学期小时）实行加薪，而是依据高等教育程度，要求教师获得硕士学位，通常需接受正规全日制住校学习或上满四期暑期学校，而且必须学习提高教学能力的课程。科南特说："如果在社区适当宣传这样的安排，将相当有效地平息某些社会人士对所有教师不问能力一律对待的指责。"① 在评判教师能力及相应的薪金等级时，教育厅厅长、校长、副校长、某些高级教师如各教研室主任等都应负起责任，引导课程进修重在提高教师的实际教学能力。至于教师进修所需的资金支持，包括培训费用与培训期间的薪金发放，科南特主张由各地方学校董事会或州提供，为教师在大学进行全日制进修提供一个学期的带薪假期。关于进修硕士学位课程，科南特建议教育研究生院或与其相应的机构（指没有独立授予学位的学院或大学）必须设计提高教师教学能力的课程，至少应满足以下要求：①向专攻同一领域（如小学教育、中学社会研究课）的本院所有毕业生开放；②提高教师能力所需课程不管是否初级，都应考虑给予学分，以满足硕士学位 30 个学期小时的要求；③教师在从事全日制教学工作时学习校外课程或校内进修课程，不应给予取得学位的学分；④硕士学位需通过综合考试；⑤安排暑期学校上课时间，保证教师通过四个暑期的住校学习或两个暑期加一个全时制学期住校的学习，即可满足硕士学位要求；⑥如暑期学校（如某些州立学院的暑期学校）开设的文理课程不足以提供有意义的广泛学习，可通过转学分安排到能开设优秀课程的大学暑期学校学习；⑦小学教师进修的学位应是小学教育的教育学硕士，中学教师进修的学位应是具体学科如英语、科学、社会科学、现代语言、数学等方面的教育学硕士。科南特认为，这样的薪金制度和进修课程既可以激发教师的学习动机，真正提高教师的教学能力，又有利于使培训院校展开有效竞争，提高教师培训课程的科学化程度，进一步完善培训形式。科南特提出了硕士学位课程的具体要求，将持有硕士学位作为教育过程的

---

① Conant J B. 1963. The Education of American Teacher. New York: McGraw-Hill Book Company Inc.: 195.

一个步骤，而不是唯一标准，指出"在教师努力提高其能力的过程中，这一步也只是依稀相关"[①]。他希望教师在取得一定实际教学经验的基础上，进一步学习有助于理解教材和提高教学技能的课程，许多教学法和心理学课程建立在对课堂各种问题有所尝试的基础之上，科南特强调，应增加能让教师接受此类研究生课程的暑期学校，让广泛的知识和文化领域充分向所有能够且愿意学习的人开放。他提醒那些新入职的教师，"得到学士学位的人不要认为已在母校'受过教育'而冲昏头脑。将来接受良好教育的男女必是以自我教育为主的人，这要求年复一年地攻读和保持持久学习的欲望"[②]。

科南特对教师发展的关注反映了普遍提高教师素质的时代需求，他主张通过完善继续教育与在职进修，鼓励每一位教师在工作中获得持续成长的动力与机会，这种重视教师终身有效地学习，强调提升能力和自我实现的教师发展观，对美国教师教育产生了一定影响，尤其是他对暑期学校和学位进修提出的改进建议，成为完善教师进修内容与形式的实践指导，到20世纪70年代，他的这些建议逐渐发展成教师进修的主流模式。

第六节　科南特教师教育报告的社会反响与实践效果

《美国教师教育》报告基于科南特团队两年的研究成果，区域覆盖美国2/3的人口，是自美国联邦教育总署发布全国调查和美国教育理事会1938—1944年从事大型研究以来，在美国教师教育领域开展的范围最广的研究。科南特对教师教育的现行组织和实践进行了充分彻底的调查，以确保调查结果能引起教育家们的足够重视，哪怕是激烈批评。事实证明，科南特的报告一经出版就引起了强大的社会反响，并在很短的时间内对许多州的改革实践产生了不同程度的影响。

一、报告出版后的社会反响

"1963年9月科南特出版《美国教师教育》，成为20世纪最后25年讨论最

①　Conant J B. 1963. The Education of American Teacher. New York：McGraw-Hill Book Company Inc.：199.
②　Conant J B. 1963. The Education of American Teacher. New York：McGraw-Hill Book Company Inc.：203.

广泛的教育书籍。"①斯泰尔斯这样描写科南特《美国教师教育》报告的社会反响："也许，在最初接受度方面，最近没有任何教育书籍能赢得如此殊荣，三个月内销售 50 000 多册，且持续列于畅销书之最，被月书（Book-of-the-Month）俱乐部评为精选著作，出版后一个月内成为电台、电视节目的焦点，报纸、大众及专业杂志的报道超过 1200 次，广泛的评论仍在不断发酵。"② 1964 年 2 月，科南特因对美国教育包括教师教育的杰出贡献被《父母杂志》（*Parents' Magazine*）授予"关心儿童杰出贡献"奖；同年 10 月获美国教育理事会金奖，波顿（Borden）公司颁发奖励基金 1000 美元；同年 12 月《周六评论》（*Saturday Review*）确定其报告为 1963—1964 年最重要的教育著作。报告正规出版前一周左右，约 5000 册免费赠送的平装本印上"科南特报告"的标签，被邮寄到州学校主管、教育学院院长、重点城市负责人和其他重要教育官员手中。

报告出版的同一年，科尔纳出版激烈抨击美国教师教育现状的《美国教师教育的误区》（*The Miseducation of American Teachers*），全盘否定当时的教师教育，表达对全国教师教育认证理事会的不满，但并未提出理想的改进建议。与科尔纳不同，科南特虽立场鲜明，但主旨在于调和纷争，阐发建设性的观点和建议，即便如此，也因正面触及了教师教育政治学而引起了极大的争议，尤其是全国各地的教育学教授对科南特的研究表达了相当的不满。《美国教师教育》促成了全社会对教师教育的广泛讨论，出版后激烈的评论持续了两年多。人们对报告评价不一：一方面，在 2000 多份评论中，科南特的教师教育立场获得赞誉；另一方面，由于挑战了某些既定的教育理论，许多教育家对他的观点表现出强烈抵制。一般组织多专注于召开教师教育研讨会议，专业协会则关心更高深的批评与建议。在被广泛关注的火热场景中，科南特的助手和教师教育领域其他领袖一样，难以应付热心团体络绎不绝的邀请。"与之前对教师教育的批评不同，本书激起了专业教育者和尚未阅读的一般民众的热情，似乎注定要引起一场轰动。"③谈及该报告，科尔纳预测，科南特作为"温和调和的教育检察长"的形象会发生重大变化，"这次他恰恰是一名起义者，在教师教育的政治结构里策划着一场政变，激起了轰轰烈烈的地方分权运动，提出重新建立过去几十年被严重腐蚀的机构自治，建议把优异的学术成绩作为教师和教育学院学生训练计划的必要条件。这一切旨在促发革命，起码是一场拟定的革命"④。

---

① Weiss R M. 1969. The Conant Controversy in Teacher Education. New York：Random House：3.
② Weiss R M. 1969. The Conant Controversy in Teacher Education. New York：Random House：90.
③ Stiles L J. 1964. Dr. Conant and his critics. Teacher College Record：713-714.
④ Koerner J D. 1963. Proposals for radical reform. Phi Delta Kappan，October：7.

关于科南特报告体现出来的思想到底是激进的还是保守的，人们观点不一，但报告确实达到了激起讨论的预期效果，这一点当然与科南特显赫的地位有关。应该说，科南特的声望隐性或显性地被用来作为书中真理的保证及明智建议的标签，"如果作者并非科南特，其他任何人都不会激起这么大的动静，即使有点小题大做"①。《纽约时报》的弗雷德·黑欣格（Fred Hechinger）称《美国教师教育》的问世是"科南特博士的重磅炸弹"，可以肯定，顶级报纸和新闻杂志这些科南特和卡内基基金会网络圈子是发挥影响的主渠道，包括《纽约时报》《生活》《纽约人》《美国新闻与世界报道》《读者文摘》等，它们对报告推崇备至，评论人和编辑们，都在帮助和成就这份报告，使之顺利登上最畅销的书单榜首。

二、各州采纳科南特建议情况的报告

报告发表后，全国 21 位杰出的《卡潘》记者花费数月在当地取样调查，评判科南特的建议是否被普遍接受，是否对实践产生了某种影响，有何证据表明正在发生影响，调查结果按地区分类来回答"科南特博士的书在该地区有何影响？"这一问题，收回的答案各式各样，全国各地混杂着赞誉和抱怨之声，虽因样本局限，来自情报监测站的浩繁回答不能完全揭示教育家们回应报告的区域差异，以及是否支持科南特建议的反应模式，但他们还是尽力根据来自《卡潘》情报站的报道，将各州对科南特建议的接受情况进行总结，希望向公众有限地展示报告发表一年内各州的即时性反应。

根据《卡潘》记者对各地教育家的调查结果，底特律的教育家回答："没有实效，报告影响还没有及时显现出来，感觉全国教师教育和专业标准委员会的《意见书》（*Position Paper*）更具影响力，科南特如同权力结构之外的人士，其观点极易被忽视。"② 华盛顿州无疑已感受到科南特报告的影响，只是真正落实建议尚需时日。在得克萨斯州，22 位接受调查的教育家中有 19 位认为没有可识别的影响，认为报告只是激发大学教师重新审视他们的教育计划，如关于课程政策收紧及增加课程内容的改革在报告问世前就已经启动。明尼苏达州报告："我们所知的大学或邻近学院没有制订激进计划来改变教师的培养模式，将来的课程改变也不会太大，反馈报告中没有看到明显的重心转移。"③ 在怀俄明州、艾奥瓦州许多人同意这种观点，认为在教师教育计划上没有重大转变，如怀俄明州认为

① Broudy H S. 1964. Conant on the education of teacher. The Educational Forum January：199.
②③ Weiss R M. 1969. The Conant Controversy in Teacher Education. New York：Random House：156.

认证不会因科南特的建议而发生可喜的改变，全国教师教育和专业标准委员会与教育学院继续作为潜在力量发挥作用。艾奥瓦州也没有意识到变化，因为该州从1952年就开始持续提升教师质量，要求小学教师具有学士学位，初中教师增加专业学科学习的任务。但很明显，在其他许多地区，科南特的报告引起了即时的实质性反应，董事会开始研究报告，并向大学教师、教育协会、州长、州教育委员会或立法机关推广学习，许多人反应强烈，意见莫衷一是，混杂着怀疑、同意或反对的声音。在俄亥俄州和加利福尼亚州，人们对科南特的建议也没有太大热情，俄亥俄州认为科南特的报告绝大部分不需任何研究就能写出，充其量是一部帮助人们聚焦教师教育的文学作品，他们那里没有感到任何影响，因为他们已经开始了大量改进。敌意和高度敏感的讨论认为科南特试图作为美国教育的最高法院，裁决学术人员接管自由免费的公共教育，这是荒唐的假设。加利福尼亚州的反应甚至认为科南特的报告是对美国教师教育的一种侮辱性和悲剧性评论，做派武断独裁。弗吉尼亚州也认为在教师教育模式的改变上，科南特的建议没有太明显的效果，一些人则总结说："科南特先生令人尊敬，但是没有这么夸张。他好像教育界的约翰·冈瑟（John Gunther）旅行到一个未知的国度做短暂访问，然后记下该地区权力运作的分析。"①

当然，也有人认为能感觉到科南特的实质性影响，科罗拉多州的反应比较积极："本报告是非常好的榜样，冷静，具有建设性和深刻的批判性，值得所有教师教育领域的学生认真研究，领会其精神和理念，而不致迷失在细枝末节的毫无意义的争论中。"② 在科罗拉多州的影响是可见的，州政府机关、外行委员会等各种组织都在依据科南特的建议讨论和评估自己的计划，尽力与建议保持一致，支持相关人员加强教师教育，让公众了解更多教师教育的问题，增进自学的风气。"由于科南特的显赫地位，本报告提升了教师教育的声望。"③俄勒冈州、佐治亚州和华盛顿州正在筹备组建州教育委员会的特殊委员会，华盛顿州的做法基本满足了科南特建议的多数要求，州部门把关每一项教师教育计划，但不要求必修课程，只划出范围，课程设置权和认证推荐权赋予培养机构，由其对自己的产品负责。内华达州立大学率先确定5人委员会，按科南特的建议研究教师教育计划，成员包括教育学院院长和外语、英语、历史、物理学科的教授代表。

《卡潘》的调查报告揭示了各地接受度的不一致，从全国教育家的反应中可

---

① Is the education of American teachers influencing the education of American teacher? Phi Delta Kappan, 1964. Part I. Reports from Kappan Listing Post Monitors.

②③ Weiss R M. 1969. The Conant Controversy in Teacher Education. New York：Random House：158.

得出一个结论，即现行体制没有统一的政治学基础，教育家的观点不依据任何人的倾向性，既不是科南特，也不是教育协会或全美教师教育院校协会、全国教师教育认证理事会等认证组织，他们完全自主决定科南特的重要性。对于科南特的报告建议，他们当中一些人准备多选，一些人准备少选，但几乎所有人都真心采纳了一些，只是在采纳哪些建议上没有达成共识。许多人重视并采纳的建设性建议集中在培养机构整体负责培养计划的制订和实施方面。根据建议要求，俄勒冈州立大学切实把教师教育工作提高到整个大学的地位。得克萨斯州立大学的教育学教授也说："在发展一致观念的计划中，毫无疑问机构自治是稳妥的理论与实践原则。"①科南特强调机构自治，期望得到政治和立法支持，与作为一名教育思想家和经验主义者相比，他更倾向于教育政治家，他说："希望通过立法手段支持公立学校和教师教育改革，我们需要政治行动。"②华盛顿州立大学教育学院院长反馈："我希望在华盛顿州能满足科南特建议的大部分要求，并且做得更出色。"③在对地区和全国性认证方面许多州认可科南特的建议，将认证作为提高教师教育质量的保障。在临床教授的建议上虽存在很多分歧，但大都支持这样的做法，如"华盛顿州立大学用临床教授监督师范生已达 30 年之久"④。1964 年秋威斯康星大学也会采用，只是之前就已策划成型，佛罗里达州立大学也在考虑采用"临床专家"（clinical specialists）一词。另外，科南特建议州际认证互惠的原则也引来强大的加盟者，俄勒冈州是一个很好的样本，据美国联邦教育署报告，该州每年约半数教师来自其他州，急需全国或地区认证机构保障教师教育计划的质量和互通需求。至于取消下午晚课和夜课课程作为工资增加资格的建议，在多数州也获得支持，几乎与反对声平分秋色。

当然，从《卡潘》21 个情报站点的评论中可知，当时多数州对科南特提供的建议保持敌意，这是保守对任何变革的对立，它引起了利益相关者的不安，如纽约观察家就很自信，州教育部门不准备屈服于任何力量而将认证权力转给学院或其他什么人。众多院长、教育学教授和其他具有良好声誉的人尽力维持骄傲与愤怒的平衡，基于对科南特的尊敬表达追随的意愿，直言："我们的学院（或州立大学）可能比任何人都愿意采纳科南特先生的建议。"⑤

① Weiss R M. 1969. The Conant Controversy in Teacher Education. New York：Random House：160.
② Ferrer T. 1967. Conant revisited. Saturday Review：73.
③ Weiss R M. 1969. The Conant Controversy in Teacher Education. New York：Random House：161.
④ Weiss R M. 1969. The Conant Controversy in Teacher Education. New York：Random House：162.
⑤ Weiss R M. 1969. The Conant Controversy in Teacher Education. New York：Random House：163.

三、全美教师教育院校协会成员与州督导官员的反应调查

为协助鉴定和评估《美国教师教育》的影响，《卡潘》编辑们还以问卷形式分别调查了全美教师教育院校协会成员针对所有建议，以及州督导官员针对科南特认证建议的意见。

全美教师教育院校协会的成员为各教育学院的院长。调查者回收了首批 320 份（相当于寄出去的 50%）问卷。针对问题：如果有影响，科南特的《美国教师教育》对你们的计划有什么影响？40% 的院长共 128 位承认有些影响，即使是偶然的，这些院长中有 10 位院长认为具有实质性影响，其中包括 3 所公立大学和 7 所私立大学教育学院的院长，如缅因大学正考虑在整个州试验科南特的建议，威斯康星大学正协商研究拨款，支持试验科南特建议的基于教学能力判断的认证问题，贡扎加（Gonzaga）大学认为报告在强化教师训练中具有相当的影响力，虽然实质上是对已有潮流的加强。尽管只有少数院长承认受到科南特报告的影响，但都表示他们的教师教育计划是有活力的。值得注意的是，大量关于初始教师的教育计划变革与科南特的建议完全一致，激起的评论表明这一最具价值的建议已被实践，正获得相关机构的青睐。多数回复者的反馈是几乎没有影响，只是鼓励了对当前计划的批判性评价。几乎所有回复者都陈述了这样的事实，即他们的教师教育计划没有停滞不前。关于"自 1960 年以来你们的教师教育计划有何重大变革"问题的回复，仅有一位回复者答复没有变化，有的回复者认为有少量变化，主要体现在日程表或档案管理上，有的回复者感觉变化明显，认为多数变革指向完善标准和提高质量。例如，有 52 所学院延长了学生实习时间，只有 4 所学院缩减了实习时间。很多自选回答认为，学院的实习变化超出了简单的时间投入，14 所学院提到了完善实习监督，8 所学院声明提供了导向学生教学的更好的准备性经验，5 所学院提供了更具多样化的实验室经历，5 所学院将方法教学与实习联系了起来，5 所学院实现了与学区的完美合作，许多学院将每天一小时的实训延长到了半天或全天，并从人工实验环境转到了常规学校教室。在课程变化上，21 所学院提高了普通教育课程要求，29 所学院增加了学科主干课程。在管理上，68 所学院声明启动了更具选择性的招生政策和教师教育计划淘汰机制，22 所大学建立了全校层面的教师教育理事会，其中 10 所为州立大学，12 所为私立大学。很明显，几乎所有这些趋势都揭示或暗含在科南特的报告建议中。例如，很多教育学院院长提到的其他革新包括：学士学位教育要承担实际经验训练的花费、初中教师应安排两年的见习期、所有高年级教师都要通过国家教师考试、所有小学教师必修新数学课程、重视文化不利儿童的教育、引进小时制、消

除教育课程重复课、清理教育学专业、建立新的管理型（教育专家）学位、设立教育助理职位和注册监督教师职位等，尤其是最后两项改革，直接来自科南特关于临床教授这一建议的启发。

调查对院长们设立了开放性的问题，在回复中约有 12 位院长提到给予小组教学或电视教学更多关注，8 位院长表示他们正关注所有的专业课程，在一个单独的专业学期实施新计划，准备培养学生辅导和咨询领域的专家或服务残障儿童的教学。有 8 所学院报告正在为小学教师申请者确定学术学科主干必修课，大量报道显示他们正要求初中教师必修两个专业领域，主要反映在得克萨斯和加利福尼亚州最近的立法进展上，该行动直接与科南特建议的高中教师应只准备一个专攻领域的建议相对立。

在强化与建议吻合的原有实践方面，有些院长谈到他们收到了福特基金会的一些补充拨款，继续实验通过测验计划获得证书的途径，这是三年前就开始的计划，也申请了根据科南特建议围绕实习经验的计划设计，准备在 1964 年 9 月实施临床教授的建议。威斯康星大学教育学院相信，多数改革动向是在报告出版前就已显现，肯定科南特建议的广泛宣传刺激了教师们采取进一步行动和获得贷款支持。哈佛大学为初中教师引入了两年的见习期计划，在暑假实习计划中附加了课程与教学方法训练，严格选拔合作初中并支付见习期合作教师的费用等。佛罗里达大学在专业教育中开发了实验计划，消除所有专业课程，使用心理学方法进行小组教学。塔斯基吉学院（Tuskegee Inst.）在大学三年级的课程中规定心理学、方法学和测验测量作为完整的模块，由代表这些学科的教师小组教授，并计划应用到教育学原理、教育哲学、青少年和儿童心理学领域。美利坚大学（American University）也采用类似的模块教学法，他们将所教领域的 3～4 名专家组成教授小组，统一策划符合学生需要、力避重复的板块内容。包括其他的许多革新，几乎所有进展都是对科南特建议的具体化和明确化。不管公立大学还是私立大学都多少受到了科南特建议的影响，"瓦萨学院、康奈尔大学、纽约城市大学、布鲁克林学院、福瑞德利亚州立学院（Fredonia State College）和科尔盖特大学，都按科南特的建议开展了实验"[①]。关于教师检定方面的建议，多数人怀着自我中心的孤芳自赏情结去反对，对检定权力来源问题的答复显示，四个选项"所在系或教学学院、所在大学但系部以外、校外教育家、专业以外人员"当中，选择第一项的是 280 人，第二项的是 105 人，第三、第四项的分别是 86 人和 16 人，这充分说明在教师检定的权力来源上，基层机构希望获取更多自我检

---

① Weiss R M. 1969. The Conant Controversy in Teacher Education. New York: Random House: 152.

定的权限。

在州督导官员对认证建议的反馈中，总体来看，"1960 年以来，45 个州中只有夏威夷、蒙特利尔、内华达和怀俄明 4 个州在认证标准上没有重大变革"[①]。犹他、阿拉斯加和新墨西哥 3 个州明确赞同科南特基于获得学士学位的认证计划。科罗拉多州、缅因州、内布拉斯加州、新墨西哥州、宾夕法尼亚州、罗得岛州、西弗吉尼亚州、佛罗里达州和加利福尼亚州无条件支持州际互惠认证建议，其他许多州表示有附加条件地支持，附加条件很具体，难以统计。虽然在教师认证上，科南特具体建议影响的州不是很多，但大量的州已在会议和评论中展开了对科南特报告及其计划的分析。

州督导官员对科南特的建议热情不高，但希望继续加强认证标准化行动。在提高标准上各州几乎与科南特思想一致。阿拉斯加州提高了专业课程要求，印第安纳州增加了学生实习，至少 9 个州（康涅狄格、佛罗里达、加利福尼亚、艾奥瓦、俄克拉何马、佛蒙特、弗吉尼亚、威斯康星、西弗吉尼亚）比之前需要更多的教学单元。至少 6 个州（加利福尼亚、印第安纳、纽约、俄亥俄、俄克拉何马、宾夕法尼亚）提高了普通教育标准。认证规则方面的新近变革包括增设资格证书种类，如印第安纳州的社会工作者证书、马萨诸塞州的图书馆员证书等。得克萨斯州严格教师分配，南卡罗来纳州增加州历史或现代数学，马里兰州制定了基于毕业和推荐的认证条例。阿拉斯加、阿肯色、密苏里、肯塔基 4 个州首次要求所有教师毕业于四年制学院。针对州督学调查设置的开放性问题"您喜欢本州或全国采用什么样的变革"，27 位督学答复包括了 16 个不同建议，比较倾向的改革有拓展教育计划的通用性、统一认证计划、学士学位的最低要求、简化认证规定等。相对来说，除个别州提出了学士学位的最低要求或五年制计划外，并没有多少州真正策划具体的认证改革。

无论建议是否被采纳或采纳了多少，显然，科南特的报告对许多州的教师教育计划产生了实质性影响，积极的反应远远超过州官员感受到的威胁，内布拉斯加州的认证长官提供了典型的积极评价："科南特博士对教师教育做出了重大贡献，可以肯定他的许多建议会被采纳，当报告发表时，科南特的其他建议正在筹划或初步实施阶段。"[②] 科罗拉多州及马萨诸塞州的评论也认为，科南特博士的声望值得公众和专业人士关注，并在其督促下努力纠正现行计划的不足。

---

① Weiss R M. 1969. The Conant Controversy in Teacher Education. New York：Random House：169-170.
② Weiss R M. 1969. The Conant Controversy in Teacher Education. New York：Random House：172.

第七节　科南特教师教育主张的论争及意义

正如研究前的预测，科南特的教师教育报告激起了深广的讨论，他尽力做好接受批评的心理准备，在报告出版后的广播中说："我唯一的担心是不会有争论……我期待激烈的辩论……不管人们是否最终采纳我的建议……本书最重要的目的是在教育家和普通人中激起热烈的、全国性的讨论。"①从这一初衷看，科南特的目的已经达到，然而，针对教师教育计划与认证方面的建议，因与曾将其看成盟友的教育家群体产生了很大分歧，有些对其激进观点持批评意见的人甚至质疑他的研究资质。当然，多数讨论基于理论与现实，立足于改进教师教育进行理性探讨。在来源广泛、声音混杂的评论中，多数建议得到肯定，主要争议聚焦在教师资格认证和教师教育计划政策上。总的来说，报告提升了公众和专家改进教师教育的热情，展现了科南特解决教师教育难题的独特模式，一度主导了公众舆论和教育哲学，成为推动美国教师教育改革走向纵深的舆论准备与方向指引。

一、科南特研究教师教育的资质争议

在广泛的评论中，科南特研究教师教育的资质一度成为争议话题。一些贬低科南特的学者认为，他在教师教育知识上是一个假内行，"没有意识到生活和公立学校的真正问题，是一个片面的'书虫'而不是全面发展的人"②。与此对立的观点认为"科南特不是教师教育的局外人，在这次研究中，他经历了长期的自我强化的身份认定"③。当科南特还是一位年轻的哈佛大学校长时，他就意识到了将来可能会对加强中小学教育有所贡献。20多年来，他广泛阅读教育文献，与教育家朋友讨论教育问题，参加教育会议并发表演讲，出版教育著作，1941～1963年参与和主持教育政策委员会工作，这些努力都是在教育专业上自我成长

---

① Quoted by Roy A. Edelfelt in his "foreword" to "A symposium on James Bryant Conant's the education of American teacher". The Journal of Teacher Education（March 1964）：5. The quote is also reprinted in Saturday Review，September 19，1964：62.

② Weiss R M. 1969. The Conant Controversy in Teacher Education. New York：Random House：44.

③ Weiss R M. 1969. The Conant Controversy in Teacher Education. New York：Random House：88.

的历练。1952 年他已全身心投入到教师教育工作中，他在弗吉尼亚大学的演讲中号召文理教授停止对州内教师教育的攻击，与教育学教授一起提高教师教育质量。在哈佛时他考察教师教育的功能，创设新型研究生学位。从出版的关于教育问题的一系列著作来看，科南特完全可以与多产的教育学教授媲美，"事实上，在学术和经验上，科南特完全可以胜任国内一流大学教育学院院长和教授职务，他唯一的缺憾无非是个证件，就是在他的学术档案里没有大量教育学专业课程的学分记录"①。因为没有接受教育专业的正规训练、没有取得相关学位而把科南特描绘成专业教育的"门外汉"，显然忽视了他在教育领域的实际贡献，根据成绩和服务年限他已远超许多具备专业条件的人。发表《美国教师教育》时，科南特已年届 70 岁高龄，这也应成为有价值和可信赖的因素之一。总之，科南特研究教师教育的资格毋庸置疑，从对其评论的标题中可见一斑："我们最卓越的教育家之一""美国教育的'温斯顿·丘吉尔'""最显赫的资深教育发言人"等。

　　批评科南特是"书虫"更是无稽之谈，研究科南特的生活经历可轻易反驳这种观点。他在中学时编辑校报，任足球队队长，擅长表演且是戏剧社主角，担任班级财务委员组织毕业班会餐；他在大学时用 300 美元奖学金开始学业，因数学和科学表现优异只用了三年时间就获得了学士学位，他跟随著名哲学家桑塔亚那学习哲学，入选《卡潘》和校报《深红》（*Crimson*）编辑委员会；他在哈佛工作期间科研成果丰硕又具人文素养，是著名的化学家和哈佛荣誉学者，航海、打高尔夫球和登山都是他的爱好；跻身名流的他眼界开阔、胸怀天下，关注工业界与社会发展，预测大学与工业界、政府合作的价值与前景，热心非学术事务，在科技、教育、军事、外交等领域均有不俗的表现……总之，科南特既不是深居象牙塔中的校长，更不是片面的"书虫"。

　　当讨论主题聚焦于教师教育报告提出的具体建议时，关于科南特个人职业资格的争议逐渐平息。但是科南特的经验是否足以从事教师教育研究，他的知识背景到底与专业教育家有何差距，这些问题从来没有得到公平的解决。科南特本人也意识到自己在这方面的局限，因此在研究中启用了小学教育、教育史、政治学和教师教育领域的专家顾问，这样的选择带有强烈的个性与职业品质因素，对每位专家的启用均有各自领域的能力与局限性考量，因此最后的工作全部由科南特负责。在科南特的知识背景中，最缺乏中小学的直接教学与管理经验，他很少涉及小学教育，不太关注与儿童成长和人力开发相关的学校政策。20 世纪 30 年代末，他曾提到儿童成长与智力开发，建议所有教师学习心理学的基本课程，开设

---

① Weiss R M. 1969. The Conant Controversy in Teacher Education. New York：Random House：89.

教育心理学，包括行政管理问题和能力测验，这些成为专业教育发展的显著标志。综观科南特的著述言论，可以明显看到，他很少讨论儿童问题，也不过多涉及具体的课堂教学，他的多数改革建议集中在管理和政策层面。

二、科南特教师教育核心建议的分歧

科南特的多数建议没有引起过多争议，尤其是各州在教师发展方面应承担的责任，如州提供信息服务、州通过地方委员会控制教师分配权、州际互惠认证、州对教学实践的援助、为未来教师的贷款政策、对合作教师的选择、辅助新教师过渡、工资级别规定与涨薪建议、州资助暑期学校和教师暑期继续教育、教师在职教育、小规模学院教师的充分任用等。有些建议受到一定程度的质疑，但未成为争论重点，如训练培养各级音、体、美教师，中等学校教师取得单科文凭，以及教师全部教学期间的非学分课程选择要求等。有些争论仅关注某些具体建议，如实际教学中取消州规定必修课的资格、整个大学或部门合作培养教师的途径、临床教授、反对延长教师培养年限、提高学科难度、现存全国教师教育认证理事会的组成和权限划分等。最激烈也最长久的争论围绕教师认证权力划分与教师教育计划设置，尤其是对教育学理论课程与实习环节的安排，引起了教育学教授们的极大不满。

（一）教师教育与认证权力划分的争议

教育关涉政治不容置疑，科南特在报告开头就对教育学教授与文理教授论争做出决断，目的是寻求二者在提高教师质量上的结合，通过具体建议鼓励政治行为，他按照各类机构与官员职责组织建议，认为由不同责任主体具体负责建议实施，可见《美国教师教育》不是纯粹理论性的研究或实证性的报告，而是关于教师教育政治学的调查，是一部政治性文献，这是很多人的共识。例如，斯泰尔斯就曾为科南特建议的政治化途径辩护，认为他旨在最大限度地获得专业内外人士的支持，因此可将其针对教师教育的论述作为研究教育政治学的案例。在科尔纳看来，那些涉及教学认证与实习的建议会动摇教师培训产业的根基，并相信如果所有或多数建议在全国大规模推行，"美国高等教育的主体将会发生革命性转变，会给这代职业教育家带来灭绝性打击，因为按照科南特的建议，他们极少有资格继续现在的工作"[1]。泰勒认为，虽然认证问题很重要，也认可科南特对现

---

① Koerner J D. 1963. Proposals for radical reform. Phi Delta Kappan：9.

存各州认证制度失效的论断，接受其将认证责任公平赋予学院和大学的建议，但是，科南特将美国教师教育的基本问题锁定在学术人员和教育学家之间关于如何检定和由谁检定的争议上，把揭露和解决纷争作为报告的中心议题，势必会分散教育家和公众的关注点，使其无法真正聚焦教育体制必须解决的关键问题，他认为"报告的即时效应就是，将几乎每个针对教师训练问题的争论简化成司法管辖权的争议，以及冗长的对学分和必修课程的讨论"[①]。约翰·查尔兹（John L. Childs）认为，科南特不是寻求从方法上强化学校和教育机构革新，而是去揭露长期存在的两派力量的论争，显然不是来自两年教育调查的产物，而是一种先入为主的选择，"这与科南特早期任哈佛大学校长的经历相关，这种想法在长期直接与各种公立教育相关机构的合作经历中得到进一步强化"[②]。报告中，科南特试图做一个中介人或承担法官角色，不是撮合各派力量相互妥协，而是宣布争议本质并决定彻底消除争议。与以上观点不同，哈利·布劳迪（Harry S. Broudy）非常赞同科南特的安排，认为他对权力冲突的描述恰恰是报告的最大亮点之一。查尔兹并不认同布劳迪的价值描述，认为"当科南特将教育学院的冲突定性为仅是争吵或权力争斗时，已失去了任何治理的内涵或专业价值，科南特明显在做个人价值判断，这种对争议的狂傲评价极可能引起持久的学术争斗，这是许多熟悉高等教育史的人所反对的"[③]。

在科南特的报告描述中，教育当权派是教育学教授、一线教师、教师协会及公立学校管理者的联合阵营，另一方则由文理教授和一些有影响力的学院校友组成，包括广播电视评论者、编辑和出版人员、部分公立学校人员及其导师群体，这一派是掌握大众传媒的精英同盟。科南特承认，无论过去还是当下，他本人都属于当权派中的一员，其合作成员也来自两大阵营，他这样选择更多是为了平衡观点，使报告结论对公众和教育家来说都具有可接受性。科南特认为，教育家当权派在制定认证要求方面具有强大的声音，但这些要求往往与提高教学效率无关，而是与设计吹嘘当权派的权力有关。州教育部门当然在教育上有权力，能做出规定并尽力强化这些规定，详细制订教师教育计划，但是专业独立性无疑会纠正权力滥用，过分不公正、不明智地使用权力会腐蚀权力自身，如某些教育部门强迫必修专业科目的规定，最终因公众的抵制被迫取消。两大阵营都认为，整个认证过程过于复杂，认证标准得不到加强，反倒容易被地方教育委员会左右。而对学术教授来说，他们约有1/3的毕业生希望进入教学职业，为获得认证不得不

① Weiss R M. 1969. The Conant Controversy in Teacher Education. New York：Random House：104.
② Childs J L. 1967. A second look at Dr. Conant's report. The Educational Forum, XXXI（3）：268.
③ Childs J L. 1967. A second look at Dr. Conant's report. The Educational Forum, XXXI（3）：269.

根据州法律修习教育学院提供的指定课程或授权项目。"事实上，教育学院是极端权力壁垒保护下的受益者，是当前教师教育的独立王国，是最令学术教授们恼火的对象。"①同时，在教师教育项目中，全国教育协会及其附属组织也在寻求毫无依据的权力。科南特希望消除争吵，不评价各方价值，不分析现存计划的优劣，最后根据是否提高教育质量的标准得出认证制度破产的结论，依据就是当前制度没有阻止差学院提供差项目、差学校生产差教师，反倒遏制了所有学校或机构承担培养优秀教师的责任。为开发新制度，科南特在报告的第一条建议中提出了认证的三个基本要件，预测如果州采纳这一建议，消除壁垒保护，所激起的机构间竞争必将给教师教育带来活力，进而提高毕业生质量。

科南特努力以温和谦逊的声音说话，这是他在以前报告中一贯的风格，就是一种平衡术。然而，教师教育报告却成为一个令人愤怒的文本，其中的平衡成为攻击教育双方的平衡。科南特真诚地相信，他的激进的认证建议完美且有益于双方，应该得到一致赞同，从而终止古老而有害的争吵。然而，现实让科南特大失所望，教育学教授没有为他的理性观点所打动，要求教育学院否决教育必修课程，证明专业研究对教学准备不可靠，这是不可能也永远不会发生的事情，他们认为科南特的报告"展示了一种对教育专业的蓄意挑战"②。科南特希望的竞争，首先出现在大学不同系部之间，而不是各种教师教育机构之间，不仅不能终结争吵，甚至会扩展到同一所大学校园。专业教育家长期以来将科南特看成朋友，热情期待他的友好建议，但当权力基础被暴露并受到攻击时，切实感到莫名的威胁，认为科南特不切实际的夸张将教育家团体当成高等教育政策制定的主导者，描述教育学课程单调乏味，这令很多教育学教授倍感失望。文理教授及其支持者对科南特的攻击并不敏感，他们表现得很自信，一方面本身对教师教育没有非常大的兴趣，另一方面乐于旁观科南特对当权派的打击。一些之前合作过的教育家也很扫兴，一直认为科南特会分享他们的观点，将有组织的教育作为取决于时空和文化的事业，基于历史变革的分析重新解释、评价、选择、判断、重构教育根基，寻求解决当前教育问题的途径，然而无论是报告主题还是建议，都没有体现教育的时空维度和文明属性，甚至一些人考虑，应将报告称为教师"认证"而不是教师"教育"。

科南特意识到，教育学院院长和教育学教授通过州职业资格证书和国家认证程序维持着对教师教育的控制，他们不愿将其课程推向完全公开的市场，于是转向州部门和国家认证机构寻求利益保护，这种保护都掩藏在教学专业化的伪装

---

① Childs J L. 1967. A second look at Dr. Conant's report. The Educational Forum, XXXI（3）：269.

② Childs J L. 1967. A second look at Dr. Conant's report. The Educational Forum, XXXI（3）：265.

下。由于文理教授没有兴趣和不足以引导学校决定，许多教育学院开始依赖外部的专业政治权力，保持他们对教师教育的决策权，因此科南特建议，通过整个大学培养未来教师的途径实现权力分享。科南特对权力划分的建议成为师范学校产生以来最尖锐的挑战，其意义在于，在紧张和争议达到顶点时指出了相反的发展方向，如果点燃炮火随即隐退不会有任何收获，他会继续跟踪人们对报告的反应，与教师教育领袖们分析讨论，若有迹象表明现存的一切太过复杂和刚性，不能做任何改变，他很可能会将战火引到普通公众那里，因为在公众心中，科南特已得到相当的认可。事实证明，他已经参与了革命，他的介入可以很好地补充成功改革所需的额外的道德力量与智力活力。

（二）围绕教师教育计划关键要素的讨论

一些教育家认为，科南特虽然在社会观上属于进步主义者，但本质上还是教育传统主义者，并夹杂着对现代观念的偏见。他用体面的文字肯定教育学院在促进多样化学校项目开发和设计服务定位上的贡献，但当谈及最终对工作价值的评价和判断时，却站在了认为教育没有任何自身学科特点的一方。由于他既没有要求具体的教学理论基础，也不安排任教前的任何研究性工作，因此受到职业教育家的批评，认为科南特倾向于把教学职业准备与整个大学教育的方法结合起来，虽有利于学术人员介入，但对教育理论和实习的安排有失偏颇，甚至被其贬低课程水平的观点所激怒，认为报告不过是一个泛泛的声明，没有提出解决困扰现存经济、社会、种族问题的安排，向其提供资助的卡内基基金会也倾向于保守，没有资助探索基于现实的社会研究或教育调查。

罗伯特·威斯（Robert M. Weiss）是全国教师教育学院学会《时事通讯》的编辑，他整理了 1963—1964 年度学会领导小组对科南特报告的讨论发言，展现了小组成员对教育理论课程及实习安排的评价与设想。1964 年，学会领导小组主席是高等教育史专家约翰·布鲁巴赫（John S. Brubacher），其他成员包括各分部时任主席、执行秘书及专家组成员，分别是教学社会学分部主席、哥伦比亚大学教育学院教授斯隆·卫兰德（Sloan R. Wayland），管理、监督和课程分部主席艾莱特·赫梅尔（Erret Hummel），比较教育学会执行财务秘书杰拉尔德·瑞德（Gerald H. Read），教育哲学学会分部主席埃弗雷特·基尔舍（Everett J. Kircher），教育心理学分部主席教育心理学和测量学教授霍华德·坦佩罗（Howard E. Tempero），教育史学会主席富兰克林·帕克（Franklin Parker），以及专家小组成员博罗曼和斯泰尔斯。该讨论小组根据布鲁巴赫的意见，将讨论主题聚焦在科南特报告中忽视的教育理论教学上。

布鲁巴赫等人很清楚，发展中的教育学科存在自身弱点，如对其他学科的依赖及知识体系的不确定、教育理论教学应用价值不明显、理论与实践脱节等。但对于科南特在教育计划中否定教育学知识内容的建议，赫梅尔、基尔舍、坦佩罗等还是表达了质疑，认为他将教师教育浓缩在一年的研究生阶段进行，与教育学院学生相比，学生职业定位太晚，且并没有安排教师教育的专门课程，然后直接参加学徒训练成为准教师，显然将教学看成了技术工种，而且科南特坚持认为，真正的研究只能发生在文理学院的基础学科，这种观点将削弱当前正在发展起来的很多职业。坦佩罗提到，科南特强调学科教学，忽视行为改变，似乎任何自由教育的研究生都可从事教学，因此表达了不同意见，认为一个人单纯武装学科知识是不够的，还需理解儿童成长发展的规律。赫梅尔教授直接反对科南特的建议，认为他看不起理论人员，并指出许多学科教授缺乏实践知识，许多监管实习的所谓临床教授和合作教师又缺乏理论支撑。对于全盘批评科南特的说法，卫兰德和瑞德教授提出异议，表达了某种对科南特建议的认同和理解，直言一些教学史和教育哲学教师功底不扎实，教育学院因缺乏专业教师随意调配以完成课程表要求，且认为科南特在其他场合已承认教育的专业地位，不必再纠结于是否专业的问题。当然，让瑞德教授困扰的是，科南特建议研究生学院对所有具有学士学位的人和正在教书的人开放，除非假设进入教学专业的人是科南特建议的班级前1/3的优秀学生，否则研究生学院将将面临降低学术标准的风险，瑞德怀疑这条建议的现实性，并表达报告遗忘了他所在的比较教育领域，除科南特述及自己在德国的经历外，通篇几乎没谈比较教育。帕克教授担忧的是，教育学专家对社会现实、公民责任和学校问题比学术人员更敏感，而科南特希望学术人员更多卷入从未做过的教师教育，承担更多教育理论家已经做了的工作，被迫犁别人犁过的田。布鲁巴赫和基尔舍认为，科南特更看重源于心理学的教育理论，而不是依赖历史、哲学和社会学，因此让史学家、哲学家、社会学家承担教育学理论课程，这在现实中也很难行得通。帕克也指出，历史系几乎没有人研究教育史，即使研究经济史的人也没说明经济对教育和学校的影响，哲学家也不情愿深入研究教育哲学。坦佩罗也认为，让没有研究过学生问题的学术人员讲授基础理论显然不妥，卫兰德提出科南特实质是在参与一个政治过程，建议的教师教育方法不是基于对学校特点的研究，只是与19世纪许多大学校长一样，对学校制度怀有深深的关切。

布鲁巴赫提醒，科南特把自己描述成革命者，泰勒却说他是保守者，其建议基于当前文化而不是导向未来，赫梅尔也认为科南特的确非常保守。帕克进一步指出，与之前的中学报告相比，教师教育报告引起的震动是审慎而全面的。卫兰德对报告反响进行预测，认为来年会出现大面积回应，被伤害最深的人会如峰群受惊而炸窝，地位加固的人将满怀热情与希冀，实习协会的活跃分子会欣喜若狂，深度卷入全国教师教育认证理事会组织的人会十分厌烦和愤怒，从事基础理论教学的人会感觉前景暗淡，从事自由教育的人会满不在意，个别学院趋于活跃但不会被迫做任何专业的事情。赫梅尔认为，学术人员不见得关注，恐怕更多的关注会来自大学以外，因为科南特的社会地位受人尊敬，许多学校董事会和普通人会像接受圣经一样接受报告。基尔舍则认为，将不会有很多校外人士、教师、监管人员和校长能真正坐下来认真阅读整个报告，他们只会在其中寻找观点吻合的零碎信息，并将其引介到公立教育系统中。

科南特认为，有前途的教师应具有强大的学术背景，普通教育不能与专业教育分离，布劳迪不同意他所设的普通教育，认为如果对所有人的教育称为普通教育，为什么教师应比其他人更少或更多呢，关于普通教育由谁教授和教授什么，科南特希望由受雇于文理学院的各类专家来教授，这个想法很难实现，也是幼稚而令人迷惑的，各领域专家没有必然的理由应该或必须对教育、法律、农业、医学等任何专门领域感兴趣。若按科南特的想法，教育过程能成为系统研究，那么教育学教授就是一种合法的存在，教学也就不仅仅是技巧和手艺了，更何况学科教授对教师教育反应冷淡，远不及教育院系对公立学校制度的责任意识与热情。另外，科南特极力强调临床经验，1964 年声称"支持实践教学领域内革命性变革，支持质量监管方面的革命性变革"[①]。批评者们认为，他采用学徒制的方式维持教师的非专业地位，布劳迪指出"科南特通过将课堂教学降至他认为的一门手艺来回避这些令人烦恼的问题"[②]，若果真如此就不会有两千多年探寻教学秘诀的历史了，且直到 20 世纪 60 年代都很难准确表述优秀教学的可测量标准。多数看过科南特报告的教育家谴责他的这一建议，认为这个建议一旦被采纳，就会给教育学院的工作带来危害和深远影响，建议显然没有公正地对待专业教育。卡特莱特教授表示，全力支持科南特对教学实习的安排，1963 年冬科南特在新泽西州大西洋城举办的全国学校管理者协会会议上发表演说，对学生实习问题已经摊牌，指出职业准备中最有价值的部分就是教学实习，恰恰是针对许多学院和实习学校对待实习的随意性提出了详细的实习建议，且认为科南特即使强调了学徒训练途径也异于传统的学徒训练，不仅需要 90 小时的自由或博雅教育，还要招收高中学术排名前 30% 的毕业生，就算教学是手艺，也是一门高雅的吸引一流学者的手艺。实际上，科南特督促学术学科作为教学独特资源的想法也是正确的，关键在于没有克服自身矛盾，一方面强调教学只是一项技能，却又是仅能由高级知识分子去追求的职业。

---

① Weiss R M. 1969. The Conant Controversy in Teacher Education. New York：Random House：29.

② Childs J L. 1967. A second look at Dr. Conant's report. The Educational Forum，XXXI（3）：266.

　　除了教师教育学会领导们的评论，针对科南特的教学实习建议，纽约城市大学布鲁克林学院的埃德加·弗雷登伯格及明尼苏达大学的罗伯特·贝克（Robert Beck）等认为，"如果一名教师不彻底理解运行于社区中的社会力量和意识形态使命，不是自觉检查与其行为相关的这些因素，这样的教师充其量是一个工匠，一个不能理性选择手段和目的的工匠"①。更典型的批评来自康涅狄格州的督导官员，他们很难同意科南特的研究结论，认为建议在实现的可能性上过分乐观。反倒是激烈批评科南特其他建议的泰勒认为，科南特最大的贡献在于详细安排了作为教师准备过程的教学实习环节："我非常赞同科南特博士的观点，评价教师合格与否，在于其所掌握的如何进行课堂教学的知识，但在掌握观念体系、提高学术造诣上我不同意科南特的方法。"②

三、科南特教师教育报告的评价及历史意义

　　科南特的思想不是全新的，或者说不仅仅是经验研究的结果，还可能来自其他著名教育领袖的思想，如杰斐逊、贺拉斯·曼或杜威。与杰斐逊、贺拉斯·曼一样，科南特首先是政治发言人，拥护革新以实现社会教育理想，三人皆被认为是常常基于别人首创思想的教育先驱和政治策划者。相比之下，杜威积极参与开发和再评价当时新实用主义教育理论，关注实践是检验理论的方法，强调理论对个人和社会的功用，而科南特作为一名现实主义者，怀疑理论对教育的重要性，其对教育专业理论学科的态度，曾导致教育哲学和教育史学科在之后很长一段时间受到冷落。帕克认为，科南特属于具有教育权力的新人，本质上是学术知识分子，倾向于大学和象牙塔的思维，关心改革并在过去成功影响了改革，但离课堂教学太遥远。在教师教育领域，只有考虑到他的广泛行动，认识到他的广大听众与重要影响，在教育史和教育哲学方面，科南特这位教育家才比以往更值得分析与考量。美国大学教师教育组织的领袖们针对科南特提出的学科设置、教学实践与教育理论的关系、教育的专业性等问题展开讨论，虽然观点众说纷纭，但充分肯定了他对美国教师教育的历史贡献。20世纪60年代，当教学实践与操作技能开始主宰美国教师教育观念的时候，认真评价科南特的地位变得日益重要，科南特倡导的改革方向与加德纳及其他人一致，他的传统见解不仅取得了当时文化的支持，也获得了政府和基金会的资助，它更适合具有巨大力量和重大缺陷的"伟大社会"。

　　也有人认为，尽管科南特进行了研究，但人们仍然不知道何为最好的教师教

---

① Weiss R M. 1969. The Conant Controversy in Teacher Education. New York：Random House：145.

② Weiss R M. 1969. The Conant Controversy in Teacher Education. New York：Random House：114-115.

育，很多人希望用社会和哲学的概念去定义生活和教育目标，因为美国社会强调手段和过程甚于目标、目的和原因，因此当评论者研究科南特报告的影响时，难免产生这样的矛盾感：科南特认为当前认证规则混乱，却鼓励每一个机构自由实验和竞争，进一步加剧了这种混乱；他认为可以不需要教育学教授，但重视掌握理论的临床教授去处理关键问题。科南特矛盾产生的根源在于不确定教育学是否拥有自己的知识体系，还是仅仅为一项高雅的技能，或未来可能成为一门高标准的专业。从这些矛盾可以看出，科南特的建议并非教师教育的最佳决策方式，美国人普遍将理想与物质分离而更多地讨论实施，这是一种科学的、技术的文化，倾向于唯实论的科南特更易接受这样的文化，这就是为什么美国社会重视实用的技术的思维，在社会组织中重视经验主义的研究，当然也包括学校。科南特的分离主义和对纯学术与应用学术的等级划分，以及在教育领域过于谨慎的方法正反映和支持了这种态度。《美国教师教育》一度主宰了公众和大部分教育家的教育哲学，由于忽视学生才能的真正解放，在之后十几年里教育思维趋于保守，抑制了进一步的革新活动。泰勒认为，科南特的建议只是在传播美国白人中产阶级新教徒的西方文化，而不论这种传播方式是否值得，在教学发展的循环中，"没有任何方向性，也没有机会打破这种循环和重新审视这种文化，它只是一个适应而不是再造的过程"[1]。

对科南特的评论是复杂的，但无论结果如何都达到了科南特的目的。1965年博罗曼写道："在当前，保守主义者科南特的《美国教师教育》动摇了教育当权派，当权派的管理过于严格、过分标准化和缺乏想象力。"[2]他认为，科南特是为了更好的教学而奋斗的勇士。瑞德也认为"科南特是一位明智的老人，他提出的许多问题一直困惑着最优秀的教育专家"[3]。由于在唤起反应上科南特贡献巨大，这使得此后对教师教育哲学竞争的描述更容易、考察更公开、评价更明确，因此不管是否同意其思想动向，在改善美国社会和教育方面，他对教育的奉献精神及一生所做的广泛而意义重大的努力都值得世人尊敬。社会学家兼教育家大卫·李斯曼（David Riesman）认为，在《美国教师教育》指导下，高等教育"蛇形进动"（snake-like procession）的头开始转向，然而，教师教育如同一只笨重而谨慎的野兽，即使头部决然移动，通常身体仍保持着静止。"多亏科南特等人的努力，现在它的身体已不自在地暴露出来，继续施以公共压力便可使其脱落年久脆弱的表皮，自由移动到一个更具防御性的姿势。"[4]

① Weiss R M. 1969. The Conant Controversy in Teacher Education. New York：Random House：105-106.
② Weiss R M. 1969. The Conant Controversy in Teacher Education. New York：Random House：29.
③ Weiss R M. 1969. The Conant Controversy in Teacher Education. New York：Random House：135.
④ Weiss R M. 1969. The Conant Controversy in Teacher Education. New York：Random House：153.

第五章 | 多重表象下追问内在逻辑
——科南特教育主张的理论体系与实践品质

> 科南特的教育主张内涵丰富且指向明确，改革建议具体而微却立意高远，他以小镜头透视、捕捉教育现场的点点滴滴，用大视野把握教育事业的总体走向与时代大势，结合谨慎的折中思维与务实风格，在美国教育改革的洪流中彰显出超凡的定力，不仅减缓了美国教育改革的钟摆性振荡，也为我们深刻理解教育的社会属性，在理想与现实抉择中寻求恰当的平衡提供了有益借鉴。[①]

科南特一生除了在政治、外交及科学领域的贡献，在教育上的努力最为持久，也颇具争议。从20世纪30年代主政哈佛大学，到开展大规模中学与教师教育调查，至70年代人生的晚年，他始终关注学校里发生的一切，研究的领域与影响所及几乎涵盖了除小学之外的全部正规学校教育，即使职业教育与成人教育也未曾遗漏。毫不夸张地说，科南特的教育理论与实践近乎浓缩了20世纪中期前后几十年美国各教育领域改革的主题，细细探究其个案价值，如同推开一扇窗、寻到一面镜，透过窗口即能看到错综复杂、宏大多姿的教育图景，穿过棱镜便可洞悉40余载纷繁变幻的教育主题。

---

① 作者评语。

第一节 主流教育的时代缩影
——科南特教育思想的丰富内涵

科南特教育生涯横跨 40 余年，足迹遍及高等教育、中等教育、教师教育等主要教育领域，主张广涉教育理念、机构职能、管理与政策制定、课程及教学安排等多个层面，内容兼收并蓄，既主张培养公民的普通教育，又重视造就领袖的精英教育，既关照发展工业与稳定社会的职业教育，亦提倡维护主权与展现实力的国防科技教育，既含有传统理论的现代阐述，又提供操作层面的教育发明与方法创新。无论人们评论其观点保守还是激进，其建议行之有效还是不妥，甚至错误，都不能否认，他的每一次主张都紧握着时代的脉搏，踩踏在改革前沿，极力寻求当下热点、难点问题的解决方案，其教育理论与广泛实践从不同时期、多个层面映射出当代美国教育改革的全貌。所涉及问题的广泛性、教育主张的多样性及改革措施的创新性，成就了科南特教育思想的丰富内涵。

一、科南特所涉及教育问题的广泛性

如前所述，科南特涉足三大教育领域，本书据其经历与改革时序做了简要概括。他以哈佛大学改革为起点，凭借校长身份与个人努力在高等教育领域确立威信，并进一步延伸至公立教育领域，为后续大规模研究做了铺垫。在这一过程中，赶上了科技专家影响国家重大改革决策的黄金时代，他有幸广泛参与美国政治、军事、外交、国防科技等多领域的上层活动，在开阔眼界的同时积累了广泛的人脉与社会声望，进而成为影响国家和教育政策的重要人物，也成为私人慈善组织卡内基基金会及福特基金会物色的重要人选，最终顺理成章地成为 20 世纪五六十年代公立教育改革的主导性人物。他先后调查美国高中、初中及教师教育，提出诸多有效的改革建议，在改革讨论达到白热化时期，以出奇的冷静与理性引起教育家和社会公众的广泛关注，进而影响火热的教育实践。综观其对教育问题研究的经历与思想演变轨迹不难发现，他之所以能在三大教育领域表现不俗，得益于每次都踩在了该领域改革的关键节点上。1933 年科南特当选哈佛大学校长时，正值国内外政治、经济急剧变革的关键期，这一时期经济危机全面爆发、以希特勒为首的纳粹党崛起、罗斯福上台、哈佛大学面临着被赶超的风险，科南特临危受命，凭借非凡的远见与杰出的管理不仅使哈佛大学摆脱了竞争危机，也完成了使其锻造成真正国家大学的使命。1956 年科南特从德国归来时，适逢基础教育改革如火如荼地开展之际，尤其是"卫星事件"后教育俨然成为赢得国际竞争与解决社会问题的救命稻草，围绕基础教育改革的争论如沸水翻腾，却苦于找不到明确的方向指引与可操作的改革方案，年近 65 岁高龄的科南特自愿担负使命，力避非理性狂热与毫无根据的批评，深入考察美国中学，树立综合中学典范，展示民主社会的制度优势，以此解救社会公众及科技专家对基础教育的围攻，引导人们冷静处理中学面临的改革问题，真诚意识到美国中学教育的可取之处，这不是简单为综合中学辩护，而是对美国传统与独特教育制度的自信。1960 年前后，在教师教育领域，呼吁各方力量消除纷争、鼎力合作的声音日渐高涨，为了提高教师培养质量，满足新课程改革与《国防教育法》强化基础教育的需要，科南特再次在教育领袖催促下担负起调查美国教师教育的重任，70 岁高龄的他到各地奔波调研、撰写调查报告，大胆提出了改进教师教育的 27 条建议，一改惯常的谨慎作风，成功引发了新一轮关于教师教育的讨论与改革浪潮。

科南特不仅涉足领域广泛，且对各领域教育问题的研究全面而透彻，依托详细的调研与数据支撑，提出具体的改进建议，内容涉及宏观层面的理念、目标或功能定位，中观层面的机构建设与管理、政策制定，再到微观层面的课程内容、教学安排及教学方法革新等。在高等教育革新领域，他以阐述大学功能为导航，以确立目标愿景和战略规划为起点，围绕内涵建设通过平衡学校收支、改革课程计划、提高生源质量、打造教师队伍、优化学科建设、建立与政府合作的科研机制等措施，最终达到了提升哈佛大学学术竞争力和社会声望的目的。科南特倡导的学术测验及撰写的普通教育报告，对美国高等教育招生制度和课程改革影响深远，他创设的新型学位成为后来各州培养中学教师的模式参照，他的州际合约主张在一定程度上加速了区域高等教育合作的步伐。当转战中等教育领域后，科南特同样以无阶级社会的政治理想与机会均等的目标为指引，定位综合中学在美国民主社会中的重要功能，阐述课程设置与教学安排，在强调社会功效的同时不忘开发人力资源，在培养学术精英的同时关注弱势群体的教育与就业，将公立教育作为美国民主教育体制的支柱。到教师教育领域，他依然保持严谨务实的态度，从教师认证组织与机构权力划分，到培养机构教育计划设置，从提高学术标准到加强实践环节，从关注职前培养到入职适应与终身职业发展，他不惧得罪盟友遭致批评，致力于策划教师教育改革的新蓝图。

二、科南特教育主张的多样性

科南特一生共出版作品 400 多部，发表文章 200 多篇，教育专著十余部，加上在校长任期内的年度报告与教育文章及在各类场合的讲话与会议演讲，其教育作品早就能与任何多产的教育家比肩。科南特因为关注的教育问题的广泛性与诊断问题、解决问题的独特风格而不同于阐述理论体系的教育理论家。与那些其他领域偶然关注教育实践的专家不同，他有 40 多年几乎不间断研究教育问题的经历，即使在服务"曼哈顿计划"和任外交官期间，教育也没有脱离他的视线，因此，科南特的教育主张具有明显的多样性，体现了以问题为导向的研究特点，也展示了科南特在不同时期教育思想不断演进的成果。

综合分析科南特多样化的教育主张，有多种划分标准：从制度层面为科南特进行身份定位，他既是一位公立教育改革家，又是最著名的私立大学"掌门人"；从教育形式观其改革广度，他关注大学、中学及与之相关的教师教育，也研究关乎社会稳定与和谐的各级职业教育；以教育目标看其重点追求，他既强调培养合格公民的普通教育，又重视培养天才和未来领袖的精英教育；从教育内容审视理论深度，他关注增强国力的科学教育，也重视培育公民价值观的公民教育与维护国家主权的国防教育。关于其学校教育主张前文已有透彻论述，其科学教育与精英教育主张在后文会有论及，职业教育与青年就业是科南特一直关注的重要议题，以下简单剖析其职业教育主张，从高等职业教育和中等职业教育两个方面展开论述，抛砖引玉，以增强对其教育主张多样性的理解。

与同时代的其他人相比，科南特对高等职业教育的最大贡献是在坚持大学进行纯粹智力活动的同时，拥护其对各种职业的训练，正式承认职业训练是与大学其他职能兼容平衡的职能之一。在普通教育与专业教育的关系上，科南特主张普通教育是有机联系的整体，提供对关系的整体性及复杂性理解，并赋予专业以意义和价值，专业教育是有机体的一个器官，负责应该做什么和怎么做，普通教育服务于造就未来合格公民，专业教育重点弥补工业社会各类专门职业人才的匮乏。"教育应培养这样的人，既掌握专门职业技术，又具有自由人和公民的一般素养。因此，两类教育虽曾为不同阶层服务，现在则必须共同为所有人服务。"[①]科南特不再把普通教育与专业教育割裂开来，保证了培养自由民主社会合格公民的共同目的的达成。在大学管理与政策制定上，他强调必须以自由的、工业社会的美国为基础，加强大学与职业界、国家需求的关系，在关乎国家工业能力和军

---

① Conant J B. 1946.General Education in a Free Society. Report of the Harvard Committee. Cambridge: Harvard University Press：53.

事安全的科学家与工程师培养上，充分开发人力资源，预测国家需求的可能性，引导有能力的年轻人进入某些特定职业，同时还应处理好初级学院、大学职业教育与技术人员需求的关系，促进高中后职业课程的开设，从而保证"开发所有青年潜力的高中及以上教育机构，能适应高度工业化社会的就业需求"[①]。作为早期拥护初级学院的人士之一，他希望基于社区的两年制学院承担职业训练与培养公民完满生活能力的公共责任，提供普通教育和范围广泛的职业教育。

在中等职业教育领域，科南特主张提高职业教育课程与社区实际需求的匹配度，关注青年失业与就业指导工作，将综合中学作为有着不同职业需求与专业抱负的学生共同接受教育的场所，确定就业准备为中学三大功能之一，将培养谋生技能课程列入学生选修课的重要序列，并将职业课程开设情况作为判断其是否综合的重要指标。为提高职业教育课程与社区实际需求的相关度，他要求每个专门行业都设立由业主和劳工代表组成的顾问委员会，为联邦支持职业课程提供咨询，并介绍开设职业课程的成功范例，加强学校与社区的联系，增加学生校外职业训练机会。由于曾在美国教育政策委员会、总统青年就业委员会等组织任职，科南特一直关注民主生活、学校与就业市场的关系，强调公立学校政策制定应充分考虑职业教育需求。他将综合中学评定标准的第二条定为：非文理科目选修课是否完备，包括男生的职业课程与女生的商业课程、获得有指导的实习经验的机会和对阅读能力发展迟缓学生的特殊帮助。在《贫民窟与市郊》关于职业教育的专题论述中，他列出了职业教育的四个要点：职业课程不应代替毕业标准要求的学术课程；职业课程应在 11 年级、12 年级开设，不必占用学生一半的学习时间，但对学习迟缓有可能辍学的学生应早些开设；职业课程的意义在于激发学生对工作的热情，使之意识到所学课程与未来职业的相关性；职业训练项目种类应与该地区总就业机会相关，通过最有前景的职业训练最大限度地唤起学生的学习兴趣[②]。认真分析就业走向后，他提出了青年失业和就业指导面临的挑战，希望学校就业指导人员承担帮助 16～21 岁社会青年就业的责任，在学校与就业间建立联系，强化联邦政府、就业指导机构、劳工工会、当地雇主及职业教师之间的有效配合，并向肯尼迪政府部门提议加大资金投入，打破就业机会上的种族歧视。

科南特把维护社会稳定与促进经济繁荣作为职业教育的首要功能，重视国家重大战略的职业导向与地方社区经济的实际需求，强调通过技能训练与知识掌握

① Conant J B. 1964. Shaping the Policy of Education. New York: McGraw-Hill Book Company Inc.: 129-130.

② Conant J B. 1961. Slums and Suburbs: A Commentary on Schools in Metropolitan Areas. New York: McGraw-Hill Book Company Inc.: 44.

发展职业实践能力，要求完善个别教学与辅导制度，强化就业训练与职业生涯指导方面的社会联动，主张职业生涯指导应下延至初中或小学高年级，职业发展应持续一生等，这些主张体现了综合性的大职业教育观，为20世纪70年代的生计教育主张提供了借鉴。

三、科南特教育改革的创新性

科南特在自传开篇讲述其出生前的序曲，六岁的姐姐欲彻夜不眠等待自己的降生，并要姑妈承诺若晚上出生就打开一本书放在床边的桌上，这样就能唤醒等待已久也许已睡着的自己。科南特后来带着好奇追问那本书的名字，就是当时孩子们喜欢的《爱丽丝镜中奇遇记》。这个故事他始终没忘，认为自己出生在伟大发明的先兆之下，期望能像作者刘易斯·卡罗尔（Lewis Carroll）笔下的那位白人骑士一样，通过各种发明赢得更多荣耀。虽然只是一部儿童科幻作品，但科南特认为，故事中的预言及书中主人公的经历更像他的成年行为。在自传中，他述及这部作品并将自己描述成社会发明家，自豪于多种生涯的选择与各项发明。科南特超常的创新力在少年时代就已显现，经历了严格的学术训练、科研创新及创业经历，养成了创造性解决问题的习惯。20世纪20年代科南特已取得显著的化学成就，他的学生弗兰克·韦斯特海默（Frank H. Westheimer）认为，按照当时欧洲的标准，美国多数化学成就无疑处于二流水平，而科南特却因对物理有机化学和天然产物化学领域的原创性贡献获得国际认可，不仅为科学发展带来巨大影响，且作为具有启发性的研究生导师，对那些含苞待放的未来化学家始终散发着磁石般的吸引力。科南特喜欢发明的天性与早期的各种实验有关，与其化学学习和科学研究相连，他首先在发明中列举了两个化学反应过程方面的专利，随后就是在不断开拓的职业生涯中创造性地解决社会问题，他后来自称为"社会发明家"（social inventor），以区别于先期的科学发明家。科南特的社会发明或创新不胜枚举，多数以改革中的具体问题为驱动，有些属于原创，有些则是创新性地引进或改造外来经验或做法。

自科南特成为校长，他就放弃了实验室研究走上管理之路，在他的革新治理下，哈佛大学完成了向国家大学的转变。借鉴、改造外来经验是哈佛大学创新的主要途径，包括：引进强迫退休规则，要求教授66岁必须退休；效法德国大学经验，实施"非升即走"人事政策；借鉴改造芝加哥大学的经验，创设教学文硕士学位；继承并改造原有奖学金制度，创设国家奖学金计划；借助学术天才和学术发明的评价工具，附加学生测试环节，完善大学招生考试制度；引入跨院系流动的大学教授席位，为天才学者提供合作机会。除借鉴外来经验外，科南特的原创性发明也很多，如他设立资助全球记者的尼曼奖学金（Nieman Fellowship）计划，引进特别委员会规则考察终身教职任命。此外，科南特还在改革中终结了拉德克利夫学院独立运行的状态，避免教授为男女生分别讲座造成重复浪费；将古老的工程学院打造成新型工程与应用物理学部，隶属文理学院；改革牙医学院成为科研导向的口腔医学院等。

除了在哈佛大学的创新，二战期间科南特组织国防研究委员会与当前危机委员会；在政策制定中发明协调州际改革的州际合约，最终成立美国教育调查团，实施国家层面的教育统筹规划；他是教育测试服务中心的主创人，是学术性向测验的主导者；他在1949年发起建立的全国公立学校公民委员会，后来发展成全国公民改进学校理事会（National Citizens Council for Better School）。今天这样的公民团体并不罕见，公民促进教育委员会也是他的主要原创性社会发明之一，他曾以自嘲的方式在自传和其他场合承认对以上所列发明的自豪。此外，科南特还喜欢类比借用式的词汇创新，如他将黑人青年失业的危害称为"社会炸药"，该词曾因科南特的借用在教育领域风靡一时。另外，为强化理论与实践结合，借用医学术语提出"临床教授"，用以描述指导监督教学实习的角色，将特定教育科学与教师训练间的关系类比成医学训练实践，中和了教育理论和实践的二元对立，强化了实践实习在认证中的核心地位。

科南特的很多社会发明在实践中被采纳，不断接受修正改进并继续在当今发挥影响力。总之，科南特教育主张的内涵特色体现在三个方面，即内容涉及广泛、问题考察全面、创新程度高。他从小镜头入手考察具体而微的改革，以大视野宏观把握改革大势，为我们提供了考察复杂教育现象的新视角，因此，研究科南特的教育世界，一定程度上可以帮助我们透视美国当代教育改革的全貌。

第二节　学术优异与机会均等
——科南特教育主张的目标指向

科南特的教育主张内涵丰富、领域广阔，却并非杂乱无章地杂糅堆砌，贯彻始终的学术优异和机会均等目标宛如攒珠丝线，将看似零落无序的各个部分结成系统关联的整体。在学术优异和机会均等的关系上，科南特坚持社会需求与历史传统的统一，学术优异反映社会现实的人才需求，机会均等导向美国人的长远政治理想。优异与平等的脉络既是科南特教育实践的指南，也是各国教育改革努力的方向，既然是理想，与现实需求相比，便具有不断接近又很难达到的长期过程性。在他看来，长远目标既不能忽视，又往往容易被浅近的目标所冲淡。

一、科南特对学术优异的追求

20世纪中期前后，美国开始了以原子能、电子计算机和空间技术开发利用为主要标志的科技革命，知识密集型新技术工业需要大批高级专业人员。基础教育尤其是公立中学，因严重忽视学术教育遭到包括大学人士在内的社会各界的批评，被认为在培养人才尤其是开发优异智力资源上存在重大缺陷，激起了社会对英才教育的热情追捧。科南特热衷并擅长学术，认为实行英才教育的关键就是提高学术标准，他对学术优异的追求主要表现在哈佛大学的改革策略、提高课程学术标准、天才鉴别与培养等方面。

科南特将哈佛大学改革的目标指向服务国家与引领学问，具体措施包括：针对文理学科学习方面有潜质的中学毕业生推行优秀学生国家奖学金制度；重新制定教师评聘规则，强调教师学术水准；建设研究生院，增加研究生招生数量，减少本科招生，提高招生标准；设立大学流动教授席位，加强学科融合，繁荣科学研究等。同时，课程设置上，反对为广度牺牲深度。科南特认为，各领域的新思想只能在高强度的专业训练中产生，因此其学术哲学可概括为："大学是一个致力于追求真理的专业化训练场所，是一流学者汇聚之地。"[①]在各级课程主张中，科南特把广泛的文理学科作为教育内容的重要组成部分。在大学，提高专业课程的难度；在中学，开设艰深的文理科目供学术天才学生学习，尤其是数学、外语和科学课程；他的教师教育课程计划，不仅提高普通教育文理科目的学术标准，而且强调集中专攻课程的学术造诣。例如，师范生教学应以文理科目训练为主，并把大部分时间用在所教学科上，"未来中小学教师，应从成绩中上等的35%的中学毕业生中遴选"[②]。在教育学课程规定中，他要求哲学、历史学及经济学领域的教授担任教学任务，以提高教育学科的学术性和科学性。

在教学组织、管理及测试手段上，科南特高度重视对学术天才的早期鉴定与培养。深受杰斐逊精英教育思想的影响，1960年科南特在加利福尼亚大学做了

---

① Morton K P. 2001. Making Harvard Modern: The Rise of American University. New York: Oxford University Press: 6.

② 科南特. 1984. 科南特教育论著选. 陈友松主译. 北京：人民教育出版社：13.

三篇关于杰斐逊的演讲，1962 年出版成书《托马斯·杰斐逊与美国公立教育》（*Thomas Jefferson and American Public Education*），对杰斐逊选择性学术原则进行历史分析，明确其现实意义，指出"有差别的教育和对天才青年的公共支持，正逐渐获得广泛认可"①。1958 年 2 月在纽约卡内基基金会的资助下，全国教育协会在华盛顿特区召开关注英才教育大会，科南特任大会主席，在大会发言中不仅强调对学术天才的教育，且关注中学和大学学习的衔接性，"虽然我承认，把中学学习作为大学预备是极端错误的，但是必须考虑中学和大学学习的相关性"②。在教学组织上，科南特强调完善教师辅导制度，对擅长文理科目或具有较高天赋的学生及阅读能力发展迟缓的学生做出特殊安排，并指出："鉴别天才学生应从八年级、七年级以至更早的年级开始，应指定专门指导员为天才学生的私人教师。"③ 他估计中学生中前 15%属于高才生，前 2%～3%是天才，应为高才生设置年限较长、标准较高的数学、外语、科学等课程，要为天才开设大学先修课程，通过考试后可直接继续大学二年级的学习。为提高学习效率，科南特建议按能力进行分组，实行适合学生个性的课程计划。此外，科南特崇尚教育测验尤其是学术能力性向测验，将其视为鉴定和选择优秀学术人才的手段，倡导推广各种类型的测验，并要求辅导教师熟练运用学生能力性向测验、学习成绩测验和其他测量方法。科南特主张创办较大规模的综合中学，因为"小规模中学限于条件，难以开设高深科目，而综合中学规模较大，师资充足，有能力购置现代化教学设备，开设新学科，提高教学质量"④。

全国中学校长协会执行总监欧文·凯尔南（Owen B. Kiernan）认为，科南特的著述旨在加强美国中等教育，通过到学校获得第一手资料避免采用谣传证据和刺耳批评，有些建议虽具争议，但所有建议均指向至高无上的目标，即提高学校教育教学质量。"在科南特影响下，1961 年全国教育政策委员会通过一项新声明《美国教育的中心目标》，把智力训练作为中学基本职能的新重点。"⑤ 重视学术文理科目的基本知识和智力训练，就是所谓中等教育的"新重点"和教师教育的"新方向"，也是科南特对美国教育的新贡献，其真正目的是培养科学人才和造就培养科学人才的教师，充分满足美国经济社会发展和国内外政策对人才提出的新

---

① Conant J B. 1962. Thomas Jefferson and the Development of the American Public Education. Berkeley: University of California Press: 61.

② Conant J B. 1962. Thomas Jefferson and the Development of the American Public Education. Berkeley: University of California Press: 16.

③ 科南特. 1984. 科南特教育论著选. 陈友松主译. 北京：人民教育出版社：11.

④ 科南特. 1984. 科南特教育论著选. 陈友松主译. 北京：人民教育出版社：10.

⑤ 科南特. 1984. 科南特教育论著选. 陈友松主译. 北京：人民教育出版社：15.

要求。

二、科南特对机会均等的追求

科南特教育思想与实践的另一目标就是促进教育机会均等。他以自己在罗克斯伯利中学和哈佛大学就学的经历告诉人们，教育机会均等的观念与现实教育的不公平是现代教育体制中的基本矛盾与改革议题。与同时代多数人一样，他认同天才开发既可实现扩大教育机会的目标，又符合服务国家的需要，虽然在当代教育中，这种机会均等理想存在很大的局限性，但他愿意为此做出种种努力，丰富机会均等的政治内涵。

教育机会均等作为一种历史性实践，人类对其求索由来已久，源头可溯至两千年前孔子"有教无类"的教育主张。然而，在近代资产阶级社会建立后，社会成员平等受教育的权利才有了法律保障。但是，即使是标榜民主平等的资产阶级社会，因社会经济、政治地位的差异，全体成员所受的教育依然不公平。二战后随着教育民主化进程的加快，机会均等成为社会普遍关注的焦点问题。应该认可在一定程度上，中等教育和高等教育入学比率的大幅提升扩大了教育机会均等的范围。瑞典教育家托尔斯顿·胡森在总结18—19世纪至20世纪下半叶西方教育机会均等的理念与对策时指出，教育机会均等观经历了保守主义、自由主义与激进主义三个阶段。按照胡森的观点，由于科南特强调才学方面的自由竞争，其思想基本属于自由主义均等观，他接受并发展了杰斐逊的平等思想，杰斐逊平等思想仅限于政治领域的地位平等，科南特则认为"对众多美国一代新人来说，均等不仅意味着政治地位的均等，而且意味着机会均等"[1]。机会均等和与之密切联系的地位均等是全体美国人追求的两大理想，要实现理想就要提供更多受教育的机会，美国人信仰教育机会均等，所有青年不分种族、性别都应接受同等的教育。科南特认为"在为美好生活做准备的教育中，信仰人人平等就是信仰所有公民享有平等权利"[2]，真正民主的教育必须消除一切障碍促进机会均等，他把美国社会的结构特性分为复杂性、群体差异性、结构内部流动性和结构变化速度，指出结构越复杂、群体差异越不明显，社会结构内部的流动性越大，越接近无阶级社会，机会均等正是促进社会流动最有效的工具。

首先，普通教育计划是科南特实现教育机会均等的主渠道。他的普通教育观

---

[1] Conant J B. 1959. The American High School Today. New York：McGraw-Hill Book Company Inc.：5.

[2] Conant J B. 1946. General Education in a Free Society. Report of the Harvard Committee. Cambridge：Harvard University Press：53.

念渗透在教育的各个阶段，以高等教育对普通教育的关注为肇端，继而是中学和未来教师的普通教育计划，他对教育对象、内容和目标的规定体现了对机会均等的执着追求。美国普通教育从殖民地时期的博雅教育到 20 世纪通识教育运动，始终未能超出高等教育范畴，直到科南特委员会发表《自由社会的普通教育》才获得质的飞跃，成为不仅包括高等教育，且下延到中等教育扩展到社区教育的一种教育。"普通教育最重要的是服务每一代青年的大多数人，而不只是进入四年制大学的少数人。"①因此，从对象上分析，他所倡导的普通教育具有普及教育的特点，是扩大教育机会的重要途径，也是在教育目标、内容方面的公平体现。

其次，科南特的英才教育主张强化了竞争机会的均等，具有了区别于传统的意义。传统精英教育强调以出身和社会经济地位决定后天教育，是贵族或上层社会延续已有制度，维护自己社会地位，保护既得利益的工具。科南特主张以才学为所受教育的衡量尺度，坚持认为才能公平地分布于所有人中，通往社会上层的道路为所有有才干的年轻人打开，只有依靠才学才能消除社会经济地位不平等的人为障碍，通过个人的勤奋和努力获得公平竞争的机会，因此"康南特的英才教育思想在本质上是一种机会均等的教育思想，是一种希望通过教育实现社会流动的思想"②。科南特对学术精英的追求体现了一贯的反贵族倾向，也超越了绝对意义上的平均思想，是一种量体裁衣式的教育，目的是为每个学生提供获得成功的机会，充分发掘学生的最大潜力，既保证人力资源的最小浪费，又在过程与结果上逼近均等的目标。

最后，科南特认为，培养合作精神与实现综合中学的广泛代表性也是追求机会均等的重要体现。在教师教育中，他号召教育学教授和文理学教授共同参与教师教育，吸引社会各界人士参与管理和评价，这种合作精神是把管理和从事教师教育的机会广泛扩大到社会各界的一种表现。创办综合中学的主张尤其体现了他对机会均等的推崇，综合中学不仅使多数青年在一个屋檐下学习，增进相互理解，保证入学机会均等，且在教育环境、资源和过程中，通过能力分组、公平竞争、教师辅导、按学习能力与兴趣自由流动、严格能力测试与考评等措施，保证了学习过程与结果的机会均等。"综合中学在教育机会均等方面，在促进年轻一代才能与个性发展方面，与当时欧洲国家过早筛选与分化的教育制度相比，是较为公正和具有优越性的。"③

---

①　Conant J B. 1946.General Education in a Free Society. Report of the Harvard Committee. Cambridge：Harvard University Press：VIII.

②　王飞雪，孟繁文. 2003. 康南特的教育思想及启示. 天津师范大学学报（社会科学版），（4）：78.

③　窦坤. 1999. 科南特中学教育思想及其对我国中学教育改革的启示. 陕西师范大学硕士学位论文：13.

机会均等体现在科南特的思想中，也贯穿于他的教育实践，如哈佛大学改革中努力使招生政策更具包容性与多样性，招收外地学生、少数族裔学生及各国移民子女。在教育政策委员会服务期间及之后的公立教育改革中，他主张联邦与州加大教育投入，改善市中心区黑人教育与贫民窟居民的教育状况等。科南特机会均等的思想并非凭空产生，从个人因素来讲，他出身中小资产阶级家庭，从自幼求学到成长为跨界精英一切成就的取得，不是靠家庭地位与经济背景，更多是其个人聪颖与勤奋的结果，他的经历是通过教育阶梯利用才学实现社会流动的生动写照，因此他忠于教育促进社会公平的基本信念。从历史传统来看，美国是一个自由民主的社会，追求社会公平是几代人的共同理想，远涉重洋到达北美的先驱及代代爱好自由的各国移民，在对自由与民主的向往中推进着美国的民主化历程，对平等的珍视已成为独特的历史传统。从当时的社会背景来看，种族问题、青年失业问题严重威胁着美国国内的政治民主，民权运动高涨，"伟大社会"方案的出台使更多人相信，只有关注多数人的平等尤其是教育平等，才能维持社会的稳定和发展。从国际教育改革的潮流来看，当时西方各国正致力于扩大教育机会、促进教育公平的改革，标榜民主的美国自然不甘落后。

三、学术优异与机会均等的关系诉求

在科南特的教育思想中，对学术优异和对机会均等的追求相辅相成，在教育实践中错综交织，同一思想、实践或主张可能同时体现了学术优异与机会均等的双重目标，而任何一方又可能反映在不同主张中，一种情况是学术优异与机会均等相互促进与加强，另一种情况是二者可能相互制约或只能优先于一方。

首先，同时反映学术优异与机会均等的有哈佛大学的招生政策、创办综合中学的主张及教师教育改革的建议。在哈佛大学的招生政策中，科南特扩大招生范围，增加少数族裔学生份额，重点针对中低收入有才能的青年学生，这是扩大教育机会的表现。当然，在扩大招生范围时，不只规定对象数量，而是要求提高招生标准，采取学术能力测验，结合其他衡量标准录取新生，这又是对学术优异的追求，二者统一在哈佛大学的招生政策中，20世纪30—50年代，科南特不顾社会经济背景致力于服务学术优异者，挑战教育现行体制，在哈佛大学招生中招募英才以促进机会均等。同时，由于科南特相信人才平均分布于所有人群，扩大招生范围的显著目的就是在更广泛的领域搜索人才，扩大对象自然就扩大了人才的覆盖范围，在对学术优异的追求上，他把提高学术标准作为扩大教育机会可以操作的工具。因此，哈佛大学的招生政策体现了两者的统一与互利。科南特关于综合中学的主张是两者结合的典型，在综合中学的环境中，他强调本班教室对所有背景不同学生的同化融合，希望促进不同职业和群体间的理解与尊重，他不主张学生按所学专业进行分班，而是按兴趣和能力自由流动，希望促进学生群体的组间流动，从而增加教育机会，他把社会阶层间的流动性作为机会多少的指标，显然希望综合中学成为机会均等的象征。在追求学术优异上，科南特希望学区合并，严格规定在师生比例和教师质量，在学校课外活动及硬件设施上要求资源共享，建议学区间教师互通，共同提高教育质量。在学术学科设置和教学管理中科南特也提供了一套方案，如建立文理学生学习情况报表、设立优等生"光荣榜"等。这些提高学术成绩的措施都是在象征机会均等的综合中学完成，"一荣俱荣，一损俱损"。能力分组是科南特达到两个目标的有效途径，在学校教育中，机会均等和提高质量是双重挑战，对追求教育效能的科南特来说，"平衡'平等'和'效能'最好的办法就是能力分组"[①]。以上说明，在对两者关系的处理中，如不相冲突他主张兼顾双方利益，这样既服务于美国的民主政治理想，又满足了教育改革的现实需求。

　　然而，理想与现实的差距总是客观存在的，矛盾双方的冲突不可避免，当二者处于不平衡或此消彼长状态时，科南特的主观取舍反映了他的思想本质。科南特对加利福尼亚州和纽约州高等教育的推崇，表明了他与柏拉图教育思想的某种默契，因为"柏拉图的思想明显为加利福尼亚州高等教育提供了理论支撑，并正在影响纽约州和新泽西州。这通常表明，在美国整个高等教育中，社会阶级结构的上层家庭正有效保护其子女的社会经济遗产"[②]。即使科南特明确反对这种偏好，其高等教育观依然忽视了社会阶级和学校教育的正相关，而提出教育分级的主张。在综合中学他能支持各种各样的学生，但在高等教育中却支持某类学生，显然教育加尔文主义使其放弃了部分对机会均等的关注。在任哈佛大学校长时，科南特对拉德克利夫学院并入哈佛大学一事不积极，对妇女能力持坚定的怀疑态度："希望我在任时，世间最后一件事才是哈佛学院向年轻女子开放。"[③]虽然他在中学提到优秀女生，但也主要关注其在外语和家政等课程上的优势。城市儿童和少数民族在 1959 年之前并没有进入他的教育研究视野。对黑人贫民窟教育，他主张增加资金投入，而不是民权领袖要求的师生真正合校。种种迹象表明，在追求机会均等时，他综合考虑了社会各种因素，并做了一定的妥协。

---

①　陆有铨. 1997. 躁动的百年. 济南：山东教育出版社：338.

②　Weiss R M. 1969. The Conant Controversy in Teacher Education. New York：Random House：43.

③　Hershberg J G. 1993. James B. Conant：Harvard to Hiroshima and the Making of the Nuclear Age. Stanford：Stanford University Press：82.

为什么科南特促进机会均等的努力适可而止，在学术优异上却坚持不懈呢？究其原因有如下几点。第一，作为政治家，科南特发现德国民主衰落源于严重失业造成的社会不稳，致使希特勒趁机崛起，失业还是滋生共产主义的温床，会危害美国民主自由的社会。所以当民权运动高涨，社会失业严重，政府向贫困开战时，维持社会稳定是大局。在对机会均等的追求中，他考虑了更多传统因素和社会接受力，持自由主义均等观，而非激进主义均等观。第二，在机会均等上，科南特高度重视它的实现条件，更多地把它看成一种理想，一个长期无限接近的过程。正如科尔曼（James S. Coleman）在 1975 年指出的那样，"当条件不具备时，企图通过法令强制来形成种族混合的社会是不现实的"①。在其 1965 年关于机会均等的报告中，科尔曼就指出，没有绝对意义上的机会均等。第三，科南特通常希望在兼顾公平的基础上追求卓越，但是他明白，教育结果的显现周期太长，当社会现实需求过于强烈时，他会更多关注奏效快的短期目标，当学术优异成为教育改革的最强音，其学术优异主张便更加彰显，机会均等就可能成为学术优异的环境保障。

科南特机会均等的教育思想突破了家庭出身和社会地位决定受教育权的传统，尽管寻找自然贵族比血统和家庭出身的贵族更加民主，但因他确信人的先天素质具有差异，因此把学术优异作为新标准，而后天差异明显的家庭经济、文化背景会使学生处于明显的不利地位，所以他所主张的机会均等并非完全的民主与平等，其自由主义均等观不过是自由经济社会的产物。

第三节　流动阶梯与制度引擎
——科南特对学校教育的功能期待

学校是按一定目的和程序组织起来的专门的学习场所，是人类教育活动的主阵地，其教育功能主要从两个维度衡量，即社会功能与个体功能。社会功能指对政治、经济、文化、人口等诸要素的作用力或影响力，个体功能主要指对个体自然人的社会化、个性发展及自我实现等方面的影响。教育作为有目的的人类活

---

① Rippa S A. 1984. Education in a Free Society. New York：Longman：284.

动，其功能预先存在于人的意识与期待中，这种期待的实现程度主要取决于教育结构的潜在影响力与教育实践的有效性。对科南特来说，教育是一个社会过程的观点贯彻始终，他以杰斐逊的民主理念为基础，对教育的社会属性及社会功能进行剖析，以维护美国民主制度、建立自由无阶级社会为目的，依靠学校教育作为上升阶梯，促进每一代人的社会流动，进而维持美国社会的长期稳定与持久繁荣，并特别选定综合中学作为民主制度的动力引擎。

一、学校教育是实现社会流动的阶梯

教育作为社会子系统受制并服务于社会。阶级社会里教育首先是阶级统治的工具，文艺复兴后西欧教育开启世俗化与民主化历程，当 19 世纪欧美现代国家发展起来，教育的国家化趋势日益加剧，国民教育体系渐趋完善。20 世纪以来，随着国际竞争愈演愈烈，各国开始将教育作为国家竞争的战略武器。二战前后美国教育加快了国家化步伐，联邦立法对各级教育尤其是基础教育的干预力度不断加强，冷战期间甚至出现泛政治化倾向。科南特早期追随进步主义教育，二战前后开始抛弃一些原有观念，走向强调传授文化共同要素的保守主义阵营。苏联"卫星事件"后，科南特等更是把学校看成维护现存文化与强化民主制度的动力引擎，以及科技革新和实力扩充的工具，他们的观点不仅得到民众呼应，也获得联邦政府的重视及财团支持。当然，在学校功能方面，科南特从关注开发个体潜能导向关注社会需求并非完全忽视前者，而是在急剧变革的社会中对进步主义教育主张不适应性的一种调试，也并非他的个人转变，而是整个教育领域的集体转向，他和那些保守的永恒主义者、要素主义者共享一个信念，那就是通过保存过去最好的元素培养美国人的共同信念，以此处理和应对当前面临的各种社会问题。

科南特认为，美国独特的发展方式成就了独一无二的民主传统，最初的美国是一个富庶广袤的大陆，充斥着自由和流动性，从而造就了民主的观念与传统，在反抗英国殖民者的斗争中，民众对自由民主的渴望进一步得到升华，逐渐哺育浇灌出崇尚自由的理性之花。美国独特的民主传统与古老世界的贵族观念形成鲜明对比，古老世界的权力与生俱来，新大陆只有具备才能与美德才是真正的自然贵族，在重新造就每一代新生个体时既不依赖家庭出身，也不仅凭一纸大学文凭，而是凭借才能与美德成为社会精英团体的一员。科南特肯定，19 世纪的美国社区高度流动性的无阶级特征显而易见，基于财富继承的高度分层只是少数例外，但到 20 世纪以后，自由土地减少并很快消失，开始出现普遍的阶层僵化趋势，在工业化和城市化进程中，大众失业和佃农及移民劳工数量增加使阶层固化不断加剧，因此他提出了自由的无阶级社会理想，既反对左派极端主义者只看到增加的分层和不可避免的阶级斗争，又断然拒绝右派极端主义者希望通过教育将统治阶层永久化的做法，主张为每个经济层级提供都能达到领袖阶层的阶梯。

为保存民主传统，实现自由的无阶级社会，科南特将学校教育看成促进社会流动的工具。他最初是一位教育加尔文主义者，认为学生的天赋和训练至关重要，除智力天赋外也强调诚实、正直、勇气和无私的品质，但对学生品质的强调主要基于国家对学习者的需要，而不是个人发展的内在需要。20世纪30年代，为保持社会流动性，他甚至提出征收遗产税的激进做法，以此反对因袭特权，希望每一代都能进行财富的重新分配。整个30年代他都围绕工业化时代民主社会的真实需求，强调民主不是自我供养地存在于任何政治结构中，需要每一代人提供经济、社会、文化等方面的滋养，尤其需要设计一种精良的教育制度。1939年，科南特正式提出无阶级社会理想，包括机会均等、地位平等、最大限度的个人自由、充分的社会流动性等特征，并指出追求社会流动性学校必须发扬真正的民主态度，通过引入多样化的职业将学生导向不同结果，从而找到各自上升的阶梯。既然任何社会结构都有底层和顶层，若一个人在不同方面处于不同社会阶层，就说明社会复杂程度高，复杂程度越高，个体社会地位的阶层性越不明显，相反，组间差异越大，社会结构的等级性就越突出。如何缩小社会阶层差异、提高社会结构复杂性，科南特认为社会增加流动可以做到。当社会差异不断缩小，社会结构复杂性日益提高，组间流动不断增加时，对个人来讲，这个社会就越接近无阶级社会。显然，促进社会流动是教育最重要的社会功能。"社会结构和教育制度互相关联，我们的普及教育是缩小阶层差异、提高社会复杂程度，同时保持社会高效流动的一支最强大的力量。"①科南特关于社会结构的基本主题清晰反映了他的教育哲学和社会哲学，美国最高意义的理想之一是机会均等，一方面相对流动的社会结构会引发代际变革，另一方面可促进不同职业和经济类群间的相互尊重，总之尽量保证阶级分化的最小化。

1940年3月在加州大学伯克利分校的演讲中，科南特以"无阶级社会的教育：杰斐逊主义者的传统"（*Education for A Classless Society: The Jeffersonian Tradition*）为题，详细阐述自己的社会哲学和教育哲学，表现出对杰斐逊民主的狂热，指出与社会需要和公立教育本质结构紧密相关的关键信念，这些信念的基础就是杰斐逊的社会哲学：在个人自由方面勇于挑战的信念；对人类智力克服困难的完全自信；社会无世袭阶层与贵族，根据教育类型进行劳动分流，无统治特

---

① Conant J B. 1948. Education in a Divided World: The Function of the Public Schools in Our Unique Society. Cambridge: Harvard University Press: 64.

权或因袭的教育权力，假设人人平等；所有公民广泛接受教育而使政治决策更加理性等。科南特进一步指出，主导以上所有信念的根本原则是"最大限度的个人独立与最小限度的有组织的社会控制"①。科南特总结的杰斐逊教育信条的三个核心要素为心灵自由、机会均等与普及教育。他认为民主首先要保证心灵自由，这种自由源于启蒙时期对理性的呼唤，虽然盲目信奉理性会导致类似 20 世纪歇斯底里的悲剧事件，但可在研究新领域和寻找解决问题的方法上为人类提供基本原则的保障。对于机会均等，科南特认为它不仅是杰斐逊民主的基础，也是实现自由无阶级社会的关键。最后他指出，实现基于才能和美德的持续公平的机会分配，最有效的手段就是普及教育。最初杰斐逊的普及教育主要针对培养未来选举人和选拔高等教育人才，且限制在法律、医学等领域，当公立教育发展起来后，必须扩大机会均等的范围，依靠教育尤其是普及教育可以促进社会流动性，依靠社会流动性，科南特成功地将社会需要与美国教育体制结合在一起。他认为，若维持美国民主制度和经济持续繁荣，必须减少社会结构中可见的群体差异，若减少群体差异必须保持高水平的社会流动性，若保持社会结构内高水平的流动性就必须重新评估教育工具，快速重建教育机构，增加基于职业的无歧视的指导，致力于发展学生间的民主态度，激发其对美国自由理想的忠诚。他认为教育家必须秉持一个信念："通过发挥学校和学院的功能，美国社会就能保持本质上的无阶级，这样即使危机时期也会保证自由的传承。"②

科南特之所以坚持发挥教育促进社会流动的功效，是因为深感美国卷入战争后民主面临严重威胁，若再不挽救民主的根基就会受到侵害，他预测欧洲陷落后美国需承担唯一促进民主和维持自由理性的重任，这些都基于西方文化价值观。二战及紧随的意识形态和地缘分裂加深了他对未来的理解，他没有悲观想象可能的世界末日，而是预测战争终会结束，国家会由战时状态回归正常，急需对常态发展持有清晰的理解，他在演讲"自由的无阶级社会：理想还是幻想"（*A Free Classless Society：Ideal or Illusion*）中再次肯定，"无世袭阶级的自由国家观念是历史的构想，可作为当前教育政策的基础"③。科南特的教育建议基于教育促进社会流动的前提，就是扩大教育机会均等和提高教育筛选效果。同时，他提出了各类职业地位平等的主张，认为文凭只是通向进一步自我教育的桥梁，不是教育经验的终结，认为免费社区学院为所有高中学生开放是美国公立教育历史的逻辑扩

① Conant J B，Spaulding F T. 1940. Education for a classless society. Cambridge：Harvard University Graduate School of Education：3.

② Conant J B. 1939. A free classless society：Ideal or illusion？ Vital Speeches of the Day，VI：89.

③ Conant J B. 1939. A free classless society：Ideal or illusion？ Vital Speeches of the Day，VI：87-88.

展。除突出教育筛选功能外，他还强调高等教育与中等教育的连贯一致，利用招生和普通教育课程统合日益分化的教育内容，从而使人才流动和社会上升更加顺畅。

二、公立学校是民主制度的动力引擎

科南特理解，杰斐逊式的民主基于才能和美德，杰克逊式的民主则强力推进为所有人的平等教育，"杰克逊民主是快速扩张的边疆经济的产物，它对教育的影响反映在公立学校体制所取得的稳定成就上"[①]。公立学校不仅因扩大机会均等而提供上升的阶梯，而且是美国民主制度的动力引擎，以其对天才的开发成为人才蓄水池，支撑高等教育的功能发挥，保证大学承担领导责任。科南特推论，呼吁为所有人提供大学教育是不现实的，当选修制演化成"菜篮子"和"咖啡厅式"的模式，已经没有连贯的一体化项目，于是他提出了统合性的普通教育课程，主张加强大学与公立学校的联系，认为"培养高等学问的机构既不能在数量上泛滥，也不能斩断与巨大天才蓄水池的联系，这个蓄水池就是由优秀公立学校体制储备起来的"[②]。公立学校不仅是高等教育的人才储备库，还负责鉴定、开发、评价天才，根据才能和美德为所有孩子扩展机会和公平地分配机会，其独特的综合模式与普通教育课程提供了理解多元文化和民主社会的共同基础，通过共同学习和平等交往弥合了阶层或家庭差异，强化了社会统合与民主宽容。因此，公立学校不仅充当社会流动的一级阶梯，更是整个民主制度的动力所在。

战争年代的科南特主要关注科学在分裂世界的教育和军备竞赛中的地位与责任，战后，他在哈佛大学的公开演讲中提问：纳粹为什么在拥有优秀教育体制的国家崛起？他的答案是因为教育缺少了培养公民的勇气，他说："我们必须牢记且永远不能忽视，自由社会的运行必须要有负责任的公民。"[③]在培养公民的意义上，他对公立学校的世俗信念充满信心，主张举全州之力支持公立学校。《分裂世界中的教育》集结了20世纪40年代科南特关于自由无阶级社会和杰斐逊传统等内容的相关演讲，明示应整合十几年来美国五花八门的教育哲学和社会哲学，通过各种渠道使人们认同和守护美国的民主制度，抵抗共产主义威胁。他呼吁变革教育结构，重新划分学区和优化资金基础，重视综合中学的社会因素，完善教育政策制定，采取必要的政治行动设计持续的过程，来支撑公立教育体制功能的

---

①　Conant J B. 1938. The future of our higher education. Harpers Magazine，CIXXVI：561-563.

②　Conant J B. 1938. The future of our Higher education. Harpers Magazine，CIXXVI：567-570.

③　Conant J B. 1946. Civil courage // Baird A C. Representative American Speeches：1945-1946，Reference Shelf，XIX，No. 4. New York：The H. W. Wilson Company：228.

恰当发挥。他针对中学提出了许多组织与结构变革的建议，如多样性课程设置、暑期学校、重组学日安排、咨询制度、能力分组、消除小型高中等。在民主化功能方面，他为综合中学专门设计了三大民主工具：一是建立本班教室作为社会单元，融合各类学生群体；二是开设12年级的社会研究课程整合异质化环境，研究美国民主问题；三是举办各种团体的课外活动培养多样化的兴趣，增加社交机会。科南特公开讨论对公立教育的深层关注，利用各类渠道和重要场合传达他的讯息，强化民主制度和教育制度之间的关联，力图实用性地解决美国面临的问题与挑战。在强烈使命感的驱动下，他狂热地相信共和的力量，暗示独立学校和教派学校正危害美国民主理想，努力提炼对公立教育体制新责任的讨论，重拾社会对开放各类职业领域的信心，坦言"在一个完全的社区，综合中学能够作为有效促进统一民主的工具"[①]。科南特最大的贡献就是将资本主义与社会民主结合在一起，将民主制度与教育制度结合在一起，在美国教育中制造机会均等的稳固现实。

对科南特来说，《今日美国中学》反映了他的教育生涯的顶峰，该报告的最高宗旨就是科学鉴定和培养学术天才，以更好地服务国家。曾任本宁顿（Bennington）女子学院院长的菲尔斯（William C. Fels）提问科南特关于学术天才女性的问题，科南特在回信中表示："我对学术天才的建议主要基于国家需求，如果我们不是生活在这样糟糕的世界，我怀疑自己是否应支持我的报告建议，从学术天才来看，未来成为医生、律师、工程师、科学家和学者等商界总裁的职业人士中，97%是男性。"[②]一些批评家认为，科南特的精英主义和对现状的维护完全基于国家意识形态的需要，指责其将公立学校制度按个人意志开发成政治社会化场所，以及训练天才与技术研究能力的蓄水池，而并非为了保存综合高中的独特设计。一些人企图揭露科南特冷战斗士的心理，认为其意识形态源自普遍的不安，希望通过内部改革消除暂时的弊端，同时保证抵制外来意识形态的侵蚀。1979年，历史学家兼社会评论家克里斯托弗·拉斯奇（Christopher Lasch）将科南特描述成国防教育的拥护者，将学校看成军事和工业竞赛的工具。1989年，费恩伯格更极端地将其描述成"军事工业体制的核心建筑师，企图将教育兜售给政府，作为解决卫星事件的答案"[③]。归根结底，教育的社会功能取决于其

① Conant J B. The comprehensive high school: The shape of the future in American secondary education // Eurich A C. High School 1980. New York: Pitman Publishing Corporation: 68.

② Conant J B. 1959. Correspondence, Conant papers. James B. Conant to William C. Fels, March 17.

③ Feinberg W. 1980. Fixing the schools: The ideological turn // Giroux H A, Mclaren P. Critical Pedagogy, the State and Cultural Struggle. Albany: State University of New York Press: 70.

所服务的阶级与特定的政治、经济制度，20 世纪 70 年代，曾有人将科南特与斯大林的教育观进行比较，认为二人都认同教育维护社会制度的核心职能。当然，科南特并不是盲目的乐观主义者，在所有关于公立教育规划和美国民主理想之间的关系讨论中，他始终采取现实主义态度，立足于国家需求，基于社区和学校实践，寻求教育和社会、政治、经济、文化结构的融合，坚持一个国家的教育体制不可能与其社会文化环境和政治经济框架相分离。

第四节　科学理性与人文融通
——科南特解决教育问题的方法论特色

科南特从不单纯就教育论教育，他最初的显赫身份是著名有机化学家和物理化学家，继而才是哈佛大学校长、国家科学顾问、外交官与公立教育改革家，在大部分成年生活中，其科学哲学观渗透到方方面面，也影响着他的教育行动与主张。在担任国家战时科学顾问期间，他参与武器开发，帮助建立科学机构，系统发展国家科学事业，发表大量演讲和著作阐述科学、技术、政治、教育之间的关系。实用主义科学观与价值判断贯穿科学始终的理性精神直接决定着科南特的科学教育主张与科学史观，也影响着他对教育目的与内容的阐述、对教育问题的诊断与解决方式的选择等，使其教育理论与实践在"冷战"基调上呈现出科学理性与人文融通的方法论特色。

一、科学理性与科南特的科学哲学

科学与理性相辅相成，科学本身即为理性的学问，为理性提供客观基础、方法论实质和目标追求，同时理性也是科学的灵魂、指南与规制，科学须保持脚踏实地、求真务实、视野开放的理性精神，方能保证区分于其他知识形态。从方法论层面讲，科学理性就是科学与理性的结合，兼备工具性与价值化特色，既可在整体论、本质主义、实证主义、历史主义等概念引导下发挥理性的工具价值，又能同时反思理性的非自足性，为理性寻找合理归宿，实现工具性与价值性的统一。马克斯·韦伯等西方思想家将科学理性的思维要点概括为：对行动目的有明确意识，对追求的具体目标进行价值比较，据后果预测权衡行动的必要性，根据以最小代价获利最大的原则选择实现目标的手段，一切行动首尾一贯、合理有序，这些思维要点强调了理性的价值追求和评判标准，即在方法论层面价值贯穿始终。对于这一点科南特深信不疑，而且构成其科学理论的核心。

通过对大量不同科学方法的讨论，科南特认为，没有任何一种科学方法不仅对科学理论而且对普通公众同样重要，并指出仅通过遵守一套程序或规则就能自然保证探究的冷静无偏见是不现实的。他以整体认识论为基础，运用大量实验案例证明理论实验的整体特征，认为科学理性不可能用算法术语去理解，在题为"科学原则和道德行为"（*Scientific Principles and Moral Conduct*）的演讲中，他引用奎因的讨论展示自己的观点："在所谓的知识和信仰体系中，无论闲散的地理和历史事件，还是最艰深的原子物理规则，甚至纯粹的数学和逻辑学，都是人为的构造物，整个科学如同一个权力领地，其边界是经验的，经验沿着边界撞击，通过经验冲突调整领地外沿或改变形状。"[1]根据整体认识论，科南特认为，科学家在实验室的活动始终贯穿价值判断，这一结论也得到了科学案例的证实，因此他相信，科学理性无关价值、科学家冷静、公正和独立的想法是荒唐的。整体认识论直接影响了他对科学理论本质的解释，他认为"科学是直接降低问题解决经验程度的动态事业，或是一个编制网络的过程，该网络由相互关联的观念和概念体系组成，这些观念和概念体系来自实验、观察和进一步的大量实验与观察"[2]。既然科学是一系列观念或观念框架，由实验或观察所得并导向新的实践和新的观察，那么科学就能成为处理经验流和预测未来的强大工具，为行动提供经济、丰富而有效的指导。

科南特不仅认为科学贯穿价值判断，而且通过研究科学史发现，科学和技术已从分离走向联合，理论和实践也不能截然分开。在参与"曼哈顿计划"的经历中，科南特最大的感受是科学、技术和政治之间日益纠缠不清的关系。他利用大量演讲和著作阐明了现在熟知的关于科学和技术发展的事实：早期技术发展主要源于发明者的试误与推理，科学和技术貌似各自独立，到 19 世纪末开始发生改变，尤其是德国的化学和电学工厂雇佣科学家抢占科技开发优势，开始与大学联合训练科学家，科学对技术开发的重要性得到认可，但当时美国公众和许多政府部门仍视科学家为象牙塔里的思想家。科南特以威尔逊总统在一战中任命爱迪生

① Conant J B. 1967. Scientific Principles and Moral Conduct. Cambridge： Cambridge University Press： 12.
② Conant J B. 1952. Modern Science and Modern Man. New York： Columbia University Press： 106-107.

组建海军武器开发委员会为例，说明当时人们并不认可科学家在实践应用方面的价值，但到二战，科学家不切实际的理论家形象已有所改变，尤其是在原子核武器研发成功后，这种转变基本完成，"科学家不再被视为象牙塔中的人物，科学家精神的秘密本质也逐渐揭开，他们像是奇妙的工人，如之前的瓦特和爱迪生一样，可在人类及其与自然物质环境的关系上带来巨大变革"①。在"曼哈顿计划"中科学和技术发展明显相互纠缠，原子弹研发不单是科学成果的运用，也不同于一战时化学武器的开发，核反应过程中的科学进步与进行核事业的技术能力开发几乎同时进行，缺一不可。科南特认为，在1940—1945年，整个科学界参与军事科技开发的活动非常流行，这种联合活动是一种新的社会现象，表明了科学和技术发展的内在关联。当然，核武器研发不是首次也不是唯一说明科学和技术、理论和实践相互关系的案例，这种关系揭示了科学和技术的普遍特征。

对待科学理论，科南特认为它不是信条或信仰，更像是一种政策，最好的科学理论因多样化的实践兴趣可开发大量不同的应用路径，他采用物理学家汤姆森（J. J. Thomson）的说法："理论问题实质上是政策而不是信条，其目标显然是连接和协调多样化的现象，首要的是建议、刺激和指导实验。"② 科南特主张现代科学是一项社会事业，科学社会化和社会科学化每天都在发生，科学和技术的进步很大程度上需要有效的组织方式和必要的社会安排，"科学既是一种完全的价值负载活动，本质上又是一项固有的社会事业"③，这就可以解释，他和布什在国防研究委员会启动科研合同制、实施武器开发并继续支持科学和政府关系重组的做法。同时，因为科学是一项社会事业，以科学赢得冷战胜利成为科南特科学哲学的重要组成部分，当然他不断警示人们，科学私密性增加将给科学和民主决策带来不利影响，失去价值范导的科学理性已经给人类带来灾难，因此他主张科学理性必须保持自省的精神。

科南特从实用主义哲学出发，根据战时科学政策、科学史和奎因的整体认识论，坚持科学和技术、理论与实践的联合，坚持科学是一项整体发展的社会事业。在赢得冷战胜利方面，科南特的科学目的与教育目的契合，他在教育内容的规定及研究方法的选择上凸显了科学哲学的方法论意义。为更好地实现科学理性的自省，平衡过度科学主义的不良倾向，科南特依靠科学史教育和普通教育计划成功架起了沟通科学理性与人文精神的桥梁。

① Conant J B. 1952. Modern Science and Modern Man. New York：Columbia University Press：21.
② Conant J B. 1952. Modern Science and Modern Man. New York：Columbia University Press：91.
③ Biddle J. 2011. Putting pragmatism to work in the Cold War：Science, technology, and politics in the writings of James Bryant Conant. Studies in History and Philosophy of Science，（42）：552.

二、科学史与普通教育计划——架起科学理性与人文精神的桥梁

在实用主义科学观与自省的理性精神指导下，科南特努力构建科学与社会的关联，解决科学理性与人文精神的割裂问题。爱因斯坦认为，"科学是一种强有力的工具，怎样利用它，究竟是给人类带来幸福还是灾难，完全取决于人而不是工具"①，因此，科学理性其实也是一种人文理想，是遏制科学万能论的科学内部力量，由于两次世界大战加剧了科学主义势力的崛起，当灾难事件频繁发生后，科南特日渐担心美国公民会变得缺少人文精神，成为只知琐碎知识的单向度的个体。众所周知，他的战时科学策略与另一热心事业紧密相关，那就是公立教育和更具体的科学教育。早在 20 世纪 30 年代，他就开始寻找可靠的真正理解科学的方法或所谓的科学策略，作为哈佛大学的教师，他为本科生开发了一门课程，名为"现代知识进步"（The Advancement of Knowledge in Modern Times），这门课程与获得科学类学位无关，主要在于培养学生的科学共识。此外，为纠正过分专业化的弊端，科南特开发了普通教育计划，倡导理解价值观和理想信念的教育，培育未来公民的社会责任感和人文精神，关注社会和历史中的普遍性、连续性与整体性。在普通教育计划中，科南特非常重视美国历史的学习，促进文理学科的融合，并给科学以恰当的位置，以回应现代社会科学社会化不可阻挡的潮流。科南特利用普通教育方案和科学史教学促进科学理性与人文精神融合，推动科学与教育的"联姻"，从而实现科学与教育共同服务于维护、发展、繁荣美国民主制度的最终目的。

科南特对科学教育与科学史的贡献是巨大的。在国防研究委员会官方文献中，科南特被描述成"最具影响力的国防研究委员会成员"，也是联邦科研开发办公室仅次于布什的二号人物。科南特坚持认为，对公众来说，能否充分理解科学至关重要。"无论是否喜欢，我们都沉浸在这样一个时代，在每个转折点都要面临科学研发的产品，有时对之厌恶想起来不寒而栗，有时因其能减轻爱人痛苦或挽救爱人生命而拥抱感激，我们唯一不能做的是消除它们，因此，每一位美国公民在本世纪下半叶都应该学会，尽最大可能地去理解科学与科学家。"②科南特希望普通人能理解科学，从而加速科学同化到世俗生活中去的进程，保证在新的机器与专家时代，美国仍拥有统一连贯的适应性文化，并且便于领导者甚至所有人直接或间接地参与科学决策，建立谈论科学理性方法的基础，解决人类面临的重大问题。科南特目睹了律师、商人、作家、公务人员面临科学事务与政策时的

①　爱因斯坦. 1979. 爱因斯坦文集（第三卷）. 许良英译. 北京：商务印书馆：56.

②　Conant J B. 1951. Science and Common Sense. New Haven：Yale University Press：3.

无力，希望能在他的能力范围内将科学教育作为哈佛大学普通教育的目标之一，为所有学生提供对科学的正确理解。他开创了本科生课程"自然科学4：理解科学"，该课程不仅包括科学内容和科学活动，还包括多样化的科学过程、科学计划及假设选择、科研本质的规定、科研实验分类、基础研究与应用研究的区别、科学研究与开发产品的关系等。课程内容均由科学家来选定，科南特希望通过发展科学史、科学哲学及科学社会学研究，来维护人类知识大厦的整体性，培养文理兼备的合格的社会公民和通识性人才。

在推进科学教育方面，科南特首次提出了"科学素养"的说法，并将其定位于普通教育层面，旨在培养未来公民的科学共识与基本素养。他认为自然科学的方法可用于各个研究领域，包括社会科学，因此社会学家应具有一定的科学素养，由于科学史学科很好地融合了科学理性与人文精神，他建议大力推进科学史学科的建设。在他的影响下，科学史成为非科学专业的研究生的普通教育课程。他认为，对非科学专业学生的科学史教育不应侧重于技术与科学，而应着重解决科学观问题，使学生懂得科学是文化和社会不可分割的一部分。1936年哈佛大学组建科学史高等学位委员会，创设了科学史哲学博士学位，当时康奈尔大学和威斯康星大学也在推进科学史学科建设。作为美国科学史学会的会员，科南特果断重用科学史专家、新人文主义倡导者乔治·萨顿（George A. L. Sarton）在哈佛大学进行科学史教育改革，萨顿被视为"科学史界的培根"，穷其毕生精力辅助科南特完成了哈佛大学科学史学科的建制化任务，1940年哈佛大学的科学史学科开始实施全部知识领域的综合，真正使科学史成为联系科学与人文主义的桥梁，萨顿被尊称为"科学史之父"。科南特大力支持萨顿、伯纳德·科恩、托马斯·库恩（Thomas S. Kuhn）等开展科学史研究，并身体力行从事科学史教学及科学哲学的相关研究。自1948年起，科南特的著作题材开始转变为教育、科学史和科学哲学，如《实验科学的生长：通识教育中的一个实验》（1949）、《科学与常识》（1951）、《现代科学与现代人》（1952）、《教育与自由》（1953）、《哈佛实验科学案例史》（1957）等，1962年库恩发表《科学革命的结构》（*Structure of Scientific Revolutions*），科南特参与其中重要主题的撰写，他在科学史研究方面的成就获得了美国科学界和史学界的认可，至今哈佛大学科学史系仍采用他倡导的方式对本科生开展科学史教育。

科学发展的多维性促进了科学史发展的综合性研究，体现了交叉学科发展的特征。科南特以科学史和普通教育计划推动科学理性与人文精神的融合，从整体论出发考辨科学、技术和政治的关系，指出了算法科学方法的缺陷，相信科学和技术研究贯穿价值判断，坚持科学本质上是一项社会事业，并最终决定着冷战的结果与民主社会运作的成败。科南特平衡自省的科学理性精神是其实用主义哲学的自然延伸，不仅具有政治与文化的意蕴，且具有了认识上的方法论意义。

三、科学理性对科南特教育研究的方法论意义

科南特一生有过多种经历，贯穿二战前后危险、复杂又急速变革的几十年，也许正因为如此，他的教育主张体现出明显的经验主义倾向，虽在后人看来，这种倾向并非有意，但显然其行动表达来自经验主义哲学前提的演绎。科南特的科学哲学与其教育哲学如出一辙，在方法论层面保持着高度一致。在教育领域，他积极使用经验主义方法应对未来挑战，科学验证思想、理性决策程序，辅以对民主制度和国家使命十足的责任感，这种科学理性的方法论色彩既表现在对教育本质的认识与功能定位上，也体现于教育内容与研究方法的选择中。

关于教育的本质，科南特经常讲，教育就是一个社会过程，如同他认为科学是一项社会事业一样，当各领域科学大规模社会化的时候，其广泛的社会视野自然影响到他对教育本质的认识，当然从根本上讲决定于他的整体认识论。科南特接受奎因的整体认识论，并受杜威《确定性的追寻》（*The Quest for Certainty*）（1929）一书观点的影响，坚持认为科学理论本质上是政策而不是信条，科学理论不是企图展示自然的世界，不断提高准确性，而是引导行动帮助人类掌控环境，给予行动不断提升的有效性。基于具有高度普遍性的概念框架的高度发达的科学，本质上是一种无止境地改进概念框架的动态事业，其改进动力来自人类理性和社会的需求，且科学改变社会最终反映在社会日常生活和日常技术上，因此，科学的开放动态品质来自源源不断的社会影响。科南特认为，教育亦是如此，他习惯从急剧变革的社会中寻求教育变革的动力，在纷繁复杂的表象中梳理教育与社会诸要素之间的关系，这是科南特教育主张的灵魂所在，也是其收获社会影响力的原因之一。在教育的科学性问题上，他采用两种思维模式去解释，力图统合两种文化，即德国式的理论演绎思维方法与美国式的经验归纳思维方法，避免单纯谈论教育是否为一种科学，而是断言发生在学校里的一切都是实践的艺术，或是应用的科学，一个人研究教育就是研究社会问题，具体来说，心理学、社会学和人类学都是教育的科学。他以经验归纳的思维模式肯定这些社会学科对教育行为选择的作用，希望促使这些领域作为扩展人类行为共识的基础。而在历史和哲学领域，他应用理论演绎思维，认为这些社会学科不是教育的科学。科南特承认教育的社会特质与实践属性，但避谈教育理论和教育哲学对教育学科的特殊价值，因此成为教育理论家的攻击重点之一。当阐述更广泛的教育问题时，科

南特常用的方法更倾向于演绎，如后来的作品《儿童、父母和国家》、《教育政策的制定》、《两种思维模式》（*Two Modes of Thought*）（1964）、《科学原则与道德行为》（*Scientific Principles and Moral Conduct*）（1967）等。

在教育的功能和内容上，科南特的科学政策与教育哲学指向共同的目的，就是赢得冷战的胜利。冷战对科南特的思维影响远大于其他许多科学理论家，冷战没有将其引导到逻辑经验主义，而是使其发展起社会和政治参与的理论，科南特明确提出服务于冷战。他认为能否赢得冷战的胜利最终不决定于以暴制暴的武力对抗，而是能否保障增进繁荣和更大的个人幸福，因此公共教育对美国未来至关重要，它决定着赖以生存的社会的运作活力，决定着美国能否在未来被战争撕裂的世界中继续发挥影响。在教育目的上，如同看到了科学和自由、民主在内涵和精神上的一致，以及历史与逻辑的结合，科南特相信科学和教育都与自由民主相通，都服务于美国的民主制度和国家利益。在教育内容上，他的科学化色彩更是显而易见，他强调传授科学知识及培养科学素养，通过选择科学案例"最大限度地展示科学进步中新发现的困难和新技术的重要性……说明科学与社会的联系，显示自然在希望无偏见考察并使之精确分类的人类面前蕴涵的危险"①。同时，他主张增加科学课程的分量，强调科学、数学及可用于理解世界科学文化发展的外语课程。在对教师的专业训练中，他希望增加科学教育成分，将手和脑的教育充分结合来塑造真正完满的人，可见，科学教育是其自由教育主张的延伸与发展。众所周知，实际改革中，科南特在美国历史上的"第三次教育改革"②中发挥了重要作用，其重视科学教育的主张得到了广泛关注。第三次教育改革的主要内容以数学、自然科学和外语为重点，强调科学教育内容的现代化与天才教育，注重培养科学精英。"这次教育改革在资本主义世界现代化教育改革中，曾起过带头和推动作用。它扭转了美国教育过分强调实用化的倾向，适应了美国当时急需培养高级人才、发展尖端科技、增强军事和经济实力的要求。"③

在处理教育问题的方法选择上，科南特将"科学之战术与战略的某些原则"充分运用到教育改革中，将自然科学的思维模式应用到社会科学领域，要求运用经验归纳和逻辑推理两种思维模式。首先，他认为科学进步需要社会安排，教育改革同样需要改变当前的社会安排，重塑教育政策，引导教育组织方式的变革。他的建议首要关心的是政策安排，如大学招生就业政策、公立中学学区改组，以

---

① Conant J B. 1947. On Understanding Science. New Haven：Yale University Press：18.

② 史静寰在《当代美国教育》一书中，对美国自 19 世纪初到 20 世纪 80 年代末经历的四次教育改革大潮进行了总结，其中科南特主要在二战后的第三次改革中贡献突出。

③ 史静寰. 2001. 当代美国教育. 北京：社会科学文献出版社：12.

及教师教育的认证与检定政策等。他认为政策安排是纲领性的，利用纲领性的组织变革可更好地倡导教育领域的秩序与规范、民主与公平，并在此基础上进一步讨论和设计相应的细节变革。其次，科南特希望用自然科学的研究方法和观点解释人类和社会问题，探讨自然科学与其他许多知识领域之间的关系，认为教育科学不能简单借用实验技术和测量技术。"经验主义者和理论家应相互尊重，同时也应鼓励无情的批判精神，至少这是我的信念，我承认协调二者有难度，但还是肯定两种思维模式调和的价值，如同人需两条腿走路，社会科学也需要两种类型的思想家，才能满足自由的高度工业化的社会的需要。"[①] 虽然赞成使用两种思维模式，但在后期他很少强调理论，对以前曾进行的逻辑推理与对教育的陈腔滥调深感惭愧，表达出对演绎方法的怀疑。劳威尔离任前曾写信给科南特，建议他走一条异于前任的道路。科南特从自身经历和化学研究中找到了适合自己的方法，就是"诊断鉴别问题—谨慎操控实验—监控实验结果—将实验所得一般化"[②]。科南特最擅长的是量化与分析法，哈佛大学实验室的经历强化了这种倾向，对中等教育和教师教育所做的调查突出体现了这一特点。1959 年他承认越来越倾向于考察教师的过去和当前实践，而不是企图从前提下演绎一套教育学观念。在分析具体教育问题时，他经常采用归纳方法，研究中广泛运用问卷调查、实地考察、访谈等方法，通过绘制表格、统计数据来达到归纳的一般化。例如，中学调查报告中，他运用了调查学校概况一览表，男生、女生文理科目学习报表总结，75%的男女高才生文理科目报表柱状统计，各州中学联邦补助职业课程注册的学生数分析，48 个州的公立中学和注册毕业生数量概括，以及边缘标记卡片等科学研究手段。他既反对基于猜测与道听途说的批评，又反感脱离教育实际、抽象的原理和哲学论争，坚持经验的科学的研究方法，为避免人们怀疑他在用数据证明预期结论，在教师教育建议中他竭力回避演绎成分。除了量化和分析法，他还表现出一位职业科学家应有的强烈的怀疑主义精神，对现实中的表象很少下结论，而是在总结广泛经验的基础上提出具体可行的建议。"在把科学方法运用到非经验价值观领域时，科学家科南特比杜威更倾向于怀疑主义。"[③]

　　科学理性的基点在于尊重事实和意见分歧，其任务在于对真理的追求，对整体结构必然联系的揭示，但不能仅仅局限在工具价值上，任由科学理性独断泛化为科学主义，科南特借助整体认识论与人文精神，成功平衡科学理性的工具性与价值关

---

　　① Conant J B. 1964. Two Modes of Thought: My Encounters with Science and Education. New York: Trident Press: 95.

　　② Amster J E. 1990. Meritocracy Ascendant: James Bryant Conant and the Cultivation of Talent. Dissertation, Harvard University: 79.

　　③ Full H. 1967. Controversy in American Education. New York: The Macmillan Company: 49.

涉，将其运用到教育领域，认为即使是对科学技术的偏爱和狂热，本质上也渗透着人文主义激情与非理性创造精神。教育是一种社会现象，并非孤立地固守自己的领地，科南特研究教育的方法论特色，是其科学哲学在教育领域的直接运用，其坚强的品质蕴涵着对自由社会的由衷奉献。"多年管理大学的经验、对高等教育和中等教育的长期努力及其个性与专业忠诚，都在证明他在极力追求公平与客观。"①

第五节　科南特影响教育改革的实践品质与行为模式

科南特的哲学属于保守的现实主义，倾向于用严谨的公式术语推演解决社会问题的最佳方案，在对教育中出现的矛盾问题的处理上，通过调和折中的方法协调双方关系，以达到最佳的社会效果。在推出教育改革计划与建议时，他充分借助社会传媒的运作，最大限度地营造热烈的社会舆论，进而影响学校实践，这一点当然不是他个人所为，而是团队经营的，尤其是卡内基基金会与教育界精英们的推动。科南特影响教育改革的行为模式，可以作为美国学术精英影响教育改革的典型案例，这种技术和学术专家左右社会改革的现象，曾在 20 世纪中期的美国集中显现。

一、科南特调和折中的现实主义品质

折中并非哲学上的折中主义（也称折衷主义，eclecticism），对于折中主义，有对各种不同观点无原则机械拼凑的贬义包含其中，表现了"形而上学"的思维方式，这里采用"折中"表述科南特对矛盾问题的处理，更多地突出他对矛盾双方或关联各方的调和或妥协，以求获得不偏不倚切实可行的解决方案，实际是抛弃主义之争突出现实需求和主体选择的一种解决问题的方式。事实上，因对各种观点兼收并蓄，在回应变动不居的环境和需求上，折中显得更加现实与灵活，但在理论上往往没有话语权，因此折中的方式很容易被划到没有独立见解或固定立场的保守主义阵营。科南特未能幸免，只是他的综合程度更高，有时被称为"保

---

① Weiss R M. 1969. The Conant Controversy in Teacher Education. New York：Random House：47.

守主义"，有时被称为"激进主义"。批评者对科南特的评价是多样甚至迥异的，古德曼在其 1962 年出版的《学者社区》（*The Community of Scholars*）一书中认为，20 世纪的最后几十年科南特被定位成一名社会工程师；凯瑞尔在其 1967 年出版的著作《人、社会与教育》（*Man，Society and Education*）中称其为"一名伟大的妥协者"；麦克莱伦（James E. McClellan）在其 1968 年出版的专著《趋于有效的美国教育批评》（*Toward an Effective Critique of American Education*）中，称科南特为"典型的保守主义者和制度的忠心奴仆"；1990 年阿姆斯特称其为"一名学术精英主义者"①。在哲学分类上，"雷曼称其为'自由主义者'，凯瑞尔和伍德林称其为'实用主义者'，史密斯称其为'激进主义者'，布拉梅尔德等人将其看成'要素主义者'，所有这些都抵不过麦卡锡议员奇怪的描述，鉴定科南特为一名'共产主义人士的姑息者'（communist coddler）"②，当然对科南特比较被广泛认可的评价是"冷战斗士"。这些迥异甚至相互矛盾的评价，更多地说明科南特惯常采用的包容与妥协策略，或综合意识与平衡术。

在教育的民主观念上，科南特努力平衡杰斐逊和杰克逊的理念，一方面主张选择精英人才而不论经济或地理背景，另一方面又强调增加初级学院数量，满足杰克逊平民教育的主张。1938 年春，他开始审视杰克逊的主张在美国教育传统中的效果，阐释其独特的公立教育主张，这样不仅拉近了与教育理事会领袖的距离，而且通过英才开发与机会均等的制度设计，有效综合了杰斐逊与杰克逊的民主模式。在大学功能的阐释中，科南特明确主张平衡大学的各项职能，不致使任何一项偏废或膨胀。在大学课程设置上，他用普通教育课程和核心课程去平衡专业广度与深度的矛盾，用选修课和必修课平衡限制与自由的矛盾。在中学课程设置上，他尽力平衡升学与就业的矛盾，主张开设广泛的选修课和普通教育课程，以及高深的文理学科和高效实用的职业课程，以调和普通教育与专业教育的矛盾，选修与必修的矛盾，学生个性与共性的矛盾，"综合中学本身的特色正是解决两难问题的途径"③。在教学管理与组织上，他采用能力分组和测验鼓励自由竞争，同时又重视教师辅导和对特殊群体的帮助，以此调和效率与公平的矛盾。在教师教育管理上，他主张州教育当局既要负起责任，又要给培养院校实验、创新的自由，既希望展开院校间的有效竞争，又主张社会各界的通力合作，尤其是教育学教授和文理学科教授的真诚和解。总之，在教育思想、实践或改革建议

①　Amster J E. 1990. Meritocracy Ascendant：James Bryant Conant and the Cultivation of Talent. Dissertation，Harvard University：1.

②　McInerney D D. 2008. The Education Legacy of James Bryant Conant. Dissertation，The Stare University of New Jersey：3-4.

③　窦坤. 1999. 科南特中学教育思想及其对我国中学教育改革的启示. 陕西师范大学硕士学位论文：13.

上，科南特总是冷静、理性地平衡各种关系，力求探索解决矛盾的理想方式，在实践品质上表现出强烈的中庸色彩。科南特认为，从解决当前问题来看，要想最终实现自己的理想，妥协是必要的。在处理继承传统与改革创新的关系上，他尊重美国的政治传统和教育发展史，努力寻求传统与现实的最佳结合。例如，当公立教育受到普遍指责时，他不是一味否定或失去信心，而是通过对其历史贡献的分析，论证其继续存在并不断加强的合理性。在对待苏联及欧洲各国、澳大利亚的教育时，他用比较教育的研究方法，站在世界高度审视美国教育，认真吸取他国的先进教育经验，达到了很好的视界融合。

科南特处理问题的调和特色与其性格复杂性有关，又与其认识哲学相关。他的性格本身就是一个矛盾统一体，必然会影响到他对各种问题尤其是教育问题的处理。他的认识论也支持这种倾向，与赫钦斯等人不同，他认为理性主义与为现实社会功用服务的知识不能分离，主张两者结合。"如果把理性主义传统定义为完全与社会功用无关的知识，在某些方面科南特可能是理性主义的，而在其他方面又是反理性主义的。"[1] 他既接受正统主义者支持文理学科的观点，又喜欢在他认为实用的学科中实际建构，两种方法和两种知识都重视。他喜欢分析哲学而不是系统哲学，他的"非形而上学的调和的现实主义既挑战了美国教育家的纯理想主义哲学，又挑战了实用主义哲学"[2]。他在多种生涯中获得成功固然有很多客观条件来支撑，但最重要的是其看待问题和解决问题的方式与途径。美国著名物理、化学家保罗·巴特利特（Paul D. Bartlett）提到，"按世界本来展现的样貌去观察而不是按所希望的样子，这样的看待世界的习惯是科南特专业、政治及管理生涯的基础。在某种程度上，一个问题或活动的重要性在于其科学或社会地位，这完全超越了主观考虑和个人追求的乐趣"[3]。实用主义和坚定的现实主义是科南特思维的主要特色，"所谓好的决定就是有用的，即使它们在逻辑上不一致，甚或相互矛盾"[4]。

二、科南特追求实效的行为模式

科南特之所以选择调和折中的问题处理方式，更多地在于追求实效，使结果不至于偏离目标太远，他的教育主张是美国教育改革"钟摆理论"的典型，为降低钟摆振荡幅度，他选取了中间路线。科南特的中学建议介于贝斯托、里科弗的

---

① Full H. 1967. Controversy in American Education. New York：The Macmillan Company：32.

② Full H. 1967. Controversy in American Education. New York：The Macmillan Company：52.

③ Bartlett P D. 1983. James Bryant Conant 1893-1978.Biographical memoirs.Washington：The National Academy of Sciences：106-107.

④ Tuttle W M. 1967. James B. Conant，Pressure Groups，and the National Defense 1933-1945. Unpublished doctoral dissertation，University of Wisconsin-Madison：24-25.

观点与生活适应教育主张之间，体现了不偏不倚的中间立场，致使许多人把他看成谨慎保守的教育家。然而，他只是一位现实主义教育家，时时关注现实的客观需求与主观愿望，注重实现理想的现实环境。在《美国中学的革命》（*The Revolutionary Transformation of the American High School*）（1959）一书中，他把大学或学院在选择性上的变革归结于就业形势，认为教育者能做的仅仅是应对而不是引领。在《分裂世界中的教育》中他也表达了同样的观点，认为教育家太容易将自己看成社会改革家，错误地相信自己的远见，他确信建设性的或冷静的现实主义者，在认识和解决时代面临的社会问题上，远比天真的乐天派更有效。

对科南特个人经历的会议采访记录了他的"如果"游戏（"if" game），可以清楚地阐释他的实用主义行为风格。"如果1950年我当选国家科学院的院长，朝鲜战争的影响就会使我无暇顾及公立学校，或者进一步讲，如果后来艾森豪威尔总统不让我辞掉国家科学院院长和哈佛校长的职务去从事外交，1950年后的职业生涯也会完全不同。"[1] 接下来他继续用游戏推论，如果他不接受艾森豪威尔总统的邀请也可能会离开哈佛大学，投入到教育或科学研究中，如果不关上国家科学院的大门，就会关掉教育的大门，1950年后潜心科学事业，然而1953年他选择了外交职业。在1964年给哈佛大学1914届学生的信中，他这样概括自己的职业选择："在上半个世纪的第一个19年，我沉浸于哈佛校园和化学研究，接下来的20年我投身缺席化学研究的哈佛管理，最后的11年被分割成出使德国与研究公立教育。"[2]在哈佛管理、化学研究、国防研究和公立教育改革四个领域，科南特的介入模式包括聚集杰出人士、设计改革、试验自己的理想并努力普及它的结果。在每一个案例中，科南特都在寻求鉴定最好的人选和设计启动改革的最佳方式，从全面启动到宣传传播都坚持他的核心的精英统治的理念：最有才华的人聚集在一起会产生最佳的思想，反过来利用思想改变社会。

在任哈佛大学校长时，科南特努力改善哈佛大学与西部院校的关系，加强哈佛大学与公立学校之间的合作，突出哈佛大学的社会影响力，强化师生服务国家和社会的意识。在改革中他重视对教育理念与教育政策的宣传游说，除亲自与教师群体沟通，任用能力型与合作型院长辅助改革外，他充分利用演讲、年度报告、各种会议、刊物发表等途径阐明自己的改革意图，以减小改革过程中的阻力，提高问题解决效力。在教育政策委员会任职期间，他认识到施压团体与公共关系技术在激起公众发表意见上十分奏效，建议组成代表公共教育的施压小组。为使教育政策委员会

---

① Conant J B.Special subject file，Conant paper.

② Harvard College. 1964. Harvard Class of 1914.Fiftieth Anniversary Report. Cambridge：Harvard-Crimson Printing Company：127.

的报告得到更多认同和好评，他建议"组织一个公民团体帮助公开宣传报告的观点，并游说公众实施"①。他认为，过去主要由政治家来确定公立教育服务社会的目标，现在必须获取普通公民的支持，于是他推动建立了全国公民委员会来指导、帮助、教育公民完善学校运行。关于借助媒体宣传，他虽置身传媒团体的边缘，但也学到了很多出版知识，明白如何与顶级出版商建立联系。总之，担任哈佛大学校长的 20 年，他接触了大量有权势和社会影响力的人物。"科南特在高等教育领域的显赫地位为其带来了特殊的荣誉，其言行也因此得到他人的特别关照。"②在哈佛大学他不仅成功获得进入权力阵营的通道，而且成为哈佛大学董事会成员和校监会成员，受邀服务于高等教育管理者协会、卡内基教学促进基金会、教育政策委员会、美国教育理事会、美国科学基金会、教育测试服务中心等全国性组织，"所有这些职务，拓展了宝贵的人脉资源，帮助他继续哈佛改革和扩大社会影响力"③。

　　科南特通过在教育政策委员会的服务逐渐了解了教育政策发挥作用的主要渠道，并将实践中获得的经验运用到调查研究中，最大限度地影响教育实践。"在50 年代和 60 年代公立教育中，科南特的作用归功于广泛的关系网络，包括关键的商人、大学领导、基金会执行人员等，他们拥有共同的社会目的，控制重要的社会资源。大卫·泰克（David Tyack）和伊丽莎白·索特（Elizabeth Hansot）解释，这些资源包括金钱、声誉及影响力，如安置学生和朋友，训练下属和未来领袖，影响专业协会、公共立法及行政团体等。"④同时，这些有影响力的人物及团体还把控着公共信息传播渠道，如报纸、新闻和杂志等，其资源网的运作不会导致公共争议或审查，能有效避免被任何政治选区和利益团体绑架。科南特利用这些联系开拓新的事业，满足自己的兴趣与政治野心。这就不难理解，在卫星事件后，科南特何以脱颖而出迅速获得成功，为何两大顶级基金会和美国最大的专业教育协会，会毫不犹豫地支持一位前驻德大使和退休的私立大学校长去考察公立教育，只有 6 年小学公立教育经历的科南特，何德何能获得如此普遍的接受度去充当公立学校问题研究的权威专家，也许只有科南特的权力运用能告诉我们答案，他恰巧赶上了学术领袖影响社会改革的大时代。

　　① Biebel C D. 1971. Politics, Pedagogues and Statesmanship James B. Conant and the Public Schools 1933-1948. Dissertation, University of Wisconsin: 213-217.

　　②③ Preskill S L. 1984. Ranking from the Rubbish: Charles W. Eliot, James B. Conant and the Public School. Dissertation, University of Illinois at Urbana-Champaign: 270.

　　④ Preskill S L. 1984. Ranking from the Rubbish: Charles W. Eliot, James B. Conant and the Public School. Dissertation, University of Illinois at Urbana-Champaign: 270-271.

三、科南特追求实效的案例分析

剖析科南特追求改革实效的运作策略和行为模式，《今日美国中学》报告的发布应属最典型的案例，为不失时机地宣传他的调查发现，使公众提高接受报告的兴趣，更好地影响教育政策，他从一开始就设计了一场严密的公关努力。分析科南特及其团队的策略与做法，可简单分为三部分：报告发布前的定调与前期铺垫、发布时节点的选择与发布的媒体战术。

首先，发布前的策略主要包括报告观点定调与前期舆论铺垫。在基本观点的定调上，科南特抓住时局与美国中学发展的特点，意在平息批评，配合国家对基础教育改革的需要，重建民众对公立中学的信心，因此"科南特提供了低调乐观的信息，认为学校做得令人满意，不必对基本教育模式进行激进改革"[①]。科南特及其团体相信，对饱受攻击的公立学校人员来说，对失望恐慌普遍蔓延的民众来说，一个肯定性和建设性的公立教育报告必然会引发积极高端的领袖式解决问题的冲动。另外，科南特为报告做了一年的前期铺垫，在 1958 年和 1959 年的全国学校董事会协会大会、1958 年的全国教育协会大会、1958 年的中学校长协会会议，以及许多州一级的会议上，他不断公开自己的研究目的、内容及基本结论，一直持续到报告发表。1958 年 11 月 1 日，他在日记中吐露，"自 9 月 15 日以来，他至少在 9 个州做了 23 场演讲，直到圣诞节前还要继续 15 场以上"[②]。他在 1959 年 2 月 23 日给加德纳的备忘录中提到，自 9 月份以来，他已旅行35 018 英里（1 英里≈1609.3 米）来讲述对美国高中的研究。他利用所有可能的媒介，包括报纸、电视和电台，为家长、教师和学校管理人员做公开演讲，与州公民委员会和州学校管理协会合作发起私人会议和大会等，遍及全国传达他的积极信息。他的前期公关取得了良好效果。例如，1958 年 4 月在为国家学校董事会协会做的演讲"美国高中的一些问题"（*Some Problems of American High Schools*）中，他呼吁远离里科弗近乎歇斯底里的话语，委婉表达对天才浪费的关切，解释选择学校的原理和依据，然后提问："一所学校能否为聪明学生提供良好教育？能否满足其他学生的职业教育？能否在所有毕业生中培养其对民主的理解力？"[③]以此圆滑地攻击其他发言人的观点，认为他们都忽视了中学促进机会均等和社会统一的民主功效。他还技巧性地参与评论，将能力分组问题展示给学校董事们，支持为学术天才分组以使学生免于接受注水的教学。科南特冷静、肯定的

①　Amster J E. 1990. Meritocracy Ascendant: James Bryant Conant and the Cultivation of Talent. Dissertation, Harvard University: 228.

②　Conant J B. 1958.Diary.

③　Conant J B. 1958. Some problems of the American high school: A preliminary report of a study. Miami: Lindsey Hopkins Education Center: 5.

态度获得美国学校管理者协会的特殊奖励与极高评价，他们将其与杰斐逊和贺拉斯·曼相提并论，认为杰斐逊让新生的美利坚民族坚信教育对培养自由人至关重要，贺拉斯·曼则努力使美国人信服为实现理想必须建立服务所有人的公立学校，而一百年后的科南特，"在人民恐慌、国家遭受威胁、倡导自由的机构疑惑不前、公立学校遭受猛烈批评之际，依靠逻辑严谨、敏捷犀利的分析，以爱国主义牺牲精神和鼓励的视角重燃民族火焰，信仰自由人的基本价值观，重拾人们对公立学校的信心，这一点无人能比"①。

其次，在报告出版的时机选择和发布节点上，科南特选择了公共气氛最浓的1959年1月。在1957年"卫星事件"后里科弗极端的社会导向的教育观成功激发了人们对教育的讨论兴趣，政府官员和媒体代表开始传播警示性报告，提醒人们美国技术将落后于苏联，当恐慌蔓延时，国会通过了《国防教育法》，艾森豪威尔总统划拨几百万美元专门改善科学教学，改善鉴定和教育学术天才的程序。针对法案和公众的关心，美国国会听证会断言"俄罗斯的优势归咎于美国学校的劣势，这进一步激起对公立教育的新一轮攻击"②。科南特明白，在这个关键节点，他的一些考察内容虽与预期相比有些缩水，但为抓住有利时机他赶在1959年1月前完成报告，坚信肯定性和建设性的报告定会以高明而积极的方式，除去那些被认为非激进改革无法根除的顽疾。关于时机的选择他曾说："如果不是因为卫星事件和普遍的焦躁，我可能会继续考察，推迟半年出台报告。"③

最后，在发布环节，科南特团队及其关系网络实行了有技巧的媒体战术，以保证报告的广泛曝光。"战役"组织者们如同参加参谋长联席会议，称卡内基基金会领导为核心指挥者，为《今日美国中学》精心组织了一场公开"战役"，如同一场抢占最高战略阵地的夜袭。媒体战术的首要目标是引起轰动效应，他们决定像对待新闻故事一样对待科南特报告，而不是文学事件，以避免将报告置于遭受敌意的书评支配的状态，出版社"McGraw-Hill"乐意策略性地释放信息，采用大写字母进行原创性广告宣传："科南特报告——一部能激起全国关注和成就教育史的著作。"④在推销"战役"中，最重要的是高级别杂志的卷入，所谓战役之锚（靠山）就是《时代》（*Time*）和《新闻周刊》（*Newsweek*），科南特的长期好友拉森任《时代》公司总裁，从他担任哈佛大学校监会成员和公立学校公民委员会主席时两人就开始合作。1958年，拉森安排了科南特与《时代》《生活》杂志编辑的见面会，具有讽刺意味的是，此举引起了其他杂志抢夺封面的竞争。

---

① Callahan R. 1962. Education and the Cult of Efficiency. Chicago: University of Chicago Press: viii.

② Spring J H. 1975. The Sorting Machine: National Educational Policy Since 1945. New York: Longman: 93-113.

③ Conant J B. 1958.Memo from Conant to Staff. Conant personal papers，box 1，folder 27，HUA.

④ Conant J B. 1958.Tentative plan for dissemination campaign for the pulication of *The American High School Today*. Conant personal papers，box 2，folder 34，HUA.

《美国新闻》（*U.S.News*）、《世界报道》（*World Report*）和《观察》（*Look*）杂志在 1959 年的首周各自发布科南特的报道故事，导致《新闻周刊》和《读者文摘》（*Readers Digest*）的加入。为应对竞争，《观察》杂志努力使故事更具戏剧性，头条文章标题为"美国高中建立以来最重要的研究之特别预告"（*A Preview Written Especially for Look of the Most Important Study Ever Made of American High School*）[①]。媒体"战役"的第二个目标就是提高报告的覆盖率，保持和延长人们对报告的关注度与兴趣水平。科南特与卡内基基金会、教育测试中心的关系是联系顶级出版商、报纸和杂志的重要纽带，他们帮助科南特的名字及其对美国学校的研究轮番呈现在公众眼前。为提高媒体覆盖率并保持数月之久，他们设计了专门的新闻播放程序，利用电台、电视、演讲、报纸和杂志形成持续的信息流，近 90 000 份报告免费送达所有高中及学校董事会、大学、地方报纸和其他对教育有影响的团体。哈佛大学目前有几十个盒子盛装着关于科南特的大量报纸剪裁，他本人出现在电视、广播中，他的名字随跟踪性故事报道出现在各大杂志。"超过 2000 万美国人可能阅读了《观察》杂志的专题文章。"[②]从水牛城到昆西大街，再到特洛伊、纽约、雷丁、匹兹堡、宾夕法尼亚，那里的学校根据科南特的建议评价自己。从阿克伦到圣克拉门托，再到波尔德和阿尔巴尼，科南特及其思想总是出现在报刊的头版头条。堪萨斯州的日报《托皮卡州日报》《*The Topeka State Journal*》发表文章《小型高中乃问题之要害》，表示堪萨斯州能够合并小型高中，努力以最低的成本为学生提供更优质的教育。

可以看出，除显赫的身份外，科南特务实的行动知识分子（action intellectual）风格及卡内基基金会的支持是报告影响力的主要来源。战后美国出现的新兴精英阶层被称为"行动知识分子"，包括教育家、管理家、教育长官等，他们出入联邦政府、顶级大学、大公司和慈善基金会，通过思想和行动对美国外交、国防、经济、城市规划及学校重组发挥作用，科南特就是其中之一。科南特的报告内容与普通民众息息相关，21 条建议相互联系、具体又切中要害，是为马上行动而设计的。作为权力精英，他经常被批为"社会政治的鼓吹手"，尤其是因其与卡内基基金会非同寻常的关系。维斯柴德尔 1980 年在分析卡内基基金会对社会和教育政策的影响时指出，"卡内基的基本信仰之一是信奉科技解决社会问题，并相信这些方案能通过研究获得，科南特正是基金会选择完成这一使命的强有力的推手之一"[③]。卡内基基

---

① Correspondence, January 27, 1958, Conant personal papers, box 9, letter L; Holliger box 1, HUA.

② 1961.Hollister J to Conant J B. Conant-Hollister correspondence, studies of the American high school. Conant papers.

③ Weischadle D W. 1980. The Carnegie Corpration and the shaping of American education policy // Arnove R F. Philanthropy and Cultural Imperialism: The Foundations at Home and Abroad. Boston: G. K. Hall and Company: 366.

金会与科南特最终锁定将鉴别、开发学术精英作为保障国家生存的手段，其在改善精英社会、合理分配资源和保存精英制度方面目标一致。凯瑞尔直接指出，卡内基基金会的影响力是科南特工作成功的重要因素，也是私人基金会和政府宏大设计的一部分，用以限制针对重要教育问题的公共讨论，他说："过去30年里，很多围绕教育的关键话题都被慈善基金会所资助或控制的媒体宣传、引导、"兜售"给美国公众，科南特、查尔斯·希尔伯曼（Charles Silberman）、欧内斯特·博耶（Ernest L. Boyer）等，他们的工作……反映了专家报告和巨额资金花费的影响，结果这些项目如同委员会报告，针对特定观点经营成共识被接受，其他声音自然就听不到了。"①科南特报告被接受并成为畅销之最，得益于精心的产品包装和昂贵的媒体宣传，因此他与卡内基基金会之间的关系常被描述为本质上是一个阴谋，是其维持现存权力结构和社会分层的证据，从这一点上看，他是在充分运用权力政治与大众传媒扩大教育影响，他的很多想法能变成现实政策均得益于此，如州际合约主张最终演变成联邦教育统筹机构的复杂过程，以及全国公民委员会的成立等。这样看来，在20世纪五六十年代教育改革的大潮中，因财团运作与媒体介入，科南特对教育问题研究的科学性难免会打折扣。正如布劳迪指出的那样，"通过精心设计引人入胜的表演和公开出版的喝彩获取认同，取代严谨的检验与评价，对卸任校长后的科南特推销其多数社会发明的方式是一个绝佳的描述"②。

第六节　科南特教育思想的逻辑体系与流派归属

作为对教育世界全面、综合的反映，科南特以广角镜头呈现多层次、清晰的大视野与景深质感画面，同时以高倍像素的小镜头捕捉精致灵动的改革瞬间，兼具高瞻远瞩、把握趋势顺势而为的领导者风范与躬身实践、求真务实的科学家气质。他的思想深深扎根于美国独特的社会、经济、政治、文化土壤，在继承传统的基础上，融合了自己的个性、认识论与自己的社会文化观，积极反映了现实社会的种种需求。政治、经济、历史传统、急剧变革的社会、个人因素共同构成塑

---

① McInerney D D. 2008. The Education Legacy of James Bryant Conant. Dissertation, The Stare University of New Jersey: 250-251.

② Preskill S L. 1984. Ranking from the Rubbish: Charles W. Eliot, James B. Conant and the Public School. Dissertation, University of Illinois at Urbana-Champaign: 309.

造科南特教育思想的动因系统，支撑和推动其思想的形成与演变，其中有一以贯之的坚定信念，也有与时俱进的改革创新，动态考察与静态分析其思想内部的逻辑体系，理清要素组成及其相互关系，可进一步甄别其流派归属，准确把握与定位其思想实质与历史坐标。

一、科南特教育思想产生的动因系统与演变轨迹

美国独特的经济和政治形态是科南特教育思想产生的基础。科南特生活在美国经济迅猛发展的时期，除战争刺激外，新兴产业的兴起也是推动经济发展的重要因素。20世纪20年代，经济发展促进了管理革命，多数公司所有权和管理权分离，经过专业训练的管理人才不断调整企业经营方式，扩大规模，政府放心地推行自由主义经济政策。很快经济自由导致工业内部结构失调，农业收入锐减，加上金融资本的变化，激化了生产和消费的矛盾，在严峻的经济形势下，胡佛总统开始采取国家干预措施，但仍无法摆脱贫困的阴影。1933年为挽救濒于绝境的美国经济，深谋远虑的罗斯福总统开始大张旗鼓地进行新政运动，通过政府对社会经济生活的全方位干预，有效激活美国经济，并带动世界经济走出低谷。美国的海外投资迅速扩张，纽约成为世界的金融中心，美元代替英镑成为国际汇兑的支付手段。罗斯福的经济措施与凯恩斯经济理论不谋而合，成为一般垄断资本主义转变过程中的典型产物。科南特的成年期正值美国从自由资本主义经济向国家垄断资本主义经济过渡，他的许多主张反映了过渡时期的混合特征，如他崇尚自由与竞争，重视工业界各类专业人才的培养，同时又受国家主义影响，追求混乱中的秩序，希望政府在许多事情中发挥作用，以求通过政府调控减少失业，维持社会进步与稳定。基于这样的经济基础，"他支持自由企业、自由竞争和按效益付酬的体制，教育中，则强调才学统治和能力分组，为满足经济发展和就业需求，他强调职业教育和专业教育，并希望提高职业教育的地位，由政府提供一定形式的补助"[①]。除经济因素，美国特殊的政治形态深深影响了科南特教育思想的形成。1776年杰斐逊起草的《独立宣言》发表，在遵循联邦宪法规定行使权限和共和制代议政体的基础上，各邦建立了保障独立和自由的资产阶级政府。在1787年费城制宪会议后，美利坚合众国宪法确定了资产阶级民主共和政体，并逐渐形成现代政党政治。科南特忠于美国政治制度，认为美国是真正自由与民主的社会，教育必须与美国政治相适应，建立符合美国机会均等和地位均等的理想

---

① Weiss R M. 1969. The Conant Controversy in Teacher Education. New York：Random House：30-31.

的教育制度。他说："能够使未来医生、律师和手工工人，在 15～17 岁时走到一起的学校制度只在美国存在。应维持这样的学校，使之更具民主性和包容性，这对共和国的未来至关重要。"① 基于对政治形态的维护，他的许多教育主张打上了意识形态的烙印，如强调普通教育是自由社会的保障，公民必须学习有关美国政府的课程等。毋庸置疑，他决定调查公立学校的原因之一，就是坚信公立学校是与苏联意识形态竞争的关键，这样的假设是他多数教育建议的基础，他说："未来 50 年与共产主义意识形态的战争，很可能会在美国公立高中的战场上进行，我们所有人都期盼它的胜利，共同致力于支持和完善美国机构的独特性。"②

除经济和政治形态对科南特的影响外，美国的历史传统与时代需要是其思想产生的深厚土壤与现实诱因。科南特喜欢阅读和研究历史，希望在盎格鲁-撒克逊的文化传统中汲取营养，他对历史遗产的继承主要表现在对美国民主传统的维护、对公立教育制度的忠诚、对地方分权教育体制的重视、对移民国家多元文化的尊重、对边疆精神的崇尚等。基于传统考虑，教育上科南特坚持多样与统一的平衡。例如，即使他最满意综合中学，也没有忽略各类独立专门中学的存在及其社会地位。在教育政策制定上，他尊重传统的社区负责精神，"他狂热地希望教育变革，但因意识到联邦控制青年教育的威胁，认为阻止联邦权力的唯一希望是未来每十年就要加强我们的地方政府"③。科南特支持分权和地方负责制，并始终坚守这一传统，将"地方分权和社区自治原则作为美国历史的一部分"④。经济、政治和历史传统是科南特思想产生的深层原因，社会与国家的现实需求则成为直接诱因。美国需要维护自己的霸权，企图充当世界自由制度的卫士，国际竞争和国家安全是所有需求中的最强音，急需培养政治领袖、科技精英及有才干的外交家和军事家，经济上需要大量专门职业人才，政治上要求维护社会稳定。因此，科南特重视英才开发，又提倡加强公民教育和职业教育，希望通过促进社会公平达到社会和谐，尤其当许多人只满足于当前工业和文化机构的人力需求而不去积极建立一个新的社会秩序时，科南特依靠教师教育报告，努力阐释其对宏观机制和教育结构的安排。

以上主要阐述了科南特教育思想产生的外部动因，内因则是其独特的个性与社会文化观。如前所述，科南特的个性具有综合性，他的社会观属于现实主义，以实用主义哲学为基础，以解决现实问题为目的，在处理教育问题时注重解决成效，充

① Conant J B. 1970. My Several Lives：Memoirs of a Social Inventor. New York：Harper & Row：670.

② Conant J B. 1953. Education and Liberty：The Role of the Schools in a Modern Democracy. Cambridge：Harvard University Press：62.

③ Weiss R M. 1969. The Conant Controversy in Teacher Education. New York：Random House：33.

④ Conant J B. 1959. The American High School Today. New York：McGraw-Hill Book Company Inc.：VI-VII.

分利用科学方法和社会学、人类学研究方法，受研究物质世界和人类世界双重思维模式的影响。他构建自由的无阶级社会理想，阐述教育如何通过机会均等促进社会流动，从而规定社会结构。很大程度上，国家教育政策决定未来的社会结构，普及教育的扩张成为促进美国民主的有力工具，这一工具能恢复社会和经济生活的高度流动性，开启人力资源的宝库，通过培养必要的政治理想发展自由和谐的民族，美国经济制度虽基于私有制和效益动机，但却致力于社会正义的加强。在教育思想的传承上，科南特接受杰斐逊和杜威的某些教育思想，重视英才教育和教育的过程性，同时受要素主义流派影响强调教育内容有基本不变的要素，重视基本知识和价值观的传授。在尊重历史和现实需求的基础上，结合学术研究兴趣，如对科学方法论的偏爱与对历史的关照等，科南特构建起自己独特的教育思想体系。科南特教育思想要素与其形成动因之间的关系如图 5-1 所示。

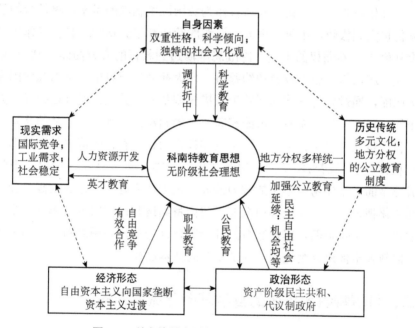

图 5-1　科南特教育思想要素及其成因系统图

在与时代接轨应对现实问题的过程中，科南特的教育主张也经历着微妙的变化。在经济危机笼罩的 20 世纪 30 年代，科南特承认自己是一名简单的教育加尔文主义者，基本树立了无阶级社会的政治理想，强调打破贵族特权因袭的教育机会均等与才学统治的精英教育，多数主张集中在高等教育领域。到风云激荡的 40 年代，科南特开始供职教育政策委员会和服务国家各类委员会，视野逐步开阔，关注点从高等教育领域转向公立教育领域，在教育哲学上追随进步主义倡导的生活适应教育，政治观点上受美国激进主义思想影响，以抵制法西斯主义扩张、维护民主制度为首要目的。他开始把教育看成一个复杂的社会过程，希望美国人理解教育和国家经济基础之间的相关性，理解教育和社会结构、民主制度之间的关联。1943 年在评论战后世界秩序时，他号召新的思想家基于美国土壤达成真正的共识和意愿去应对变革，这一时期由于受国内外局势和工作范围的影响，科南特解决教育问题的方法主要来自实用主义与实验主义。进入 20 世纪 50 年代，冷战成为一切政策的基础，赢得冷战胜利和遏制共产主义蔓延是科南特的首要目标，其主要精力集中在公立教育领域，在教育哲学上逐渐抛弃进步主义的生活适应原则，转到关注英才开发和学术学科教学的新传统主义阵营。当然，他始终没有放弃实用主义哲学，实用主义是科南特的教育主张与进步主义教育主张共同的哲学基础。此时科南特已成为美国一流的教育发言人，其教育思想体系日趋完备，开始将教育尤其是公立教育作为美国民主制度的引擎，将教育的社会化和国家化扩大到极致，不仅发挥人力资源的筛选和培养功能，且将其作为保存民主制度和维护世界霸权的工具，冷战思维渗透到教育的方方面面。到 60 年代，在肯尼迪"国内新边疆"政策和约翰逊"伟大社会"建设中，美国强化国家干预的政策职能，通过各种立法和行政干预措施调整各方关系，促进社会经济繁荣和民主平等，以缓和社会矛盾，巩固垄断资本的利益，遏制共产主义的蔓延。这一时期，科南特在教育主张上开始担忧联邦权力增长，教育政策主张的基调是保障教育分权体制的灵活与民主，反对联邦权力侵蚀。60 年代末他的综合中学观点更加成熟全面，不仅考虑学生的智力差异，也关注家庭、文化及族裔差异，开始向多元文化视野转变。无论如何演变，科南特始终坚持实用主义观点，坚持教育的世俗化、民主化道路，坚持教育的社会整体性视角，强调面向未来制定教育政策，坚信教育是促进社会进步与经济繁荣的基本途径。

二、科南特教育思想的哲学基础与流派归属

关于科南特教育思想的流派归属，目前学术界普遍认同他是要素主义阵营的代表，然而除评论者的观点外，他本人生前从未做过有关要素主义的任何声明。他曾在 20 世纪 30 年代自称为"一名激进分子和教育加尔文主义者"，也曾在自传中透露过自己的保守，此外很难看到他对自己教育思想流派的表述，且有意避免透露这方面的信息。美国学者的评论也存在很多争议，除多数人认同他的保守外，也有"折中主义者""自由主义者""激进主义者"，甚至"集体主义者"和"法西斯主义者"的称谓。也许这样的安排正是科南特的本意，他不喜欢主义和

哲学流派之争，也很少清晰阐明自己的哲学立场，尽管他承认一个人的社会哲学和教育立场存在关联，但很少发表有关自己立场的观点，在其多数教育作品中，这种关系也只是隐含其中。科南特更关注来自归纳结果的具体建议，而不是既定社会观念的理论演绎，他认为相比事实判断个人观点与价值观太过武断，因此竭力避免介入社会学理论争议。他在哈佛大学读书时曾选修名家教授的哲学课，但在 1945 年的普通教育报告中，竟然没有特别推荐一门哲学课程作为必修课，在教师教育建议中，他将教育哲学看成最糟糕的课程。凡此种种，皆为后人深入探讨科南特的教育思想流派增加了难度，人们只能从其具体建议和后人评论中寻找共识。"假设科南特的观点始终建立在社会政治背景基础之上，就是他所处的具体时代，那么分析他的教育哲学就会出现矛盾冲突现象，也使得这种分析更加复杂化。"[1]当然，考察科南特的全部作品，仍然可以推理出他对待教育问题始终不变的哲学方法，他是一位现实主义者，努力区分事实与价值观，与杜威一样践行实用主义哲学，支持从经验中学习，只是杜威完全赞同事实与价值观的任何一方，科南特却强调直接经验和实践先于理论，由于其不同意将教育理论课程置于实践之前，曾被指责有反理论或非形而上学倾向，也许是对德国过度强调理论演绎导致的可怕后果心存疑惧，他更希望依靠归纳的经验主义方法平衡过分理论化的弊端。

接下来，具体分析科南特教育思想与要素主义流派的关系问题。要素主义是现代西方保守主义教育流派之一，20 世纪 30 年代兴起于美国，在进步主义教育失势后很快发展起来，对美国教育实践产生了深远影响。要素主义的产生与科南特教育思想的形成存在很多共性，都是对当时社会危机采取的保守应对，强调在民族生活、文化历史发展过程中有必须学习的基本不变的要素，同时主张采用传统教育教学内容、原则和方法等，又称新传统主义教育流派。要素主义教育理论的代表人物巴格莱（William Chandler Bagley）重视传统和回归基础，主张向学生传授学术知识和道德养成所需的最基本的核心要素。要素主义教育理论不属某一哲学派系，其哲学依据来自唯心主义的唯实论（realism）和观念论（idealism）。[2]唯心主义唯实论认为，人能通过感觉和理性认识真实世界，从对现实存在的研究中发展理论，利用理论引导行动，但在认识客观现实时又强调意识的决定作用，否认客观世界的独立性，因此陷入唯心主义。唯心主义观念论认为，只有心理或精神才是终极实在，强调理念的先验性与对理念的再认识，认为

---

① McInerney D D. 2008. The Education Legacy of James Bryant Conant. Dissertation，The Stare University of New Jersey：43.

② 阿伦·奥恩斯坦，莱文·丹尼尔. 2003. 教育基础. 杨树兵等译. 南京：江苏教育出版社：131.

教育在于依靠榜样和经典帮助学生形成普遍统一的世界观，在社会观上强调社会结构与传统，主张个人服从社会、国家和民族的需要，社会应由精英管理，因此重视天才教育。在认识论上，要素主义者坚持真理就是事实与判断的一致，反对依靠经验和"从做中学"，强调真理传授与理智训练，基本继承了自由教育重视培养理性的精髓，贬低职业教育，忽视现代日常问题的解决和学生的兴趣需求。

相对于保守主义观点，进步主义教育有实验主义与改造主义之分，他们认为世界被不断变革所控制，因此知识是动态的，为跟上变革的步伐教育需围绕人的成长过程进行安排，而不是文化传递。进步主义认为，智力方法只是改善人类条件的手段，帮助人性从教条的权威、迷信、盲目恐惧和偏见中解放出来，是服务民主社会的重要工具。虽然进步主义观点分裂成不同派别，但都相信经验主义是最系统连贯的教育理论，关注社会问题，重视学习者的独立性、天性与兴趣需求。存在主义是与保守主义哲学对立的极致，认为不存在固定和绝对的真理，也没有经验主义那样的方法去获得真理，一切安排围绕个人寻找存在的意义，教育上支持无限制的学习环境。在存在主义者看来，社会目的和知识体系让位于学习者的个人追求。介于保守主义与进步主义之间的一派理论被称为"折中主义"，严格说不是一种哲学流派，而是不同理论体系的合成物，折中主义者相信任何哲学都有其独特价值，主张为使决定更具目的性和自觉性，应针对变动的环境混合几种哲学或理论，从而找到最佳的哲学回应，因此折中主义经常喜欢妥协而不是抉择，其重大缺陷就是缺乏评判决策正误的机会，泰纳（Tanners）兄弟将其划分为一种本质上的保守主义，其经常综合永恒主义和要素主义的信念体系作为阐述当代问题的手段，虽兼收并蓄但没有理论话语权。

通过上述对要素主义、进步主义等教育流派的分析，结合科南特宏富的教育思想与改革建议，从教育改革的目标追求、方法论特征及动因分析中不难发现，科南特与进步主义在实用主义的哲学基础上是相通的，都重视经验和实践的价值，同时在做法上又与折中主义相似，都强调兼容并蓄却疏忽理论思辨，但总体上讲，科南特的教育思想与要素主义教育流派的相关性更为明显，主要表现在以下几个方面。第一，在产生动因上，要素主义教育理论源自美国政治、经济发展的需要，是对进步主义教育批评和对解决社会危机反思的结果，这与科南特教育思想产生的外部动因是一致的。第二，在思想渊源上，要素主义教育理论和科南特的教育思想一样，不属于任何单一哲学派别或体系，主要依据唯实论和观念论哲学，科南特不轻易陷入特定意识形态的阵营，基本属于现实主义者，以传统的理性主义和经验主义为哲学基础。现实主义传统可追溯到亚里士多德和其他古希腊哲人，蒙田（Michel de Montaigne，1533—1592）将其进一步发展为社会现实主义，增加了对社会上层青年的关注。第一位感觉现实主义者是蒙卡斯特（Richard Mulcaster，1530—1611），培根和夸美纽斯都得益于蒙卡斯特，不仅注重感觉在学习中的运用，而且和科南特一样强调运用经验归纳法进行教学。第三，在教育目的和内容上，要素主义教育理论认为学校教育就是传递共同的文化要素，应以学科为中心，注重学习的系统性。科南特的普通教育思想及其对学校正规教育的重视与要素主义观点契合。第四，在教学方法上，要素主义教育理论把教师放在教学过程的核心地位，强调对学生进行智力训练，强调教学中严苛的纪律约束。科南特对教师素质的重视及其教师教育研究，正是其重视教师核心地位的表现，其严格的学术训练和天才教育主张也与要素主义一致。第五，在研究教育的方法上，要素主义教育家不从哲学上寻找依据，去阐述一般的思辨性原理，而是针对教育实际中的不适应，在教育内容、方法、目标及体制上探求解决问题的出路，这一点与科南特解决教育问题的思路完全一致。总之，科南特的教育思想逻辑表现出与要素主义更大程度的契合，其内部逻辑体系如图5-2所示。

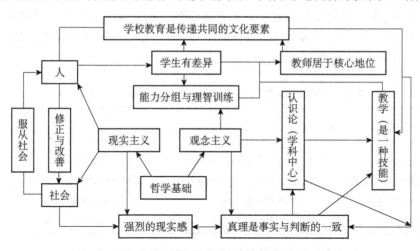

图 5-2　科南特教育思想内部逻辑体系

　　根据契合程度，将科南特归入要素主义阵营比较恰当，问题在于，作为思想丰富且充满矛盾的个体，即使被划到要素主义阵营，其在不同时期也会有与之疏离甚至相悖的主张，从静态分析来看，科南特的思想与要素主义主张也存在明显差异。第一，要素主义教育理论主要依据机能心理学理论，强调对学生进行智力训练，科南特在此基础上指出了学生之间存在智力差异，主张能力分组和天才教育，显然结合了认知心理学的观点。第二，在知识观上，要素主义教育理论强调人文知识的学习对培养理性的作用，忽视自然科学知识的价值，科南特则更注重人文知识和自然科学知识的结合，主张设立综合课程，当然因其科学家经历，自然科学仍是他的偏爱。第三，在教学过程中，要素主义教育理论强调教师的核心地位，忽视学生主体性的发挥，而科南特虽重视教师作用，却并没有忽视学生的智力水平、学习兴趣和动机对教育效果的影响。第四，在教育方法上，要素主义教育理论认为进步主义"从做中学"的原则是错误的，学生应以掌握间接经验为主，科南特则认为在许多方面直接经验更重要，如他对教师教育中学生教学实习的关注及对学习过程的重视，主张教学不能是被迫的过程，它应该是一个指导的过程，在这个过程中生活和学习通过方法的联合，使学习者能够将经验或知识同化并加以利用。第五，在对待传统的问题上，科南特不像其他要素主义教育家一样，一味地向欧洲国家尤其是苏联学习，只强调智力训练和学术学科，而是要求在继承历史传统的基础上改善美国教育，发扬机会均等的历史传统。另外，其他要素主义教育家基本否定进步主义的教育主张，科南特则不同，1952年他作为教育政策委员会主席赞同并签署了进步主义教育的政策文件，"他的观点居于要素主义和进步主义的中间地位，他的著作带有一定的调和色彩"[①]。显然，在以上几个方面，科南特的教育思想又拥有了区别于一般要素主义的特色，其与要素主义教育理论的差异具体见表5-1。

表 5-1　科南特教育思想与要素主义教育理论的静态差异分析

差异内容	科南特的新增观点	要素主义的理论观点
心理依据与学习方式	认知心理学、能力分组	机能心理学、智力训练
知识观与学习内容	整体知识观、人文与自然科学融合	强调人文要素、排斥自然科学知识
教学过程与师生关系	强调过程价值、重视学生要素	强调教师地位、忽视过程与学生主体
教学方法选择	重视直接经验、从做中学	以间接经验学习为主
对待传统方面	重视美国文化传统	效法苏联等欧洲国家

如果从时间维度动态分析两者的关系，则会出现更复杂的图景，甚至出现矛盾性评论，除被冠以"自由主义者""实用主义者""激进主义者""要素主义者""顽固的现实主义者""保守的现状维护者"等各种标签之外，科南特还被描述成"社会工程师""行动知识分子""学术精英主义者""冷战斗士"等，看来，只有根据时间维度将科南特放到历史的场景中，认真分析其具体信念和建议提出的背景，才能真正分析这些评价的有效性。

在20世纪30年代，科南特的哲学观点是保守的，晚年他在自传中回忆自己

① 科南特. 1984. 科南特教育论著选. 陈友松主译. 北京：人民教育出版社：7.

早期的思想并进行了分类，认为自己保守得近乎刺激-反应式。根据当时他对传统学术学科研究的支持程度可以看出，其哲学方法和课程方案基本属于要素主义阵营，如 20 世纪 30 年代初期，他认为任何科学研究都以广泛综合的数学知识理解为基础，且越早越好，出于对国家奖学金的狂热和公立教育体制的信念，他将传统学术学科作为学生筛选机制的基础。当然，他支持的课程革新及对学习者兴趣和社会需求的观点与要素主义有所区别，如他将大学核心功能确定为增进学问，即使具有明显的选择性和竞争性，也反对急功近利地评价科研和教育机构，反对破坏学术自由的传统，在学科组织上强调平衡普通教育、职业教育、学生生活和学问养成，在很多方面体现出对经验主义的重视，应该说 30 年代的科南特，提出了隶属与要素主义和经验主义的课程计划，尤其是 1938 年他明确表示支持经验主义，尽量统一学习者、社会和学科组织问题，当时进步主义还远未衰落。到了 40 年代，科南特的观点开始发生改变，1943 年他称自己为"美国的激进主义者"，与欧洲激进主义者相比，他更支持自由投资、自由竞争和获利体制，寻求建立无阶级社会，由于提出了没收财产的观点，被哈佛大学校友亚历山大·林肯（Alexander Lincon）斥为"集体主义者"，他对科南特的平等主义和自由主义主张极为不满并公开予以指责。科南特思想转变的因变量主要来自国际局势的紧张、国内新政及其在政策委员会工作的影响，他从实用主义角度强调教育和社会目的的关系，断言知识是动态的，知识增进与解决社会问题和民主问题紧密相关，不存在排他性的教育目的，显然，他已超越了要素主义的藩篱，更接近经验主义，成为杜威观点的追随者。到了 50 年代，随着进步主义教育弊端的显现，科南特日渐远离进步主义基本原则，1951 年他就意识到人们对进步主义日益密集的敌意，因此其课程观点趋于保守，人们评价他在 1958 年关于天才培养的大会上集中展现了对部分学校部分天才学生的关注，向来缺乏对普通学生的兴趣。但是，在支持保守目的的途径上，他在制度和方法上的努力实质属于进步主义，在《儿童、父母和国家》一书中，他努力运用新思想评价解决学校存在的关键问题，最典型的是支持综合中学的民主功能。"当对照科南特支持综合中学的民主化功能及与普通教育缺乏课程相关性的职业教育的时候，他的第一个报告更像折中主义，而不是要素主义。"[①]正是因为他的折中特点，科南特招致了双方的批评，要素主义者攻击其综合中学课程建议缺乏智力严格性，进步主义者批评他的建议狭隘、死板，没有充分考虑学习者的需要，就这样科南特度过了尴尬的50 年代。到 60 年代，科南特开始集中研究教师教育问题，关于教育是否为一门

---

① Tanner D，Tanner L. 1990. History of the School Curriculum. New York：Macmillan Publishing Co.：341-342.

科学，他说："我宁愿讨论与教师工作相关的学术学科，而不是讨论什么教育科学发展的术语，换句话说，我要检查的学术学科就是所谓的教育的科学或教育的学科，而不是教育科学或教育学科。"①这一点跟杜威相似，他们都认为不存在特殊的独立的教育科学，但可以借用其他科学来丰富教育相关内容，解决教育领域的问题。在经验归纳的模式中，科南特指出了经验主义的变革路径，提出了完善教师教育理论与实践的一体化建议，通过设临床教授一职平衡经验归纳与理论演绎两种思维模式。1966年，他主张兼用科学和哲学的方法追求真理，以平衡经验归纳与理论演绎两种模式。在职业生涯的最后十年，他关于社会科学和具体领域的教育的观点本质上还是经验主义的，他警告错误的变革和呼吁连续的努力，在发现问题—搜集分析数据—解决问题上主要依赖经验归纳的思维程序，但在考虑社会科学本质和科学策略在其他领域的运用时，主张演绎的理论思维是增进知识的最佳途径。因此，在经验归纳中，科南特被认为是要素主义者，在理论演绎中又被认为是经验主义者，但在本质上科南特两种思维模式的服务框架展示了问题解决和系统利用智力做事的经验主义途径，其观点变化正是践行实用主义哲学的生动写照，有用和有效是其主张与行动的主要指标。科南特认为，服务国家和社会是有用的，而经验主义解决问题的方式是有效的，因此他不断在各个领域开拓冒险，"美国最典型的问题是'这样做有用吗'，如果答案是否定的，他会兴奋地开启另一项冒险"②。看来他贯彻始终的哲学依旧是现实主义哲学。通过静态和动态两个维度的分析可知，科南特教育理论与要素主义的动态离合关系如图5-3所示。

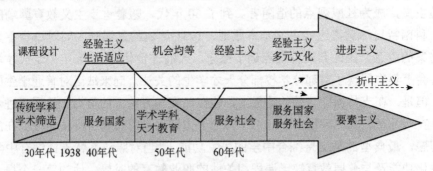

图 5-3 科南特教育理论与要素主义的动态离合关系

1964年，古德曼曾将科南特关于国家需要和个人发展的观点与苏联共产主义意识形态进行比较，认为他是一名社会改革的工程师，企图让高中成为满足国

① Conant J B. 1963. The Education of American Teacher. New York：McGraw-Hill Book Company Inc.：120.
② Conant J B. 1943. Report of the President of Harveard University to the Board of Overseers，1941-1942. Cambridge：Harvard University Press：43.

家需要的中心。在 20 世纪 60 年代和 70 年代的激进改革家中，也曾有人批评科南特综合高中的主张本质是维持现状的工具，为了少数优异学生而牺牲多数中等学生，通过社会化的过程维持现状，更有学者指责其强化学校的社会筛选功能，旨在通过教育规划和宣传维持现存社会秩序。根据对其教育目的属性的评论，科南特显然更倾向于要素主义阵营。与人们五花八门的评论形成鲜明反差的是，在几十年的场景流转与思想变迁中，科南特本人从来不纠结任何主义和哲学问题。从任校长开始到人生的暮年，研究教育问题的 40 余年里，他很少回应任何激烈的批评，或为自己的工作做些许辩护，他带着一份超然，简单而坚决地保持着自己的教育信仰与无以匹敌的国家发言人形象，尽管在现实中，他的价值选择经常激怒某些批评者。

结语 | 世纪风雨中聆听历史回声
——科南特教育改革的经验与启示

> 科南特不朽的教育贡献与历史地位不容置疑，他的确是一位教育界的巨人，无论教育主张与实践本身的广度与深度，还是其影响教育改革的烈度与持久度，在当代美国教育史上都是无可替代的。可以说，他不仅是美国 20 世纪中期行动知识分子或技术专家主导社会改革的重要代表之一，而且凭借广阔的社会视野、非凡的远见、深邃活跃的思想、高效务实的作风，以及倾心教育的人文情怀与奉献精神，成为美国当代教育史上一道亮丽的风景。①

　　科南特一生在高等教育、中等教育和教师教育三大领域的改革成效有目共睹。他对哈佛大学的治理堪称典范，在哈佛大学校史上与最伟大的埃利奥特校长比肩，共同推动哈佛从一所小型教派学院发展为全美一流的现代研究型大学，为哈佛跻身世界名校并长期独领风骚注入绵延不绝的生命力。在公立教育领域，科南特是公认的资深发言人，从改革哈佛大学教育学院到 1972 年最后一篇关于学校改革文章的发表，他考察、研究了美国初中、高中及教师教育的方方面面，以无阶级社会理想为目标将公立教育服务英才开发、培养公民与维护民主制度的功能开发得淋漓尽致。对于美国教师教育，科南特不仅凭借认证权力的划分参与学术化大战，而且提出了教师质量判断基于实践技能的主张，超越了单纯依据学科知识和学习时间的质量标准，推动着教师教育向能力本位的质量评价转变，使昔日被边缘化的教师教育与文理学院一样得以居身一堂，虽因压缩教育类课程、轻视教育理论招致专业人士批评，但不得不承认，他依据明显的政治运作和政策安排实质提高了美国教师教育的地位，开辟并强化了行政质量保障机制和教育决策

---

① 作者评语。

的新途径。在教育思想上，科南特关注机会均等的精英教育主张，融合公民培养与职业发展的普通教育思想，社会导向的教育目的观与教育过程观，以及对科学教育、军事国防教育等领域的真知灼见，都为后人留下了宝贵的教育遗产。在教育改革中，作为一名行动知识分子，科南特研究教育的问题意识与家国情怀，改革教育的制度自信与文化自觉，引导改革的效率观念与公平追求，理想导航下的渐进改革，教育理论与实践结合的改革策略等，为思考成功改革的条件及成功教育家的品质与能力提供了丰富的素材。

一、问题意识与家国情怀

问题意识是一种思维的问题性心理品质，指认识活动中意识到难以解决或疑惑的实际问题及理论问题时，产生的怀疑、困惑、焦虑、探索的心理状态，它驱使个体积极思维，通过质疑和思辨持续提出问题和推动问题的解决。问题意识反映了个体思维品质的活跃性、深刻性、独立性和创造性，是思维的动力与创新基石。教育问题是推动教育学发展的内在动力，教育发展就是不断提出并解决问题的过程，问题的转换意味着研究范式的变革，问题的解答方式体现着不同的教育理念，因此教育问题承载着哲学层面的价值承诺与前提假设，反映着特定时空的历史文化，来自教育实践并最终指向实践场域。从问题出发是教育研究的重要逻辑，相对于学科逻辑而言，问题逻辑主要通过对问题的追问、拓展和界定来实现理论与实践的沟通。科南特自始至终贯彻经验主义行为哲学，喜好按问题逻辑研究教育，有意避免做学科逻辑的阐释，"系统运用课程范式综合研究科南特出版的教育作品，揭示了他是一位经验主义者和问题解决者"[①]。

科南特的问题意识及问题解决模式有两个显著特征。其一，科南特提出和解决问题的先验性哲学或理论假设是教育为一个社会过程，教育应服务美国民主社会，这一假设和问题解决框架几乎统合了他几十年来不计其数的具体建议。"科南特遗产的价值不是被公开接受的一连串建议，而是把教育看成一个社会过程的视野与观点，他鉴定分辨问题的坦诚与对智力方法的系统应用，他对统一多样的公共教育的至死不渝，以及始终坚持学习者本质、民主社会目标与课程学科组织的一体化方式。"[②]其二，科南特的问题意识基于国际视野，将国家和民族利益与世界问题相通，表现出强烈的全球化意识与浓厚的家国情怀。"科南特教育观点

①② McInerney D D. 2008. The Education Legacy of James Bryant Conant. Dissertation，The Stare University of New Jersey：iii.

的核心基于一种信仰，就是学校制度的需要必须与世界问题相关。"①他所描述的世界就是一个现代的被意识形态割裂的世界，其核心论点就是严肃对待学校在美苏竞争中的作用，尽其所能开设多元化的外语项目和广泛关注天才教育，培养科学家、工程师和专业人士参与技术竞赛。同时，他强烈支持所有学生学习四年英语、三到四年的社会研究课程，以帮助技术专家更好地理解人类问题，充分参与地方社区与国家政治事务。他把职业训练纳入综合高中而不是独立职业学校，理由也多来自社会因素的权衡而不是教育自身，他认为此种安排更有益于发展社会民主。家国情怀彰显在全球化的时代境遇中，是国家主义教育思潮的延伸，我国清末民初的军国民教育和国民教育均延续了国家主义教育主张。美国教育体制虽为地方分权体制，但在 20 世纪应对国内外复杂问题的过程中加强了国家干预力度，突出了服务国家的宗旨。对科南特来讲，其家国情怀首先将服务对象导向国家和社会，同时尽力彰显美国民主传统的价值，以激发民众的国家认同感、民族自豪感与历史使命感，作为一名社会精英，其勇于奉献、敢于担当的家国情怀从未缺席。

科南特喜欢持续提问并寻求答案，以新的问题刺激新的想法，这种研究教育的问题意识辅以浓厚的家国情怀，一方面提供思路方法，另一方面指出目标导向，在不确定性的大背景下，他努力提供恢复和重建安全感的理想范式。正如查尔斯·D.比布尔（Charles D.Biebel）在 1971 年未发表的博士论文中指出的那样："科南特，作为一名教育家和管理专家，努力寻求阐明问题的实质与范畴，同时发明一种机制去解决它，在定义问题和寻求答案的过程中，这位哈佛校长持续构建他的社会哲学和教育哲学。"②正是以问题逻辑构建理论的方法，结合对民主的信奉与远见卓识，引导科南特度过了动荡的几十年，其鲜明的问题意识与救国济世的政治胸襟是任何成功教育家必备的素养与情怀。

二、制度自信与文化自觉

在教育革新中，科南特对美国民主制度和公立教育制度有着非同寻常的自信，自觉珍视与维护美国的独特文化，除出身与文化背景因素外，这种信心主要来自对美国教育制度的历史考察与国际比较。他常常提醒那些研究教育的人们，

---

① Preskill S L. 1984. Ranking from the Rubbish: Charles W. Eliot, James B. Conant and the Public School. Dissertation, University of Illinois at Urbana-Champaign: 287.

② Biebel C D. 1971. Politics, Pedagogues and Statesmanship James B. Conant and the Public Schools 1933-1948. Dissertation, University of Wisconsin: 96.

研究美国学校，不考虑学校和社会结构之间的关系是不负责任的，从一所学校到另一所学校，移植借鉴任何课程或教育实践，不考虑社会文化背景也是极其荒唐的，教育既然是一个社会过程，一个国家的教育体制就不可能与其社会文化环境和政治经济框架相分离。

在借鉴国外经验、凝聚改革共识的过程中，任何团体或个人，若没有坚定的制度自信与文化自觉，都很难取得持久的纵深改革的成功。制度自信最终源于对本国传统在当前政治、经济、文化等各方面优势的充分理解，以及对未来前途命运的乐观预测，这当然不是要求改革者故步自封与盲目排外，甚至陶醉于自我欣赏，而是基于对国家综合实力客观理性的研判。20 世纪中期的科南特和许多美国人一道，积极储备着世界大国的制度自信与文化自觉。二战前美国文化和外交以孤立主义为主线，二战中美国政治经济获利带来综合实力的迅速壮大，欧洲战乱强化了美国人对本国文化和民主制度的自信，他们开始细数编排最值得防护的基本价值观。应该说，欧洲思想家的逃离为美国文化提供了一次自我壮大的绝妙机会，几乎每所顶级大学和学院都从吸纳欧洲避难学者上受益，一向仰慕欧洲文化的美国人开始认识到，自己才是世界光明与学问的中心，只有美国的民主传统与价值观才是未来世界的主导，于是抛弃原有的孤立主义情绪和不干涉姿态，在罗斯福总统强有力的演讲和好莱坞影片传达的可怕的欧洲境况中不可避免地走向世界，为他们所珍视的民主制度和世界霸权而战。科南特谴责一切对美国自由的直接的外部威胁和内部腐蚀，希望维持他的政治理想，保障美国民主制度在未来世界的竞争力。他曾遗憾地写道："我们太容易接纳外来文化和社会传统，于是在社会和智力方面承受着进口观念和标准的过剩，我们应忠于自己独一无二的遗产，意识到自己传统的活力与特性，以体现自身传统生命力的理想作为国家统一所有经济团体的唯一基础，否则将会失去未来的日子。"[①] 1943 年前后，他开始担心不断增加的社会分层可能会引起激进调整，在危机不断的 20 世纪 40 年代，他不断表达强化传统的民主价值观，最终将传统民主观念与公共教育制度联系在一起。

综合实力决定着一个国家的影响力与国际话语权，支撑着该国国民的制度自信与文化自豪感，这一点在近 30 年中国崛起的现实中正得到印证。2016 年 4 月，教育部高等教育教学评估中心副主任吴岩发文《中国特色不必让步于世界标准》，提倡以自省态度展现中国高等教育的自信，尽快掌握国际教育质量标准话语权，究其缘由这种自信归功于国家综合实力的增强。科南特从美国独特的发展

---

① Conant J B. 1940. The unique ideal of American life // Baird A C. Representative American Speeches：1939-1940. New York：The H. W. Wilson Company：339.

历史中寻找民主的依据，在科技时代强化制度与文化优越性，如同肯尼迪总统对美国全球定位的乐观描述，倾向于根据自己的信仰和生活发挥影响力，从而塑造周围的世界，科南特对美国民主制度和传统文化的自信贯穿其整个生涯与全部作品。思想产生的沃土是特定社会的制度与文化，服务的对象是特定社会的现实与未来，科南特对传统文化与制度的坚守提示我们，在研究教育和制定政策时，必须充分理解本国的制度与文化，尊重本国的教育传统与当前教育实际，切实处理好继承与创新、本土化与国际化的关系问题。

三、理想导航与渐进改革

在每个风云激荡的改革周期，那些温和的建议与渐进的改革主张都难免遭受冷遇，甚至被打上保守的标签予以批判，科南特也不例外，由于代表了社会精英集团的利益，惯于问题解决的温和渐进式改革，被很多人认为建议不够彻底、旨在维持现状。教育哲学家哈罗德·泰勒的批评尤为尖锐，他认为科南特的各种建议除满足特定国家和社会需求外，根本无法构建崭新的社会秩序，甚至认为其官员身份决定了他传播美国白人中产阶级新教徒西式文化的目的，批评他没有意识到美国面临的糟糕的道德与社会危机，无视整个教育体制不急剧变革就会衰亡的现实，而只顾为坍塌的学校体制进行琐碎的修补。这种批评显然否定了科南特为改善教育改革的政治环境所做的努力，无视其不计其数的建议得到实施或部分实施的现实。从改革实效来衡量，科南特的主张远比那些大谈哲学和流派的理论专家，以及希冀彻底革命的民主斗士更具现实意义。

科南特不谈抽象的哲学并非忽视社会哲学的作用，他认为教育改革首先要有清晰的理念指导，这些理念来自对教育本质的认识及对教育社会制约性的考量。他说，"既然教育不是在真空中发生，一个人如果没有清晰的社会哲学，就不能很好地处理 20 世纪中期的教育问题，二战后的教育策划应作为社会过程的一部分，尽可能保持社会流动性，但只能作为社会过程总图景中不可或缺的一部分"[①]。在 20 世纪 30 年代的杂志文章中，他理性地写道："某些教育革新会合于时代风气日渐兴旺，其他革新则需调整或走向死亡，我们中没有任何教育家能勾画出完美无瑕的方案，也没有谁能完全操纵改革进程，然而我们却能够定义问题，建议可供选择的路线，并通过引发公共讨论引导民主力量，进而达到改革的目的。当然这样做并不是企图扮演超级教育策划者的角色，任何人能做的就是，在改革路上做

---

① Conant J B. 1943. Memorandum for Henry James JBC papers，Harvard.

出警示标志，指出可能的危险与障碍。"①科南特研究解决教育问题的模式旨在追求系统运用智力方法解决社会问题，专业、政治和管理生涯塑造了他看待世界的视角，他习惯性地认为世界应该是其展现出的面目，而不是人们期望的样貌。

改革并非对问题的刺激做出反应式应答，科南特的改革目的明确，他从美国传统的民主观念中寻找理念支撑，构建起自由的无阶级社会理想，依靠理想导航，一方面着眼全局整体规划，通过激起广泛的讨论达成共识，保证教育决策的协调性与方向的政治正确性，或合乎思维逻辑与主体目的性；另一方面注重结合教育实践，依据大量考察与数据所得保证政策和建议的可操作性，并对改革效果及时跟进与反馈，评判改革导向是否符合客体规律与行为实践，进而使每一小步的改革稳妥推进。当然科南特明白，实现以上两点需要改革者具有强大的话语权，他的权力获得和影响力扩散反映了美国 20 世纪发生的普遍现象，历史学家巴瑞·D.卡尔（Barry D. Karl）曾描述，"这种现象建构了'影响力政治学'"②，卡尔进一步阐释了美国 20 世纪前半期知识分子领袖崛起的基本路径，即基于个体产生惊人观点的能力，成功将其观点与时代资源相结合，随后远离最初成名的学术领域，在更广泛的领域获得普遍的权力认同。1992 年，西奥多·怀特（Theodore H. White）将科南特称为"行动知识分子"，认为相比建构思想，他更注重理智指导下充满活力的行动。无论是民主党还是共和党执政，科南特都能得到联邦任命，前者与其科技能力相关，后者主要因其政治观点。化学领域的成就为他当选校长奠定了基础，科学家身份和哈佛大学校长职位又为随后其在社会公共事务上的领导力提供支撑，最后成为公立教育发言人顺理成章，科南特是不寻常的案例，他的崛起阐释了思想代际相传的某种政治程序。

科南特立足于实际全面考虑内外因素，把教育变量扩展到系统以外的各个领域，准确评估和预测改革的可行性与有效性，体现出浓厚的科学色彩与数理思维模式。当选哈佛大学的校长时他的母亲曾预言："他不会兴奋，所有事情都将通过公式解决，他会自己设计经营大学的配方，然后密切监督它的产品。"③科南特的突出特点就是反复强调现实目标与目标实现的条件，他说："我们有时意识不到，教育是整个经济的基础，因而不理解教育如何影响我们的社会结构。"④针对有些鼓动教育必须进行彻底改革的主张，他总是伴随两大忠告：一是强调社会科

---

①　Conant J B. 1938. The future of our higher education. Harper's Magazine，CLXXVI：570.

②　Karl B D. 1968. The power of intellect and the politics of ideas. Daedalus：1002-1035.

③　Hershberg J G. 1993. James B. Conant：Harvard to Hiroshima and the Making of the Nuclear Age. Stanford：Stanford University Press：76.

④　Conant J B. 1948. Education in a Divided World：The Function of the Public Schools in Our Unique Society. Cambridge：Harvard University Press：38.

学和人文科学教育的重要性；二是期望教育制度的渐进变革缓和，而不是消弭业已存在的刚性社会分层。科南特谨慎地行走在理想与现实的双重道路上，他喜欢改善而不是彻底改变，认为教育改革需从宏观着眼，微观着手，学会满足于小的进步，因为这样遇到的阻力相对较小，也更容易获得实效，巩固既有成果并最终趋近目标。他用牛津大学和剑桥大学的改革证明自己的观点，注重社会整体环境的协调与各种势力的平衡与合作，这种改革观更接近和谐统一的发展观。科南特的方法提示我们，在进行教育改革时注重考察现实条件，分清理论上应做的和现实中能做的相当重要。当然，在社会为激进变革创造了充分条件时，也不能过于谨慎而贻误时机。"我们需要像科南特那样勇敢地面对现实，不仅应设计更实际的计划，也要选择更有激发性的途径来加速改革进程。"[1]

四、效率观念与公平追求

公平与效率的关系问题是近代以来制定教育政策普遍关心的重要问题之一，涉及教育的公平民主与投资回报，直接影响政府的教育决策与战略布局。科南特之所以将机会均等和学术优异作为改革主线，一方面抓住了教育政策制定的主要矛盾，另一方面考虑了教育的外部需求，这是教育价值选择的核心。教育公平和效率问题归根到底是教育政策层面的问题，科南特既不涉及教育哲学理论的讨论，也很少深究教学过程和个体发展的微观问题。例如，在涉及教师教育课程改革项目时，"科南特不能充分处理教学程序的复杂性是显而易见的"[2]。他主要擅长和希望为教育做出某种社会安排，优化教育结构、协调教育形式，利用教育政策的调整实现改革目标。例如，为扩大高等教育领域的机会均等，同时避免大学生失业的社会风险，他要求限制本科教育规模，大力发展两年制学院和研究生教育，这既是对教育形式和结构的宏观调整，也是其价值选择的结果。科南特重视教育的社会价值与工具理性，强调教育的公益价值，但在满足个体需求方面的政策安排上显得相对薄弱。科南特的政策安排一方面满足技术训练需求，理顺从学校到工厂的过渡，总体上促进社会稳定，另一方面在不牺牲精英教育原则的基础上，提供促进机会均等的实践。"这和他支持学院等级分轨的思想吻合：最聪慧的学生升入大学，次等学生进入单一的四年制学院，最差的到初级学院学习。"[3]

教育公平包括权力平等和机会均等，科南特认为权力平等就是普及学校教育

---

① Weiss R M. 1969. The Conant Controversy in Teacher Education. New York：Random House：67.

② Conant J B. 1963. The Education of American Teacher. New York：McGraw-Hill Book Company Inc.

③ Weiss R M. 1969. The Conant Controversy in Teacher Education. New York：Random House：43.

制度，机会均等就是无关经济地位的自由竞争。他在追求教育公平上始终保持理性，明白无阶级社会只是无限接近的理想，可以扩展公立教育的民主基础，因此明确反对国家公共税收支持私立学校，提倡用州和联邦的资金为穷困的州和地方提供大规模资助，他认为这样至少能接近教育机会均等的目标。在追求教育效率上，他不仅关注人才培养质量，也考虑投入产出的成本核算，如消除小型高中的建议，确信小型高中达标的成本昂贵，大胆提出学区重组的建议。在用于筛选学生的工具上，他主张测验分数、教师评价和学生兴趣能力同等重要，其精英教育筛选原则在作品中随处可见，他无疑期望民主社会能从中获得更多投资回报，有时为了即时回报最大化也会损害公平民主的原则。"尽管科南特不断强调民主，他真正寻找的却是一个精英掌控的政府，只有少数有限的大众参与。他终生追索的教育制度类型也是为了达到这一目的。"①当公平与效率发生冲突时，其政策的价值选择明显在起作用，他习惯政治性的建议，通过政治策略的设计重新分配权力，在促进教育公平和提高教育效率方面，堪称一名杰出的教育政策规划师。当前，我国的教育公平问题已成社会改革的焦点与热点问题，公平作为社会和谐的基石，不仅需要价值平衡，更需要科学合理的决策机制，在这方面，科南特的做法值得反思与借鉴。

五、教育科学性、理论与实践的关系考辨

"伴随战争爆发，科南特开始形成一种广泛的社会和政治分析视角，代替了对教育本质的描述。"②二战后行为科学在美国全面渗透，美国科学技术突飞猛进，社会变革日新月异，由此普遍滋生出对科学的崇拜与对技术的痴迷，教学也被视为一种技艺，教师成为技术员，教育科学理论体系在技术理性冲击下逐渐消解。教师教育在跻身大学殿堂的过程中忽略了专业培养的实践性质，在理论研究上也并未获得广泛认同。在此背景下，科南特对教育的科学性问题选择了刻意回避，也因此影响到他对教育理论与实践关系的处理。谈到科学研究，他承认一切科学都是降低人类经验程度的成果，都是使经验过程组织化、系统化的结果，并和杜威一样否认科学仅仅是感觉经验主义，"'科学是一项推理的事业'和'科学史'证明，毫无疑问，真正革命性的重大进步不是来自经验，而是来自新的理

---

① Preskill S L. 1984. Ranking from the Rubbish: Charles W. Eliot, James B. Conant and the Public School. Dissertation, University of Illinois at Urbana-Champaign 311.

② Biebel C D. 1971. Politics, Pedagogues and Statesmanship James B. Conant and the Public Schools 1933-1948. Dissertation, University of Wisconsin: 151.

论"①。他提倡，通过科学通则以逻辑推理来代替试误，其预见性的广度就是科学进步的尺度，但具体到教育领域，他并不直接承认教育是一门科学，其教育实践先于理论的观点贬低了理论对实践的指导价值。按照他的假设，教学实习是唯一的教育学课程，教育学教授只应负责教学实习和方法论课程，而忽视了教育史、教育哲学、教育社会学等课程的价值，这种观点不仅客观上导致这些课程受到冷遇，也使批评者认为，他根本上不承认教育的专业性与科学性。然而，事实并非如此，科南特从未正面否认过教育的科学属性。在教育学发展史上，教育的科学性与艺术性之争一直存在，从最初的艺术论到科学论，再到科学和艺术统一论，基本反映了教育学科的发展历程。本质上，教育具有科学与艺术的双重属性，科南特认为，教育科学既是可做出预测性通则的科学，也是价值判断的科学，既基于自然科学研究成果，又以伦理、道德和宗教原理为前提，这种科学的复杂性决定了相当一部分通则靠经验获得，因此教学实践性特征决定了科南特对实践分量与质量的要求。在教育过程中，广泛的活动场所和复杂的教育变量确实给教育科学化增加了难度，科南特有意回避科学性争论并对教育理论课程持模糊态度，在考察教育科学化程度时，他谨慎地提醒必须分析学校包括的类似"应该"的词汇，推论这样的陈述或涵盖了道德前提，或是教育心理学家对学习过程的某种认可，因此他已暗示了教育的伦理学和心理学基础。另外，从他研究教育的手段也可看出其对教育科学化的追求，在《教育改进的试误》（*Trial and Error in the Improvement of Education*）一文中，科南特提出了教育家实际决策的四大基础："基于广泛概括化的心理学、人类学和社会学部分理论依据；运用现代统计学工具系统研究大量个体，进行周全的设计和分析；大量搜集特定时期学校的经验证据，由熟悉这些教育问题的个人和委员会进行分析；高技能的有经验的实践者基于成熟经验及其相应经验的报告。"②根据这些证据，科南特批评现存教育研究的质量，呼吁采纳更接近自然科学的方法，提高教育决策的科学化程度。他认为教育科学不同于自然科学，但"如果把讨论范围加以限制，依据观察和实验得出可预见的通则，那么这两种科学就没有根本区别"③。可见，科南特希望更多运用自然科学研究方法提高教育学科的科学性，并非否认教育的科学性。

实际上，科南特研究处理教育问题时一定程度上默认了教育的科学性，最明显的实例就是他对待教育学院的态度。1933 年赫钦斯建议取消哈佛大学教育学

① Conant J B. 1952. Modern Science and Modern Man. New York：Columbia University Press：53.

② Conant J B. 1961. Trial and error in the improvement of education. Washington：Association for Supervision and Curriculum Development：17.

③ Conant J B. 1963. The Education of American Teacher. New York：McGraw-Hill Book Company Inc.：117.

院，科南特不仅没采纳，还孤注一掷地坚持在财政灰暗的年代挽救和重建哈佛大学教育学院，而当时耶鲁大学校长正反对将教师教育作为大学责任的一部分，主动选择稀释本校教育学院的资源。科南特在调查教育学院问题期间就决定让文理学院承担更多责任，以便教育学院的教师能从事必要的学术研究，发展教育科学，随后他发明了与中学实践相连的教学文硕士学位，认为教育学院"在关键历史转折点具有为美国教育提供独一无二的即时服务的能力"①。近几年，我国高等教育界出现裁撤教育学科的案例，有的大学已撤销或调整教育学院或类似机构，以求优化办学资源适应国家高等教育政策调整的需要。无论教育学科发展中存在何种问题，单纯裁撤某个学科的机构建制，似乎少了一份理性与坚持，教育学科的功能定位与发展策略可借鉴科南特的做法，一方面强化与学校系统的联系，提升对教育实践的服务能力，另一方面强化研究实力，提高科学化程度。科南特在给哈佛大学董事会的报告中承认，对教育学院的补贴决策是一场殊死赌博，但他坚信当时没有任何学院能如教育学院那样，直接影响一所大学的国家声誉。

科南特对教育科学的复杂性、综合性有充分认识，他的价值观、历史感和对社会问题的关心驱使他研究教育并力图改进教育，只是他习以为常地认为，特定文化的基本价值观不需要讨论。在《儿童、父母和国家》一书中他指出，抽象普遍地讨论"教育到底应该是什么"不会导出任何结果，这进一步加深了批评家对他的怀疑，认为他已感受到理论与实践之间急剧扩大的鸿沟，因此更多地关注技术层面的教师职业准备，而不是作为一门社会科学研究教育问题，他虽有忽视哲学与理论指导之嫌，但也提醒我们：理论上厘清教育的各种关系固然重要，但千万不要脱离教育实际陷入无谓的逻辑思辨。理论当从实践中来，到实践中去，架起理论与实践的桥梁不仅需要辩证理论，更需要考察实际，绝不能脱离现实而驰心空想。当前，我国教育理论与实践仍存在严重的脱节，一个在抽象的概念世界建构考辨，一个在具体的经验世界摸索尝试，不仅阻碍了教育的科学化进程，而且造成巨大的人力、物力浪费，因此连接观念世界与实践现场是当务之急，或许也是教育学科及教育学院化解危机、突破困境的选择之一。

当然，科南特的教育思想及其对教育改革的影响也有明显的历史局限，如对教育理论和哲学的有意回避，改革建议的即时或短效，对国家和社会需求的过度依附，在教育公平上的妥协等，但这些都无法掩盖他对教育进步所做的巨大贡献，以及在美国教育史中的独特地位，他为后人思考教育提供了丰富的养分，启

① JBC to Raymond B. Fosdick，1938.

迪人们继续探索教育目的、社会理想和人的发展之间的关系，政策制定、课程计划和教育组织的内在关联，教育公平与效率的平衡，教育问题解决模式，以及教育改革家的素养等问题。

　　如今，岁月已流逝半个多世纪，国际社会依旧暗流涌动，军事、科技、经济、文化等各领域的竞争再掀风雨，教育优先依然是国际竞争的关键诉求，在推进教育公平和人才强国的道路上，我们已进入综合改革的深水区，如何运用系统整体的观念加强教育研究，用更加综合的思维模式提升决策的科学水平，厘清教育系统内外诸要素间的关系，重塑教育利益相关者的博弈逻辑，是每一位教育改革者及热心公民需要思考的问题。此时不妨静下心来，聆听一下历史的回声，再现科南特倾心教育改革的生动画面，他那小镜头透视的深邃、大视野掌控的广博、重视改革条件的现实主义精神、注重调查研究的实证方法、平衡效率与公平的政治家眼光，依然值得回味与思索。历史研究没有终结的命题，每一次对历史的认识都是一个新的开始，对科南特教育遗产的开发将是历久常新的话题，作为有组织的资源，科南特思想的实质和蕴意在今天的教育改革中依然具有鲜活的生命力，其广阔的社会视野与现实主义策略选择，为我们提供了研究和解决问题的新的视角与方法。在今天与过去永不完结的对话中，步步逼近真实，并从中获得某种启示，是史学研究者义不容辞的责任。

参 考 文 献

阿伦·奥恩斯坦，莱文·丹尼尔. 2003. 教育基础. 杨树兵等译. 南京：江苏教育出版社.

爱因斯坦. 1979. 爱因斯坦文集（第三卷）. 许良英译. 北京：商务印书馆.

布什等. 2004. 科学——没有止境的前沿. 范岱年，解道华等译. 北京：商务印书馆.

曹延亭. 1989. 现代外国教育思潮. 长春：东北师范大学出版社.

陈信泰，宁红等. 1986. 师范教育的发展与改革. 济南：山东教育出版社.

陈学飞. 1998. 美国、德国、法国、日本当代高等教育思想研究. 上海：上海教育出版社.

董小川. 2002. 20 世纪美国宗教与政治. 北京：人民出版社.

菲利浦·G. 阿特巴赫. 1985. 比较高等教育. 符明娟等译. 北京：文化教育出版社.

郭健. 2000. 哈佛大学发展史研究. 石家庄：河北教育出版社.

郭为潘等. 1980. 明日师范教育. 台北：幼狮文化事业公司.

郭志明. 2004. 美国教师专业规范历史研究. 北京：中国社会科学出版社.

何晋秋，曹南燕. 2003. 美国科技与教育发展. 北京：人民教育出版社.

何顺果. 1992. 美国边疆史. 北京：北京大学出版社.

贺国庆. 2001. 外国教育专题研究文集. 保定：河北大学出版社.

黄明哲. 1999. 梦想与尘世：二十世纪美国文化. 北京：东方出版社.

季苹. 1997. 西方现代教育流派史论. 北京：北京师范大学出版社.

卡伯雷. 1990. 外国教育史料. 华中师范大学等四校教育系合译. 武汉：华中师范大学出版社.

科南特. 1984. 科南特教育论著选. 陈友松主译. 北京：人民教育出版社.

李曼丽. 1999. 通识教育——一种大学教育观. 北京：清华大学出版社.

刘传德. 1993. 外国教育家评传精选. 北京：北京师范大学出版社.

刘明新，王洪斌，刘云翔. 1994. 中外优秀教育思想介评. 沈阳：辽宁大学出版社.

刘绪贻. 2001. 20 世纪 30 年代以来美国史论丛. 北京：中国社会科学出版社.

陆有铨. 1997. 躁动的百年. 济南：山东教育出版社.

罗伯特·M.赫钦斯.2001.美国高等教育.王利兵译.杭州：浙江教育出版社.

马骥雄.1991.战后美国教育研究.南昌：江西教育出版社.

苗力田.1994.亚里士多德全集（卷九）.北京：中国人民大学出版社.

史静寰.2001.当代美国教育.北京：社会科学文献出版社.

滕大春.1980.今日美国教育.北京：人民教育出版社.

滕大春.1998.外国教育史和外国教育.保定：河北大学出版社.

托尼·布什.1998.当代西方教育管理模式.强海燕译.南京：南京师范大学出版社.

王桂.1995.当代外国教育——教育改革的浪潮与趋势.北京：人民教育出版社.

王英杰.1993.美国高等教育的发展与改革.北京：人民教育出版社.

吴式颖，任钟印.2002.外国教育思想通史［第九卷（上）］.长沙：湖南教育出版社.

杨孔炽，徐宜安.1996.美国公立中学发展研究.武汉：湖北人民出版社.

杨生茂，陆镜生.1990.美国史新编.北京：中国人民大学出版社.

袁仲孚.1988.今日美国高等教育.上海：上海翻译出版公司.

约翰·亨利·纽曼.2001.大学的理想节本.徐辉，顾建新，何曙荣译.杭州：浙江教育出版社.

张斌贤，褚洪启，等.1994.西方教育思想史.成都：四川教育出版社.

赵祥麟.1992.外国教育家评传（第三卷）.上海：上海教育出版社.

资中筠.1994.战后美国外交史.北京：世界知识出版社.

H.S.康马杰.1988.美国精神.南木译.北京：光明日报出版社.

Amster J E. 1990. Meritocracy Ascendant: James Bryant Conant and the Cultivation of Talent. Dissertation，Harvard University.

Anonymous. 1958. The identification and education of the academically talented student in the American secondary school. Washington: National Education Association.

Bartlett P D. 1983. James Bryant Conant 1893-1978. Biographical memoirs. Washington: The National Academy of Sciences:91-124.

Beard C A. 1937.The Document Written for the Educational Policies Commission in 1937. Washington:Eduational Policies Commission.

Biebel C D. 1970. Styles of educational leadership: James B. Conant and the making of a statesman. Occasional Paper Series in the Social Foundations of Education，No. 2.

Biebel C D. 1971. Politics，Pedagogues and Statesmanship James B. Conant and the Public Schools 1933-1948. Dissertation，University of Wisconsin.

Broudy H S. 1964. Conant on the education of teacher. The Educational Forum，28（2）：199-210

Brown B F. 1973. The Reform of Secondary Education: A Report to the Public and the Profession. New York: McGraw-Hill. Book Company Inc

Callahan J F, Clark L H. 1977. Innovations and Issues in Education. New York: Macmillan Publishing Co.

Callahan R. 1962. Education and the Cult of Efficiency. Chicago: University of Chicago Press.

Cohen J W. 1966. The Superior Students in American Higher Education. New York: McGraw-Hill Book Company Inc.

Cole L. 1950. A History of Education: Socrates to Montessori. New York: Rinehart.

Coleman J S. 1974. Youth: Transition to Adulthood. Panel on Youth of the President's Science Advisory Committee. Chicago: University of Chicago Press.

Coleman J S. 1990. Equality and Achievement in Education . San Francisco: Westview Press.

Conant J B. 1937. Liberal education: The selective principle in American colleges. Harvard University before Association of American Colleges. Washington, January 14.

Conant J B. 1944. Our Fighting Faith: Five Addresses to College Students. Cambridge: Harvard University Press.

Conant J B. 1947. On Understanding Science. New Haven: Yale University Press.

Conant J B. 1948. Education in a Divided World: The Function of the Public Schools in Our Unique Society. Cambridge: Harvard University Press.

Conant J B. 1951. Science and Common Sense. New Haven: Yale University Press.

Conant J B. 1952. Modern Science and Modern Man. New York: Columbia University Press.

Conant J B. 1953. Education and Liberty: The Role of the Schools in a Modern Democracy. Cambridge: Harvard University Press.

Conant J B. 1956. The Citadel of Learning. New Haven: Yale University Press.

Conant J B. 1957. Harvard Case Histories in Experimental Science. Cambridge: Harvard University Press.

Conant J B. 1958. Germany and Freedom: A Personal Appraisal. Cambridge: Harvard University Press.

Conant J B. 1958. Some problems of the American high school: A preliminary report of a study. Miami: Lindsey Hopkins Education Center.

Conant J B. 1959. The American High School Today. New York: McGraw-Hill Book Company Inc.

Conant J B. 1959. The Child, the Parent, and the State. Cambridge: Harvard University Press.

Conant J B. 1960. Education in the junior high school Years. Princeton: Educational Testing Service.

Conant J B. 1961. Slums and Suburbs: A Commentary on Schools in Metropolitan Areas. New York: McGraw-Hill Book Company Inc.

Conant J B. 1961. Trial and error in the improvement of education. Washington: Association for

Supervision and Curriculum Development.

Conant J B. 1962. Thomas Jefferson and the Development of the American Public Education. Berkeley：University of California Press：16.

Conant J B. 1963. The Education of American Teacher. New York：McGraw-Hill Book Company Inc.

Conant J B. 1964. Shaping the Policy of Education. New York：McGraw-Hill Book Company Inc.

Conant J B. 1964. Two Modes of Thought：My Encounters with Science and Education. New York：Trident Press.

Conant J B. 1967. Scientific Principles and Moral Conduct. Cambridge：Cambridge University Press.

Conant J B. 1967. The Comprehensive High School：A Second Report to Interested Citizens. New York：McGraw-Hill Book Company Inc.

Conant J B. 1970. My Several Lives：Memoirs of a Social Inventor. New York：Harper & Row.

Conant J B. 1980. The Comprehensive High School：The Shape of the Future in American Secondary Education. New York：Pitman Publishing Corporation.

Cremin L A. 1961. The Transformation of the School. New York：Vintage Books.

Cremin L A. 1962. The Transformation of the School：Progressivism in American Education 1876-1957. New York：Alfred . A. Knopf.

Educational Policies Commission. 1944. Education for all American youth. Washington：Educational Policy Commission.

Field S H. 1994. The American School 1642-1993. New York：Longman.

Flynn J S. 1920. The Influence of Puritanism on the Political and Religious Thought of the English. New York：Hardpress Publishing.

Full H. 1967. Controversy in American Education. New York：The Macmillan Company.

Gross R. 1963. The Teacher and the Taught：Education in Theory and Practice from Plato to James B. Conant. New York：Dell Publishing Co.Inc.

Henry D D. 1975. Challenges Past，Challenges Present. San Francisco：Jossey-Bass Publishers.

Hofstadter R，Metzger W P. 1955. Academic Freedom in the United States. New York：Columbia University Press.

Jacobs N S. 2007. The Holmes Group and the Education of American Teachers. Dissertation，The State University of New Jersey.

Johanningmeier E V. 1987. The Foundation of Contemporary American Education. Scottsdale：Gorsuch Scarisbrick.

Karier C. 1967. Man，Society，and Education. Glenview：Scott，Foresman and Co.

Koermer J D. 1963. The Miseducation of American Teachers. Boston：Houghton Mifflin Company.

Lemann N. 1999. The Big Test: The Secret History of the American Meritocracy. New York: Farrar, Straus and Giroux.

Levine D O. 1986. The American College and the Culture of Aspiration, 1915-1940. Ithaca: Cornell University Press.

Lipset M, Riesman D. 1975. Education and Politics at Harvard. New York: Mcgraw-Hill Book Company Inc.

Martin J H. 1976. National Panel on High School and Adolescent Education. The Education of Adolescents.Washington: U. S. Government Printing Office.

Martin O. 1948. Two educators: Hutchins and Conant. Hinsdale: Henry Regnery Co.

McInerney D D. 2008. The Education Legacy of James Bryant Conant. Dissertation, The State University of New Jersey.

Morton K P. 2001. Making Harvard Modern: The Rise of American University. New York: Oxford University Press.

Newman H. 1994. The Idea of a University. New York: Theommes Press.

Noll J W. 1980. Taking Sides: Clashing Views on Controversial Educational Issues. Guilford: The Dushkin Publishing Group.

Passow A H. 1977. American secondary education: The Conant influence, a look at Conant's recommendations for senior and junior high school. National Association of Secondary School Principals.

Perkinson H J. 1987. Two Hundred Years of American Educational Thought. New York: University Press of America.

Preskill S L. 1984. Ranking from the Rubbish: Charles W. Eliot, James B. Conant and the Public School. Dissertation, University of Illinois at Urbana-Champaign.

Rickover H C. 1959. Education and Freedom. New York: E. P. Dutton and Co. Inc.

Rippa S A. 1984. Education in a Free Society. New York: Longman.

Schafer D A. 1963. Study of the Extent That James B. Conant's Recommendations for the American High School Have Been Implemented in Selected Indiana High Schools. Dissertation, Indiana University.

Smith R N. 1986. The Harvard Century: The Making of University to a Nation. New York: Simon and Schuster.

Spring J H. 1975. The Sorting Machine: National Educational Policy since 1945. New York: Longman.

Steer D R. 1959. Conant's Recommendations for the American High School: Implications for

Implementation in Ohio High School. Dissertation, Ohio State University.

Tanner D, Tanner L. 1990. History of the School Curriculum. New York: Macmillan Publishing Co.

Teicher B J. 1977. James Bryant Conant and the American High School Today. Wisconsin: University of Wisconsin Press.

Tuttle W M. 1967. James B. Conant, pressure groups, and the national defense. Unpublished doctoral dissertation, University of Wisconsin-Madison.

Vinovskis M A. 1985. The Origins of Public High School. Madison: The University of Wisconsin Press.

Watts J. 1980. Towards an Open School. New York: Longman Group Limited.

Weber D D. 1965. Hutchins and Conant: A contrast in educational views. Tempe: College of Education, Arizona State University. Bureau of Educational Research and Services.

Weinstock R. 1973. The greening of the high school. New York: Educational Facilities Laboratories.

Weiss R M. 1969. The Conant Controversy in Teacher Education. New York: Random House.

Wilson B L. 1988. Successful Secondary Schools: Visions of Excellence in American Public Education. London: Falmer Pr.

后　记

光阴十载　缘分几何

知晓科南特已有十余载，若从 2006 年博士论文《科南特教育思想研究》完成之日算起，也有整整 10 年的光景，细细想来，研究科南特确非个人喜好，完全基于选题的偶然。读博期间，我对美国公民教育情有独钟，费九牛二虎之力到国家图书馆复印、手抄相关资料，甚至高价从美国国会图书馆借阅原版图书，最终还是因资料所限被迫易题，导师贺国庆教授要求严格是出了名的。记得那时，为咨询选题的可行性，我还专门去求证早年在历史系读书时的美国史教授。至今，我依然清晰记得选题被否时的情形。2004 年深秋一个晴朗的下午，我骑车从家带来大摞复印好的资料，一股脑儿摊在贺老师办公室的书桌上，希望以此证明选题的可行，那些资料多是复印的散页，我用针线缝了书皮并手写上书名，导师一一翻阅后坚持认为，若没有机会去美国考察或搜集更多一手资料，研究美国公民教育太过冒险，我虽做了一番辩解，但却突然意识到，原来做研究不能仅凭热情与喜好，尤其在资料搜集不便的年代，尤其是进行外国史方面的研究。我必须回到现实，按期毕业才是硬道理。接下来，我几乎天天泡在学习室，拼命搜寻、筛选有价值又可行的研究题目，最终赶在开题前一个月锁定了科南特，并征得导师同意，因为能拿到七成以上的外文资料，剩余的资料多亏学姐屈书杰访美期间逐页拍照过来。每每想起导师与学姐的关怀，感激之情便满溢于胸，求学生涯如同咀嚼黑色巧克力，苦涩中带着甜蜜。就这样，我与科南特结缘。

经过两年研究，2006 年以"科南特教育思想研究"为题的博士论文通过答辩，我顺利毕业走上新的工作岗位，短期内完成历史使命的科南特研究便被束之高阁。后来得知，师兄师姐们都将博士论文出版成书，再后来获悉，师弟师妹们也陆续出版博士论文，我却始终没有行动。那时的我，总觉得差点什么，现在想来，也许是差些心境与机缘，又或许对研究科南特真的不够痴迷。2010 年我赴美访学，得以补充些许新资料，确认可以继续深化研究，便于 2011 年以"科南特与美国当代教育改革研究"为题申报了全国教育科学"十二五"规划教育部项目。一晃又是 5 年，除却工作所累与琐事干扰，与很多人比起来，我确实不算是一位辛勤的耕耘者，稍许慵懒甚至有些自由主义。如今再去审阅科南特，仿佛重新回到十年前。科南特依旧，变了的是观者的心态与眼界。在博士论文的基础上，我重新谋篇布局，修正研究范式，补充新的史料，提炼新的观点，深化已有的发现，终于在 2016 年国庆假期正式完稿。十年来，我与科南特的缘分时浓时淡，迟来的结果也许依旧不能尽如人意，但于我总算尽了"洪荒之力"。

　　一路走来，特别感谢热心相助的导师与朋友们。导师贺国庆教授为我的博士论文付出了大量心血，朱文富教授、王保星教授、郭健教授、李文英教授、宫敬才教授、傅松涛教授、张斌贤教授、史静寰教授在我的博士论文开题与答辩过程中提出了许多中肯的建议，良师难得，相逢如歌，老师们的学者风范与广博见识更加坚定了我的求知信念。该研究得到国家社科基金的资助，书稿出版得益于河北工业大学经济管理学院重点学科经费的支持，在此对康凯教授深表谢意。感谢科学出版社的付艳、朱丽娜、乔艳茹、卢淼四位编辑，为书稿出版做了大量工作，你们在工作中展现出的专业素养与敬业精神使本书受益匪浅。

　　最后，感谢丈夫和女儿一直以来的陪伴与支持，因有你们，心有归处。

　　光阴十载，见证了我与科南特不深不浅的因缘，静悟流年，镌刻着导师、朋友及家人不离不弃的温暖瞬间。人生若只如初见，原来记得，亦是别样的幸福，在未来的日子里，我会倍加珍惜，怀感恩，求真理，向前行……

刘向荣
2016 年 10 月 1 日